新法科·法学核心课程系列教材

华东政法大学
教材建设和管理委员会

主　　任	郭为禄　肖　凯
副 主 任	罗培新　洪冬英
部门委员	虞潇浩　杨忠孝　陆宇峰
专家委员	王　迁　孙万怀　钱玉林
	任　勇　余素青　杜素娟

本书受上海市高水平地方高校建设项目资助

Intellectual Property
Management

知识产权管理

黄国群 著

图书在版编目(CIP)数据

知识产权管理 / 黄国群著. -- 北京：北京大学出版社，2025.6. -- ISBN 978-7-301-35923-5

Ⅰ. D913.4

中国国家版本馆 CIP 数据核字第 2025ZL9431 号

书　　　名	知识产权管理
	ZHISHI CHANQUAN GUANLI
著作责任者	黄国群　著
责 任 编 辑	张苗凤
标 准 书 号	ISBN 978-7-301-35923-5
出 版 发 行	北京大学出版社
地　　　址	北京市海淀区成府路 205 号　100871
网　　　址	http://www.pup.cn　新浪微博：@北京大学出版社
电 子 邮 箱	zpup@pup.cn
电　　　话	邮购部 010-62752015　发行部 010-62750672　编辑部 021-62071998
印 刷 者	河北滦县鑫华书刊印刷厂
经 销 者	新华书店
	730 毫米×980 毫米　16 开本　26.75 印张　524 千字
	2025 年 6 月第 1 版　2025 年 6 月第 1 次印刷
定　　　价	88.00 元

未经许可，不得以任何方式复制或抄袭本书之部分或全部内容。

版权所有，侵权必究

举报电话：010-62752024　电子邮箱：fd@pup.cn

图书如有印装质量问题，请与出版部联系，电话：010-62756370

序　言

在知识经济时代,知识产权作为企业关键的经营资源、竞争资源与无形资产,对企业生存和发展的重要性愈发凸显。创造、保护及运用知识产权是企业知识产权管理实践的核心。国内外知名跨国企业普遍高度重视企业知识产权管理,在知识产权管理人员配备与资金投入方面可谓不遗余力。从宏观角度来看,知识产权问题已上升为关乎国家发展的重大战略议题,是国家核心战略资源,知识产权管理与法治建设更是建设创新型国家的必备支撑。

然而,尽管我国知识产权制度不断健全完善并与国际接轨,但部分企业在知识产权管理实践中仍存在诸多问题,如管理意识淡薄、管理制度缺失、管理战略缺乏等,致使相关企业的知识产权管理缺乏专业性、战略性与全局性,且不善于利用知识产权情报。尽管现实需求迫切,一些企业亦认识到其重要性,但苦于找不到行之有效的切入点与优化策略,不知从何入手。对于知识产权研习者及未来的知识产权管理人才而言,现有的法务管理在维持既有权利方面虽有成效,但在引入战略管理等理论方法时,常因缺乏法律支撑而流于形式,新方法在解决实际问题时也往往力不从心。

如何解决知识产权管理实践中的问题,优化知识产权管理,以此来提升企业竞争优势,是我国众多企业知识产权工作面临的关键问题。解决此类知识产权管理中的基础问题,一方面,需要知识产权管理学科的发展,提供更精细化、更贴合实践的精准理论;另一方面,需要鼓励企业在知识产权管理实践中积极创新,持续投入,探索行之有效的管理方法,丰富实践基础。相信随着时间的推移,我国知识产权管理将取得更大进步,在企业创新、成长及竞争优势培育中发挥重要作用,助力更多的世界一流企业涌现。

一、被忽视的学科,发展之路任重道远

知识产权管理学作为一门经典的交叉学科,是在知识产权法律基础上的进一步拓展。它以知识产权法为基石,融合管理等非法学学科内容,具有鲜明的实践特性,与法律、技术、企业管理及运营紧密相连。在实践中,知识产权管理迭代迅速、动态变化,是一个充满活力与创新的领域,在企业管理中的一体化程度持续提升并趋向整合。但在学理层面,其学科发展滞后于实践。对于"如何实现从权利到权力(竞争力、影响力)"的深层机制与有效方法、经验,缺乏总结归纳。知识产权管理常被简单化、孤立化处理,忽略企业管理背景及与其他管理系统的协同作用,理论深度和广度难以满足现实需求,学理体系尚不完善。国外跨国公司的经验不能直接套用于我国企业。由于学科差异与思维模式不同,现有理论基础多局限于法律层面,忽视管理领域理论,对复杂实践的指导作用有限,且两种学科思维难以快速融合,应用管理技术时也常显空洞。总体而言,现有学科对丰富实践经验的提炼不足,对学科发展规律的探索也不够深入。学术共同体规模较小,教师偏科现象突出,受传统学科界限限制,学科交叉融合不足,在教师未实现知识融通的情况下,期望学生融会贯通并不合理。对比国外成熟的知识产权管理教育经验可知,教师专业复合是开展相关教育的前提,可见该学科发展仍需诸多努力,在吸收多学科知识以充实自身方面还有很大的探索空间。

二、企业的"赛道"与"引擎",法商深度交融

随着市场经济改革深入与法治环境优化,知识产权在科技创新、新产品研发、企业声誉、创意管理、技术转移等核心商业环节中,对项目成败及企业整体效益起着决定性作用。对于企业而言,知识产权管理如同"赛道"与"引擎"。"赛道"界定企业发展边界,防控风险,影响发展方向;"引擎"驱动企业前进,提供发展动力与后劲,是企业获取竞争力与实现可持续发展的关键。知识产权管理可以说找到了新时期企业竞争与发展的主要矛盾,既是制度需要,也是企业内生发展的需要。市场经济是法治经济,也是效率经济,法商结合是复合型高级领导人才必备的素养。若仅注重知识产权法律,而忽视其运用、战略及资产关系等方面,将难以满足企业实际业务需求。对此,企业应充分认识知识产权的工具属性与管理的实践性,挖掘其资产价值与竞争工具价值,秉持权利本位,积极保护与布局知识产权,同时坚持企业本位,确保相关决策与资源配置符合企业整体战略与总体利益。

现代企业知识产权管理具有以下显著特点:

第一,综合式管理特色突出。知识产权管理融合法律与管理等领域的相关知识,并基于不同理论视角,探寻提升管理效能与效率的途径与方法,涵盖的管理内容非常广泛,在管理内容、管理方式、管理对象等方面明显具有综合性特点。

第二,连接治理与管理的桥梁作用。在市场经济改革推进与国家治理体系完善过程中,行政机构与社会在企业发展中发挥多中心治理作用,企业需自治自律,合规管理及知识产权刑事合规等问题凸显。知识产权管理在其中充当企业微观管理与外部治理的桥梁,对企业健康可持续发展意义重大。

第三,法管结合深度融合。知识产权管理在微观层面既要防止自己侵权,避免诉讼风险,又要保护企业自身权益,有效运用相关管理手段和方法实现效率与公平均衡发展,体现追求效率、效益的经济价值观同追求公平的法治价值观的有机结合。

第四,实践性强的专业性管理。专业性管理意味着要遵循专业规范和专业规律。知识产权管理者要有相应的知识产权专业知识,培养知识产权特有的思维。企业的商事主体性质决定其以市场为导向、以经营结果为驱动,企业战略的竞争与价值导向也影响到知识产权管理的具体策略与路径,企业更关注知识产权的无形资产价值与竞争工具属性,这与法官、学者的关注点有所不同。

三、本教材的特色与定位

首先,本教材体系较为完整,重点突出。为确保体系完整且有足够深度,合理的逻辑推导与理论铺垫不可或缺。在夯实知识产权管理基本原理与方法基础的同时,为避免陷入仅注重程序性、事务性管理的局限,除介绍法务管理内容外,本书还着重强调知识产权战略与运用等环节的管理。

其次,本教材体现学科交叉融合特性。鉴于知识产权涵盖领域广泛,为解决实践问题,本书综合运用法学、管理、经济学等多学科理论方法,在商标、专利、著作权与商业秘密管理等方面均展现出知识融合与学科交叉的特点。

再次,本教材强调实践导向,立足企业知识产权管理实践。编著者深刻认识到知识产权的工具属性与管理实践性,在保持学术风格的同时,增强实务内容比例,避免过多理论说教。

最后,本教材研究视野接轨前沿,吸收了近十年国际知识产权管理文献中的前沿理论与实践经验,融入新理论、新方法、新思想。

本教材从管理角度切入,聚焦知识产权创造、应用与保护环节的管理,实现"法律框架下管理"与"管理视角下的法律实践"统一,兼顾教学的理论前瞻性与实践性。建议教师使用本教材时,注重理论联系实际,组织学生分组讨论,引导其阅读交流前沿文献,发挥团队学习与行动学习优势,增强学生实践体验。同时,课程应引入华为、海尔等企业的案例,培养学生管理思维与能力,提升法律与管理综合素质。

本教材适合知识产权、管理科学与工程、工商管理、技术经济等专业的高年级本科生与研究生以及 MBA、MIP 等各类学员使用,也适合作为各类理工科专业以及企业管理、公共管理、战略管理等专业的教辅书,还适合企事业单位用于知识产权管理教育培训。

目　　录

第一章　知识产权及其管理概述 …………………………………………（1）
　　第一节　知识产权概述 ……………………………………………（1）
　　第二节　知识产权管理概述 ………………………………………（30）
　　第三节　知识产权管理与知识产权法律的区别和联系 …………（44）

第二章　知识产权管理基础理论 …………………………………………（50）
　　第一节　知识产权管理与创新 ……………………………………（50）
　　第二节　知识产权管理与企业竞争优势 …………………………（54）
　　第三节　知识产权管理的基础理论 ………………………………（60）

第三章　知识产权体系化管理及合规管理 ………………………………（74）
　　第一节　知识产权体系化管理原理 ………………………………（74）
　　第二节　知识产权管理领导工作 …………………………………（86）
　　第三节　知识产权管理组织结构 …………………………………（89）
　　第四节　知识产权管理制度与流程 ………………………………（92）
　　第五节　知识产权体系与标准化管理 ……………………………（100）
　　第六节　知识产权合规管理 ………………………………………（104）

第四章　知识产权战略管理 ………………………………………………（113）
　　第一节　知识产权战略概述 ………………………………………（113）
　　第二节　知识产权战略制定与实施 ………………………………（125）
　　第三节　提升知识产权战略有效性的机理及措施 ………………（131）
　　第四节　战略知识产权管理 ………………………………………（140）

第五章　知识产权商业化与经营 …………………………………………（150）
　　第一节　知识产权商业化及运营基础 ……………………………（150）
　　第二节　知识产权商业化决策管理 ………………………………（167）
　　第三节　不同商业情境下的知识产权运营管理 …………………（172）

第六章 知识产权行政管理与政策管理 (188)
第一节 知识产权行政管理与政策管理概述 (188)
第二节 知识产权政策与知识产权法 (201)
第三节 我国知识产权政策变迁与发展趋势 (205)
第四节 知识产权政策与区域发展 (208)
第五节 知识产权政策评估与调控 (211)

第七章 专利管理 (233)
第一节 专利管理概述 (233)
第二节 专利申请与维护管理 (242)
第三节 专利战略与专利决策管理 (254)
第四节 专利导航 (275)

第八章 商标与品牌管理 (285)
第一节 商标管理总论 (285)
第二节 商标设计与注册管理 (295)
第三节 商标保护与预警体系 (303)
第四节 商标运营管理 (313)
第五节 商标战略管理 (318)
第六节 多主体商标及其管理 (326)

第九章 著作权管理 (330)
第一节 著作权管理概述 (330)
第二节 著作权风险防范管理 (342)
第三节 著作权保护与运用策略 (351)
第四节 文化创意知识产权保护与管理 (356)

第十章 商业秘密保护与管理 (375)
第一节 商业秘密保护与管理概述 (375)
第二节 商业秘密保护与管理的基本框架 (393)
第三节 员工管理 (406)
第四节 场所管理 (412)
第五节 对外交往和合作中的商业秘密保护措施 (415)

后 记 (419)

第一章　知识产权及其管理概述

知识产权及知识成果是知识产权管理的主要对象,是企业重要的无形资产。本章介绍知识产权类别及特点、知识产权客体及知识产权制度运行规则与机理等三类知识产权背景知识,希冀能"承法启管",促进法管深度融合。知识产权是法律赋予智力成果创造者或商业标记所有人的无形财产权。知识产权法律制度的目的是在保护公众利益的同时最大限度地激励人们进行智力创作。知识产权客体是知识产权法律关系主体活动的客观基础和活动对象,在一定程度上决定知识产权及其法律制度的构造。"客体共享,利益排他""客体法定"等通说高度概括了知识产权法中有关客体的规律。知识产权管理协调与知识产权有关的各方主体,借助于计划、组织、控制、领导等管理职能,对有关知识产权系统、人、财、物、知识、信息等进行配置与协调。企业知识产权管理是知识产权管理的一种,体现管理主体的理性与意志,遵循知识产权法律基本原则,围绕知识产权创造、保护、转换、运用等方面开展激励与约束,通过建章立制、体系化安排、组织化开展等,有效地保护和经营创新成果(无形财产),实现知识资产租金收益,促进企业资产效益最大化,提升企业竞争力。

第一节　知识产权概述

本节主要介绍部分知识产权法律基本原理及相关制度规则,也论证研习者兼学相关知识产权制度背景知识的必要性和正当性。[1]

---

[1] 对管理对象及研究对象认知及规律的把握是知识产权管理者必修的功课,研习知识产权管理自然离不开作为基础的知识产权法相关背景知识。表现为知识产品、智力成果、技术成果的知识产权客体及权利本身有其独特的运行规律,遵循一些特殊规则。管理以"理"来"管",相关法律及政策也是管理之理,知识产权管理需要遵循相关的法律法规,而这些法律法规是在对知识产权基本理论认知基础上制定的。只有了解知识产权制度特点及知识产权运行规律,才能更好地理解与遵循相关法律法规,有效保护和管理知识产权。

一、知识产权类型及特点

知识产权(intellectual property)是法律认可的一系列无形财产权的统称。传统上,知识产权主要指专利权、商标权、著作权。

(一)《中华人民共和国民法典》中的知识产权

《中华人民共和国民法典》(以下简称《民法典》)第 123 条规定,民事主体依法享有知识产权。知识产权是权利人依法就下列客体享有的专有的权利:

(1) 作品;

(2) 发明、实用新型、外观设计;

(3) 商标;

(4) 地理标志;

(5) 商业秘密;

(6) 集成电路布图设计;

(7) 植物新品种;

(8) 法律规定的其他客体。

这和《与贸易有关的知识产权协定》(以下简称"TRIPS 协定")的知识产权类型有较大重叠。由于世界贸易组织的巨大影响力,TRIPS 协定所确立的七类知识产权得到了世界各国的普遍认同。我国原有法律体系也基本上遵循了TRIPS 协定所确定的七类知识产权类型,其相应的法律规范如表 1.1 所列。我国《民法典》充实了植物新品种等新型知识产权内容。

表 1.1 知识产权类型及其法律依据

TRIPS 协定规定的权利类型	我国《民法典》中的权利客体	相关法律规定
版权与邻接权	作品	《中华人民共和国著作权法》
商标	商标	《中华人民共和国商标法》
地理标志	地理标志	
工业品外观设计	外观设计	《中华人民共和国专利法》
专利	发明、实用新型	
集成电路布图设计	集成电路布图设计	《集成电路布图设计保护条例》
未披露信息的保护	商业秘密	《中华人民共和国反不正当竞争法》
	植物新品种	《中华人民共和国植物新品种保护条例》
	法律规定的其他客体	待定

（二）知识产权的类型

根据是否保护智力创作要素，可以把知识产权分为创作性成果专有权利和商业标识性标记专有权利。根据法律确认来源，可以分为国家确认性知识产权和非经国家确认的知识产权。[①]

1. 创作性成果专有权利和商业标识性标记专有权利

从知识产权是否包含智力创作要素来看，知识产权分为：

（1）创作性成果专有权利。包括发明、集成电路、植物新品种、技术秘密、工业品外观设计、著作、软件等权利。这类知识产权的共同特征是源于智力创造，均涉及对前人和公有领域的知识、技术成果的学习、借鉴，因而权利人只能对自己贡献的部分享有专有权，而且其权利受到公共利益的限制。

（2）商业标识性标记专有权利。包括商标权、商号权以及其他与制止不正当竞争有关的标识权。标识性标记权利的功能在于区分产品或服务的来源，使企业可以独享其经营形成的商誉。以商标为例，商标设计本身需要一定创意，许多商标标识本身也可以获得著作权保护，但是商标权的价值主要不在于标识的独创性，而在于企业在使用商标过程中所积累的商誉。

2. 国家确认性知识产权和非经国家确认的知识产权

从知识产权专有权产生的角度来看，知识产权分为：

（1）国家确认性知识产权，包括专利权和商标专有权（包括地理标志）。经国家确认产生的专利权和商标权的特点在于权利边界相对清晰，权利客体公开，以国家颁发的证书确认其权利。但是，国家确认的知识产权并非绝对有效，它也可因为他人的异议或无效请求而被撤销或宣告无效。因此，国家确认并不意味着知识产权的绝对效力。

（2）非经国家确认的知识产权，包括著作权、邻接权、商业秘密、软件著作权。自动产生的知识产权经创作、合法使用或商业活动即告取得，无须经过有关部门的审核和登记。

（三）知识产权的特点

知识产权是法律赋予权利人就其知识产品享有的民事权利。从历史角度来看，知识产权从"特权"向"私权"演化，已经成为国际通用的民事权利保护制度。知识产权的客体与对象，即特定智力成果或知识产品的"物"的特质与无体性等特征，显著区别于物权和债权，由此衍生出知识产权权利性质上的专有性、时间维度上的时间性和空间维度上的地域性等固有属性。

[①] 国际保护工业产权协会在1992年东京大会上将知识产权分为"创造性成果的权利"和"识别性标记的权利"。

1. 知识产权的专有性

《民法典》明确了知识产权为专有性权利,专有性为知识产权共识性的基本特征,以法律的方式控制使用和占有,如著作权内容可以说是著作权人享有的各项"专有权利"的集成,著作权各类权利类型普遍具有排他性,未经著作权人许可也没有法律规定的特定免责理由,擅自实施受著作权"专有权利"控制的行为构成对著作权的直接侵权。专有权利的专有性有多种表现。由于知识产权的专有性,部分知识产权侵权行为责任承担适用无过错责任原则,若没有得到权利人的许可,擅自出于生产经营目的使用、许诺销售或者销售实际上未经专利权人许可而制造并售出的专利侵权产品的,无论被诉侵权人主观上是否存在过错,均需要承担诸如停止侵权、赔偿损失等责任。专用权包括销售企业不能客观上为侵权行为提供便利。如发生侵权,为销售提供便利的互联网、市场、租赁柜台的公司负有对其市场内存在的侵犯注册商标专用权的行为进行及时有效制止的义务,应采取有效措施制止销售侵犯注册商标专用权的商品的行为,否则构成帮助侵权或间接侵权。

知识产权的专有性,实质是排他性、类物权性。知识产权的专有性主要是排斥非权利人未经许可或没有法律依据行使知识产权人控制的行为。知识产权的专有性是相对的,该垄断权利只在一定空间和时间内发生效力。与物权通过排他地控制客体本身来确保排他地实现客体上的利益不同,知识产权客体的无体、无形性决定了知识产权的专有性是指"客体共享,利益排他"或者"客体共享,权利专有"。[①]

2. 知识产权的时间性和地域性

知识产权的时间性是指法律赋予知识产权专有性以一定时间限制,仅在法律规定的期限内受到法律保护,超过法律规定的有效期限,专有权依法丧失,相关知识产品或智力成果自动进入公有领域,人人皆可免费使用,即所谓"过期作废",知识产权也因此被称为"水果型"权利。当然,并非所有的知识产权都存在期限,只有与智力创造有关的知识产权,其权利存续才存在明确的期限,典型的有版权、专利权。商标权虽然存在法定期限,但是理论上可以不断续展注册,长期存续下去,且这种延续并不违背公共利益。除此之外,在某种意义上,商业秘密权类似于物权,其权利存续只依赖于权利人是否使特定信息处于秘密状态,因而也不存在期限性。

如果无时间限制,权利人可以永续地从社会获得报酬,其索取的回报将远大于贡献,这显然有失公允,不符合制度设计初衷;此外,从创新发展规律来看,创

---

① 朱谢群:《我国知识产权发展战略与实施的法律问题研究》,中国人民大学出版社 2008 年版,第 14 页。

新某种程度上具有累积性特征,如果某特定知识或特定技术永远被保护,后续的研发及进一步的技术创新将受限于该权利,这意味着后人将无法利用这些智力成果,因而阻碍创新。因此法律理性地为绝大多数知识产权设定了时间上的限制,期限一旦届满,智力成果将进入公有领域而不再受知识产权法保护。可见知识产权的时间性是法律直接设定的,而非自然的,因此不能笼统地讲知识产权具有时间性,而应该讲知识产权具有"法定时间性"①。知识产权的地域性是指知识产权的类型、权利内容和保护范围由主权国家立法所决定,在一国受到保护的知识产权,在他国不一定受到保护。

知识产权的时间性特征来自其客体之无形性,以及衍生出的可复制性、共享性等自然属性。一般来说,物权权利存续系于客体,客体在,权利在;客体亡,权利灭。然而由于知识产权的无形性,知识产权的客体不存在物理意义上的消灭,除了一些极其特殊的情形,如某智力成果随载体物的灭失而灭失,这个规律基本是客观的。知识产权客体因其无形性,具有可复制性、共享性,意味着不同人在不同时间可以共享同一个知识产品或智力成果。

由于知识产权具有国家法律创制性,因而知识产权的空间交易受领土范围(地域)的限制。也就是说知识产权效力只限于本国境内,受本国法律保护,在境外并不当然地受到保护;知识产权没有域外效力,除非所涉及的国家之间签有国际公约或双边协定,否则其他国家对他国知识产权没有保护义务,任何人行使他国知识产权无须权利人同意也无须支付报酬。为了解决知识产权贸易与地域性属性这一矛盾,各国通过签署保护知识产权的国际公约方式,在世界范围内建立了一套知识产权国际保护制度。知识产权的国际保护并没有改变知识产权的地域性属性,这可以从这些公约的原则看出来,即最低限度保护原则、独立性原则和国民待遇原则。② 知识产权的地域性属性是法律对知识产权的专有权在空间上的限制。

3. 权利内容的多元性与多重性

知识产权同物权相比,因客体自然属性的差别,各自的权利内容也不同。物权对象的物是特定的、唯一的。因此,对物的利用方式不能脱离特定物,此即"一物一权"。无论是占有、使用、收益、处分,都只能是单一的权利。离开特定之物,无法行使其中任何一项权能。基于知识的特性,知识被感知虽然需要借助于质料,但其表现和表达却不受特定质料的限制。知识呈现出"一体多用""一形多用"的现象。如一张图形作品可作为纯造型艺术,也可做产品外观设计、包装装潢,还可用作工商业标记等。在对知识的利用中,众多方式可以不受时空限制而

---

① 郑成思、朱谢群:《信息与知识产权的基本概念》,载《河南省政法管理干部学院学报》2004年第5期。
② 吴汉东主编:《知识产权法(第三版)》,法律出版社2009年版,第11—16页。

共存,给权利人带来相应的利益。与此同时,对知识的利用权既可以由权利人自己行使,也可以授权他人与权利人共同行使。与物的唯一性相比,知识作为形式既可以无限地再现自己,也可以经再创作"变相"地再现自己。因此可以说知识产权的权利内容是多元的、多重的。① 知识产权权利的多元性和多重性来源于知识产权客体的可复制性。

二、知识产权发生及价值实现的一般轮廓

（一）知识产权价值实现的一般轮廓

基于创新链角度,在市场经济背景下,知识产权发生、发展的一般轮廓如图1.1所示。

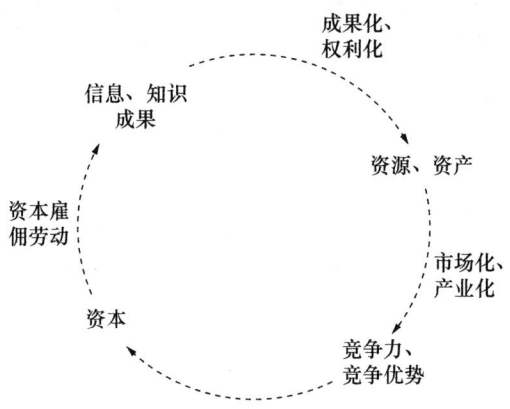

图1.1 知识产权发生及价值实现机理

从图1.1可以看出,在市场经济背景下,企业劳动者的创意经由创新过程形成知识产权客体,经由确权获得权利,成为企业的资源,再经由企业的管理运作,知识产权权利束或权利组合及其应用形成公司的竞争力和特定竞争优势(firm-specific advantages,FSA),促进企业占领市场、实现知识产权获利与收益,从而积累更多资本,进一步激励知识产权的创造和产生。从微观层面看,这样的经营与管理过程是促成企业特定知识产权价值产生的过程:从知识到价值再到知识,形成一个闭环。在智力成果创造与创新、运用的循环往复过程中,知识产权从客体到权利,在价值运动中呈现出不同状态,发挥的作用也不同。首先,在起点阶段经由资本雇佣劳动,表现为劳动者的创意与创新,形成劳动成果;其次,劳动成果经过现行知识产权法律制度的评价与公示、确权等,形成权利(right);最后,知识产权及其客体信息投入企业经营中,相关权利为企业所用,服务于企业创造

---

① 刘春田:《知识财产权解析》,载《中国社会科学》2003年第4期。

利润及形成影响力,这种竞争优势、竞争力和影响力即为企业的权力(power)。这个框架从主体(劳动者)的创意与创新出发,到劳动成果,到权利,再到权力,有清晰的逻辑内涵和发生顺序,即劳动成果(知识、信息)→财产→权利→权力。其中,知识产品、劳动成果表现为技术方案、方法、知识、信息等知识产权客体,作为资源与资产为企业所用,进一步形成资本,资本雇佣劳动,形成闭环回路。这个闭环回路也反映了知识产权从知识中来,经过成果化、资源化、资本化等环节,到在企业实践中形成竞争优势的过程。该逻辑过程间接反映出知识产权制度可对企业知识产权管理形成一定的影响,包括知识产权客体制度、授权制度、保护制度、知识产权运用制度等(如许可、金融化等)在内的知识产权制度、知识产权政策等对知识产权的形成和价值实现都会形成影响。从发生机理也可看出知识产权发生的内在逻辑及其与资本和市场经济的关系。在起点阶段,自然属性表现明显,知识产权客体属性突出;在循环的后程,资本属性越来越突出,客体属性及特征逐渐被遮蔽。由此可看出知识产权在不同语境中有不同的含义,知识产权具有自然属性、法律属性、资本属性(价值性、可交易性)、制度政策性等多个属性和侧面,不同的语境强调不同的属性与侧面。如知识产权客体层面强调知识产权的自然属性,强调创造(创新);市场属性强调运用(知识产权经济);法律属性强调保护(知识产权法);制度政策性对应宏观的公共管理,包括知识产权立法、执法、政策、制度等。图1.1和知识产权工作的创造、保护、应用、管理等基本环节有较好的对应关系。

(二)相关启发

从图1.1中不难发现,知识产权管理是在知识产权制度框架下进行的。企业在知识产权制度背景下,进行知识产权的创造、保护、管理和运营工作,从而配合企业总体战略实现知识资产的价值。知识产权管理中的技术成果创造、权利获得与知识产权制度密切相关,知识产权管理的对象与运行规则脱离不了知识产权制度,受制度影响和制约,也受创新政策等环境引导。从微观层面企业管理来看,知识产权管理需要依靠知识产权制度来确立权益、规范行为、解决纠纷等,知识产权制度为知识产权管理提供了法律依据和保障。对知识产权制度的合理利用是这一过程能够持续运作的基础,相关循环持续进行反映企业不断创造和提取知识资产租金的能力。在知识产品到知识产权管理的过程中,知识、信息等成果化、权利化过程的法务管理,创意与创新形成的知识产权创造管理,进入市场领域后的知识产权运营与保护,以及在市场竞争机制的作用下,企业积累相关的知识资源并用于战略布局的知识产权战略管理等,均可以说在知识、创意、创新转化为特定竞争优势时发挥着重要作用。没有企业知识产权管理,这种闭环的知识资产租金创造与萃取就不可能持续发生与变现。没有体系化的安排进行风险预防与控制、经营及成本控制、资产立体储备和战略布局等,这种知识产权价值运动也难以实现。

1. 知识产权需要法律保护,但不能仅仅停留在保护层面,也需要管理

知识产权要比其他财产更加依赖法律的保护。第一,对技术、方法的实际控制并不一定能够产生法律上的权利,需要经由法律确认其是否享专有权;第二,知识产权由于其无形性,更易受到他人的侵犯和不法使用,因此更需要依赖公权力的保护。知识产权需要法律界定和保护,更需要管理。知识产权管理的作用在于,一方面使企业发掘和创造出更多的知识产权,另一方面使现有的知识产权价值得到最大的发挥。只有借助管理手段和法律手段,才能更好地创造、运用和保护知识产权。如图1.1所示,唯有借助于管理的手段,该循环才能持续有效运行。从知识产权价值链和发生发展规律来看,其价值的发挥不局限于保护,如果仅仅停留在保护层面,而不能让企业主体从该制度中受益,那么其合法性及合理性主张将难以站住脚跟。从更深层面来讲,现代知识产权制度是以有效运行和市场经济充分发展为前提的,其在近现代的迅速普及和发展受现代资本力量的助推也是不争的事实,如立法及司法实践受资本游说、制度普及受资本驱动等。

2. 市场经济背景下,企业是知识产权的发生及应用主体,知识产权资源化、资本化运作模式是知识产权制度的构成部分

对资本的控制与引导是我国社会主义初级阶段的基本策略。当代资本的形态及结构发生了深刻变化,"认知资本主义"已经成为资本主义发展的新阶段。[①]所谓认知资本主义,实际上就是强调知识、知识产权在经济中地位和作用的一种资本形态。在认知资本主义阶段,作为一种无形财产,知识产权在企业资本构成中所占比重逐渐提高,成为企业重要的资源,企业的竞争力来源逐渐从有形财产过渡到知识产权上。对知识产权进行投资,增加知识产权的价值产出,是企业经营过程中的必然环节和发展方向。企业对知识产权的资本化运用体现了知识产权制度逐渐深入的现实。

3. 开展知识产权管理有充分的必要性及正当性

企业等市场主体以及有创造力的劳动者在国家相关知识产权制度背景下,进行知识产品的创造、保护、管理和运营工作,从而形成从创意到权利再到产品及竞争的良性循环。在这个过程中,从企业战略总体出发,将知识产权视作一种资产,对知识产权资产进行立体储备和战略布局、构建管理知识产权资产的能力、对知识产权资产优化组合及运作、通过市场经营和成本控制以及对全球化知识产权的风险预防与控制,实现知识资产的价值。现代知识产权管理也是企业经营活动的重要一环。因此,知识产权法律与管理深度融合在所难免。知识产

---

① 蔡万焕:《认知资本主义:资本主义发展阶段研究的新进展》,载《马克思主义研究》2018年第8期。

权管理无论在微观企业层面还是在宏观政府层面的必要性和正当性都不言而喻。为更好利用知识产权这一现代法律制度,不仅要有效开展宏观层面的法治与管理,而且要做好微观层面企业的知识产权管理。

4. 学科内容的交融性

从图1.1也可看出,知识产权管理与知识产权法律在权利发生及价值实现过程中高度融合,二者相辅相成。如缺少管理,整个循环会形成阻塞,无法持续。没有法律制度的规则和支持,循环也不可持续。知识产权法律和知识产权管理各自从不同学科角度对相关范畴进行界定与研究(见表1.2)。图1.1中涉及的一些话题对应两个学科中不同的概念范畴。

表1.2 知识产权法律和知识产权管理的部分概念范畴

知识产权法律		知识产权管理	
客体	技术方案 作品 商业标识 技术信息与商业信息 地理标志 外观设计 发明、实用新型 集成电路布图设计	管理对象	智力成果 创意 技术发明 知识 知识产品 技术创新 ……
权利	专利权 商标专用权 著作权	管理对象 资源与能力	知识租金 资源 资产 竞争手段 商业壁垒 影响力 ……
制度	客体制度 专利授权制度 保护制度 ……	制度环境	规范 规则 合规 程序正当性 合法性

由图1.1、表1.2可以看出,知识产权管理与法律可谓"你中有我,我中有你"。因此,学习知识产权管理时,不能忽视知识产权法与知识产权管理知识的融合,要二者兼顾。知识产权教育界倡导"法商深度融合""法管结合"有合理之处。对知识产权基础规律和规则的认知可以为相关知识产权决策提供指导和依据,使决策更加科学和有效,同时也有利于初学者深入理解知识产权的本质和特

点,建立正确的知识产权观念,提升知识产权管理能力,促进其在知识产权管理实践中遵循规则、规范行为,促进知识产权管理的科学化和规范化。对知识产权管理研习者来说,学习相关知识产权法律基础理论知识可作为能力进阶的基础。

三、知识产权客体及其特性

知识产权客体在知识产权理论体系中具有基础性作用,对此的内容学习有利于从整体上把握知识产权制度的一般特点。知识产权客体(如专利法中的技术方案、著作权法中的作品等)也和知识产权管理的对象、知识产品、智力成果等息息相关。

(一)知识产权客体理论在知识产权法及管理中的地位

知识产权客体的话题在知识产权基础理论中占有举足轻重的地位。知识产权客体是知识产权法律关系主体活动的客观基础和活动对象,制约着主体,并在一定程度上决定了主体行为的可能范围与方向,甚至决定了知识产权及其法律制度的构造。① "客体共享,利益排他""客体法定"等通说高度概括了知识产权法中有关客体的规律。通过知识产权客体来了解知识产权法及相关制度,其重要性在于可以使得研习者快速构建知识产权这个认知对象的全貌,尤其是以客体及客体制度认知为切入点,运用法律的演绎逻辑,深入研究知识产权权利结构、权利体系等权利制度的特点与特殊性。探讨知识产权客体及知识产权法律特点有利于从整体上、源头上加深对知识产权问题的理解与把握②,对知识产权各子学科共性规律、知识产权制度整体特点的学习与掌握也大有裨益。

基于制度经济学家爱伦·斯密德(Allan Schmid)的 SSP 分析范式,知识产权客体无论在管理学意义上,还是在法学意义上,其地位和价值都可进一步凸显。SSP 分析范式包括三个部分:状态(situation),指个人、团体和物品的特性(状态),其中物品的特性包括非相容性使用、规模经济、共享性、排他性、占先性、交易成本、剩余以及波动性供求等,其中重点是物品的特性;结构(structure),这里是指权利结构,它代表着社会的游戏规则,也可理解为微观层面管理的安排;绩效(performance),包括多个方面,可以是社会总体财富、福利及其分配结构,也可以是微观层面绩效。③ 状态是分析的出发点,是影响制度绩效最重要的因素。在制度设计与影响理论中,斯密德把物品的状态放到了基础性地位,给予极高的权重,状态是分析被研究对象的逻辑起点。其中,权利结构影响相应法律制度的构建,法律制度的效率或好坏(能为社会带来的收益)最终表现为社会效益

---

① 王太平:《知识产权客体的理论范畴》,知识产权出版社 2008 年版,第 8 页。
② 物权在大陆法系和英美法系中有共通的概念内涵。物权的重要特征是用客体表现其存在和范围。物权法规范及其立法技巧等是知识产权法可资借鉴的领域。
③ 王太平、郭海营、刘新琨:《计算机软件的法律保护模式研究》,载《科技与法律》2001 年第 11 期。

的高低。① 根据 SSP 分析范式,知识产权客体决定着知识产权权利的内容结构,影响知识产权法律制度的构建,具有基础性地位。事实上,客体决定行为的内容,行为的内容则决定权利的内容。可见客体对权利内容、结构有极大影响。在管理学语境下,这个"物"是广义的物,也可理解为事情、任务、资源等。对资源的配置与整合起始于资源自身的特性,所谓物尽其用,所用之材决定所作之馔。民事权利客体在民事法律关系甚至整个民法中都是很重要的。客体在民事法律关系中居于重要地位,没有客体,主体的权利义务就丧失了客观依据;而主体不同,也往往会使民事法律关系的性质和内容发生变化。② 在谈到物权的客体物时,有学者指出:物的概念之所以重要,是因为它在权利的建构中起着"支点"的作用。这个"支点"作用可以简单地表述为由法律所建构的权利,其内容取决于与此行为相关联的物。反过来表述就是:物决定行为的内容,行为的内容则决定权利的内容。③ 由此可见,客体理论在相关学理体系中具有基础性地位,由此把握知识产权整体逻辑,符合认知规律,有一定合理性。

(二)知识、知识产品与知识产权客体

什么是知识、知识如何发生等话题是现代哲学中知识论的话题。古希腊哲学家柏拉图对知识有相对完整的界定。按照我国大多数词典或辞典的定义,知识是人们在社会实践中积累起来的经验,在本体层面,知识属于认知的范畴。美国社会学家丹尼尔·贝尔(Daniel Bell)对知识的定义是:对事实和思想的一套系统的阐述所提出的合理性判断或经验的结果。这一定义强调了经验在实践中的作用,突出知识就是经验,经验就是知识。而弗里茨·马克卢普(Fritz Machlup)则认为知识就是根据已认识的事物所作的客观解释。现代知识论(认识论)认为知识必须经过理性思维才能呈现,这使得知识与信息区分了开来。知识与信息在哲学意义上有不同内涵,一般认为,信息是十分广义的概念,是并非人类所独有的范畴。西方认识论中,知识的本质及其发生离不开逻辑判断、逻辑推理等人的主观能动性的参与。知识的产生与形成是人类文明肇始的标志,知识表明了人类理性思维的形成与发展,人类拥有逻辑思维,能作出人类特有的判断、推理、归纳或解释等。由此,知识与信息区别了开来,使得"知识"成为人类世界特有的判断、经验、记忆、观念、信念等多样存在形成的认知结果。

知识产品,顾名思义,强调"产品"属性。该范畴可以理解为人类创造性思维认知成果的脑外物质表达,是物化或具体化的知识。受法律保护的知识产品与内存于人类心智中尚未物化表达和纳入公有领域的知识不同,前者属物质范畴,

---

① 〔美〕A.爱伦·斯密德:《财产、权力和公共选择——对法和经济学的进一步思考》,黄祖辉等译,上海三联书店1999年版,第20页。
② 佟柔主编:《中国民法学·民法总则》,中国人民公安大学出版社1990年版,第56页。
③ 王涌:《所有权概念分析》,载《中外法学》2000年第5期。

后者属于人类精神或公有领域;作为稀缺资源的知识产品,其生产、分配、流通和消费是经济学意义上的问题。而一般性知识则是一种非经济物品,是可无偿使用的公用物品,即可进行非排他性消费,且消费边际成本几乎为零。从知识论角度来看,首先,知识产权的客体不是泛泛而论的知识,而是有一定价值的知识产品,是带有法律属性、经由社会共同体认可的产品。知识虽然属于人类精神范畴,但知识产品作为知识的脑外物质表达属于物质范畴。离开物质表达,知识、精神层面的内容无法产品化,不利于进一步利用和传播。其次,知识产品物质属性涵盖范围比较广。知识产品不仅包括自然科学知识的脑外物质表达,而且包括社会科学知识的脑外物质表达。最后,知识产品不仅要有物质载体,或者说物质载体是必要非充分条件。知识产品是知识的脑外物质表达,但又不是表达人类大脑知识的纯物质载体。作为知识物质表达载体的纸张、光盘、磁盘、声波、光色等介质在知识产品语境中是载体,仅是经济学上的普通实物商品,载体本身不是法经济学意义上的知识产品。此外,人脑认知外化表达状态下的知识,经由物质介质呈现,也并不一定能成为知识产权法意义上的知识产品。如一些没有采取保密措施的新技术,既没有申请专利,也不属于商业秘密,这一类未经"权力化"的知识不是一般意义上的知识产品。可见,知识产权法意义上的知识产品是一种带有产权"外壳"的知识,即拥有知识产权的知识。在实践中,知识产品贸易中双方交易的实质不是知识,而是知识产品的知识产权,由此实务界形象地把知识产品贸易称为知识产权贸易。知识的脑外物质表达是知识与知识产品的分水岭,但却不是知识产品与实物商品的经纬线。[①] 界定知识产品的工具与尺度是知识产权制度安排。

由此可以看出,知识产权客体属于知识、信息等大的范畴,知识产权法、知识产权管理要兼顾受保护的知识的本质特征,脱离不了知识的结构、属性等自然属性。区分知识、知识产品和知识产权客体,在比较中厘清轮廓,溯本求源,找出其在概念丛林中的定位与特殊性,对理解知识产权客体与载体的关系、进一步深入知识产权客体的内涵有积极意义。

(三)现有知识产权客体学说分歧及弥合

知识产权对象或客体的实质到底是什么?这是在理论界颇有争议的基础问题。[②] 对这一问题的解答体现了理论界对知识产权客体与对象等客观存在的认知深度,关乎进一步衍生的知识产权立法、知识产权管理等诸多相关具体问题。迄今为止,大部分法律专著、法律条款乃至国际公约都从划定范围出发,间接地

[①] 南振兴、范新民:《构建我国的知识产品经济学——知识产品经济学始点范畴研究》,载《河北经贸大学学报》2003年第3期。

[②] 知识产权对象与知识产权客体是否相同也是一个有争议的问题。本书认为使用符合民法表达习惯的"客体"称谓比较合适,知识产权对象与客体是等同的。

明确知识产权的概念①,回避知识产权客体与对象的实质这一基础问题。正是由于这种间接指引的定义方式,知识产权理论研究中出现了知识产权基础概念分歧、固有意义丧失、工具主义流行等问题,导致重大的体系认同分歧。

在知识产权客体学说中,存在智力成果说、知识财产说、知识产品说、符号说、形式说、信息说、无形财产说等多种学说。随着一些新理论视角的引入,对知识产权客体性质探讨的学说在不断增加。上述学说不仅有表述角度的差异,而且还存在实质性的竞争与冲突,包括智力成果权能否涵盖商业标记权的争议、信息权与信号权的冲突、无形财产权与形式财产权的冲突。目前,知识产权的体系基础比较薄弱,难以找出将知识产权诸分支联结为整体的逻辑依据。虽然知识产权各种学说之间有很大程度的关联性,存在交叉重叠,但总体上各学说只反映了研究者不同的理论视角。每种学说都只注重知识产权某一个侧面、某一个方面的特征,具有特定情景的实践意义,不能完全包含、包容另外一方的观点,观点之间的冲突甚至矛盾的现象很普遍。这正是托马斯·库恩(Thomas Kuhn)的"前范式"阶段的写照:同时存在许多相互竞争的流派,对"何为本学科的研究对象"仍有分歧,出现严重的知识体系认同困境。总而言之,知识产权的客体是一个"难题",如果不采用正确的理论视角进行解读,结论自然是冲突甚至矛盾的,这显然不利于学科交流与发展。

1. 全面系统干预视角下知识产权客体认知差异原因

各学说视角不同,导致研究者们对知识产权客体的认知存在根本分歧,出现概念认知分歧、工具主义流行等情况,这对知识产权法律本身乃至法律整体的体系性、融贯性不利。作为一种元方法论,全面系统干预(total systems intervention,TSI)是指将待分析对象整合为系统,将对象的各要素按照发生逻辑、相对价值或结构区分为各层级的不同整体,寻求整体之间和层级上下的良性互动。②基于全面系统干预思维,现有的着眼于知识产权客体与对象研究的学说,各自代表一种从特定视角出发选用的理论基础和对应的方法论,而分析各理论基础的关键就是准确解读其背后的系统隐喻。

所谓系统隐喻,即为在对处于各层级的整体进行认知和表达概念时,借用某个领域的结构、原理和概念来解释另一领域的复杂现象。知识本身和知识发生

---

① 郑成思:《知识产权论》,法律出版社1998年版,第13页。
② 这里的"干预"有整体审视并理性认知加工之意。TSI 由英国学者罗伯特·弗勒德(Robert Flood)和迈克尔·杰克逊(Michael Jackson)提出,是系统科学领域广泛采用的一种解决复杂问题的系统思维和系统方法,其常规路径为:首先找出对混乱问题情景有洞察力的系统隐喻及要处理的议题,其次挑选与系统隐喻匹配的主要系统方法论与辅助系统方法论,最后用选出的方法论"干预问题"情景,提出有创造性的建议及对策。显见 TSI 是一种高阶的解决问题之道,不仅关注特定解决办法,而且深究特定解决办法背后的隐喻,最终致力于选择最优的办法来分析问题和解决问题,因而也被称为元方法论。

机理的复杂性决定了认知结果的多样性,这导致知识产权客体最终必然表现为集自然属性、社会属性、法律属性为一体的拟制物。对于知识产权客体研究,系统隐喻必须遵循知识产权基本原则,以交叉视角对被解析对象进行阐述,以此构建法律框架。精准解构各理论视角所依赖的系统隐喻,对于合理评价并整合有关知识产权客体的多元理论至关重要,这是实现对知识产权客体全面认知的基础。简单来说就是先行寻找可作为解决知识产权客体混乱问题依据的系统隐喻,而后挑选与其匹配的主要系统方法论和辅助系统方法论,最终实现有效干预。[①] 运用全面系统干预思维,对目前主要的理论视角背后的系统隐喻进行研究,并分别探寻各种理论视角的理论基础和理论依据后,分析结果如表 1.3 所示。

表 1.3　理论视角背后的系统隐喻与理论基础和理论依据

主要流派	系统隐喻	理论基础和理论依据
智力成果说	物	劳动价值论、罗马法
信息说	信息	信息论、系统论、卡尔·波普尔(Karl Popper)的"三个世界"理论
知识财产说	财产知识	经济学、劳动学说、人格理论
无形财产说	财产	经济学
形式说	形式	亚里士多德的"四因说"
符号说	符号	结构主义哲学、符号学
知识产品说	物	劳动价值论、罗马法

如表 1.3 所示,界定知识产权客体时,从多种理论和系统隐喻角度寻求一致结论的尝试并不成功。各种学说往往侧重于客体某一方面的特征,对知识产权客体的理解和术语解释的认知分歧由此产生,例如"形式"与"符号"等概念在不同学说中的诠释并不完全吻合。正如一些学者指出,"在这个貌似繁荣的新兴学科中,连'知识产权'这个最基本的概念都存在严重的分歧"[②],"知识产权法理论研究中隐藏着深刻的体系认同分歧"[③]。

尽管理论基础未能达成一致,但我们仍可以发现系统隐喻的连续谱系化特征。如图 1.2 所示,系统隐喻从左到右分别是符号、形式、信息、知识、物、财产,越来越侧重知识产权客体的财产性特征,客体的物性越来越大,主体的涉入(involvement)也逐渐增强。从右至左,知识产权客体越来越趋向于符号化、抽象化。越是物性得到强化,就越体现创作者倾向于将知识产权客体视为特殊财产

---

① 杨建梅:《系统隐喻、系统方法论的系统体系及全面系统干预》,载《系统工程》2000 年第 2 期。
② 李琛:《论知识产权法的体系化》,北京大学出版社 2005 年版,第 3 页。
③ 马晓莉:《知识产权客体"学说"的比较分析》,载《中国知识产权报》2001 年 11 月 1 日。

进行规制和约束;反之,越是强调知识产权客体的符号化特征,就越倾向于从客体表现形式本身展开理解,将其视作信息的传播过程或符号各要素发挥作用的全流程进行保护。系统隐喻的谱系状态也指出了这样的现状:知识产权客体是一个覆盖面广泛、内涵丰富的概念,直接创造一个概念用于涵摄知识产权客体本质的尝试具有挑战性。

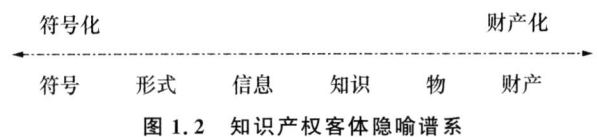

图 1.2 知识产权客体隐喻谱系

全面系统干预元方法论从谱系化特征着手,对知识产权客体的系统隐喻展开初步剖析。这一元方法论要求准确剖析理论视角,归纳其背后的系统隐喻,尤其要求取舍后选择恰当的系统隐喻作为主要路径。[①] 纵观知识产权客体理论的发展进路,将知识产权视为财产、当作智力劳动成果的思维是根深蒂固的,脱胎于民法体系的知识产权仍然适用于民法规范,这一点从立法中将智力劳动和知识产权权属深度捆绑可以看出。因而当下的知识产权理论研究中,主要的系统隐喻是"物",其次是具有法律意义的"财产"。这两种系统隐喻可以说统领了当下的知识产权研究,是当前的主要隐喻,也是大部分知识产权客体研究的出发点及思维工具。

随着20世纪哲学的语言学转向,符号学的深入探索,符号与知识、信息间的关联逐渐得到重视,"符号"作为核心系统隐喻的地位得以强化。在符号结构不断精简的过程中,符号的意义得到解放,逐渐迫近知识产权的内涵。[②] 原产地标记权、商业秘密权、专利权、商标权等权利保护符号的信息,侧重对象是知识的内容。而著作权则关注具有独创性的符号信息与符形组合,将知识形式和知识内容全部涵摄入保护范围。将符号视作核心系统隐喻,旨在强调其对知识的内涵和外在表现形式的综合性保护,覆盖了知识的实质与形式,构成了一种全新的财产权利。

简单地采用模糊论的认识方法,仅仅承认知识产权范围的不确定性以及开放性而无所作为,是一种消极的认知方法。而采用全面系统的方法、将干预方法引入知识产权客体研究是一种主动的建构认知,相对于知识产权研究中消极的模糊化处理方法而言,无疑向前迈进了一步。

2. 波粒二象性视角的客体认知混乱原因

现代知识产权法保护的创造性智力成果和工商业标记,无疑是广义知识的

[①] 杨建梅:《系统隐喻、系统方法论的系统体系及全面系统干预》,载《系统工程》2000年第2期。
[②] 彭学龙:《商标法的符号学分析》,法律出版社2007年版,第40—41页。

一部分,可以说它们具备知识的全部特征。然而作为现代社会使用率极高的一个词语,知识的内涵本身非常复杂,人类社会对知识本质的认识过程并未终结。这里以知识的波粒二象性简要分析知识产权客体复杂性的来源。所谓知识的波粒二象性,是指当我们把知识看作实物时,强调了知识的实体性质,类似光波的"粒性";当我们关注知识的动态性,突出交流、参与、认知的重要性时,强调了知识的过程性质,类似于光的"波性"[1](详细论述可参见本书第十章相关内容)。如果仅仅重视知识的物的特性,实际上是突出了"粒性"。强调知识产权客体这种知识的无形性、信息性则是从"波性"角度分析的。从知识的波粒二象性理论来看,现有框架只强调了知识的"粒性",忽视了知识的"波性",即仅强调了作为实体的知识,而忽视了知识的过程性、内隐性特征。基于知识的波粒二象性视角,现代知识本身具有复杂性、多重属性,对知识产权客体的认知存在侧重一个方面而忽视其他方面的情况。

  从知识、信息发生角度来看,知识产权客体并非单一信息,客体具有的价值性和特定功能是经由社会化选择和评价而形成的。其中上升到客体的信息组合,有创新增量的信息,也有存量的信息。客体首先是信息。经由主体的干预和投入,包括社会化选择过程,客体的信息及其组合的特定功能及价值被认知、肯定甚至传承等。可见,从信息到知识逻辑过程,不仅有纯粹的信息,也有人的因素和社会因素。从发生学角度来看,有特定功能的创新性知识,其来源是在信息基础上的创意,后续发展过程中离不开社会性因素的作用。契克森米哈赖对创意及创新的理论有较好的解释,认为创造是一个系统内部各要素相互作用的结果,如个体、领域、专业等。[2] 创造是改变现存专业,或者将某个现有专业转变为一个新专业的活动、观念或产生的产品,创造性不是个体现象,而是全方位的现象,必须运用系统的观点,才能一睹全貌。契克森米哈赖认为,创造产生于某一特定的专业领域,需要以该特定领域的专业知识为基础。个体因个人背景的差异,从所处文化中获取的信息产生一些变异,这些变异的产生可能来源于个人认知的动机、变通性或是其独特的生活经验。个体可以利用某领域的知识,并通过努力将该知识加以扩展或转化。领域则是由控制某一专业的专家所构成的,他们对专业成员提出的新观点进行评价和判断,筛选出具有社会价值的观点。专业由整个社会文化的符号系统构成,负责保存既有的创造产品,将它传递给社会的其他个体并传承给后世。系统模式解释了特定时间、特定地点的创造力水平不仅依赖于个人的创造力,而且还有赖于各个专业和业内圈子如何承认和传播这种新颖观点。可见知识产权客体并非纯粹的信息,其创造过程和结果也有社

---

[1] 〔美〕维娜·艾莉:《知识的进化》,刘民慧等译,珠海出版社1998年版,第39页。

[2] M. Csikszentmihalyi. Flow: The Psychology of Optimal Experience. New York: Harper & Row,1990,pp. 12-78.

会性的一面。如果仅仅重视知识作为信息组合,强调其实体性的一面,则仅重视了"粒性"。"波粒二象性"反映了知识是矛盾的融合体,对其判断与分析如果仅仅重视一个方面,往往会失之偏颇。

3. 以拟制思维及概念化应对复杂性

如前所述,由于各学派的认识角度不同,以及知识产权客体本身的复杂性,学界对知识产权客体内涵的把握呈现出多样化特点,尚未有一个学说可以妥帖地解释、涵摄其他学说。现有相关学说仅仅罗列某种具体形式,对深入把握知识产权客体、建构知识产权理论体系远远不够或意义不大。本节从法律拟制思维角度分析,认为融通各个流派及学说的"无体物"观念是现行理论研究中具有较好解释力、能体现法律拟制思维的一种进路和方法,并分析这一新型权利设置模式的特殊性以及传统物权理论的适用性。

拟制思维是在面对复杂问题时的主动建构和能动干预。拟制的一个特点是面对抽象情景时另辟蹊径,通过类比或归纳思维的运用,经由主观能感受到的概念的引入,把本来差异很大的复杂问题的共性呈现出来,从而实现沟通,化繁为简。拟制思维是在面对复杂情景时首先调动先前已有的知识和经验来认知,其次根据对事物特性的把握来认知,并创造性建构。作为拟制思维在法律领域的应用,法律拟制是立法上将明知不同的两个构成要件在规范上等同评价,并赋予其相同的法律效果,它是立法上必不可少的手段和技术之一。[①] 比如,以拟制思维拟制一无体物,类比物权的概念。法律拟制在本质上属于类推思维,通过制度性的安排来减少复杂性和化解不确定性,使其能够符合人们有限的认识能力。虽然两个不同的构成事实在表现特征上存在差异,但深层结构及运行规律或许有类似之处。如二者存在同一的意义和关系,那么在同一意义和关系的观照之下,拟制思维可以使二者获得同等评价,进而赋予其相同的法律效果。拟制思维和概念化有异曲同工之妙。事实上,概念形成的方法是"舍弃不重要之特征",具体言之是基于某种目的性的考虑(规范意旨),就其对该对象已认知之特征加以取舍,并将保留下来之特征设定为充分且必要,同时在将事实涵摄于概念的运作过程中把其余特征一概视为不重要,而不是要完全掌握该对象的一切重要特征。[②]

借助概念化及法学拟制思维,以类推、归纳的思维逻辑拟制抽象的"物",能够实现对这种有价值信息和知识进行制度创设和治理的效果,弥合现有观念的分歧。"环境开放、运行闭合"是法律系统在运行过程中应对外部环境冲击及处理和其他系统关系时的有效规则。特别是一些新兴事物冲击原有法律系统,使

---

① 赵春玉:《法律拟制的语义内涵及规范构造》,载《思想战线》2016年第5期。
② 黄茂荣:《法学方法与现代民法》,中国政法大学出版社2001年版,第39页。

得旧规则难以解释或不再适用于新环境时,法律系统会基于自身内在逻辑去认知、处理这些问题,并设置新的规范,甚至重新设计相关制度,并在此过程中发挥规制和调控作用。鉴于法律系统内部有相对严密、完整的物权及财产法体系,基于法学系统内在的逻辑规则来理解知识产权问题并处理知识产权客体及其设权问题、制度建构问题,物权规范、财产法逻辑自然不能缺少。所以用抽象物来理解、处理知识产权客体等也符合法学传统。

(四)知识产权客体特质认知的"准物化"进路

1. 无体物、结构体概念的拟制

知识产权客体外延广泛,但无论是专利的技术方案,著作权中作品源于思想的构思与表达,还是商标标识图案与基于此形成的特有结构关系,知识产权客体都具有可以被感知的外观。为了统一已经存在的客体类型,以及为未来要出现的知识产权客体预留描述与界定空间,都需要遵循概念化、拟制的规律,舍弃不重要之特征,对知识产权客体特质、本体论层面展开拟制,赋予新的隐喻,进而较好地达成理论解释的一致性。这里借鉴亚里士多德的"四因说"进行概念化与拟制。首先可以把知识产权客体归类为"物",其次进一步界定为"无体物""结构体"。亚里士多德认为事物存在的根本原因有质料因、形式因、目的因、动力因等四因,其中质料因是一切事物构成和存在的条件,即可谓铜之于雕像,银之于银戒。形式因是决定一个事物之所以为一个事物的原因,即事物之结构。质料因和形式因显然富有系统论意蕴,可以理解为物的结构和要素。知识产权客体与自然界中之物、物权法中之物的区别是有结构、无质地。何敏教授的相关研究中也认为知识产权客体为"有构无质"的"物"。[①] 知识产权客体核心"有构无质"的特性,意味着它们拥有清晰的结构和规则,但缺乏物质形态。彼得·扎霍斯(Peter Drahos)在无体物的基础上提出的抽象物(abstracta)理论可以帮助理解这一特性,即知识产权所保护的是非物质性的、非物理性的客体。[②] 抽象物这一概念意味着虽然"符号、过程、表现形式和信息"这类典型无体物可以被人类智力所创造和理解,但并不占据物理空间,人们可以通过认识掌握抽象物的结构和运行规则,但是始终不能感知其质地。拟制无体物概念能够更好地对知识产权客体形成正确认知,如版权保护形式、专利保护实施过程,以及商业秘密保护信息等。

"结构体"的概念可以作为无体物的补充。系统科学认为,世界中的一切事物,无论是自然、人造的或者观念上的事物,都是系统。物的概念换言之也是一个系统。一个研究对象只要被看作是一个系统,就会具有它作为系统应该具有

---

① 何敏:《知识产权客体新论》,载《中国法学》2014年第6期。
② 转引自冯晓青:《"抽象物"与知识产权的关系——研读〈知识产权哲学〉的体会》,载《知识产权》2001年第2期。

的一些基本的系统性质,其中包括整体性、稳定性、适应性等,这些性质对于系统的存在与变化十分重要[1],具有结构本质的知识产权客体同样具有这些基本特征。系统视角的引入有本体论意蕴,一定程度打开知识产权客体的"黑箱",会凸显其整体的价值和结构等,为进一步研究带来极大裨益。无体物概念强调了质地方面的"无",结构体则强调了形式因中的结构与形式。两个概念相映成趣,可以互换。唯物辩证法范畴的要素—结构—功能理论认为,要素是事物的必要因素,结构是各要素的相互组织和配合,结构是系统内部组成要素之间的相对稳定的联系方式,结构体则是诸因素经过结构组合之后与环境相互联系时形成的整体或系统。功能是指系统与外部环境相互联系和相互作用中表现出来的性质、能力和功效。要素之间如果缺乏内部联系,无法形成系统结构,缺乏外部环境,就谈不上系统的功能。[2] 除了系统论一般原理作为"结构体"的概念的理论支撑之外,哲学中的结构主义反对只求局部、不讲整体的"原子论"倾向等观点,契合系统论的整体观视角,也可为"结构体"的概念提供理论和学理依据。因而"结构体"相对于"无体物"的概念内涵更丰富。

知识产权客体之所以为法律上的客体和对象,不是因为知识产权仅仅是一般的知识,而是其整体上具有知识性、创造性及价值性等,可以定性为经济学上的稀缺资源。知识产权客体作为一个有完整体系的结构体更能凸显客体的无形性、增量知识性、价值性等特点。无论作为知识产权客体的"无体物",还是作为物权客体的"无形物""有体物"都属于哲学意义上的物质,在法律中并无本质的不同,都需要通过支配这些物质来实现其上所承载的利益。从系统法学的角度来看,结构体的优势在于其能够更好地反映知识产权客体的复杂性和多元性。这种视角强调了知识产权客体作为一个整体的系统性,有助于理解其内部组成部分之间的相互作用以及这些组成部分与外部环境之间的联系。整体性考虑能够使人认识到知识产权客体不仅仅是由单一要素构成,而是由多种要素相互作用的结果。

2. 无体性、结构特性的学界观念趋同

"抽象物并不存在,或者我们可以宣称它不存在。知识产权中的抽象物采取了一种法律虚拟的形式",拟制思维是一种得到普遍承认的处理办法。[3] 无体物、结构体概念的拟制,舍弃不重要之特征,可谓化繁为简,回到本源,并赋予新的隐喻,自然涵摄性、统合性强。知识产权客体的智力成果说、知识产品说、知识说、信息说等都可以纳入到无体物、结构体框架之下。围绕一个研究对象从不同侧面窥探客观真实,基于东方哲学中"体""相"意蕴,可进一步分析知识产权客体

---

[1] 朴昌根:《系统学基础》,上海辞书出版社 2005 年版,第 232—235 页。
[2] 魏宏森、曾国屏:《系统论的基本规律》,载《自然辩证法研究》1995 年第 4 期。
[3] 吴汉东:《法哲学家对知识产权法的哲学解读》,载《法商研究》2003 年第 5 期。

的关键特性,即知识产权客体具有哪些独特的性质,兼顾特质和特性二者有利于从整体把握知识产权客体。特质意味是对本体论层面的界定,特性是知识产权客体所呈现的特有性质。显然无体性(非物质性)、结构性是最能反映特质的两种属性。事实上一些学者对此的观念逐渐趋同。如吴汉东教授较为系统地论述了知识产权客体即知识产品的非物质属性,指出知识产品是相对于动产、不动产之有形而言的,具有不同的存在、利用和处分形态。知识产品这一用语隐含了知识形态产品的外延范围,强调这类客体产生于科学、技术、文化等精神领域,只能由人类的智慧劳动创造产生,明显地表现了客体的非物质性和商品经济下的财产性。① 刘春田教授有类似观点,认为知识产权对象(客体)是形式,是结构,知识产权对象是无体的、非物质的②。从这个意义上刘春田教授早前提出的"形体说"与何敏教授的"质构论"有异曲同工之处,都强调了知识产权客体的无体性、结构性。

形式和质料引入到客体认知中符合认知习惯,因为形式和质料的维度是认知事物特点的两个常用维度,如亚里士多德的四因说中的界定。形体说强调了客体作为一种抽象物的两个维度:"形"与"体"。英语相关文献中对无体物、非物质性的解释也是一种佐证。如按照《布莱克法律词典》等的解释,"intangible"除了作为形容词表示无形性之外,作为名词时是指缺乏物质形式的某种东西(something that lacks a physical form),特别是指以非物质形式存在的资产,如知识产权(especially, an asset that is not corporeal, such as intellectual property)。可见"intangible"在表达知识产权客体、智力成果、知识产品内涵时,主要是相对于物权对象即物的本质属性"以物质形式存在"(tangible)而言的。"intangible"翻译为"无实体的""非物质性"可能更贴切。③ 从这个翻译中也可间接感受到知识产权的非物质性、无体性。

3. 无体物特质及"专有+限制"的制度设计理路

这种抽象物、无体物的显著特点包括:第一,不发生有形控制的占有。第二,不发生有形损耗的使用。与有形物不同,知识产品在一定时空条件下可以被若干主体共同使用,而且该种使用不会像有形物使用那样发生损耗。第三,不发生消灭知识产品的事实处分与有形交付的法律处分。为了防止他人"搭便车",使智力成果或知识的创造者能够有机会收回付出的成本,法律赋予权利人对其客体对象具有不同于传统物权或债权对象的"专有"保护,"客体共享,权利专有,利益排他",以便更好地维护知识产权创造者或承受者的利益,促进社会总体知识的增加,实现知识产品的价值。与此同时,为防止由于法律赋予了创造者

---

① 吴汉东:《无形财产权的若干理论问题》,载《法学研究》1997年第4期。
② 刘春田:《知识财产权解析》,载《中国社会科学》2003年第3期。
③ Annette Kur and Thomas Dreier. European Intellectual Property Law. MA: Edward Elgar, 2013:2.

对其智力成果或知识的"专有"或垄断,因而不当抬高相关商品或服务的价格,造成智力成果社会化利用成本的增加、社会总体福利的减少,以及竞争的排除等,需要在使用传播和激励创造之间取得某种程度上的平衡。平衡的办法是对知识产权拥有者的"专有"权利进行必要的限制,如对时间、地域等方面的限制,以及对一些特殊情况下的权利的限制,如为公共利益所必需或者整体社会运行所需的相关合理使用限制等。正是知识产权客体的非物质性,使得法律在赋予权利人就其知识产品享有不同于物权或债权等"专有"权利的同时,对其"专有"权利在时间和地域方面进行适当限制,由此衍生出知识产权的特有属性,即"专有性""时间性"和"地域性"等。

(五)知识产权客体的特性

与物权法中的有体物相比,知识产权客体有以下几个明显的特性,每种特性都给权利设置及相应的管理带来了实质性影响:

1. 知识产权客体的无形性及可复制性

知识产权客体的无形性,也称为非物质性。这一特征指出了知识产权这种财产权的客体与有形财产权的不同,必须通过一定的物质载体表现出来。知识产权客体的无形性使其容易脱离知识产权所有人的控制。知识产权权利人即使在其权利全部转让后,仍有利用其创造的智力成果获取利益的可能性。因而,法律上有关知识产权侵权的规制、知识产权保护与贸易、知识产权流转等问题变得比物权更为复杂。

可复制性是一种工业再现性,是指智力成果可由一定的有形形式去固定、去复制,可以重复再现、重复利用的特性。可复制性还表现为按照同样的规则和程序可再现出同样的研究成果,这个层面的含义体现了客体知识的客观性、实在性、可重复性,以及不以人的意志为转移的特点。比如一个技术方案,按照正常的操作方法去应用,会产生特定的技术效果。因无形性、非物质性,知识产权客体可在相同时间以不同形式的载体反复再现相同的结构。共享性、可复制性是信息与物最根本的区别之一,正是由此导致了知识产权乃至信息产权与物权的巨大差异。[①]

可复制性是知识产权客体发挥价值的基础。通过对知识产权的利用,将其客体和本身体现在某种产品、作品及其复制品或其他物品等物质性载体上。知识产权客体的可复制性是知识产权被看作财产权的内在原因之一。当他人获取或利用该信息时,并不会导致信息创造者失去该信息,但其利益或许受到了损

[①] 郑成思、朱谢群:《信息与知识产权的基本概念》,载《河南省政法管理干部学院学报》2004年第6期。

害。因此,有必要以法律手段控制他人的使用,基于对客体上使用价值和交换价值的保护,对非权利人利用客体的行为进行控制。这就有了知识产权客体治理的一个基础法律原则:"客体共享,权利专有",或者"客体共享,利益排他"。追根溯源,可复制性特点来源于信息本体层面。可复制性与知识产权客体的无形性和信息性一脉相承。作为一种特定的信息,知识产权客体自然具有可复制性,也可称为共享性。知识产权客体的可复制性也是构成知识产权独立的一个必要条件。无论是何种知识产权的客体,都有可复制性特点。无论是技术方案还是作品,因具备可复制性,可进一步重置整合或进一步加工,并借助有形的载体使得知识产品或新的智力成果成形并在市场上流通。

客体由于其无形性,需要用文字描述来界定其权利范围,而非类似物权的直接感知,这导致知识产权权利边界有一定程度的模糊性。尽管有些专利权利要求图书等外在表达形式的界定,但其边界尚无法达到如有体物边界般的清晰、可感知状态,存在着相对清晰的相同侵权和相对模糊的近似侵权、实质性相似和等同侵权等情形。因此,不同于一般的商事习惯法,知识产权法既属于典型的商业规则,也是一套高度复杂的专家法;它不仅涉及具体的商业决策,而且包括最基本的侵权风险评估。这些问题过于专业化,即使在产业内部也都是交由专门的律师去处理,故而期待个人理解这些复杂的规则并把它们内部化为自己行动的准则是不现实的。① 尽管知识产权客体的边界具有模糊性,但不影响知识产权的保护范围仍处于一种相对确定的状态。

2. 知识产权客体的实用性及价值性

实用性、有益性是知识产权客体的价值所在。知识产权客体必须具有实用性,即成为知识产权的客体的信息能给权利人带来实际的或潜在的利益或特定竞争优势。知识产权的客体必须具有有益性,或者满足人们精神生活的需要,或者能投入生产或服务领域,有利于转化为有形的物质产品或无形的服务方式,或者提升产品和服务功能与特性,满足人们对物质生活的需要,带来相关效益。如《中华人民共和国反不正当竞争法》(以下简称《反不正当竞争法》)规定,商业秘密是指不为公众所知悉、具有商业价值并经权利人采取相应保密措施的技术信息、经营信息等商业信息。正是商业价值性,使这部分智力成果从众多智力成果或知识中脱颖而出,成为知识产权的客体与对象。从这个意义上讲,实用性及有益性是成为知识产权客体的根本条件。如《中华人民共和国专利法》(以下简称《专利法》)规定,授予专利权的发明和实用新型,应当具备新颖性、创造性和实用性。实用性就是指该发明或者实用新型能够制造或者使用,并且能够产生积极效果。

---

① 章凯业:《版权保护与创作、文化发展的关系》,载《法学研究》2022年第1期。

3. 知识产权客体的增量性及创新性

智力成果首先体现为智力活动,是人类的智力劳动成果,表现为一定的知识和技能的创造。知识产权法的立法宗旨在于鼓励人们不断创造出新的知识和技能,满足人们不断增长的物质和文化需要。现行知识产权法律法规所保护的智力成果主要是具有创造性的智力成果,这与传统的民法中所保护的物质产品有显著不同。借鉴经济学的存量、增量概念,知识产权客体由存量知识和增量知识两个部分构成。其中存量知识不属于特定知识产权客体的范围,而增量知识则是考量特定知识产权客体能否成立及其保护范围的重要因素。存量知识、增量知识的区分贯穿知识产权授予和救济的全过程,广泛应用于著作权法、专利法、商标法等领域,发挥着全面的指导作用。创造性是智力成果取得知识产权保护的条件。在知识产权法中,创造性是技术发明、作品和商标等受到法律保护的依据,由此带来授予权利人一定时期垄断的合理性。当然,针对不同的受保护对象,法律对其要求的创造性程度也不同。一般来说,专利权保护的发明创造所要求的创造性最高。

4. 知识产权客体的外部性及公共属性

知识产权客体的信息与其他类型的物质的一个重要区别在于客体的外部性及公共属性。知识产品一方面具有公共产品的"非竞争性",另一方面具有特殊的消费"非排他性",表现为学习性消费的天然非排斥性和经济人生产性消费的可控非排他性。知识产品特殊的"非竞争性"和"非排他性"表明它是一种准公共产品。知识产品的准公共产品性质,使得知识产品必然产生外部经济效应,如果不加干预,会出现大量"搭便车"行为,市场对相关资源的配置效率不佳,可能导致知识生产供给的严重不足。制度经济学理论认为,抑制外部经济效应的方法是根据效率原则明确产权。但如赋予知识产品过大、过久的垄断权,又会因公有领域知识及创意欠缺,在创新源头上抑制知识产品的生产,阻碍知识产品进一步的生产、流通和消费。为此,知识产权制度通过法律制度安排,根据不同知识产品的生产成本、自然寿命、外部经济效应等因素,赋予生产者对其创造的知识产品一定时间的垄断产权,所谓以垄断换公开,即换取知识产品生产者将其创造的知识向社会公开和知识产权期限届满后对其产权的放弃。

公权机关需要考虑个人利益与社会利益的平衡,对知识产权提供保护的同时要求权利人向公众公开相关的信息,且只提供若干年的保护。如在专利法方面,我国施行先公开后实质审查制度,可避免重复投入或重复性生产研究,对专利保护有一定年限等。此外,法律仅通过对特定行为的规制来赋予知识创造者相关权利。我们知道知识产权客体具有使用价值和交换价值,但是基于智力成果的可复制性,并不是所有对智力成果的利用行为都能禁止,国家在对知识产权提供保护时,不可能对知识产权提供类似于物权的全面支配权的排他权,法律需要通过对特定行为的控制来调整客体的外部性,以治理的方式赋予权利。这样的制度安排解决了知识产品作为公共产品的生产和消费不足问题。而知识产权一旦期限届满,即进入公有领域,任何人均可使用。这在一定程度上为知识产品的创新提供了动力,有利于形成知识产品生产与消费的良性循环。

从以上对知识产权客体特征的分析,也可归纳出其一般性规律。客体的无形与无质是其本体层面的特质;无形性和信息性是由客体本体层面特质决定的,是知识产权客体的基础性质。无形性衍生出可复制性,是其本体层面属性的自然延伸;增量性及创新性是其逻辑前提;实用性及价值性是知识产权客体的法律价值所在,是客体在上升到法律范畴后由法律体系进行的价值化评判。基于知识产权客体的本质及其特有属性,可以进一步理解与分析知识产权内涵、范围及相关制度的运行机理与规则。

四、知识产权法律制度运行规则

知识产权法律制度作为一个整体,涵盖多个方面内容,这里主要从知识产权法律基本规则等方面进行简要介绍。

(一)客体法定及权利限制

1. 知识产权客体及权利法定性

知识产权客体的公共性、外部性与知识产权的专有性、私权性之间客观存在着对立关系。为缓和这种矛盾,立法者有必要在创设权利时,基于利益平衡的考虑,将权利人因知识产权而获得的诸如市场竞争优势等利益限定在合理的范围内,不能挤占公有领域利益,同时在司法领域反对在知识产权法定种类、内容之外,赋予法官过大自由裁量权(所谓"法官造法"),限制法官在司法活动中超出法律规定不合理地扩张知识产权保护,使其不至背离立法确立的目标[①],从而更好地为实现国家在知识产权领域的政治、经济和社会政策目标服务。并非所有的知识、知识成果都可以像知识产权客体一样受到保护,许多有价值的想法并不受保护(见图1.3)。通常能成为知识产权客体受到保护的,是那些新颖的、有用的、可界定的,并且可以依法对其进行管理的知识。对哪种信息与智力成果给予保护、给予何种范围与多长时间的保护,需要法律去限定与确认,此即知识产权法定原则,这也是成文法的一般性特点;各具体类型的知识产权的内容,包括权利的行使方式等由法律统一规定,从权利内部使得各具体类型的知识产权的权利界限尽可能确定,减少知识产权客体及对象难以特定化所造成的弊端。

为缓和知识的公共性与知识产权的私权性之间的矛盾,在知识产权构造中,

---

① 李强:《知识产权构造的法理困境与出路——以权利对象特定原则为线索的考察》,载《政法学刊》2010年第3期。

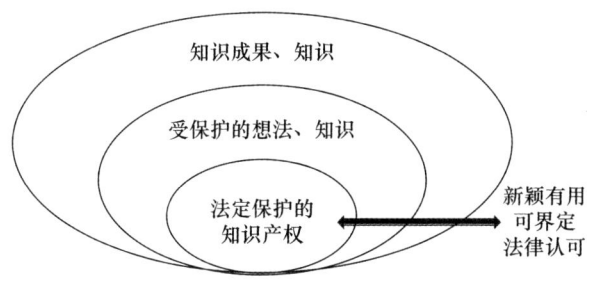

图 1.3 知识产权的轮廓

法律可以对知识产权的对象与客体等加以限定,这种限定可概括为知识产权的法定主义。知识产权法定有三层含义:第一,作品、商标、专利等智力创造成果成为知识产权的客体需要法定;第二,知识产权权利的内容和类型需要法定;第三,并非所有智力成果都需要保护。知识产权属于法定权,知识产权客体的种类只有经过成文法的确认和认可,才能成为知识产权法律关系的客体,成为知识产权法的保护对象。究其原因,权利系以对客体加以支配为途径,达成在客体之上配置利益之目的。一方面,作为调整人的行为和社会关系的机制,在调节知识产权客体创造、归属、使用与利益分配等方面社会关系时,法律完全可以为知识产权客体的创造、归属、使用等创造权利机制,为知识产权客体利用方面的争议与冲突等提供解决规则和规范,规制相关侵权行为,引导和鼓励人们的正当行为,起到定分止争的作用。另一方面,法律在调节、引导涉及知识产权客体创造、归属、使用与利益分配等方面社会关系时,应合理、适度,以"如若不然则必然影响社会公正与社会效率"为限。例如,并非所有知识产权客体利用行为都应排斥,法律应给出明确界限,同时兼顾权利体系内在的自洽与效率。知识产权这种特殊权利类型需要法定,一方面是为了防止权利人滥用权利,另一方面是为了维护权利人的利益,国家在对智力成果提供保护时,更加清晰地划定知识产权的权利范围,即知识产权的类型、种类明确且有限,要保护的每一类型知识产权的权利内容由法律统一规定,杜绝法官造法。

2. 知识产权权利限制

为平衡权利人利益与权利相对人及公众利益,无论是专利法、商标法还是著作权法,都以不同的立法技术分别设置了不同的知识产权权利限制制度。"权利用尽性权利限制制度"和"合理使用性权利限制制度"是两种有代表性的权利限制制度。由于知识产权客体的特殊性,这些特定智力成果的知识产权在权利效力方面具有时间的确定性和地域的限定性,这便体现为知识产权的期间限制性和地域限制性,前者为"时间确定性知识产权权利限制制度",后者为"地域限定性知识产权权利限制制度"。①

学界对知识产权的限定有不同程度的理解。除了时间确定性限制和地域限定性限制外,有学者认为知识产权法定也是一种限定,如对知识产权客体对象的限制,即并非所有智力成果都要受到法律保护。又如,对权利类型进行限制。现代知识产权制度借鉴私人财产制度,将知识活动纳入现代资本生产模式,调节知识产品的生产、使用、消费、流通等活动中产生的生产关系,创造知识产品生产、流通、消费、使用的归属和流转的秩序价值。在人类知识生产过程中,有一类自古以来就存在的探索未知的人类活动,这种纯粹的求知活动和探索活动增加了人类的知识总量。这些属于"非生产领域"的创造活动,客观目的是人类共享知识资源,显然不适用资本模式下运行的知识生产规则。以生产带有商业生产性质的知识产品为目的的知识生产活动,是为了确定个人对智力成果的独享权利,获得个人知识财产权。这带来了两种领域知识创造动机及调整机理方式的不同,现代知识产权法无法解决后者的激励,提供后者的衡平规则。这决定了知识产权法要预留空间,对这类活动予以法律上的自由与保护,比如为一般意义上的创作保留必要的公共领域,不因资本主导的权利秩序影响普遍存在的求知活动秩序等。特别创意的发生发展需要大量的公共领域知识、本地知识、特有技术等,如果公共领域知识枯竭,进一步的创新则如同"无源之水,无本之木"。因而保留足够的公有领域,对知识产权权利进行必要的限制是正当的。设立专利权、著作权不仅是为权利人提供合法垄断,而且是为了鼓励创新。在一些特定情况下,允许公众使用作品,反而更有利于立法目的的实现。

权利限制背后是各方相关当事人利益的平衡。无限扩张权利人的排他权利范围,势必将影响权利相对人的个人利益及社会公众的公共利益。这个平衡需要科学审视,综合评价。过多限制权利人权利的行使无疑会使得私权性财产权利受到不适当的干预。法律的公平性要求任何一类法律规范都必须遵循权利人利益与公共利益相平衡并有利于社会进步的原则,知识产权权利限制制度也正是针对这一原则所建立起的一种平衡权利人利益和社会公共利益的制度。

(二)权利公示及权利确认性

1. 知识产权的权利公示

由于物权是一种对世性、优先性的权利,因此需要对物权的种类进行界定,并使物权的具体种类具有可识别性,而只有通过公示才能做到这一点。② 物权是一种绝对权,物权人行使权利是按照自己的意思表示而发生法律上的效果;而这种只是按照自己的意思的结果,在客观上表现出一种排斥他人意思进入的特

---

① 何敏主编:《知识产权法总论》,上海人民出版社 2011 年版,第 45 页。
② 〔德〕曼弗雷德·沃尔夫:《物权法》,吴越等译,法律出版社 2002 年版,第 15 页。

点,也就是权利人在实现自己的权利时不许可他人意思发挥作用[①],这体现为物权的排他性,其变动要产生排他性的效果,如果没有外界辨认其变动的表征,则会使第三人遭受损害[②],因此基于物权的排他性,物权必须公示。商标权、专利权、著作权等知识产权是一种对世权(绝对权)、排他权,当然也需要建立公示制度。

专利法的旨趣在于对先进技术提供保护,对同样的发明创造只能授予一个专利权。为了避免社会的重复劳动,申请专利的技术等须依特定程序向社会公布,因此只有在专利经过特定程序审查或者公布后才能经登记获得权利。同样,商标权的客体商业标记须符合显著性才能获得承认,且不得与他人的在先权利冲突,因此商业标识只有经过法定审查、核准程序后才能登记授予商标权。

2. 知识产权的权利确认性

知识产权权利的取得须履行法定特殊程序而非自动获得,此为权利确认性。若想要获得知识产权性质的专有排他权利,智力成果所有人应当依照法定程序进行申请或者登记,经过国家专门行政部门审查授权之后,方能取得知识产权。尽管现行实践中,著作权因其特殊性,不需要公示,完成即获得著作权,但这一特殊表现不影响这个规则及机理的合理性。归纳提出这个原则或机理,目的在于说明知识产权与一般智力成果的区别,以及与创意保护的不同。权利确定性表明获得合法知识产权的那些知识和客体,是其商业价值性与用益性,经由代表社会公共利益的行政主管部门评价与确认,使得这部分智力成果从众多智力成果或知识中脱颖而出,成为知识产权的对象与客体。知识产权的权利确认性在法律实践中表现在两个方面:一方面是法律规定性的制度,比如专利申请、商标注册、版权登记等,必须要经过确权程序,履行法定手续方可获得专有权利,也可以说是获得排他权的先决条件;另一方面因一类知识产权客体的特殊性和复杂性,相关法律规定知识产权的取得依智力成果的性质而自动获得,如商业秘密、集成电路布图设计等。知识产权的权利确认性是知识产权独特性的一种具体表现,其背后的原因是知识产权客体的无形性或无质性等。

(三)确定主体,权利私有

从客体角度来看,这是知识产权制度确定主体的规则。由前文可知,区别于一般的信息,知识产权客体是有价值的,是体现增量知识的智力成果。知识产权客体之所以称为知识产权法律意义上的客体,除了其无形性、无体性之外,还因法律体现了社会共同体对知识价值的肯定与保护。现代知识产权法治继承了私

[①] 孙宪忠:《中国物权法总论》,法律出版社 2009 年版,第 75—76 页。
[②] 梁慧星、陈华彬:《物权法(第四版)》,法律出版社 2007 年版,第 89 页。

有财产的权利归属原则,认为由确定的主体拥有或者明确的主体获得权利,社会上的资源各有其主,会更有效率地保护和使用资源与财富,从而有益于社会总体福利。确定知识产权主体,让其既承受生产这种知识或信息的成本,也享有其收益,即承担对这种知识或信息资源的活动的全部后果的机制,能够充分调动起人们发明创造的积极性。这是现代私有财产制度的基本运行规则,得到了制度经济学的理论支撑。如迈克尔·贝勒斯(Michael Bayles)认为,在私有财产制度下,"一切资源均须由确定的主体拥有,或者必须明了确定的主体如何获得对资源的所有权"①,这一原则孕育着效率和秩序。现代知识产权制度是世界范围内普遍接受的基本原则:TRIPS协定把权利视为私有作为条约的基础。在知识产权主体内在的自利与理性行为的指引与驱动下,借助市场机制,达到对其所控制的知识或信息资源的最佳使用。因此,知识产权制度利用市场机制来促进创新,借助市场经济运行规律,通过产权机制,赋予特定信息产品排他性权利,禁止未经权利人许可的信息利用行为,知识产权法"将行为规制物权化"②。

围绕"私权"这一概念,知识产权法律制度就权利客体、权利归属、权利内容、权利限制、权利保护等方面进行构建,在现代财产权被定义为一束排他权利的观念下,知识产权法表现出来的一些差异仅仅被看作是对财产法律形式的微调,并不影响对知识产权作为私有财产的定性。③ 现代知识产权法充分利用市场经济"看不见的手"的作用进行配置和激励。如按照一定规则把某些有一定价值的知识或信息确权给经济人,经济人在利益的驱动下会关心其知识或信息资源的合理生产和充分利用。这种制度安排体现了一种特定治理结构,是现行国际社会普遍接受的治理模式,其治理效率及治理效果和市场经济这一特定结构深度关联。需要说明的是,知识产权私有、主体确定、赋予创造者知识产权的制度设计非唯一配置和激励模式,也未必是最优模式。有学者提出揭榜制等其他替代性制度也可体现出激励机制,制度公平性等也可得到很好的保障;然而在实践中体现更好的激励机制、评价机制等并非易事。到目前为止,各种新型设权方式的探索仍在继续,但其他类型的知识治理机制尚未得到充分论证与实践检验,还停留在理论假说阶段。

(四) 平衡利益,衡平对价

从经济学角度来看,知识生产需要付出时间和精力等成本,并且知识的价值实现也存在不确定性。如果无人分摊有价值的知识创造与生产的费用,社会总

---

① 〔美〕迈克尔·D.贝勒斯:《法律的原则——一个规范的分析》,张文显等译,中国大百科全书出版社1996年版,第88—89页。

② 〔日〕田村善之:《日本知识产权法(第4版)》,周超等译,知识产权出版社2011年版,第23页。

③ Frank H. Easterbrook. Intellectual Property Is Still Property. *Harvard Journal of Law and Public Policy*,108(13),1990.

体的知识存量就将枯竭,出现"公地悲剧"。平衡微观个体在知识产品和智力成果上的利益与社会整体的相关利益,是现代知识产权法得以产生的逻辑基础,也是其基本任务和内在价值要求。为了实现国家整体层面的科学发展、艺术文学繁荣的治理目标,在操作层面,现代国家政府会授权相关行政机关来执行衡平导向的协调与治理,由代表社会共同利益的行政管理部门或授权行政部门对知识产权客体价值进行客观评价,如专利局对技术方案进行评审与判断。如果某项创造性知识达到规定的标准,则可获得专有权利,以垄断换公开。国家知识产权局是确权单位,通过法律授权,履行国家理性的"审查职责",确认每一笔"衡平对价"交易的发生,监管每一笔"衡平对价"的衡平性。行政单位对智力创造成果评价的实质是对知识创新达到一定高度的知识产权客体创造性程度进行评价,也包含平衡公共利益和私人利益之意。

从信息经济学角度看,无论是专利法还是版权法,都是社会对具有经济价值的私人信息予以确认并促使其充分披露的交易方式。首先,权利人、知识产品、智力成果的创造者知道社会大众不知道的信息及信息组合,并且该信息对整个社会都具有经济价值,有一定用益性。其次,知识创造者不愿意免费向社会大众提供这项信息,社会大众的理性决定愿意为这项信息向权利人支付不超过它将带来收益总额的报酬。再次,社会大众向特定信息持有者、知识创造者支付一定的报酬,以某种可接受的方式在社会当中分摊。在这种闭环式的制度安排中,代表社会共同体的政府授权行政管理部门,对专利、商标、著作权等进行评价,依据专业知识和相关标准进行决策,确定授予或不授予专有权利,并制定政策引导授权和创造、运用活动。授予或不授予,代表了私人利益和公共利益的平衡,也是一种合理对价,因此现代知识产权制度有平衡利益的目的与机制,其中合理对价是平衡的手段,以垄断换公开等是其作用机制。从这个意义上说,知识产权法律是对知识生产及利用方面的冲突利益和纠结状况所作的均衡对价的制度安排。这种安排要求在智慧创造与智慧表达不能受损的条件下设立"法律权利"。支付合理对价,规定相关顺序和程序,以各种命令建构各方必须服从的"法律体系",实现合理分享、社会共同发展的多赢目标,进而实现帕累托效率。

(五)知识产权兼具私权与公共政策的二元性

如前所述,知识产品特殊的"非竞争性"和"非排他性"表明它是一种准公共产品。公共物品供给层面通常会出现所谓市场失灵现象:市场机制很难发挥足够的调节和引导作用,如不加以干预,最终会导致知识生产和消费的严重不足。对此,制度经济学的解决办法是发挥市场经济制度作用,明晰权利界限和归属,实现权利私有。这也是现代知识产权制度设计中的主流进路和理论依据。然而,产权清晰固然对减少"公地悲剧"的发生有一定作用,但由此引发的反"公地悲剧"也是一个客观事实。由此不难看出,知识产权具有外部性,尽管其被认定为私权,但仍在一定程度上关乎整个社会总体的科技及文化发展,也正因此,知识产权制度天然存在一些不足,这种不足表现为一定条件下市场失灵和政府失灵的"双失灵"现象。对此,理论界的共识是在市场经济制度基础上,加强知识产权法治,同时因势利导,针对外部性及反"公地悲剧"现象,发挥公共政策对知识产权法的补足作用。通过调控知识产权政策天平来实现利益平衡是知识产权法和知识产权治理中的重要内容和重要组成部分,也是相关治理实践中需要直面的现实。总之,知识产权制度不仅仅是一项法律制度,在某种程度上,它更是一个具有明确功利目的的社会公共政策工具。

第二节　知识产权管理概述

管理服务于组织目标,通过发挥整合与协调作用,实现企业、组织、社会总体目标,进而体现其功能及价值。知识产权管理专业性较强,是法商结合的管理,涵盖内容广泛。

一、知识产权管理的概念、类型及特点

(一)知识产权管理的概念

根据侧重点的不同,有的学者突出知识产权管理的主体,有的突出管理内容。如朱雪忠将知识产权管理定义为:政府机构、高校、科研院所、企业或其他组织等主体计划、组织、协调和控制知识产权相关工作,并使其发展符合组织目标的过程,是协调知识产权事务的宏观调控和微观操作活动的总和。[①] 朱清平把知识产权管理定义为一种对知识产权各方面的宏观调控和微观操作进行全面系统协调的活动。知识产权管理学是一门以知识产权各方面关系的宏观调控和微观规制为研究对象,系统协调知识产权各种关系和矛盾的学科。[②] 管理是协调工作活动从而使之有效率和有效果的过程。从管理学原理来看,作为一种专门的管理活动,知识产权管理是对知识产权工作加以计划、组织、协调和控制的活动和过程。但这样定义会忽略知识产权管理的特殊性,因此国内学者的定义通常会加入知识产权工作的目的:为规范企业知识产权工作,充分发挥知识产权制度在企业发展中的重要作用,促进企业自主创新和形成知识产权,推动企业强化对知识产权的有效开发、保护、运营,增强知识产权工作效率与效益等。知识产权管理包括上述各个方面的操作原则、规范、程序和方法,以及针对各种关系和

---

① 朱雪忠主编:《知识产权管理(第二版)》,高等教育出版社2016年版,第15页。
② 朱清平:《知识产权管理学科初探》,载《发明与创新》2003年第4期。

矛盾进行的系统性协调活动。知识产权管理还体现为组织管理过程。根据上述对知识产权管理特点、范围、内容的归纳,知识产权管理是协调与知识产权有关的各方主体,借助于计划、组织、控制、领导等管理职能对有关知识产权系统、人、财、物、知识、信息等进行配置与协调,实现知识产权效益和效率的组织活动和过程。

知识产权管理主体是企事业单位、代表国家的相关行政主管部门等;管理客体是与知识产权相关的信息、组织、系统、人、财、物等,范围涵盖知识产权各个方面;管理手段和方法包括知识产权的宏观调控和微观操作;组织目的是实现价值或创造秩序,促进知识产权工作有效发展,保证知识产权成果更加有效地为人类服务。知识产权管理作用机理在于系统协调各种关系,解决各种矛盾,提高效率,创造效益与秩序等。从管理性质及内涵来看,可以从以下几点全面把握企业知识产权管理的含义:

1. 作为一般管理的具体应用,知识产权管理发挥独特的价值

管理学家丹尼尔·雷恩(Daniel Wren)在其经典著作《管理思想的演变》中总结了管理的一般作用:力图解决组织化及个人的人力、物力资源等众多问题;力图发展有关人类行为及动机的哲学和理论;实质推动了变革;努力解决一个古老的问题,即分配稀少的资源以实现组织和个人的目标,满足其欲望。今天的问题在本质上与以往相同,只是由于我们知识的增长,研究工具更加精良,且文化价值产生了变化,所提出的解决办法有所不同而已。管理及管理学经过不断完善,既有科学性的一面,又有艺术性的一面,但本质和作用没有变化。

随着知识社会发展的加速,尤其是随着网络技术对社会、经济、文化的全方位影响与推动,网络经济和知识经济进一步发展,技术创新、社会信息化、现代知识产权制度建设、中国企业全球化的深入等,都对知识产权管理提出了现实的迫切需求。特别是在复杂市场经济下,知识产权关乎不同交易方、利益方的需要,也关乎公共秩序的需要。作为一般管理的具体应用,知识产权管理发挥空间非常广阔,有独特的实践价值。知识产权管理可发挥管理的协调作用,发挥"看得见的手"的作用。宏观层面上的协调表现为优化配置资源,满足各方利益,创造与维护社会秩序;微观层面上表现为管理服务于组织目标,有效整合资源达成组织既定目标,促进企业承担社会责任,促进企业以管理为手段来获益、得利等。以商标管理为例,围绕商标权取得、商标资源增值和保值、商标权的保护等诸多方面,商标管理更具有针对性和行动导向性;此外,商标管理具体任务的达成、目标的实现等面临一定的不确定性,在一些环节,如商标战略、商标优势等管理活动,不能一蹴而就,需要事前规划、统筹安排。

2. 作为现代管理的主要构成部分,知识产权管理逐渐成为企业管理的重点领域

从管理对象来看,知识产权管理就是企业日常经营管理的内容和组成部分。企业知识产权管理之所以在现代企业管理中被摆在重要的位置,主要是因为无形资产逐渐取代有形资产成为企业竞争力的主要基础。因而知识产权管理的重要内容是创新管理,即为企业创造更多有效的智力资源和无形资产。企业知识产权既可以从外部获得(技术交易),也可以来源于内部自主研发和创新。现代企业越来越重视无形资源的管理和运用,由此衍生出现代企业管理中的知识管理、知识产权管理。知识产权管理本质上是对企业各种知识资源进行整合与配置,通过运作企业资产和人力资源,实现企业利润最大化。知识产权管理一方面侧重知识产权管理基础体系建设,主要围绕知识产权的体制建设、流程优化、信息分析、经营策略、风险管理和战略规划,通过建章立制、目标管理、战略管理等来实现知识产权的规范化、制度化管理,将外部知识产权制度"内化"为企业的制度和文化,经由管理促进知识产权的获得与利用,进而增强公司技术能力,防御公司侵权风险,增强公司的竞争能力。另一方面,知识产权管理发挥专业汇集与整合协调决策活动,促进权利的更有效保护、更好地组合及配置等,从而实现法律意义上的防守保护及经济意义上的财产增值。作为决策、资源配置与整合的协调活动,知识产权管理在企业运行和发展中发挥越来越重要的作用。

3. 作为知识管理的知识产权管理

知识是企业创新的源泉,是企业最本初层面的资源和财富。知识管理是企业开发知识、利用知识获得成功的密码。在知识管理过程中,对知识的加工、集成,形成知识产品,并通过服务来体现知识创新,都与知识产权密切相关。知识产权制度是一种利益机制,也是一种知识治理制度,涉及权益的分配、财产化,可以说是知识管理的宏观与高阶制度化形式。从微观知识价值链、创新链来看,知识产权居于企业信息和知识的价值链高端。知识产权是凭借法律制度,使企业获得的一定时间和地域范围内的垄断价值的智力资产,居于企业信息和知识资产的价值链高端。从企业资产的角度来看,知识产权是信息和知识的权利化存在形式。[①] 事实上,除了法律赋予权利的知识,现代知识产权制度还对商业秘密、一些诀窍以及采取了保密措施的客户名单和经营信息予以保护,以反不正当竞争法对侵犯商业秘密行为进行规制。知识产权、知识产权管理和知识管理天然联系在一起。知识产权管理可以说是信息管理、知识管理的高阶阶段和特定形式,这种认知对增加知识产权管理内涵的理解有积极意义。

首先,信息管理、知识管理中的一些方法可以应用到知识产权管理领域,极

---

① 肖延高等:《知识产权管理:理论与实践(第二版)》,科学出版社2021年版,第4页。

大拓展了知识产权管理认知和研究的"方法库",如将信息技术应用在知识产权领域,将运筹学、系统科学与控制论、信息论、数据挖掘、决策科学与方法等强有力的研究方法和研究工具应用在知识产权管理中,将专利信息检索、专利数据挖掘等应用在对预测新技术走向上,如信息管理中的一些概念框架信息需求、信息收集和加工、信息存储与检索、信息传递与反馈等。[1] 知识管理相对于信息管理,主要研究知识管理的架构、机制、技术、流程等,知识管理过程包括知识的获取、利用、分享、转化等[2],也直接适用于知识产权管理领域。

其次,知识产权管理重视信息技术的应用,对加强商业秘密保护、促进内部知识分享等有积极作用。

最后,基于信息管理视角,知识产权管理的重点就可突破仅仅关注权利价值维度的局限。知识产权管理实践中常见的一个误区,就是把权利管好、把权利用好,这个认知有一定合理性,但权利的产生是一个结果,如何对相关"因"下手、如何创造更多权利、如何协同整合更多部门共同防范法律风险等也非常重要。所以在权利价值维度之外,还有知识产权管理的重点,如业务嵌入与业务支持等。

需要说明的是,知识产权管理毕竟不能等同于一般的知识管理,知识产权管理活动的诸多商业和法务工具、方法、策略等不是一般知识管理所具备的。从这个意义上讲,知识产权管理拓展了信息管理和知识管理的研究及实践范围。知识产权管理因法律因素的介入,其内在逻辑已经有独特之处。而知识产权的法律权利基因和商业价值取向,决定了知识产权管理更强调管理行为的合规性和管理结果的商业性。[3] 知识产权管理相对于一般的"技术型"知识管理,其商业性、法律性特征凸显,不仅关注技术层面和知识信息层面内容,而且关注知识产权资源的许可使用及变现等商业价值和商业交换等。知识产权管理相对于知识管理而言,不仅包括客体自然属性的信息与知识,而且涉及在社会化建构中的法律和评价、人的智力成果涉入与评价等多维因素。

作为知识管理的具体领域,知识产权管理也强调专业嵌入与专业支持,其目的是优化知识产权的工作流程,管控公司各个业务环节的法律风险,实现公司业务环节相关知识产权资源与决策的力量整合与风险协同管控,以及程序及流程的规范化管理。知识产权部门为企业管理层、人事、营销、规划、行政、法务、财务、信息安全等部门提供专业支持和资源整合。如销售部门开始新产品市场营销时,知识产权法务和管理部门提供商标设计、专利侵权风险等内容。专业支持

---

[1] 杜栋编著:《信息管理学教程(第四版)》,清华大学出版社2014年版,第25页。
[2] Irma Becerra-Fernandez and Rajiv Sabherwal, *Knowledge Management: Systems and Processes*, 2nd Edition, New York: Routledge, 2015, pp. 12-57.
[3] 肖延高等:《知识产权管理:理论与实践(第二版)》,科学出版社2021年版,第4页。

的主要目标是理顺知识产权的职责体系,协调公司内部部门之间的分工配合。

4. 作为资产管理的知识产权管理

当我们把专利、商标、著作权等法定权利视为资产,就应对其采取资产管理的办法。如何使得专利商标等资产保值增值、资产运营、价值创造、价值实现是知识产权管理的应有之义。资产管理有相对成熟的管理体系,如会计学、财务管理等,资产管理的诸多思维、方法和工具因此被引入知识产权管理领域,比如资产组合选择理论与方法、资本资产定价理论与方法、实物期权定价理论与方法等。财务管理发展成为集财务预测、财务决策、财务计划、财务控制和财务分析于一身,以筹资管理、投资管理、营运资金管理和利润分配管理为主要内容的管理活动,并在企业管理中居于核心地位。这能促进知识产权的量化管理,使企业知识产权管理走出单纯的法务管理"圈子",借助法律制度确权、保护,实现资产收益或资产变现。资产管理被引入知识产权领域也与知识产权的复杂性、资产性有关。作为资产管理的知识产权管理,是指企业对其知识产权资产的全面、科学、专业化管理,是更专业化、深入化、全面化、最大化实现企业知识产权资产价值的管理部分,是企业知识产权管理的更高管理层次,具有更深入的企业知识产权管理内容;随着无形资产在企业竞争中占有越来越重要的地位,知识产权管理这个维度应受到更多重视,可以说,企业知识产权资产管理是企业知识产权管理的高级阶段。[①] 知识产权资产管理具体表现为经营和运作,创新和获得知识产权的目的是提升企业竞争力,从而给企业带来更多的利润。这就要求企业有效地经营和利用知识产权,包括通过投资、许可、转让等。这些利用知识产权的方式被称为知识产权商业化。

5. 保护创新成果,也是知识产权管理的重要内容

保护创意和创新成果,包括采取何种保护方式、是否要权利化(申请专利或注册商标)、非权利化的创新成果如何保护和利用等都是知识产权管理不容回避的话题,也是与知识产权法律有交叉融合的重要表现。例如,如何基于权利和法益保护逻辑的思路,确保企业在创新、新技术运用、商品开发和推广等经营方面不侵犯他人权利,如何监督潜在的第三人侵权、如何应对侵权诉讼等,相关管理旨在为企业争取自由空间和最好的法律效果等。

6. 作为汇集经验和探索规律的知识体系,知识产权管理在不断优化发展中

知识产权运行复杂多变。为适应知识产权领域复杂的因果关系,应加强企业知识产权管理能力,如既要建设知识产权管理体系,建章立制,也要进行战略化管理,发挥整体作用。如何用比较低的成本获得尽可能多的权利,并对商业秘

[①] 彭茂祥:《我国企业知识产权资产管理问题探讨》,载《中国科学院院刊》2016年第9期。

密进行有效保护等,也是知识产权管理自身建设和良性发展的话题。中国企业开展知识产权管理时间不长,累积的相关经验有限,在实践中探索适合企业发展的战略之路,还有很长的路要走,这要求理论研究和实践工作有效结合,吸收借鉴国际先进经验,同时发挥学术共同体作用,促进知识产权管理理论深入发展。

(二)知识产权管理的类型

依据管理的客体来分,企业知识产权管理可以分为以下几种类型:第一,企业专利管理。包括技术和产品研发的管理、专利信息的管理、专利的申请、专利决策与战略管理、专利权的利用、专利权的保护等。第二,企业商标管理。包括企业商标的设计与注册、商标权的维持、商标权的利用、商标权的保护、商标战略、商标标识和商标档案的管理等。第三,企业著作权管理。包括创作材料的保存和管理、软件作品的登记、著作权权利信息的管理、著作权的利用、作品的创作及开发等。第四,商业秘密的管理。包括企业商业秘密的认定与档案管理、企业技术创新成果保护方式的选择、企业商业秘密的内部保密措施、企业对外活动中商业秘密的管理以及商业秘密被侵犯后的救济等。第五,企业知识产权纠纷的管理。包括知识产权侵权危机的应对、知识产权侵权的抗辩和知识产权侵权的和解、知识产权攻防策略的运用等。第六,其他内容的管理。企业的知识产权管理可能还涉及企业并购(合并)中的知识产权管理、知识产权资本化的运作、知识产权联盟等问题。

在实务中,根据工作性质和工作定位的不同,知识产权管理的类型可以分为:第一,知识产权政策和战略管理,指企业制定知识产权相关政策和战略,包括知识产权保护、利用、转移、授权等方面的工作。第二,知识产权申请和维护管理,指企业对知识产权进行申请和维护的管理,包括专利、商标、著作权等方面的工作。第三,知识产权风险管理和合规管理,指企业对知识产权风险进行评估和管理,确保企业的知识产权符合法律法规的要求。第四,知识产权商业化运作管理,指企业将知识产权转化为商业价值并进行经营管理的工作,包括技术创新、技术转移、授权、联合开发等方面的工作。第五,知识产权文化建设管理,指企业通过培训、宣传等方式加强员工的知识产权意识和保护意识,形成全员知识产权保护的共识。第六,知识产权信息管理,指企业对知识产权信息进行收集、整理、分析和利用,建立知识产权信息库,为业务决策提供支持。第七,知识产权合作和交流管理,指企业与知识产权相关机构、公司、高校等进行合作和交流,推进知识产权的共享和创新。

从创新主体、管理主体类型来说,有知识产权管理内在需求的部门众多,比如政府行政部门、企业、事业单位、行业组织、中介机构、个人等。根据管理的主体和内容的不同，可以将知识产权管理分为企业的知识产权管理、事业单位的知识产权管理（比如高校的知识产权管理）以及知识产权主管部门的知识产权管理（即知识产权的行政管理）。根据管理的层级，可以把知识产权管理分为宏观层面的知识产权管理和微观层面的知识产权管理。宏观层面的知识产权管理主要包括国家知识产权战略制定、战略实施及其绩效评价、知识产权法律法规和规章制度的构建、知识产权行政执法和行政许可等涉及知识产权政治、经济、法制和文化的管理活动，主要以知识产权政策、知识产权标准等方式开展。与宏观层面的知识产权管理相对应，微观层面的知识产权管理主要关注微观层面知识产权主体的知识产权取得、运用、保护等各项活动。这里的主体一般为企事业单位和各种创新主体等。企业是市场竞争的主体，也是最主要的知识产权创造主体和利用主体，市场经济越成熟，企业对知识产权管理越重视，因为企业可通过实施知识产权管理获取和保持市场竞争的优势，并以此赢得利润。除企业主体之外，许多事业单位（比如科研院所）也是创新的重要主体，需要开展有效的知识产权管理。由于企业与事业单位在体制、目的、承担的社会责任以及管理方式上有一定差异，因此二者的知识产权管理模式也有所不同。一般来说，因市场竞争的需要，企业数量多，实践相对充分，企业知识产权管理更具有代表性。知识产权管理的另一类型是知识产权行政管理，该类管理是国家的职能部门对知识产权领域的宏观管理形式，相关管理活动中通常不直接涉及知识产权的创造和利用，其管理目标在于保障知识产权制度的实施，维护公平的竞争环境。近年来，随着各地政府的积极作为，宏观层面的知识产权管理以政策形式引导和推进的模式逐渐增多，政府层面的知识产权管理也越来越活跃，内涵越来越丰富。

（三）知识产权管理的主要属性

第一，合法性。企业对其知识产权工作实施管理应当依据相关的国家法律法规，符合组织内部规则制度。它包括两个方面的内容：一是企业知识产权管理必须依法进行；二是企业的知识产权管理要求企业内部有符合自身发展特色的规章制度。

第二，市场性。知识产权管理是市场经济的产物，注定服务于市场经济。企业投入资金和人力进行技术开发和创新、商标推广和宣传以及对其知识产权实施管理的目的都在于为其市场竞争服务。这要求企业知识产权管理要依照市场经济规律，遵循市场经济原则，以市场机制为导向，以市场效益为目标。随着中国更多企业"走出去"，这些企业所面对和服务的市场越来越国际化，这对知识产权管理提出了新的要求，比如这些企业的知识产权管理要兼顾国际公约和相关国家的法律，同时涉及与国际市场的匹配和适应等。

第三，动态性。动态性是管理权变性的一面。一是知识产权管理根据具体的市场环境、知识产权法律状态、制度、组织内部环境及具体管理制度的变化而调整。比如,企业的知识产权管理具有市场性的特点,这就要求企业应当根据市场情况的变化对其知识产权管理作出相应的调整。二是由于法律所赋予的各项知识产权都具有时间性,企业以及企业的竞争对手所享有的知识产权的法律状态(如权利的有效性、有效期限等)会随着时间而变化。企业应当根据这种权利状态的变化而采取相应的对策以最大限度地实现企业的利益。三是国家知识产权制度和政策的调整可能也会影响企业的知识产权管理。因此,要有效地发挥知识产权管理的作用,企业应当从经营管理机制上对其实施动态管理。

第四,手段性及从属性。企业的知识产权管理是企业经营管理的一部分,其目的是使企业获得最佳的市场效益。因此,企业的知识产权管理要符合企业的总体经营计划,应当根据企业经营管理总体指导思想与发展战略目标来运作,并注意与企业其他领域的管理结合起来。

第五,文化性。各个企业在知识产权管理的客体、管理所依据的法律制度、管理的操作流程等方面具有某些共性,但是由于每个企业在企业实力、经营理念以及发展战略方面有各自的特点,各企业对其知识产权管理有着与众不同的期待与管理模式。

知识产权管理既表现出具有独特性的一面,又表现出不同性质特点融合与结合的一面,如知识产权管理的合法性与科学管理性结合,静态规范性与动态性结合,战略性和从属性、手段性结合,专业性和艺术性结合。为更好地理解知识产权管理特点,应综合把握。

二、知识产权管理的主要目标与内容

知识产权管理内容丰富,涵盖不同的领域。这里主要介绍微观企业知识产权管理内容。知识产权表明企业所拥有的知识和能力,是团队全体成员的知识、产品和技能的集合。知识产权还是一个根本性的灵活的资产类别,包含富有价值的员工的专业技巧、技术诀窍等。知识产权管理是企业知识管理的主要构成部分,是链接知识管理和战略管理的纽带。对于企业等微观市场主体来说,知识产权管理服务于企业总体目标,促进从知识产权制度中获益、得利,包括知识产权风险防范、在创新中获益、树立品牌与获得良好声誉等。

对一些重研发、技术导向型的企业,知识产权管理工作常常围绕如下问题展开:

(1) 提升设计及创造更有价值的知识产品,增强企业的创新能力;

(2) 将创新成果转化为知识产权,实现价值创造,提升企业市场垄断能力或竞争力;

(3) 最大化利用、运作或经营知识产权,实现价值萃取;

(4) 保护自己的知识产权,降低知识产权侵权风险。

根据上述创意及知识产权发生发展的思路，可以把企业知识产权管理工作分为设计与创新布局管理、权利管理、竞争管理、风险管理、综合能力管理等五个方面。所谓设计与创新布局，是指对企业创意、智力成果进行布局与设计，并试图将设计中的作品、商标、研发活动中的创新成果等通过知识产权保护起来。权利管理，即通过系统化、流程化的方式，对商标、专利、著作权等进行全生命周期的完整管理，内容包括资产盘点、专利许可、放弃过期技术等。权利管理主要是指常规的法务管理与部分运营管理。竞争管理主要包括常见的法律保护、主动维权、反诉及诉讼应对，对竞争对手专利商标情况的识别、关注与适当反应等，体现了知识产权工作在实践中竞争性的一面。风险管理指知识产权部门在企业研发设计过程中主动介入，评估知识产权风险，避免设计方案、产品方案侵犯他人的知识产权，提早进行规避设计、权利许可等，把风险控制在研发的前期阶段，减少后期阶段的风险。除产品研发外，知识产权工程师还参与营销部门、投资部门的项目风险分析等工作。综合能力管理通常是在上述能力基础上的集成，包括制度、文化、投入与产出、战略等综合要素。

知识产权工作内容的划分虽然是一种分类方法，但在实务中，往往根据业务情况进行部门化和设计组织人员工作岗位。合理的工作内容分类方法要基本能反映本领域主要工作，逻辑合理，有利于在实践中进行部门化和工作组织安排。将知识产权管理工作分为权利管理、竞争管理、风险管理、设计与创新布局管理等是一种简易划分的类别化方法，有部分内容重叠。该类别划分适用于以技术性投资为主要发展业务的企业，这类企业专利工作在知识产权工作中占比较高。该类知识产权管理划分方法对这类企业适应性更强，契合度更高。那些重视新兴业务产品开发、创新投资的知识产权管理工作，需要构造技术专利壁垒，否则很容易被他人仿制抢占，这类业务的风险防范及设计管理很重要。

实际上，知识产权管理的根本目标有三个方面：一是创造更多有利于本企业的权利；二是利用知识产权制度，合理运用知识产权，提升企业市场竞争力；三是防范知识产权风险。知识产权风险贯穿知识产权管理的全过程，整个知识产权管理和保护过程中都应当考虑风险防范问题。常见的专利风险管理的内容和措施包括：在将新产品投入市场之前进行相关专利检索；在创建一个新的品牌前进行商标检索；对企业的各项创新采取适当、有效的保护措施，包括采取恰当的权利化方案；建立企业知识产权预警机制，监测他人对企业知识产权的侵犯，预防企业对他人知识产权的侵犯；对于知识产权纠纷和可能的争议，有关各方应尽早进行沟通协商，尽量避免将纠纷拖入诉讼阶段。

以上是企业通过知识产权管理要达到的目的和目标。一般来说，管理内容围绕目标展开。实现创造、保护、运用等知识产权目标，要通过管理的综合性安排,以管理为手段,促进目标实现。这需要在企业生产经营的全过程中以知识产权和相关活动为管理对象。因此,企业知识产权管理的内容不仅包括专业性的决策与配置工作,而且包括内部知识产权管理组织机构建设、知识产权管理制度建设、知识产权管理运行机制建设等,还包括企业对开展知识产权管理活动有关的人、财、物的资源控制和管理。因而有效的知识产权管理应贯穿企业知识产权创造、运用和保护的全过程,其目标可归纳为两个主要方面:一是防范知识产权风险;二是利用知识产权制度,提升企业市场竞争力。

有学者提出在知识产权管理事务层面,知识产权管理的工作内容应围绕经营策略、风险管理、战略规划以及组织实施,并可以归纳为两条主线、四大版块。其中,主线一以权利+价值管理为中心,进一步区分为权利管理和价值管理两大版块;主线二以业务+资源整合为中心,进一步区分为业务嵌入和行政支持两大版块。[①] 权利管理以知识产权的申请确权、资产维护、规范使用、权利保护等为管理内容,如维持专利权的年费缴纳管理、竞争对手侵权的信息监控等。权利管理的主要目标是保障公司成果的权利化,储备知识产权资产,确保知识产权活动的合规性,并对外开展打假维权,实现知识产权资产保值。

价值管理以知识产权的价值利用及实现为管理内容,包括权利实施、运营、融资、战略布局等,例如制定严密的许可合同,以避免专利许可发生风险。价值管理的主要目标是促进公司的知识产权从法律资产转化为商业资产,实现知识产权资产增值。

所谓业务嵌入,是公司研发、生产、销售、技术支持、投资合作等业务环节与知识产权(部门)的资源整合,以及相互间的流程管理和风险控制,如市场部门命名的品牌名称在投入使用前应当经过商标合规性的风险评估。业务嵌入的主要目标是优化知识产权的工作流程,控制公司各个业务环节的法律风险,实现公司业务环节知识产权策略与风险的过程化管理。

所谓行政支持,是公司管理层、人事、行政、法务、财务、信息安全等行政支持部门对知识产权(部门)的资源整合及支持,例如人力资源部在员工离职面谈时应当加入知识产权相关的内容。行政支持的主要目标是理顺知识产权的职责体系,协调公司内部部门之间的分工配合。

总体来看,知识产权管理不外乎管理主体利用相关资源,依照知识产权相关制度,强化知识产权意识,完善知识产权法治环境,实现知识产权资源的优化配置,提高知识产权的制造、运用、保护能力,提升自主知识产权的水平和拥有量,促进创新型国家建设。具体来看,主要包括强化创新主体的知识产权意识,提高创新主体的知识产权产出效率和质量,提升创新主体的知识产权运用能力,提高

---

① 袁真富:《公司知识产权管理:视角与构架》,载《中国知识产权报》2014年7月31日。

创新主体的知识产权管理水平，完善知识产权管理组织或机构的规章制度，培养知识产权管理人才，奠定知识产权文化基础等。

按照管理领域，知识产权管理可进一步划分为创造管理、运用管理、保护管理、组织机构与制度管理、资源管理等。

知识产权创造管理，是指企业以知识产权的开发与获取为目标的管理活动，包括企业技术创新活动中对相关知识产权事项的管理，以及对技术创新成果产出后所开展的知识产权管理活动。这在专利领域表现明显。创造管理的目标是依法获取创新成果的自主知识产权，实现创新成果权利化。

知识产权运用管理，是指企业利用知识产权制度和规则，将其获得的知识产权"变现"，即通过应用于产品的生产制造或市场交易获取收益的活动和过程。知识产权运用管理的主要表现形式有二：一是推进知识产权的自主实施，实现产品化、商品化，获取社会效益和经济效益；二是通过对知识产权许可、投资、质押、信托、证券化等交易活动的有效开展和管理，促进知识产权转化和运用，获取社会效益和经济效益。

知识产权保护管理，是指企业通过采取有效的知识产权管理措施和手段，保障自己拥有的知识产权不被侵害或减少已经发生侵害的损害程度，同时避免侵犯他人知识产权的管理活动或过程。一般来说，知识产权保护侧重于事后的救济。知识产权保护管理也包括事前预防的保护工作。如通过建立有效的知识产权风险识别机制、预警应急机制、保护工作体系等相应的管理机制来实现事前预防与事后救济。

组织机构与制度管理是企业知识产权管理的基础，为企业开展知识产权管理活动提供组织保障和制度保障。该类管理工作侧重评价管理组织机构设置是否科学合理，相关管理活动是否有章可循、有据可依、有效协调运转，并给出合理建议。

与知识产权管理活动相关的资源管理，包括人力资源管理、财务资源管理和信息资源管理等。

三、知识产权管理的一般原则

在中国当前的发展阶段，除了要遵循作为一般管理的兼顾效率与效益、权变、科学性等原则之外，知识产权管理作为专业性管理，还应当遵循如下原则：

（一）依法管理与科学管理原则

所谓依法管理，主要是依据、符合知识产权法、民法典等现行法律制度及相关原理开展管理；所谓科学管理，是遵循现代管理科学原理开展管理，照科学规律办事布局。知识产权是人类所创造的智力成果及特定知识产品，有其规律性，对其开展管理首先要依法、科学；依法与科学之间并不矛盾，二者互为佐证和具体表现。

(二) 国际接轨与坚持本土特色原则

知识产权制度本身是舶来品,国外跨国公司知识产权管理实践中有不少成功经验,也有不少失败教训。中国企业知识产权管理的规范、科学是彰显公司实力与声誉的窗口。中国企业经过多年的实践探索,找到了富有中国特色的管理之道,这些特色与经验也是中国企业知识产权管理应该传承和发扬的宝贵财富。

(三) 遵循价值规律,重视经济效益,兼顾社会效益原则

围绕知识产权的创造、运用等行为是平等主体的法律行为。相关活动的发生与发展是在现代市场经济制度背景下开展的,开展知识产权管理离不开企业主体及现代市场经济的制度背景。因此,遵循价值创造、价值萃取与实现是企业主体的必然要求。

(四) 协同整合与体系化管理原则

建立与本企业、所在行业匹配的知识产权工作体系是知识产权管理有效开展的重点之一。作为一项系统工程,知识产权管理工作覆盖面广,涉及相关的人、财、信息、知识、技术、法律等方方面面。仅突出知识产权工作中的一个方面,不足以实现知识产权管理目标,知识产权的各个有关方面的管理必须协调配合、协同整合,发挥整体作用,由决策、人力资源、制度、组织等方面构成的知识产权管理基础体系是知识产权制度发挥作用的基础。知识产权管理基础体系扮演了管理的基础平台和逻辑起点角色,企业知识产权管理的战略以及专项活动的开展必须在此基础上开展。

(五) 责权利对等原则

开展知识产权管理需要一定资源投入、人员安排等。责任、权利和利益三者平衡是可持续管理的一个基本原则。

(六) 与企业发展实际情况相适应,全面支持企业发展原则

知识产权管理可以非常复杂,也可以非常简单,取决于企业发展阶段、发展战略、行业特点、发展战略、实际情况。这是权变原则在知识产权管理领域的具体表现。

四、知识产权管理的功能及作用

(一) 知识产权管理功能的"护航、导航、领航"比喻

国内学者肖延高对知识产权管理功能的"三航"比喻,有一定合理性。如果把企业的经营活动比作在大海中的航行的话,那么知识产权管理对企业整体的

经营可以起到"护航、导航、领航"的作用。①

"护航"功能主要强调对知识产权的保护作用,组合运用权利类型,保护研究开发成果,保护创新成果,维护市场竞争,进而控制企业外部协作风险,化解知识产权争议,支撑生产运作管理,维护市场公平竞争。保护企业研究开发成果,是知识产权管理的首要功能。组合运用法律确认的知识产权类型和工具,为研究开发成果提供最合理、最有效的保护是知识产权管理"护航"功能的应有之义。

"导航"功能是知识产权管理具有的指引发展方向、保障业务顺利开展功能的统称,意在帮助企业在充满风险的发展道路上不碰"雷区",避开必要的风险,并给企业指出合理的发展路径,例如支撑企业运营前端的创新路径选择,通过具有预见性的知识产权布局,服务企业运营后端的目标市场拓展。导航功能首先体现在业务开展过程中,通过学习利用文献情报,指引创新发展路径,服务市场拓展。其次是开展知识产权布局工作,服务目标市场拓展。管理上为减少不确定性,事前的布局与统筹安排不可缺少,唯有如此,知识产权管理才能从先前"偶然的"和"事后的"阶段性行为转变为"持续的"和"事前的"全过程行为。为了更好地开展知识产权布局,服务企业目标市场拓展,企业的知识产权布局必须紧紧围绕经营战略目标以及与之相适应的技术战略和市场拓展需求来进行,既要为整体发展谋篇布局,又要重视具体权利的申请与保护。最后是实施知识产权预警,保障企业经营安全。

知识产权管理的导航功能离不开企业构建知识产权预警机制,包括对企业可能面临的知识产权风险进行识别,并有针对性地提出知识产权风险防范和管控策略。企业知识产权风险预警机制包括四大构成要素,即预警处理部门、信息收集传递机制、风险分析机制、风险处理机制,以及六个环节,即确定知识产权风险预警标准、确定指标体系、确定指标权重、收集风险预警数据、计算风险水平、判断知识产权风险水平并采取相应措施。

"领航"功能,包括赢得创新所得,支撑经营战略,获取竞争优势。随着知识产权管理在企业技术创新、生产运作和市场拓展中的作用越来越重要,企业迫切需要将知识产权管理嵌入企业管理的各个环节中,以实现经营目标。因此,知识产权成为企业经营的重要对象和引导企业发展方向的工具,具备"领航"功能。知识产权管理的"领航"功能,首先表现在通过萃取知识产权的商业价值和交换价值,赢得创新所得。这里的商业价值主要表现为企业运用自有知识产权,降低产品或服务成本,增加顾客价值,使知识产权转化为企业的财务收益;或者增加

---

① 肖延高等:《知识产权管理:理论与实践(第二版)》,科学出版社2021年版,第4页。

竞争对手的市场进入难度,延迟竞争对手的市场进入时间等。其次,企业可以采取战略性知识产权管理,构建专利组合或专利池,在特定领域聚集前沿科技,引导企业或行业的发展,并从中获得相关利益。

知识产权管理的"三航"比喻有一定的合理性,体现了企业大部分工作的内涵与功能,解释力较强,涵盖了企业从事前保护(护航)、事前与事中的指引(导航),到企业经营活动,直接贡献于企业的财务收益和竞争优势的愿景工作(领航)。

(二)企业知识产权管理的具体作用

企业进行知识产权管理的具体作用表现在有利于激励知识产权的创造、提高知识产权运用的效率等诸多方面。

第一,有利于激励知识产权产出的数量和质量,增强企业的创新能力。企业只有进行有效的自主创新,加强知识产权管理,才能拥有相应的知识产权。企业进行知识产权管理,一是可以增强员工的创新意识和知识产权意识,促使其积极主动地进行技术或产品的创新、改进;二是通过建立有效的知识产权激励机制,鼓励企业员工进行创新和研发,也能提高员工创新的积极性和主动性;三是有效的知识产权管理本身可以为企业的研发提供帮助;四是企业可以借助外部力量进行创新和研发。总之,企业的知识产权管理有助于增强企业的创新能力,使其拥有更多的知识产权。

第二,有利于完善知识产权保护的措施,增强企业的知识产权保护能力。首先,知识产权的所有人在使用某一知识产品时不能排斥他人同时使用该知识产品,因此知识产权的侵权行为具有很大的隐秘性。这就要求企业对其知识产权采取更为有力的保护措施。其次,知识产权被侵犯后,其权利状态难以恢复到未被侵犯时的状态,或者恢复的代价太大,或者负面影响一时难以消除,这在商标领域体现比较明显。再次,知识产权存在权利维持的要求。最后,作为知识产权重要内容的商业秘密的保护要求非常高,企业必须采取有力的保密措施,防止泄露,否则商业秘密将进入公有领域。因此,企业的知识产权不能仅仅依靠法律的事后补救机制,更需要日常的管理。

第三,有利于为企业建立一套有效的知识产权保护体系。企业应建立知识产权侵权的预防机制,尽可能地避免侵权行为的发生。企业可以采取一定的措施以防止自己的知识产权被侵犯,降低侵权的风险和维权的成本。通过有效的知识产权管理,建立侵权的快速反应机制,在侵权发生以后,企业及早发现,并及时采取相应的措施,将侵权的损害结果降到最低,有效维护企业的知识产权。熟悉知识产权事务的专业管理人员对企业的知识产权工作进行管理,各种权利维持将变得更容易和有效,在侵权发生以后采取措施,还可以参与相关的谈判或者参加法律的诉讼程序。

第四,有利于提高知识产权的运用能力,更好地实现知识产权价值。知识产权只有通过实际的运营和利用才能为企业带来良好的经济效益。然而,提升企业知识产权运营能力并非易事。发挥资源的配置与优化作用、促进各项知识产权资产的良性循环是知识产权运营的题中之义。知识产权有效运营需要将知识产权管理有机地融入企业发展战略,在风险可控的前提下,将知识产权与对外扩展、产品出口紧密结合起来,使知识产权运营成为商务新策略的核心部分,从而开辟新的财源,获取丰厚利润。

第五,通过知识产权管理,可以提高应对知识产权纠纷的能力。知识产权纠纷的管理是企业知识产权管理的重要内容。针对国外跨国公司发起的知识产权诉讼,企业可事前建立知识产权纠纷的预警机制,在纠纷发生后对其行为是否构成侵权进行调查和分析,并采取相应的措施,如进行协商和解、提出抗辩、充分利用行业协会和有关政府部门的力量,或是针锋相对、发起反攻等。通过这些法律或者非法律的手段和方式,达到解决知识产权纠纷的目的,尽可能维护企业的利益。

第六,有利于协调企业各职能部门的工作。企业的知识产权工作是一个非常系统的工程,需要企业各个部门的协调和配合。实行知识产权管理有利于企业各个职能部门在知识产权工作中的协调。

第七,有利于企业的对外交流,树立良好的企业形象。在知识经济日益发展的时代,知识产权已经成为评价一个企业创新能力和竞争力的重要指标。良好的创新氛围、尊重知识产权和人才的观念、蕴含较高声誉的商标等将为企业赢得好的口碑,从而树立良好的企业形象。

第三节 知识产权管理与知识产权法律的区别和联系

一、知识产权法律对知识产权管理的影响

一般来说,知识产权法律为知识产权管理提供了法律框架和保护,保障创新者和企业的权益,促进了创新和知识产权的创造和保护。如 TRIPS 协定第 7 条规定:"知识产权的保护和实施应有助于促进技术革新及技术转让和传播,有助于技术知识的创造者和使用者的相互利益,并有助于社会和经济福利及权利与义务的平衡。"知识产权法律及相关制度对于企业的创新和经济发展具有重要的影响。

（一）多方影响及表现

知识产权法律对知识产权管理的影响体现在多个方面。首先是知识产权申请和登记、知识产权交易和许可等特殊的法律程序性内容,如知识产权法律规定了知识产权的申请和登记的程序和要求、知识产权的交易和许可的规则和程序。企业需要按照法律规定提交申请、支付费用,并按照规定的程序进行审查和登记,开展知识产权并购和许可业务。因而,知识产权管理中衍生出知识产权法务管理、合规管理等处理常规的知识产权程序性事务的管理类型。其次,知识产权法律规定了对侵权行为的追究和惩罚措施。知识产权法律如同高悬之剑,企业如果侵权,就有诉讼风险,要承担停止侵权、赔偿损失的后果,为此要将知识产权法律风险防范贯穿在知识产权管理各项事务中。最后,知识产权法律不仅是惩罚,而且包括对不同主体的引导和激励。它鼓励企业进行研发和创新,促进市场发展和竞争,同时鼓励企业在法律制度框架下,发挥意思自治,开展知识产权战略管理,促进企业提升竞争力,有效开拓市场等。比如在创新领域,因知识产权法律为知识产权的转让和许可提供了法律保障,企业"产学研"联合研发、技术转让和合作,开展知识产权金融等有了法律依据和发生纠纷时的权利归属原则。这有助于加强技术创新和知识共享,推动经济发展和技术进步。总的来说,知识产权法律对知识产权管理的影响是保护和促进创新、促进技术转让和合作、促进市场发展,为创新者和知识产权持有人提供法律保护,同时也为经济发展和社会进步创造有利环境。

（二）企业知识产权管理的能动反应：内化与法治

市场经济中,追求利润最大化和持久经营的企业通常会根据知识产权法律制度环境的要求,发挥企业的"主观能动性"。以专利为例,企业将相关专利法律制度转换为企业内在的特有制度,比如包含"一奖两酬"的专利奖励办法、专利申请办法等。包括从专利意识培养到特有的行为习惯养成等,都以专利法等知识产权法律为参照和导引,进而优化专利管理,培育企业专利管理理念,形成创新文化,制定与完善企业专利管理的规章制度。这种外部法律要求经由转换内化到管理实践中,以规则来管理,间接实现法治。

（三）企业知识产权管理的同构化

组织同构化是新制度组织理论学派提出的企业组织面对特定制度环境时呈现出的一种总体性现象,该现象强调组织在环境中的运作不仅要满足技术环境的要求以实现组织的效率,而且要符合制度环境的要求以获得合法性,最终在形态上表现为一定程度上的趋同。在企业知识产权管理领域,为适应知识产权法律制度的要求,也存在知识产权管理同构化现象,例如组织结构和管理模式趋同等。这里的同构,一方面是与制度环境的同构,有什么样的法律结构,就有什样结构的企业内部管理制度;另一方面是和同类型企业组织机构和管理模式的同构,这是由于在面临同样的制度环境时,企业需要大致相同的最优配置与结构安排,从而表现出一定组织结构。当然,不排除个别企业根据行业特点和自身实际情况采取更具独特性、创新性的模式和方法。

二、二者的区别和联系

知识产权法律与知识产权管理的区别,一方面是学科间的差异,二者分属于法学与管理学两大学科;另一方面是在知识产权领域调控手段、方式、价值观等方面表现出来的差异。

首先,在形式及程序层面,二者表现出明显的不同。知识产权法律与知识产权管理均具有规范性特征,但二者的规范性程度与概括性程度有明显不同。知识产权法律调整知识产权创造、使用过程中围绕知识客体产生的人与人的关系,为人们的行为提供了一种规范性标准和依据,规范性程度高。知识产权管理在管理对象过程中,对被管理者、管理对象亦有规范之意。但法律作为指引人的行动的规范,对于行动者而言所具有的强制力远远大于管理制度和管理文化。这是由于法律规范作为一种社会规范,不同于技术规范和自然法则,它具有国家意志性,以公共权力为后盾,由特殊强制性(国家强制性)所决定。而知识产权管理的规范缺乏相应的国家意志性,知识产权管理的工具取向特征更明显。可以说,二者分别侧重于规范取向和工具取向。

法律的概括性、逻辑性和稳定性是在形式层面具有的一般性特征,也是法的规范性的具体表现。知识产权法律的调整是一种规范性的调整,而且是一种一般性的调整,通过运用凝练的语言,高度概括出一些基本概念,并进行概括性调整。它提供的是一般原则和概括性规定,而不是针对特定个人,如在专利法中,通过"新颖性""创造性""实用性"等概念设计,针对专利权授予过程中的事实判断和法律判断问题进行概括性规定。知识产权管理在发挥协调和整合机制的过程中,协调的是企业内部或外部小范围内的特定情况,尽管管理高度概括,但解决的是局部问题和特定领域的独特事项,对概括性、规范性程度要求不高,更多的是要求问题导向与实践导向。特别是在一线企业中,知识产权问题变化快,规范性与概括性方面无法满足复杂环境和问题的要求。

其次,在价值目标与调控体系性质方面,知识产权管理与知识产权法律有两种不同的价值目标体系。

其一,知识产权法律的价值目标是基于公平和正义实现社会发展、进步和有效益的秩序,而知识产权管理的价值目标是在法律制度所建立的秩序下追求利益与效益。

其二,在价值控制体系方面,知识产权法律赋予政府行使审查权、注册权、登记权、公告权、行政执法权、行政裁决权等行政权,以调控基于公平和正义的知识产权秩序。而知识产权管理则是在法律所建立的秩序下,行政管理机关和企业通过行使管理职能来组织、调控社会知识产权资源的开发、利用和增值。

除了区别之外,知识产权法律与知识产权管理也有融合互鉴的趋势。知识产权管理必须遵守国家或地区的知识产权法律法规,确保知识产权管理的合法性和有效性。可以说二者相互依存、相互促进。从宏观层面来看,知识产权管理是知识产权法律的具体实施和操作。知识产权法律为知识产权行为提供规范和指导;知识产权管理在这些规定和指导下,组织和管理企业或组织的知识产权,包括申请、登记、保护、交易等一系列活动。知识产权管理可以对知识产权法律进行反馈和改进,对于知识产权法律的有效运行和发展至关重要。正所谓"良法善治",只有在良好的知识产权法律制度下进行有效的知识产权管理,才能更好地保护知识产权、促进创新和知识产权市场的发展。

现代法治、法律已不仅仅是惩治的代名词。现代功利主义法学流派创始人边沁曾提出,法律不仅仅是惩罚,也是激励。法律还包含诸如倡导平等、恪守规范、诚实守信的原则。随着法治进程的深化,法律在国家政治、社会、经济发展中的作用越来越大,并且有不断扩展之势。比如,法律也是公共管理的内在构成部分和管理手段,以政府为核心的公共部门整合社会的各种力量,广泛运用政治、经济、管理、法律的方法,强化政府的治理能力,提升政府绩效和公共服务品质,从而实现公共的福利与利益。在知识产权领域,知识产权政策弥补知识产权法律的欠缺也是知识产权公共管理和治理的基础话题。现代知识产权法律为克服法典体系的封闭性和抽象性,在法律政策规范之后进行立法完善也是一个常用的进路。

在企业知识产权领域,二者也有融合互鉴之意。第一,知识产权法律为企业知识产权保护与管理提供了法律背景及法律规范办法。民法典、知识产权法等法律规范构成了企业、平台运营的特定制度背景,为业务中有关各方提供了行为的一般规范,为解决一般冲突、处理各种关系提供了指导性的准则,促成交易发起与成立,为进一步开展知识产权管理奠定了必要的基础。

第二,知识产权法律的引导与治理机制是广义知识产权管理的应有之义,是管理之"理"。知识产权法律为企业权利应用及权利保护等提供了具体、可借鉴的准绳。特别是在发生纠纷和诉讼时,知识产权方面的相关法律为有关各方提供了标准,在一般意义上为经济行为提供制度背景,发挥规范、调节作用,引导有关各方在发生各种经济关系时的行为,降低交易成本。在防止侵犯别人知识产权风险防范方面,知识产权管理可使得法律之剑悬而不用。在制止知识产权侵权、防范相关风险方面,知识产权法律提供了明确的规则和方法。

再次,知识产权管理的"意思自治"有相对广阔的行动空间和价值追求,是知识产权法律无法替代的。知识产权管理在相关法律制度下有效开展,相关法律框架尊重行为人的意思自治,尊重行为人的选择和自由,为行为人的理性和合意留有充分的空间,最大限度发挥行为人的主观能动性。企业运营主体在法律框架下进行管理,充分发挥积极性,调动资源,不仅建章立制,而且培育企业能力,促进企业品牌与声誉提升等,有与知识产权法律不同的诉求。

最后,知识产权管理的企业能力本位与知识产权法律的权利本位二者相辅相成,均为知识产权管理所必需。企业管理者既要重视权利,贯彻执行专利、商标和著作权等知识产权法律法规,有效地防止假冒专利、假冒商标以及侵犯他人知识产权的行为发生,协助、配合知识产权相关部门依法处理本单位或相关方面的知识产权违法行为,保护自身及有关当事人的合法权益。同时还需要在风险防范基础上,促进权利创造与业务发展,建构与公司整体发展战略匹配的能力。能力是系统工程,其背后是特有的制度、流程、理念、策略,长期的耐心经营、资金、知识、智慧与精力投入。环境在变,竞争对手在变,消费者、利益相关者的要求越来越高,这就要求企业有动态能力。企业要完善和优化其知识产权管理体系,提升和更新已有的能力,使得知识产权管理工作适应总体发展战略需要,为总体战略的顺利实施保驾护航。

 案例 侵犯商标权案

某商业企业 A 为服装市场有限公司,出租柜台给自然人 H 销售服饰等;A 管理不力,致使 H 销售了假冒 b 商标的服饰。企业 B 是 b 商标和图形注册商标专用权人。2005 年 4 月,B 公司从 H 经营的摊位上购买了带有 b 商标标识的钱包。5 月 16 日,B 公司向 A 公司发出律师函,告知市场内存在销售侵犯其注册商标专用权商品的行为,要求 A 公司立即采取措施,制止侵权行为。

6 月 3 日,B 公司再次从 H 经营的摊位上购买到带有 b 商标标识的钱包。9 月 15 日,B 公司诉至北京市第二中级人民法院。

该案例中,法院判决:H 和 A 公司立即停止侵犯 b 注册商标专用权的行为;赔偿 B 公司经济损失 1 万元及因本案诉讼支出的合理费用 1 万元。法院认为,H 销售的带有 b 商标标识的钱包是侵犯注册商标专用权的商品。H 的涉案行为构成对 B 公司注册商标专用权的侵犯,应依法承担停止侵权、赔偿损失的民事责任。

A 公司作为服装市场的经营管理者,负有对该市场存在的侵犯他人注册商标专用权的行为进行及时有效制止的义务。A 公司虽然为防止侵犯他人注册商标专用权的行为采取了一定的措施,但并不及时。在收到律师函后,A 公司并未及时与律师取得联系,亦未采取任何有效措施制止涉案销售侵犯注册商标专用权的商品的行为,使得 H 能够在一段时间内继续实施侵权行为。A 公司主观上存在故意,客观上为 H 的涉案侵权行为提供了便利条件,应就 H 造成的侵权后果承担连带的法律责任。

站在 A 公司知识产权法务角度,为避免以后柜台管理不力导致的类似涉诉及赔偿,应采取一系列管理措施,避免侵权发生,或即便百密一疏偶有发生也不会承担赔偿。具体管理措施包括建立知识产权管理体系,建立包括岗位责任制度、准入制度、登记制度、投诉举报制度在内的综合制度,并加强日常管理和商标动态管理等。只要做到以上几点,一旦出现销售或许诺销售侵犯知识产权的产品时,虽不能避免侵权责任的认定,但基本可以避免供货商、承租商带来的知识产权侵权索赔损失。当然,成熟的商业企业知识产权内部管理不仅局限于以上措施,还包括形成特有知识产权保护与运用能力、提升品牌和商誉等。

资料来源:根据北京市高级人民法院(2006)高民终字第 334 号民事判决、北京市第二中级人民法院(2005)二中民初字第 13598 号民事判决改编。

第二章　知识产权管理基础理论

　　企业知识产权管理属于知识产权管理的一种类型,充分体现了管理主体的理性与意志。作为一项专业性的管理活动,知识产权管理必须遵循知识产权法律的基本原则,围绕知识产权的创造、保护、转换以及运用等方面实施激励与约束措施。只有通过建章立制、进行体系化安排以及组织化开展等合理的规划与干预活动,才能够有效地保护和经营创新成果(即无形财产),实现知识资产的租金收益,促使企业资产效益达到最大化,进而提升企业的竞争力。本章作为基础理论概览,对知识产权管理与创新的关系、知识产权管理与企业竞争优势的关系进行了梳理,给出了知识产权管理的方法论以及正确适用的一些规则和常用的管理方法。

第一节　知识产权管理与创新

　　创新是财富创造中最重要、最直接的来源;创新活动也是驾驭高技术产业生命周期、实现可持续发展的不二选择;创新战是世界经济竞争的最高形式,创新冲击波的上游延伸到基础研究领域,中游覆盖研发和生产全过程,下游推进到市场营销和服务各环节。知识产权制度作为一种利益机制,以创新为核心,运用法律保护基础财产,其本身并不产生创造发明,而是影响创新者或创造者的预期,对人们在发明创造和应用过程中产生的利益关系加以确认和保护。知识产权制度作为调节因创造而产生的社会关系的机制,通过法律授权形式确认智力成果的产权,力图保证发明创造者得到应有的垄断利益,促进智力资源得到更有效的开发和利用。知识产权制度天然和创新联系到了一起。

一、知识产权与创新活动

　　创新是个充满风险的过程。一般来说,创新并不等于市场竞争力。借助于现代知识产权制度,经由知识产权管理,企业可以化解掉一部分创新的风险。从这个意义上说,知识产权制度、知识产权管理对创新有一定保护和促进作用。知识产权本身与关键技术研发有密切关系,是创新系统有显著作用的激励或约束要素。知识产权制度是诸多创新制度中的一部分,也是一种利益机制和知识治理机制。一些研究常常将知识产权与专利技术当作同义词使用,保护知识产权就是保护创新的逻辑被普遍接受。从宏观的国家创新系统来看,知识产权制度为自主创新提供了制度背景,是自主创新系统的组成部分。从微观主体的创新来看,知识产权是企业创新管理的重要一环,没有知识产权管理,创新的意义系统缺失,创新缺少动力,不能持续。

第一,知识产权制度作为基础,服务于总体创新系统。知识产权管理是创新管理的一个构成部分,是创新系统的子系统或要素。无论从宏观的自主创新系统角度来看,还是微观的企业创新来看,知识产权制度都为自主创新提供了制度背景,是自主创新系统的组成部分。

知识产权制度是激励创新的有效机制。知识产权制度的实质是一种对价衡平制度,在现代法治原则和精神指引下,由国家"创制",可以实现多赢的财产权制度,比如专利法中以垄断换公开,既保护发明人和创新投资者的利益,又促进技术合理、有偿使用与扩散。同时,该种制度设计具有鼓励研究开发和创新、对创新进行评价的功能,正常运转情况下可缩短社会的研究开发时间和费用,增加社会效益。

第二,从宏观来看,二者存在互动耦合关系。知识产权保护促进创新能力的提高,创新能力提高是知识产权制度发挥积极效应的基础,没有创新水平的提高,知识产权制度的意义丧失,进一步的制度规范接受度和可持续性难以获得有效支持和必要的合法性。在知识产权制度建设与自主创新之间存在一种双向互动关系:一方面,知识产权制度为社会形成自主创新氛围提供政策环境,从这个意义上说知识产权制度是创新发展的基本保障;另一方面,自主创新是知识产权保护制度的核心目标,并对相关制度的完善不断提出新的需求。二者互为耦合反馈的结果,共同构成一个循环系统。

现代知识产权法律、知识产权制度本身并不会产生创造发明,而是确认和保护发明创造及其应用过程中的利益关系。制度经济学认为,制度是影响一国或一个地区长期发展的重要因素。知识产权制度的本质是通过保护产权形成激励机制,为权利人提供持久的创新动力。知识产权制度的创立及运行情况,影响到一国范围内的创新主体及知识产权使用者、潜在利益相关者的预期,会形成不同的激励和约束机制。知识产权制度在整个国家创新系统中发挥着重要作用。

第三,从创新过程来看,创新是知识产权的源头,知识产权是创新中间成果,可以是逻辑起点和终点。知识产权是受法律保护的智力财产,是人类智力成果的产权化。因此,创新是知识产权的基础和源头。借助于现代产权制度,部分技术成果产权化后可以直接转化为经济收益。

第四,知识产权制度是促进技术创新的重要机制之一,但不能孤立发挥作用,二者需要配合协调。在全球经济一体化和技术快速进步的时代,知识产权促进创新的作用日趋明显,一个国家的综合竞争力取决于创新能力和知识产权的拥有量。但影响创新活动的因素有很多,知识产权制度只有与其他制度和政策相配合才能更好地发挥激励创新的作用。

第五,尽管知识产权制度是激励创新的有效机制,但知识产权制度和创新二者之间并非必然的自动契合关系。一是创造知识产权并不等于创新,二是知识产权制度使用不当会阻碍创新,出现"反公地悲剧"问题。如过分强调权利人的利益、给予过度保护可能对必要的技术扩散和利用产生阻碍。在版权领域,类似现象也可能会发生,不利于仰赖公有领域存在和交互合作的创意社群发展与交流,阻碍创意交流与传播。"专利悖论"问题也是知识产权与创新不一致的一种现象。无论是微观的创新还是总体的创新水平都不是完美的契合,二者经常出现不合拍现象,甚至"不合脚"[①]。比如宏观层面,西方发达国家的技术、知识产权储备充足,通常倾向于在全球范围内推行严格标准的知识产权保护,而发展中国家,特别是技术比较落后、知识产权储备比较低的国家,如贸然采取绝对严格的知识产权保护制度,未必是本国技术发展和经济发展的最佳策略。

第六,实施知识产权制度有助于促进技术创新,同时需要加强管理和调控。现代知识产权制度更适合市场经济发达、技术储备丰厚的地区,在一些情况下,对发展中国家并非完全公平。这要求我们在相关制度建设过程中,对知识产权制度进行调控和引导,采取有针对性、因地制宜的改革。要建立以促进创新和公平竞争为目标、以发展为导向的知识产权制度并非易事,防止制度异化带来的不利影响是我国知识产权制度建设中的应有之义。这需要根据外部性和公共利益原则分类管理,建立平衡的知识产权制度;从鼓励创造为主转向鼓励创造和促进运用相结合,提高运用知识产权的能力;同时,以企业为知识产权产业化应用的主体,提高知识产权的利用效率。[②]

二、自主创新与自主知识产权

自主创新是与模仿、引进相对应的概念,指以获取自主知识产权、掌握核心技术为宗旨进行的创新活动。自主创新是一种政策性语言。在我国的现代语境下,自主创新与技术落后状态有关。自主创新强调国家意识、自主意识、企业本位或国家本位,产生的知识产权可为我国控制和利用,但不排除与他国知识产权的交叉和依赖。从类型角度来看,自主创新包括原始创新、集成创新、引进吸收

---

① 李晨:《正确理解知识产权与创新的关系》,载《科学时报》2007年7月23日。
② 吕薇:《有效发挥知识产权制度促进创新的作用》,载《国际技术贸易》2007年第4期。

再创新等多种类型,其中原始创新主要是在基础科学和前沿技术领域中的基础创新;集成创新是众多的新技术优化组合后的创新;而引进吸收再创新(改进创新)则是指把引进的先进技术加以改造升级后的创新。

自主知识产权不是法律层面上的概念,不意味着完全不依赖他人技术或知识产权。在法律层面,购买的知识产权也属于自主知识产权。知识产权特别是专利权多数是基于现有技术,在前人基础之上完成的。一个产品或产业的关键技术环节完全独立自主几乎是不可能的,在某一领域完全处于绝对控制地位对一些跨国公司也是难事。事实上,现代技术领域不可能被一家企业的知识产权完全覆盖。自主知识产权提倡的是要在现有技术基础上进一步创新而不是重复劳动和制造,只要有创新意识,哪怕改进很少,都可能构成新的知识产权。

(一)自主创新与自主知识产权的关系

遵循企业本位的思维,对微观企业来说,自主创新和自主知识产权与市场竞争能力并非高度一致。在企业层面,自主创新和自主知识产权二者不能等同,二者之间存在"因"和"果"的关系,理想状态是自主创新的投入全部转换为自主知识产权。如图 2.1 所示,作为自主创新与自主知识产权的交集,区域 2 越大越好;可以把市场竞争能力理解为自主创新与自主知识产权二者共同的导向和结果。对一个企业来说,自主创新、自主知识产权与市场竞争能力这三者重合度高,企业的创新投入及时转换成了自主知识产权,并且知识产权很好地经过转换和应用,促进了市场竞争能力的发展。理想的状态是经由创新,产生更多自主知识产权,提高市场竞争能力,让重合的区域 1、区域 2 和区域 3 面积更大,从而实现自主创新与另外两个椭圆区域重合。这需要企业统筹安排,开展有效的知识产权管理,促进自主创新,产生更多的自主知识产权,提升企业的市场竞争能力。

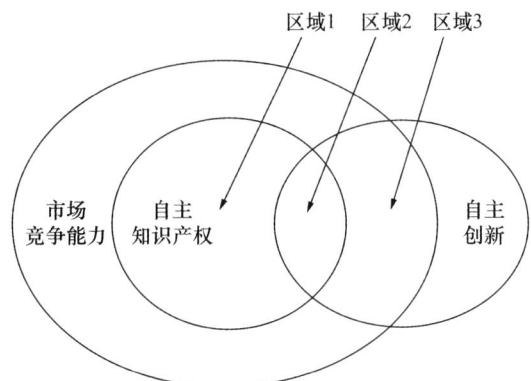

图 2.1 自主创新与自主知识产权关系

（二）自主创新与知识产权优势

现代知识产权制度是突出知识和技术的法律化,以国家宏观综合实力支撑的一种法律制度设计,因而知识产权是以国家实力为担保的一种资产,是智慧和创新的中间成果。知识产权问题必须和国家政治、军事、综合国力结合考虑。程恩富等学者提出知识产权优势论,富有启发性。没有自主独立的科技创新体系和名牌开发体系,就只能受制于人。大力培育和发展相对于比较优势、竞争优势而言的"第三种优势",即知识产权优势,对我国企业发展和国民经济发展来说至关重要。知识产权优势是在既定的比较优势和竞争优势基础上形成的更核心的国家优势。它不仅应体现在我国的高新技术产业部门及具有战略意义的产业部门,而且还应体现在我国传统的民族产业或低端产品部门,包括劳动密集型产业部门,这些产业部门也应该塑造在国际上具有一定影响力的民族名牌,拥有自主知识产权的关键技术。只有具有自主知识产权优势,企业和产业才有可能形成并长期保持竞争优势。

另外,相对于比较优势和竞争优势,知识产权优势更恰当地反映了时代特点和经济发展的要求。[①] 知识产权优势并不等于高新技术,而是针对不同时期、不同行业和不同研究机构有不同的含义和重点。知识产权优势可以指导现在我国企业的竞争策略。具体而言,需要加速知识产权优势培育,以知识产权为突破口,获得行业话语权,加速已有产业优势的知识产权专利布局,夯实优势,以知识产权促进自主创新体系的建立。唯有如此,才能实现我国产品和知识产权优势,尽快完成从贸易大国向贸易强国、经济大国向经济强国的转型。只强调保护国内外知识产权而不强调创造自主知识产权的做法,主要寄希望于不断引进国外技术、外资和外牌的策略,以及看不到跨国公司在华研发机构的双面效应的思维,都是不高明的科技发展"线路图"和开放理念。[②]

第二节 知识产权管理与企业竞争优势

知识产权管理服务于组织的目标,就是企业在知识产权制度背景下,进行知识产权的创造、保护、管理和运营工作,配合企业总体战略实现知识资产的价值。这里从价值创造和价值萃取角度分析知识产权管理影响企业竞争优势的机理。

[①] 程恩富、丁晓钦:《构建知识产权优势理论与战略——兼论比较优势和竞争优势理论》,载《当代经济研究》2003 年第 9 期。

[②] 程恩富:《比较优势、竞争优势与知识产权优势》,载《文汇报》2005 年 6 月 12 日。

一、蒂斯的创新获利理论及知识产权管理作用机理

基于戴维·蒂斯(David Teece)的创新获利(profiting from innovation, PFI)理论,本书从价值创造与价值萃取角度分析知识产权管理作用机理。蒂斯在迈克尔·波特(Michael Porter)的产业理论基础上,根据创新与知识产权的关系提出了一个创新收益独占的理论框架(见图 2.2)。该理论框架同时从产业、知识产权制度、企业自身的内在管理、互补资产等角度,阐述创意或创新的价值如何实现,是少有的综合性分析框架,解释力较强。该框架从多个角度解释为什么有些创新有活力,而有些创新没有活力,无法获取商业价值。独占性机制就是知识产权的外部环境所带来的创意能否阻止别人模仿,能否使创新得到有效的保护,比如说技术市场中成熟的专利保护机制及相关制度,可以促进技术创新的专有性程度,独占性、占有性可以说是对知识产权的保护效果,其隐含之意就是如果能得到很好的保护,就有可能获利。在独占性机制中,一个影响机制是互补性资产,例如把生产能力、分销能力、制造能力转化成商业化的能力,就是互补性资产。产业架构优势隐含之意就是不同产业、不同领域获利能力不同,如处于产业瓶颈的部分可以成为行业利润的创造者。

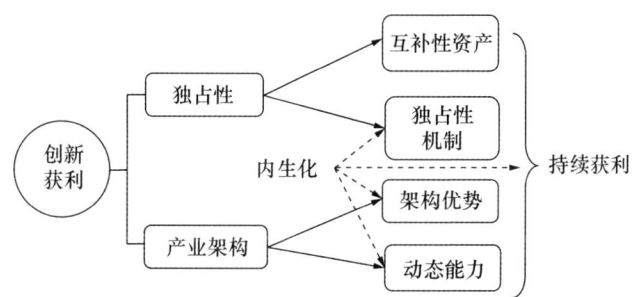

图 2.2 蒂斯的创新获利理论框架

该理论框架兼具微观和宏观视野两个向度,强调知识产权管理作用,即外生变量内生化。一些跨国公司的知识产权管理实践在专属性、互补性资产、产业架构、动态能力等方面体现了这个理论的特点。近年来,一些跨国公司为充分利用高校科研实力,更多独占创新成果,通过限定高校科技成果的转化,独自获得技术优势。比如,某跨国公司在开展医药产学研过程中,选择那些科研实力强、缺少互补性资产的科研院所开展合作。一般来说,高校核心能力在研发本身,高校的技术转换能力和生产相对较弱,而跨国公司具备配套资产及综合协调配置能力。通过这样的安排,跨国公司可以最大限度地独占创新利益。

二、知识产权管理与企业竞争优势的一般分析

（一）知识产权管理可促进价值创造与价值萃取，实现知识资产价值

知识产权管理的价值在于增加从创意到产品再到商品的过程中商业经营各个环节的价值。从帕特里克·沙利文（Patrick Sullivan）的概念模型可以看出，知识产权管理的作用机理在于总体上服务于知识管理、战略、愿景等，是知识管理的一部分。[①] 知识财产连接了一个企业的整体愿景与战略，它的核心是价值的创造和萃取。价值创造和价值萃取离不开知识产权管理系统和资产管理的作用发挥。如图 2.3 所示，价值创造和价值萃取犹如知识产权管理的"两只手"，知识产权管理借助价值创造与价值萃取来发挥知识财产的杠杆作用。当然这中间必须要和商业策略相结合，不能脱离组织目标和商业背景，从而实现知识财产的效用，这个效用最终能实现公司的总体战略。

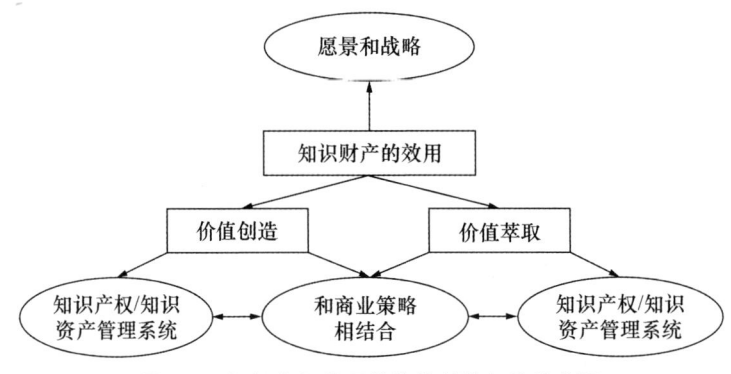

图 2.3 知识产权管理的价值创造与价值萃取

（二）知识产权管理在企业的创新独占、创新获利与价值变现中可扮演积极角色

PFI 理论可以揭示企业的知识产权管理是如何实现从创新技术知识产权制度中获利的。该理论包括独占性机制、互补性资产和产业架构等几个方面。独占性机制就是指创新的外部环境因素，这些因素一定程度上具有阻止创新被模仿的能力，包括知识属性以及知识产权、商业秘密等法律保护机制，其隐含之意在于较强的独占性机制能使创新知识得到很好的保护。对于企业来说，要实现知识资产的价值不仅需要拥有知识产权，还需要其他互补性资产的配合，以及根据产业架构进行战略布局。在强独占性机制下，若互补性资产由创新者独有，则创新者获取几乎所有的创新收益；若该资产由不同企业控制，则创新者与专有互

[①] Patrick H. Sullivan. *Profiting from Intellectual Capital: Extracting Value from Innovation*. New York: John Wiley & Sons, 1998, pp. 144-153.

补性资产的所有者共同分享创新收益。在弱独占性机制下,若所需的互补性资产专业性不强,则企业即使创新,也仅仅通过自己实施,相对难以获得其创新所创造的价值。产业架构是产业内参与者专业化的本质与程度,以及参与者之间的关系(组织边界)。作为游戏规则,它能够决定价值的创造和分配方式,企业能够通过改变产业架构获得优势从而得到更多创新利润。

大量实践案例表明,跨国公司知识产权管理往往会在独占性机制、互补性资产、产业架构优势以及动态能力方面呈现出 PFI 理论的一些特点。如在知识产权关键领域进行布局和储备,推动全球范围内的知识产权强保护以加强独占性;企业根据外在知识产权环境、产业架构和自身的资产能力,改变知识产权管理和获利的方式,以实现知识产权价值。知识产权管理可以说是对知识产权制度的内生化运用工具。一些知识产权优势企业通过有效开展知识产权管理实现内生化,从而获得创新收益。

(三)知识产权管理有利于增强企业决策者的企业战略决策能力,促进企业对高端要素的重视

随着知识逐渐变成人类文明发展的主导要素,知识产权也成为知识经济时代最重要的生产要素,并且已经是企业竞争力乃至国家核心竞争力的集中表现。知识产权及其背后的智慧投入等已渗透并融合于劳动、土地、资本等要素中,发挥其独特的重构与整合其他要素的特有功能,某种程度上也有提升其他资源的功能。作为高价值含量的市场要素,知识产权在国民经济体系中作用日渐突出。现代知识产权制度在法律体系中地位日益凸显的内在经济根源在于:信息和知识、创新在市场经济竞争中地位越来越重要,对企业竞争力的贡献率和对经济增长的作用在不断增加。在信息和知识管理理论研究和实践过程中,信息和知识的商业价值实现必然需要寻求法律的保护,由此引出信息和知识的产权化诉求,直接推动知识产权制度及知识产权管理系统实践的兴起和理论的出现。企业重视知识产权管理,也就是重视无形资产、知识产品,促进企业投资及开发更具活力、取之不尽的创新产品,从而促进企业对高端要素的重视与利用。

(四)知识产权管理有利于企业形成特有的能力,增强企业竞争优势

从竞争优势的产业优势理论来看,知识产权管理对新进入者的威胁、替代品的威胁、买方议价能力、供应商议价能力、与现有企业间的竞争等几个方面均能产生一定作用,进而影响企业竞争优势。知识产权管理从企业的资源和能力方面解释竞争优势的来源,同时影响企业的竞争优势。杰·巴尼(Jay Barney)认为企业的资源要满足四个条件才能创造持续的竞争优势,即有价值的、稀缺的、不能完全模仿的、难以替代的;①玛格丽特·彼得拉夫(Margaret Peteraf)概括出能够创造竞争优势的资源的四个条件为异质性、对竞争的事后限制、不完全流动性、对竞争的事前限制。② 专利、商标、著作权等都基本符合这个特点。没有知识产权管理,专利、商标的创造、保护与运用也不可能自动发生。理查德·霍尔(Richard Hall)给出了一个通过能力差异将无形资源与持续竞争优势联系起来的框架,如图 2.4 所示。③

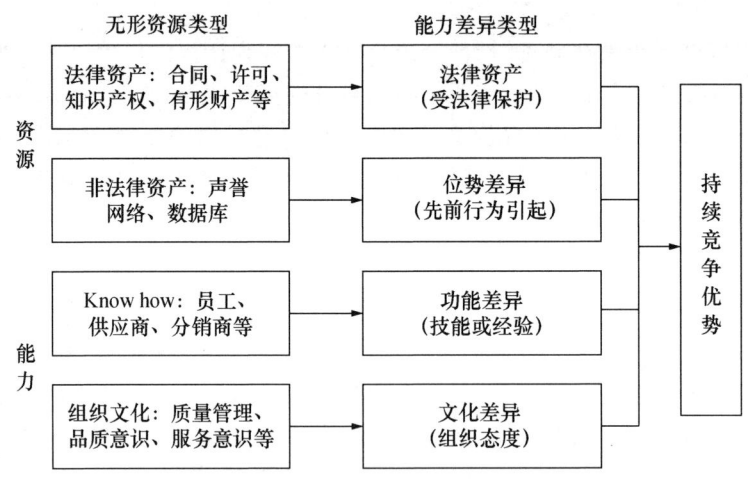

图 2.4　企业无形资源与持续竞争优势

马库斯·莱特茨希(Markus Reitzig)认为知识产权可以通过多种方式帮助企业获得竞争优势,其中三个是相对重要的,即能够创造短期的技术领先(在位者)、保护品牌、帮助形成行业标准。④ 专利和商标组合还可以帮助企业维持基于知识资产的竞争优势。

事实上,无论是知识产权管理的对象,还是对专利等客体的运用在配置等方面的各种协调活动,知识产权管理都能直接或间接作用于企业整体层面的核心竞争力及竞争优势。知识产权管理隐含了要扩大企业所掌握的知识产权资源、提高企业运用知识产权资源的能力的目标。知识产权管理的权利本位与能力及企业本位决定了企业发展中对相关资源和能力的重视,这必然会增强企业的可

---

① Jay Barney. Firm Resources and Sustained Competitive Advantage. *Journal of Management*,17(1),1991,pp. 99-120.

② Margaret A. Peteraf. The Cornerstones of Competitive Advantage:A Resource-based View. *Strategic Management Journal*,14(3),1993,pp. 179-191.

③ Richard Hall. The Strategic Analysis of Intangible Resources. *Strategic Management Journal*,13(2),1992,pp. 135-144.

④ Markus Reitzig. Strategic Management of Intellectual Property. *MIT Sloan Management Review*,45(3),2004,pp. 35-40.

持续竞争优势。

（五）企业知识产权管理实践为现代知识产权制度优化与变革提供了新思路

宏观层面知识产权制度强调公平、秩序、正义，而微观主体则强调效率和效益。但微观知识产权管理中的商业实践可以推动知识产权制度变革。增加知识产权密集型产业在国民经济中的比重和高质量的知识产权数量，并提升集聚和在国际市场上的竞争力，这是我们在宏观层面从知识产权制度受益的主要表现。PFI理论启发我们可以从独占性和产业架构等角度来探讨中国现行知识产权制度完善与优化之策。事实上，中国的知识产权强国战略强调知识产权制度要有中国特色、世界水准，既要有创新性，也要法治化，知识产权制度建设必须要和市场经济配套、促进知识产权与经济深度融合等结论和基于PFI理论视角的观察一致。对于知识产权来说，仅仅做到保护远远不够，如果仅仅重视知识产权法，忽视知识产权管理，则很难获益；要能推动社会创新，保证持续不断的知识产权产出与转换运用。借鉴知识产权的商业实践经验，知识产权制度也可以在独占性机制、互补性资产、产业架构优势以及动态能力方面进行完善。完善的知识产权制度是独占性机制的主要形式；知识产权制度运行能产生效益，需要建立一定的互补性资产基础，例如需要成熟的市场经济体制、完整的工业制造网络等，同时还需要构建合理的产业架构，健全知识产权金融、服务等配套行业；需要优化制度政策引导以保持知识产权的持续产出等。同时要加强公共政策引导，促进社会整体从知识产权制度获益。宏观层面知识产权管理主要表现为法制管理、知识产权公共政策管理。政策管理弥补法制管理的不足，促进公共政策的优化与法制的完善。

知识产权制度也是一种知识治理的制度，涉及权益的分配、财产化。要从知识产权制度获益，就不能停留在知识产权保护层面，还需要发挥知识产权管理在创新获益、制度获益中的基础作用。知识产权管理犹如桥梁，促进微观企业创新独占与创新获益，进而在整体上促进制度获益，实现企业组织目标、社会目标。

通过微观层面的知识产权管理，企业经由自身的努力，如采取相关战略决策，参与联盟、形成特定的生态，虽然不能完全占有创新收益，但可以在生态圈里占有创新收益，从而实现相对的独占性机制。这种通过企业自身的努力，改变原来由外部环境决定的变量，就是独占性机制内生化。这当然需要通过体系化的安排，促进产出更高价值和更高质量的商标、版权、创新、专利组合，实现总体的价值创造、价值萃取，通过知识产权管理来实现企业的竞争优势和竞争力。总之，有效的知识产权管理可以使企业能综合性运用这一制度，从知识产权意识培养到知识产权特有的行为习惯养成，不断地内化到管理实践中，从被动保护到主动建构，构造高质量专利、商标及版权权利体系，使得知识产权部门不仅仅是成本中心，还能切实从中获得利润和优势。

知识产权管理是协调知识产权各个方面的宏观调控和微观操纵的活动,其中涉及工具理性、价值理性,发挥知识产权管理的手段,目标是促进更好、更多的知识产权的发生和实现,增强企业竞争力,构建更完善的知识产权制度。

第三节 知识产权管理的基础理论

由于知识产权的经济特性、法律属性及技术性,知识产权管理之"理"涵盖众多领域。这里的"理",不仅是"专业之理",而且包含特有的方法,正确使用与遵循一定学术规范或行业规范。知识产权管理首先需要遵循管理科学的规律,其次要遵循行业规律,最后要遵循特定专业知识产权发生与发展规律,遵循法律规范与法理等。本节将介绍知识产权管理学科学习、研究及实践的基础方法论、常用的管理基础理论和经典模型。

一、知识产权管理方法论

"工欲善其事,必先利其器。"方法(method)有"通向正确的道路"之意,是人们为了达到某种目的而采取的手段。方法论(methodology)是人们认识世界与改造世界的根本方法的哲学学说,具体表现为方法体系,有利于探索研究、开发、运行复杂问题的各种方法的共同规律。面临复杂任务时,必须在正确的方法论指导下,采取适当的方法,选择适当的技术,借助适当的工具。知识创造过程或研究过程是一种经验观察和先验范式之间互动的双向过程。知识产权管理研究活动是一个社会互动性活动,需要利用知识再生产知识。作为主体的研究者和作为客体的现象是不可分离的。主体采用的方法和方法背后的方法论对知识产权理论知识的建构和学科建设会产生不同的影响。方法论科学知识体系包括三个相对独立的部分:哲学方法论、学科间的方法论和个别学科方法论。哲学方法论处于方法论系统的最高层次,它适用于一切科学,表现为一种思维定式和原则,对文艺学方法论体系的整体性有规定作用。一般研究方法是能为多种学科所采用、处于中介环节的研究方法。它处于方法论系统的第二层次,主要包括系统论、控制论、信息论和逻辑思维方法。特殊研究方法亦称具体方法。它是某一学科特有的研究方法,或者是某一学科某种角度的研究方法。特殊方法取决于学科对象的特殊性。遵循方法论的一般原理,可以理解知识产权管理方法及方法体系的特点。

(一)知识产权管理方法及其体系

管理是知行合一的学问。相应地,知识产权管理方法分为认识(研究)知识产权现象、活动、规律的方法和解决知识产权管理现实问题的方法。前者是知产权管理研究方法或者认识方法,旨在认识管理现象或者活动,属于所谓"唯知性"目标;后者是知识产权管理实践方法,管理实践方法的应用过程即管理实践过程。知识产权管理实践的目的在于解决管理现实问题,达到实用性目标。两类方法或者过程是紧密关联的,第一类方法可以指导第二类方法或者为第二类方法提供知识基础,而第二类方法是第一类方法的实践目标,为第一类方法提出问题,引导第一类方法的发展。如果说管理理论是人们认识管理现象或活动、解决管理问题过程中所形成的关于管理活动或现象本质的理性结论,那么知识产权管理方法则是人们认识知识产权管理活动或现象、解决问题过程中所运用的方式、法则、手段和规范的总和。[①] 知识产权管理方法是知识产权管理认识和实践活动中,主体作用于客体的关系形式。这里借鉴哲学方法论范畴的研究,结合知识产权管理学科特点,把知识产权管理方法论进行分层与分类。

从纵向抽象视角来看,知识产权管理方法可以分为三个层次。层次一为抽象的哲学方法,主要是研究和解决管理问题的思维方式和思维原则的方法。层次二为相对抽象的通用方法,这类方法对于不同领域的管理活动、现象的认识或者多数领域的现实管理问题的解决具有普遍适用性。层次三为具体的专门研究方法或在局部管理领域、特殊行业、具体管理问题中适用的方法。

上述三个层次的管理方法,可以进一步划分为知识产权管理研究方法和管理实践方法。从管理研究方法看,哲学方法包括唯物辩证法和其他科学哲学方法;通用方法是一种跨学科的方法论,如系统论、控制论、信息论和逻辑思维方法或者研究范式,同一学派或者研究范式大体会采用相同的研究规范和方法。而具体研究方法一般包括科学方法中的经验方法(观察、调查和实验)、理论方法、逻辑方法、因袭方法、权威方法、常识方法和直觉思辨方法,以及从社会和人文学科中移植来的其他方法,如从法学、社会学等学科移植借鉴相关的理论和方法。

从管理实践方法看,哲学方法主要是指管理者的价值观和行为哲学,包括科学主义方法,分析和解决管理问题的思维习惯等(如不同价值观、不同类型理性的思维方式)、人本主义方法和后现代主义方法等。通用方法包括战略管理方法、目标管理方法以及系统管理方法等,这些方法在专利、商标等不同知识产权领域都有适用性。而具体知识产权管理方法十分繁杂和庞大,如按照管理职能可以分为计划方法、组织方法、控制方法、领导方法;按照专业领域可以分为具体领域实践方法,如专利管理方法、著作权方法、商标管理方法等;按专业领域可以分为法务管理方法、知识产权保护方法、运营方法等。知识产权管理方法体系的结构如图 2.5 所示。

---

① 黄速建、黄群慧:《企业管理科学化及其方法论问题研究(上)》,载《经济管理》2005 年第 20 期。

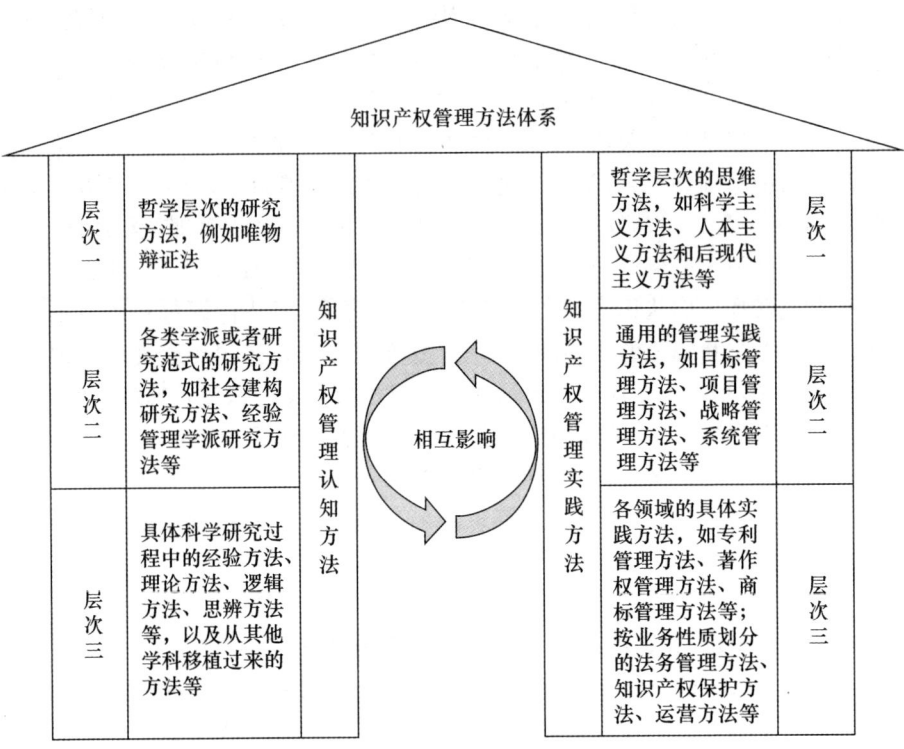

图 2.5 知识产权管理方法体系

知识产权管理方法论是有关知识产权管理方法本身的形成、应用的学问及哲学反思的统称。从一定意义上说,科学的发展史在实质上就是科学方法论的演化史。科学技术的每一次重大发展几乎都伴随着研究方法的重要发展,而研究方法论的每次发展又总是使人类对客观规律普遍性的认识更深一步。

(二)知识产权管理方法论的合理运用

方法论是高阶的方法,是正确使用方法的方法。方法论的合理、正确使用对选择合适的方法有重要的指导作用。在知识产权管理认识(理论研究)、实践中,采用合理的方法和合适的方法论对于开展认知与相关实践活动有积极作用。

1. 加强对知识产权管理方法论重要性的认知

科学是随着研究方法所获得的成就而前进的,只有方法上的科学才能带来学科的重大突破。在选择和运用研究方法之前,首当其冲的是世界观的问题。世界观决定方法论,只有有了正确的世界观,才会有正确的研究方法。研究需要秉持辩证唯物主义和历史唯物主义原则,从社会现实出发认识和研究知识产权与知识产权法学现象。因为围绕知识产权形成的法的关系既不能从其本身来理解,也不能从人类精神的一般发展来理解,而只有在了解每一个与之相对应的时代的物质生活条件的基础上才可以。① 因此,在知识产权管理基础理论研究中,应坚持物质生活过程决定精神生活过程的观点,在深入考察知识产品的生产、占有、使用、转让和处置的基本条件和方式的基础上,来说明知识产权的创造、产生、发展和特点,发现知识产权法律制度及管理产生的原因和国际化的轨迹,阐释知识产权本质、内容和作用。同时要坚持普遍联系和相互作用的观点,从政治、经济、科技、文化等方面探讨知识产权产生的社会基础,用动态的观点观察和分析知识产权发展的过程与社会基本矛盾运动过程的联系。

2. 综合多元学科方法论视域来探讨

一般来说,单一方法论对解决一类问题有独特功效,某种方法论本身没有对错,对特定语境下问题的解决不失为一种良好指导。如基于特定方法论的理论探讨可以保障同行的顺畅交流,避免了无参照系的弊端。但如果仅仅局限于特定方法论,对知识产权问题本身、知识产权管理的内涵和问题深度把握不力,探寻有效的解决办法可能会因方法论的局限而受影响。知识产权管理属于典型的交叉学科。由于知识产权管理问题的复杂性,单一学科方法无法或很难解决这些问题,多学科的研究范式成为必需。系统科学中全面系统干预(total systems intervention,TSI)作为方法论的基础,论证了多元研究范式与方法论的合理性及必要性。TSI元方法论融合互补主义、社会逻辑意识,以促进人类福利与解放的批判性系统思考(critical systems thinking,CST)为指导思想,综合集成各种系统方法论,探讨如何将它们应用到恰当的问题情景中去,具有很好的实用性和可操作性。

纵观现有知识产权管理理论进展,该学科的实践早于理论发展,实践丰富多彩,但归纳提炼的理论框架不多,特别具有开创性的知识产权管理方法模型屈指可数。究其原因,理论研究中开创性成就的取得往往源于方法论上的创新,学术共同体认可的开创性研究方法方能直指问题核心,并给出具有普遍适用性和解释性的理论。在方法论多元主义观点指导下,知识产权管理研究可以采用多种方法论,包括功能分析、要素分析、概念分析、因果分析、实证研究方法与规范分析方法等。多元方法论的应用为多学科交叉研究提供理论基础,法律、管理、经济、金融、哲学等多种学科的方法论均可在知识产权管理领域发挥作用。这也是新兴交叉学科在库恩学科"前范式阶段"研究中应有的态度。交叉学科的优势在于不局限于特定领域,但对初学者来说也可能是一个障碍,要在多个学科中腾挪互鉴、把握脉络及深入理解并非易事。

3. 系统科学方法的引入与正确使用

系统科学方法包括系统论、控制论、信息论、模糊数学等系统理论和工具。

---

① 方江宁:《知识产权法基础理论研究方法论略》,载《南京理工大学学报(社会科学版)》2014年第4期。

系统科学学科范式的核心是系统论。系统论的基本观点是：世界上任何事物都可以看作由要素构成的系统，系统的要素之间存在复杂的非线性关系，系统的特性和规律只能从系统整体角度来理解，要素之间的联系也必须立足于系统整体来认识；在价值观取向上，系统论是以系统的整体功能最优为目标的。[①] 世界观决定方法论，系统科学方法极大增加了研究者和实践者看问题的深度和广度。

近年来，系统科学发展迅速，对现代科学各个领域的影响十分深远，被公认为横断学科。其中复杂性和复杂系统的复杂性理论方法被普遍认为是系统科学最重要的发展，并逐渐发展为一门独立的学科，即所谓的复杂科学。复杂科学学科范式对管理学影响比较大的是系统动力学、耗散结构理论、自创生系统理论等。作为一个发展不久的管理科学化方法论，复杂科学学科范式日益得到管理学家重视。这里简单介绍知识产权管理领域常用的霍尔三维结构模型。

霍尔三维结构又称霍尔的系统工程，是美国系统工程专家霍尔（A. D. Hall）等人在大量工程实践的基础上，于1969年提出的一种系统工程方法论。其内容反映在可以直观展示系统工程各项工作内容的三维结构图中。霍尔三维结构集中体现了系统工程方法的系统化、综合化、最优化、程序化和标准化等特点，是系统工程方法论的重要基础内容。霍尔三维结构模式的出现，为解决大型复杂系统的规划、组织、管理问题提供了一种统一的思想方法，因而在世界各国得到了广泛应用。霍尔三维结构将系统工程整个活动过程分为前后紧密衔接的七个阶段和七个步骤，同时还考虑了为完成这些阶段和步骤所需要的各种专业知识和技能。这样，就形成了由时间维、逻辑维和知识维所组成的三维空间结构（见图2.6）。其中，时间维表示系统工程活动从开始到结束按时间顺序排列的全过程，分为规划、拟定方案、研制、生产、安装、运行、更新七个时间阶段。逻辑维是指时间维的每一个阶段内所要进行的工作内容和应该遵循的思维程序，包括明确问题、确定目标、系统综合、系统分析、优化、决策、实施七个逻辑步骤。知识维列举需要运用包括工程、医学、建筑、商业、法律、管理、社会科学、艺术等各种知识和技能。三维结构体系形象地描述了系统工程研究的框架，对其中任一阶段和每一个步骤又可进一步展开，形成了分层次的树状体系。霍尔三维结构可以作为一种方法论，探索各种系统工程的共性内容、结构、作用、规律性、适用范围等，在知识产权管理领域有较好的应用，例如以霍尔模型框架分析战略执行与实施问题。[②]

---

① 黄速建、黄群慧：《企业管理科学化及其方法论问题研究（上）》，载《经济管理》2005年第20期。
② 黄国群：《战略知识产权管理内涵及实施体系研究》，载《中国科技论坛》2012年第8期。

第二章 知识产权管理基础理论 65

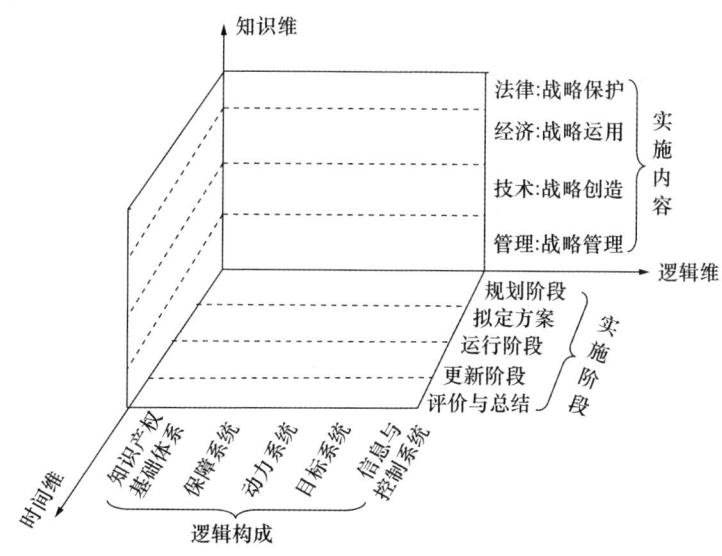

图 2.6 基于霍尔三维模型的知识产权战略管理模型

4. 财产观、价值分析与其他方法论的平衡

财产观和价值分析的方法论视知识产权为企业财产,通过价值分析等深入了解知识产权运作规律,有一定的适用性和启发意义。重视财产属性,重视商业价值和商业属性,符合企业管理的一般特点,也有法经济学的支撑。但过于重视财产属性则有可能忽视人本倾向,偏离其法律属性,实务中不一定能得到法律政策的支撑,可行性不高;知识产权毕竟具有私权法律属性、公共政策属性等多元属性,在资产观、价值分析大行其道之时,对于知识产权领域的一些问题,应同时考虑和其他方法论的适用与平衡问题。

5. 社会建构方法与经验研究方法的兼顾与平衡

托马斯·库恩认为,知识的产生依赖于"理论和经验的双向互动"关系,学科的发展是一种经验观察和先验范式之间互动的双向过程。经验研究和社会建构方法均在新观点、新理论的形成中有积极作用。经验学派采取经验主义立场,主要采用个案及多案例研究来考察管理现象,坚持"以问题为导向,以案例研究为基础"的研究路线,强调管理学的实践有效性。社会建构方法论把知识创造过程看作一个雕塑过程,知识产权法及其管理的进化就像雕塑家生产艺术品那样按照预先设计好的图纸进行加工。在这个过程中,研究者总是通过一个关于问题性质的预设观念或默认的理论来认识组织及其管理问题,并隐含地确定可能的答案。[①] 经验学派坚持采用实在论的方法论,主张知识创造过程或研究过程是

---

① 张钢:《战略管理研究基础的建构论重构是否可能?》,载《自然辩证法通讯》2000 年第 4 期。

一个不断对知识产权法及其管理实践进行挖掘的过程。经验学派的学者认为,在这个过程中,为了获得知识产权法及其管理实践中自然产生的有价值的"矿藏",要不断挖掘管理现象和管理领域,而这一挖掘过程有赖于"理论和经验的双向互动",反对社会建构方法论将感觉经验绝对化、理想化。经验学派的方法论注重的是对隐性知识或默契知识的揭示、传授和在组织内部的个人与群体之间分享和转移知识,而社会建构方法论注重的是隐性知识向显性知识的转化。

6. 善用知识产权管理成熟模型与框架

知识产权管理领域框架模型是学者们提炼归纳出的解决知识产权管理问题的模型或方法,可以理解为一种特定的方法。管理实务中各种方法、技术、工具的覆盖面、内容、适用范围不尽相同,它们都在不断地改进发展,并且方法和技术两个层次之间界线未必很鲜明。在使用时,要根据具体问题合理选择有效的方法。这里给出两个富有启发性的知识管理框架或模型。

第一个是基于案例研究方法提出的具有广泛适应性的知识产权管理模型,如图 2.7 所示。[①] 该模型包含知识产权生成、保护、商业化、获取及执行等五个知识产权管理相关阶段,确认了实务中共有 15 个主要知识产权管理共性流程,试图制定一种建立、改进和加强组织知识产权管理的方法。[②] 该框架蕴含了众多基础理论知识,一定程度上假设了知识产权管理是企业应对知识经济和全球化挑战而必须开展的基础性管理工作,是一种企业内生性制度反应,突出了认知(智力)、金融等知识产权价值运动中的中介和桥梁作用,对解释知识产权发生发展、价值实现等有一定合理性。该知识产权管理模型有助于揭示当前企业之间知识产权管理差距,并促进组织知识产权的战略商业化。在该模型中,创新过程和知识产权管理过程本质上是重叠的。知识产权管理的整个过程始于无形的创新资本,并有望以无形资产结束,这些无形资产可以进一步商业化以创造财富。该流程由业务、知识产权和技术策略控制,企业知识产权和组织法律部门可以运用这些策略来评价及改进企业自身知识产权管理水平。

第二个知识产权管理框架是由安达信公司提出的企业知识产权管理的五个阶段框架,又称为知识产权价值层次模型。该框架被提出后,被苏珊娜·哈里森和帕特里克·沙利文在《董事会里的爱迪生》一书中用来分析处于不同的知识产权发展阶段的公司实践,突出了运营知识产权资产的重要性,也间接给出了企业最大化其知识产权价值的盈利策略。知识产权管理五阶段框架在该书中以"爱

---

① Gouri Gargate and K. S. Momaya. Intellectual Property Management System: Develop and Self-assess Using IPM Model. *World Patent Information* 52, 2018, pp. 29-41.

② Ibid.

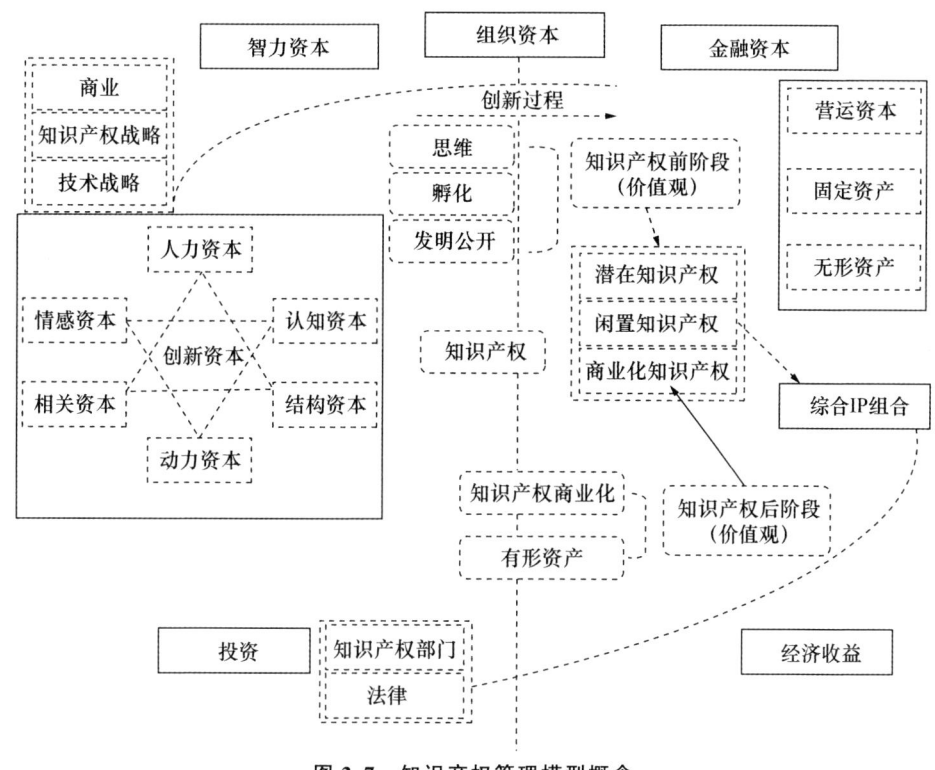

图 2.7 知识产权管理模型概念

迪生金字塔"形式呈现,并被称为"价值阶梯"①。这五个阶段依次是防御、成本控制、创造利润、管理整合、愿景。该模型也是一个知识产权管理演化模型,反映了随着企业所处发展阶段的不同,其知识产权管理复杂性增加的一般规律。该知识产权管理层次框架简明概括,在实践中有较好的应用。哈里森和沙利文给出了处在金字塔不同层级的公司的最新思考与最佳实践,并道明了企业如何认清自己的位置从而进入爱迪生价值阶梯、如何实现各层级目标(防御布局、管理成本、获取价值、整合机会、塑造未来)以及实现向更高层级的转换。② 该框架对企业知识产权综合性管理、知识产权运营等的启发在于:随着企业管理复杂性的增加,知识产权管理应逐步从仅作为法律资产的桎梏中释放出来,可以作为商业资产进行获利,进而达到发展策略性资产的境界。具体步骤包括:一是发展知识

---

① Patrick Sullivan and Suzanne Harrison. IP and Business: Managing IP as a Set of Business Assets. *WIPO Magazine*, 2008, www.wipo.int/wipo_magazine/en/2008/01/article_0008.html, accessed July 11, 2023.

② 〔美〕苏珊娜·S.哈里森、帕特里克·H.沙利文:《董事会里的爱迪生(第 2 版)——领先企业如何实现其知识产权的价值》,何越峰主译,知识产权出版社 2017 年版,第 5—15 页。

产权的数量,二是以有限的资源获得量多质优的知识产权;三是许可使用并实现经济价值;四是利用知识产权协助企业发展策略定位;五是创造专利领导技术发展,协助企业调整并创造市场空间的战略影响等。

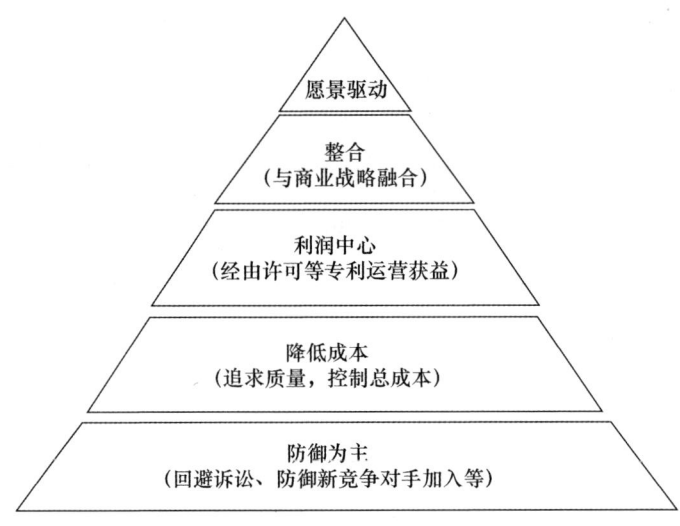

图 2.8 知识产权管理层次模型

二、一些常用的管理基础理论

(一)法律内化理论

1. 知识产权内化概念

法律内化理论是指个人或组织在长期的社会化过程中,真实接受和认同法律规范,将其视为一种内部准则或信仰,在行为决策中主动遵守法律规范,实现法律规范对行为的自我约束和规范作用。卢梭曾言,一切法律之中最重要的法律,既不是铭刻在大理石上,也不是刻在铜表上,而是铭刻在公民的内心中。只有人民内心拥护法律,全社会信仰法律,将法律作为其行为准则和依据,并且出于内心的自愿去遵守、维护,法律才能发挥作用,法律权威才能真正树立,法治社会建设才能真正得以推进。一言以蔽之,作为我们所习得的外在知识,法律是自生自发的,人作为能动的主体,在与客观世界的不断相互作用过程中,通过学习和模仿、分析和理解、接受和认同、自觉和自愿来内化法律。类似地,以专利为例,知识产权制度内化是企业根据国家知识产权法律及政策,将相关专利法律制度转换为企业内在的特有制度,比如包含"一奖两酬"的专利奖励办法、专利申请办法等,通过国家宣传、推进以及企业自身学习、消化及制度化等,优化专利管理,培育企业专利管理理念,制定与完善企业专利管理的规章制度,配备对应的机构与人员,以保障理念的实现与措施的实施,提升专利绩效的活动或过程。内化体现了企业整体及内部对国家法律制度的认知与能动性适应和主动性安排。

2. 知识产权内化的外在表现

企业整体对知识产权工作的重视与恰当安排,包括知识产权意识提升,知识产权工作受到重视;建立企业知识产权制度及制度体系,培育和提升企业知识产权能力,建立和优化新的专利管理制度;外在能够以专利技术支持企业获得潜在的外部利润,并不断优化,建立新的专利管理制度安排的成本低于潜在收益,对制度环境作适当的修改,有可能实现收入的重新分配等。

3. 内化理论的理论价值

内化理论为知识产权管理指明了方向,为企业等知识产权微观主体内部管理规则化、法治化提供了思路。内化理论同时重视价值观、知识产权文化等多维因素,为企业内部开展综合性知识产权管理提供了理论基础和理论依据。

(二) 目标管理

目标管理由管理学经验主义学派巨擘彼得·德鲁克(Peter Drucker)在1954年发表的《管理的实践》中提出。目标管理已成为各种组织实施计划和控制的管理手段,作为一种管理模式被普遍应用于管理领域。

目标管理的有效实施需要实行专业化分工,管理者必须以"目标"来统合部门及员工的贡献,制定目标的水准不宜过高或过低,目标项目不宜太多以免分散注意力,目标的制定必须建立一个目标体系,为各项工作设定完成时间和测定标准。目标制定过程需要自上而下结合自下而上,目标管理虽然最终表现在对人的管理上,但目标管理需要制度化、体系化。通过目标管理,可以实现"人"与"事"的恰当结合,约束与激励"人",规定与优化"事"。具体需要制度流程来定义做事方式,确保事事有规范(多个人员、多个活动有序的组合)、标准与部门职责。其中部门职责涉及工作范围和责任,确保事事有人做。标准是用来衡量事物的依据或准则,是判定技术或成果好坏的根据,广义上说,就是用来判定是不是某一事物的根据。目标管理是基础管理体系的代表。有了目标管理,企业可以在一定程度范围内有效运行,是一种要求比较低、相对容易实施的管理方法与管理制度。由于管理学中计划与控制高度关联,目标管理不仅可以作为计划工具,也可作为控制工具。

在知识产权管理实践中,目标管理有很大的应用空间,比如制定知识产权制度、形成相关流程、管理部门化等。可以说实践中目标管理统摄知识产权管理的主要过程,为形成知识产权管理基础体系奠定基础。

(三) 体系化管理

体系化管理实质是把知识产权管理视作系统,对该系统整体进行调控与管理。企业知识产权体系指将知识产权放在企业管理的战略层面,把企业知识产权管理理念、管理机构、管理模式、管理人员、管理制度等视为一个整体,界定并努力实现企业知识产权使命的系统工程。整个知识产权工作依赖于系统而不是个人、单个要素。在相关管理过程中,首先要识别整个问题的关键过程和关键要素,同时应整体观察。其实质是系统思维在知识产权基础管理中的应用。知识产权管理是一个系统工程,高效的知识产权管理体系和知识产权战略是其有效运转的必要条件。企业要在创新及专利方面有所建树,系统防范知识产权风险,实施规范化管理,建立知识产权管理体系。

如图2.9所示,国家标准《企业知识产权管理规范》(GB/T 29490—2013)及《企业知识产权合规管理体系要求》(GB/T 29490—2023)与《创新管理—知识产权管理指南》(ISO 56005)国际标准等,均基于过程方法采纳了知识产权体系化管理思想及相关管理模型,突出知识产权整体管理工作为一个管理系统,借助质量管理的PDCA模型,通过策划、实施、检查和改进等环节及其循环往复的持续改进,企业构建并不断优化其知识产权管理体系。其中,策划是指理解企业知识产权管理需求,制定知识产权方针和目标;实施是指在企业的业务环节(产品的立项、研究开发、采购、生产、销售和售后)中获取、维护、运用和保护知识产权;检查是指监控和评审知识产权管理效果;改进是根据检查结果持续完善知识产权管理体系。该模型以知识产权管理系统为抓手和着力点,借鉴了质量管理等理论,具有一定合理性。

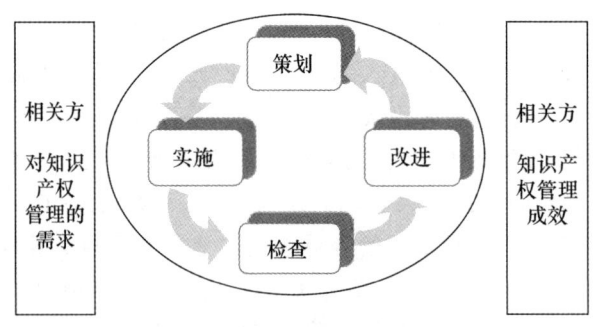

图2.9 体系化管理的原理框架

(四) 战略管理理论

战略管理是指对一个企业或组织在一定时期内全局的、长远的发展方向、目标、任务和政策,以及资源调配的决策和管理。从企业未来发展的角度来看,战略表现为一种计划(plan);从企业过去发展历程的角度来看,战略则表现为一种模式(pattern);从产业层次来看,战略表现为一种定位(position);从企业层次来看,战略则表现为一种观念(perspective);此外,战略也表现为企业在竞争中采用的一种计谋(ploy)。这是关于企业战略比较全面的看法,即亨利·明茨伯格(Henry Mintzberg)著名的战略5P模型。战略管理的目的是提高企业对外部环境的适应性,增强企业竞争优势,使企业做到可持续发展。战略管理是整合性管理理论,是企业最高层次的管理理论,是企业高层管理人员最重要的活动和技能。战略管理不是一个给定的过程,而是一个需要发起、培育并偶尔修正和不断演化的过程。这决定了战略的管理过程性及艺术性。战略管理理论加强了对人的重视,表现为企业家战略。这种观点是指公司努力将组织各个层次的员工培育为普遍具有企业家精神、思维和行动的人(战略家),并努力发挥整个公司员工的企业家精神。

知识产权战略管理是企业为获取与保持市场竞争优势并遏制竞争对手,运用知识产权各种手段谋取最佳经济效益的总体性谋划。企业知识产权战略的目标是获得企业竞争优势,或者是为企业竞争优势做贡献,再具体化就是获得经济效益。常用的各种手段包括保护、诉讼、运用、许可等。企业最重要的知识产权战略是专利战略和商标战略。国外学者也有类似定义,如罗伯特·皮特克斯利(Robert Ptkethly)[①]认为知识产权战略管理是利用知识产权实现企业提升竞争优势、增强公司竞争力等战略目标。战略本身比较复杂,决定了知识产权战略管理也有一定的复杂性。

(五)项目管理理论

项目是一种临时性的工作,也指组织中所有一次性而非持续性的工作,或为达到一个特定目的而将人力资源和其他资源结合成一个短期的组织,其目的是推出某项新产品或新服务。简言之,项目是为达到某个结果所开展的工作,是将某些相互联系的活动结合起来的工作。项目是一种一次性的、具有独特性的工作,有确定的起点和终点。知识产权管理实务中,经典的非诉业务、知识产权战略管理、尽职调查、政策咨询等,都可以理解为一种项目,所以项目管理是知识产权管理实务中基本绕不过去的一种管理类型。

项目管理是在项目活动中运用知识、技能、工具或技术,实现项目需求,使项目的利益相关者满意。美国项目管理协会(Project Management Institute, PMI)提出,项目管理就是把各种知识技能手段和技术应用于项目中以达到人们的需要和期望。由于人们的需要和期望的多样性,项目管理往往要对其加以权衡,通常需要加以权衡的需求有范围、时间、费用和质量。

[①] Robert H. Pitkethly. Intellectual property strategy in Japanese and UK companies: patent licensing decisions and learning opportunities. *Research Policy*, 30(3), 2001, pp. 425-442.

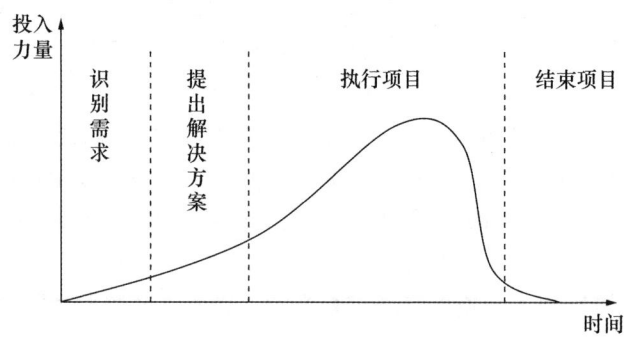

图 2.10 项目管理基本框架

总体来看,相较于目标管理等其他管理模式,项目管理特色鲜明,实践性强,具有丰富的内涵。其实质表现在:首先,项目管理是以项目为对象的系统集成管理方法,通过组建专门的柔性团队组织对项目进行高效率的计划、组织、指导和控制,实现项目全过程的动态管理和项目目标的综合协调与优化,对管理协调与协同的要求比较高。其次,项目管理贯穿项目的整个生命周期。项目管理既要遵循特定领域的专业性规律,也要遵循项目本身的规律,通过对项目进行高效率的计划、组织、指导和控制,从而精确预算时间和人力成本,预判和防范技术风险。再次,项目管理是以项目经理负责制为基础的目标管理。从这个意义上说,项目管理是目标管理的一种具体表现。最后,在组织特性方面,项目管理的柔性组织提高了灵活性和效率。项目管理通过创建高效的团队和经常性的团队建设,创造和保持一种使项目顺利进行的环境。项目管理的组织和方式是柔性的,即可变的。项目组织打破了传统的固定建制组织形式,根据项目生命周期各个阶段的具体需要适时地调整组织的配置,采用非正式的项目管理模式以保障工作和组织的高效经济运行。

项目管理作为一种先进科学的管理方式,有效地解决了大型组织效率低下和小型组织面临风险增加的问题。

(六) 能力理论与自组织机制

能力通常指某一方面的技能、专长或才能。竞争能力或竞争力是一个高度综合的概念。竞争能力或竞争力总是以竞争对手为参照,是企业目前和未来在各自的环境中以比其国内外竞争对手更有吸引力的价格和质量来进行设计、生产并销售产品或提供服务的能力和机会。

企业能力具有层次性,包括行业一般能力、行业核心能力和板块核心能力。其中行业一般能力指企业从事某种行业的生产与经营所具备的最基本资源。行业核心能力指的是企业所拥有的在所处行业中数一数二的优势竞争能力。尽管企业核心能力的覆盖面不广,但企业能在所处的行业中做到业绩优秀。板块核心能力指的是企业在行业的细分市场(战略板块)进行竞争时所具有的数一数二的优势能力。板块核心能力的适用面更为狭窄,拥有板块核心能力的企业在细分市场上具有超常的竞争优势。蒂斯等人最初提出了改变能力的能力即动态能力的概念,并把动态能力定义为公司整合、构建、重新配置内部和外部能力以应对快速变化环境的能力。

动态能力是指企业通过资源吸收与整合以及学习、知识管理等方式提升自身的创新能力而获得新知识和能力,并逐步整合和改进现有的能力以提高效率,使企业在动态、复杂、不确定的环境下获得持续竞争优势。有一种观点认为,企业知识产权管理能力可以理解为企业的一种动态能力。

组织可以分为他组织和自组织两类。如果一个系统是靠外部的指令形成的,即称为他组织。如果不存在外部指令,系统按照相互默契的规律各司其职并自动形成有序结构的,可定义为自组织。企业动态能力系统具有典型的自组织特征,是与环境相适应的自组织系统。其形成和演化是系统内部各子能力互为前提、相互作用、相互协调的结果,要培育企业的动态能力,必须重视组织惯例和组织过程形成、传递以及更新,并通过各动态能力的子能力(如技术创新能力、知识创新能力等)的动态整合和交互协同,驱动动态能力自组织的形成和有效运行。只有这样,才能实现企业在动态环境中获得持续竞争优势的目标。

如果把企业能力视为一个系统,则能力系统的各个子系统按照协同方式进行协调、相互合作、相互影响而实现一致性和互补性,进而使支配企业能力系统的各个子系统协同发展,使得企业能力系统实现自组织,从无序到有序,从简单低级有序到复杂高级有序,在此基础上,发现企业能力系统协同作用的关键就是序参量如何影响企业能力系统各个子系统的有序发展、变迁,即企业能力系统协同作用的自组织演化过程。自组织理论及能力理论为企业知识产权能力的自身协调发展提供了理论和方法指导。

第三章 知识产权体系化管理及合规管理

企业知识产权管理体系是将企业知识产权管理组织、管理机构、管理模式、管理人员、管理制度等视为一个整体，界定并努力实现企业知识产权工作使命的系统工程。知识产权体系化管理是企业应对知识产权管理复杂性及多样性的重要手段，是企业持续开展知识产权管理的有效办法。企业知识产权管理规范从知识产权管理体系入手，以知识产权管理体系构建为知识产权管理基础的抓手和突破点，从全局出发，把握主要矛盾，促进企业加强知识产权制度化和规范化管理，保护企业的知识产权，促进企业创新发展。知识产权合规管理日益成为我国企业知识产权体系管理中的重点内容。

第一节 知识产权体系化管理原理

在知识经济时代，作为企业重要的经营资源、竞争资源和无形资产，知识产权对企业的生存和发展越来越重要，学会创造、保护和运用知识产权是企业知识产权管理实践的核心。如何克服知识产权管理实践中存在的问题，优化知识产权管理模式，进而提升企业竞争优势，是我国很多企业当前知识产权工作面临的重要战略问题。知识产权管理是融合程序与实体的专业性管理。本节以系统论为理论视角，分析企业知识产权管理系统及要素、作用机制，探讨企业知识产权体系化管理相关问题，并给出相关优化策略，以期对我国企业提升知识产权管理水平有所启发。

一、知识产权体系化管理概述

（一）知识产权问题的多样性与体系化应对

企业知识产权问题的多样性体现在多个方面。首先，知识产权涉及领域广、权利类型多，每种知识产权都有其独特的法律保护和管理要求。例如知识产权侵权行为方式复杂，需要采用多种手段进行防范和打击，知识产权的法律审查和纠纷处理都需要专业人员完成；与此同时，由于技术创新速度快，知识产权管理也面临着新的挑战和变化,需要及时跟进。知识产权问题还涉及经营与贸易问题等。这些均反映出知识产权问题的多样性、复杂性。企业知识产权的基本特性是企业知识产权管理的逻辑起点,决定了应对知识产权管理问题首先要采用专业化方式,即所谓"让专业的人做专业的事"。企业知识产权问题越复杂,对管理人员的专业性要求就越高。专业性管理需要团队合作与配合,涉及分工与合作问题,由此衍生出管理、组织、领导等具体管理问题。

其次,知识产权问题的多样性、复杂性涉及企业知识产权管理的大量决策、相关资源配置与协调等问题,需要专业性决策与专业人士的专业分析和战略性决策等。

最后,知识产权管理有一定规律可循,企业可以通过团队合作等形成一些规则与惯例,相关管理技巧、管理策略等累计形成专业能力、特有资源、专门学识等。

专业性问题、程序化问题、风险防范与能力建构等多种目标、资源限制与背后的企业实际情况等多种问题、多种取向交织在一起。这些问题的应对及解决,需要一种能体现组织理性、符合管理基本规律、契合专业性需要的管理规范和综合措施,也需要一种能化繁为简、抓住主要矛盾的管理办法,此即体系化管理、系统化管理。体系化管理是系统科学及系统思维在知识产权管理领域的应用,融合了目标管理、战略管理、系统科学的相关理论。唯其如此,方能实现知识产权整体的多层次目标。比如,首先通过风险管理使得高悬的"法律之剑"不落下来,不会因为逻辑疏漏导致侵权不断而受制度惩罚或处处碰壁;其次,根据法律制度环境的要求及引导,开展制度建设、流程建设等,让人员和工作流程等紧密结合,各就各位、各司其职、各负其责;最后,打造知识产权领域的特有专长,能驾驭知识产权这个复杂客体与对象,不至于使知识产权成为企业发展或某种资格获得(比如企业上市、获得风险投资等)的牵绊或掣肘。

(二)知识产权体系化管理的内涵

知识产权管理体系化实质上是把知识产权管理的各个要素及其相互关系视作一个整体,进而进行分析与规划。其内涵体现为如下几个方面。

1. 发挥体系与整体作用

系统原理强调整体大于部分,结构决定功能,整个知识产权工作依赖于系统而不是个人、单个要素。把管理工作视作一个系统,系统体系框架搭建完成后,可发挥整体的协同作用。例如一个建立完整知识产权管理系统的企业,如果管理得当,对企业知识产权资源进行合适的配置可以实现无形资产的保值增值;建立健全科研创新机制,激励企业创新发展。建立健全知识产权规章制度,防范知识产权法律风险,应对知识产权纠纷与诉讼,开展知识产权许可与经营,实现知识产权市场价值等。

2. 体系化管理是全方位的管理

体系化管理的对象是各种类型的知识产权。管理的定位不仅要考虑风险保护等基础性工作,而且要考虑知识产权收益及相关整体的发展战略等。

3. 系统管理与目标管理的结合

专业化管理与分工合作是管理的基础原理,也是目标管理的基础。此外,系统管理并非对所有管理问题一视同仁,而是要识别整个问题的关键过程和关键要素。系统整体应能承担和胜任特定任务和要求,实现系统整体的功能。

4. 战略思维与系统管理的结合

体系化管理本身是一种综合性应对策略,一种体现战略思维的前瞻性安排,其目的在于通过对企业知识产权的全面管理和维护,提高知识产权的保护和利用效率,实现高效运作与保值增值的经营理念,增强企业的竞争优势和市场地位。知识产权各类战略也是知识产权管理系统的一部分,如知识产权保护战略、研发战略等。

5. 持续改进

在知识产权管理体系的实施过程中,需不断加强监控、分析和评估,发现问题并及时采取纠正措施,以持续优化和改进知识产权管理体系的效果和质量。唯有如此,方可不断提高知识产权管理体系的效果和质量,保证知识产权得到有效保护和运用,提升企业的市场竞争力和核心竞争力。

二、企业知识产权管理系统及其要素分析

(一) 企业知识产权管理系统

系统是指由若干既有区别又相互联系、相互依赖、相互作用着的要素或部分所组成的,处在一定的环境中,具有一定结构和功能的有机集合体。系统论的最基本思想,就是把要研究和处理的任何对象当成系统看待。罗伯特·弗勒德(Robert Flood)和迈克尔·杰克逊(Michael Jackson)指出,系统不仅仅指现实世界的客观事物,还指人系统地组织起来的关于世界的概念,用来组织关于对世界的认识和思想的特定方式。[①] 概言之,系统既是现实世界的客观事物存在的"物"之理,也是人类借助于系统模型来认知与思考、推理的"思"之理。企业知识产权管理作为客观世界的一环,可以用系统的视角来分析。基于系统观的视角,一个企业知识产权管理作用的发挥要靠系统整体来发挥作用。一个有秩序的知识产权管理工作集合体可以说是企业的一个系统。[②] 该系统由多种系统要素构

---

① Robert L. Flood and Michael C. Jackson. *Creative Problem Solving: Total Systems Intervention*. Wiley, 1991.

② 陈伟、于丽艳:《企业国际化经营知识产权战略系统耦合研究》,载《科学学与科学技术管理》2007年第12期。

成,如知识产权管理制度、管理部门等系统要素,各种知识产权系统要素共同构成知识产权管理工作的整体,其中每一部分都会对系统的目的有所贡献且各部分之间相互依赖。企业知识产权管理系统功能形成和发挥不仅依靠各种知识产权系统要素,还依靠各种要素之间的相互协调。诸要素内在的结构、层次性会影响整体功能的表现与发挥。另外,企业知识产权管理系统并非孤立的系统,而是处于一个更大的系统之中,会不断与内外环境发生各种各样的关系。外部大环境和企业内部环境都会影响企业知识产权系统。本节把企业知识产权管理系统界定为体现企业知识产权管理的各种管理要素构成的有机系统,是企业知识产权管理行为与管理对象的统一体。企业知识产权管理系统与通常所说的企业知识产权系统有一定的重叠性,企业知识产权管理系统偏重管理主体的管理活动,是企业知识产权系统的子系统,并以企业知识产权系统为背景,围绕企业各种知识产权权利类型运行,服务于知识产权总目标及企业总体战略。

(二)知识产权管理系统要素

企业知识产权管理系统要素从不同角度可划分为多种类型,按决策制定与实施过程,可以分为企业知识产权决策系统、执行系统、监督系统、反馈系统等。按照麦肯锡的 7S 系统模型,企业知识产权管理系统由知识产权组织结构(structure)、知识产权管理制度(systems)、知识产权风格(style)、知识产权员工(staff)、知识产权技能(skills)、知识产权战略(strategy)、共同价值观(shared values)等七个子系统或系统要素构建。[①] 其中,知识产权战略、组织结构和制度可以被认为是企业知识产权成功经营的"硬件",知识产权风格、员工、技能和共同价值观被认为是企业知识产权成功经营的"软件"。员工、技能也是企业知识产权管理系统的有机组成部分。软件和硬件同样重要。

第一,战略。企业知识产权战略是企业面对变化的经营环境,为求得长期的生存和发展而对企业知识产权工作进行的总体性规划。企业知识产权战略在充分分析企业和环境的关系的基础上,确定企业知识产权发展方向、竞争策略和经营范围,使企业能充分利用环境中存在的各种机会,从而在知识产权竞争中始终处于领先地位。

第二,组织结构。组织结构是有效地把组织的各部分聚集起来,为实现共同目标而努力的组织形式。知识产权管理组织结构的构建,是搭建知识产权管理的平台。企业知识产权组织结构是为战略的实施而服务的,不同的战略需要不同的组织结构,组织结构必须与战略相协调,同时应与企业的类型和实际情况相结合。规模较大的企业,可借鉴国外公司做法,将知识产权管理部门划分为若干职能子部门,由最高管理部门管理和协调各子部门,确保企业知识产权管理的严

[①] 方少华编著:《管理咨询工具箱》,机械工业出版社 2008 年版,第 15 页。

密性和灵活性。规模较小的企业可设立直属于企业最高管理者、企业研发部门或企业法律部门的知识产权管理部门，或只确定专职人员负责知识产权管理。

第三，管理制度。企业知识产权管理制度是指对企业知识产权工作的微观构造及相关制度所作出的一系列规定和约束的总和，具体表现为企业组织、运营、管理等一系列行为的规范化和制度化。主要包含权利归属、激励与约束、教育与培训、信息管理、预警应急等制度。

第四，风格。风格是企业文化的一种，是企业在长期的知识产权经营过程中形成的、反映企业特定偏好的、前后一致的企业知识产权作风、策略、信念及经验的集合。良好的风格通常成效显著，为企业所认可和遵守，并有继续为企业所采用和保持下去的趋势。

第五，员工。知识产权人力资源管理是知识产权管理工作的前提，知识产权人力资源的丰富与否、质量高低则是决定企业知识产权管理工作好坏的关键因素。知识产权人力资源管理在高科技企业知识产权管理中具有重要地位，主要涉及知识产权人力资源的培育、使用和激励。

第六，技能。企业的知识产权生产经营活动是由具有一定技术能力的员工利用相应的生产要素来实现物质财富和精神财富的创造活动及过程。特别是在当今科学技术迅速发展的时代，企业员工不断更新自身的技术能力，利用新知识和新技术来增强企业整合内部资源的能力，使企业能提供满足市场需要的产品，进而获得巩固的竞争优势。知识产权是一门复合型学科，涉及法律、管理、经济、技术等多个领域的知识，这也对知识产权人才提出了更高的要求，需同时具备协调能力、学习能力、沟通能力、技术特长等。

第七，共同的价值观。共同的价值观指组织全体工作人员对企业知识产权战略、观念、文化及目标和宗旨的共同认识，是企业对知识产权存在意义、经营目标等问题的基本观点。共同的价值观不仅决定了企业知识产权发展的方向和特征，而且直接影响到企业和员工的行为以及企业战略目标的实现，进而影响企业竞争力的提升。通常的共同的价值观能够保护企业价值、增加收益、创造财富等。例如华为公司秉持知识产权"开放、自信、尊重成果"的理念与价值观，"坚持开放式研究与创新，广泛吸纳全球产业链的创新成果；重视自有知识产权保护，在全世界范围内提供专利与技术许可，促进全球产业链的发展和技术进步；尊重他人知识产权，遵循国际规则和惯例，以积极友好的态度，通过交叉许可、商业合作等多种途径解决知识产权争议"[①]。

[①] 李思靓：《这就是华为的知识产权价值观》，载《中国知识产权报》2022年6月16日。

三、企业知识产权管理系统作用机制模型

基于一般系统理论,任何有形系统均是由系统输入、系统转换、系统输出各环节构成,各种要素之间相互依赖,缺一不可。借此一般系统结构,可以分析企业知识产权管理系统作用机制(见图3.1)。该作用机制模型简洁明了地刻画了知识产权管理的过程及管理结构,反映了企业知识产权管理系统的作用机理。

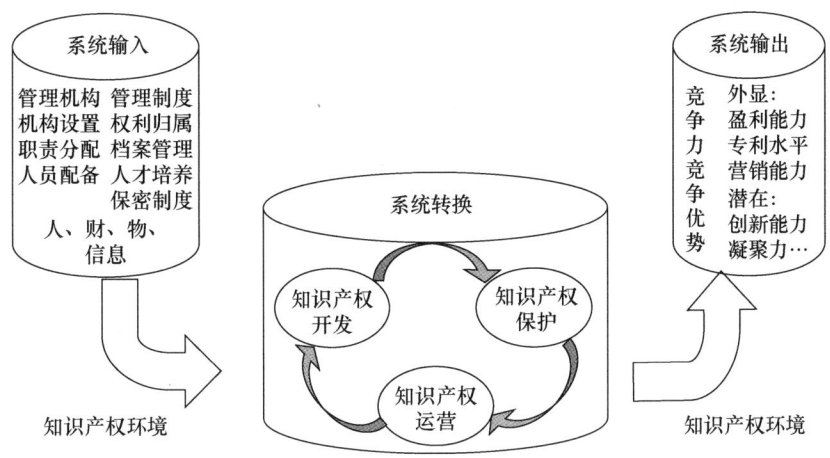

图 3.1 企业知识产权管理系统过程及作用机制模型

(一)知识产权管理系统输入

企业知识产权管理系统输入除了包含资金、人员、物品等一般意义上的系统要素外,还需要投入相关的管理工作。管理工作包括固化的、有形的知识产权管理制度、管理机构的投入以及管理者理性和意志的投入。企业应结合自身特点,根据国际、国内知识产权法规建立一整套知识产权规章制度,以实现企业知识产权运作的法治化、科学化、程序化,同时也应重视管理文化、理念、决策、控制、计划等其他管理要素的投入,实现管理的科学化与艺术化。

(二)知识产权系统转换过程

一是企业知识产权开发与获取。以专利开发为例,一方面要慎重选择专利开发对象,从技术、市场、法律的三维坐标决定研发路线;另一方面要合理选择专利开发途径,例如自行开发、合作开发(包括企业间合作、企业与非企业机构合作)、购买合适专利等。在知识产权开发基础上,在企业知识产权总体战略指导下,适时、适地申请专利,获取知识产权。二是企业知识产权保护。知识产权保护是发挥知识产权竞争优势的重要途径。三是企业知识产权运营。企业知识产权带来的竞争优势不仅在于拥有,还在于如何"运用"。企业可通过许可、入股、转让等方式融资、变现,实现权利收益,其内涵是知识产权从权利到权力的转变。

(三) 知识产权系统输出

经过各种知识产权管理的转换作用,企业知识产权系统应提高企业竞争力,带来竞争优势,这也是该系统的最终目标。构建企业知识产权管理系统,就是要提高企业知识产权的盈利能力、营运能力和营销能力以及企业的创新能力、知识产权保护能力、智力劳动者竞争能力、知识产权国际化程度。

四、企业知识产权管理系统优化策略

企业知识产权管理系统优化就是要使企业知识产权管理各要素在一定的环境条件下,按照知识产权管理内部运动的规律进行有效组合,从有利于发挥这些管理要素的功能及提高系统整体管理的功能出发,强化管理机制,使得管理功能得到有效加强,企业知识产权系统有效运转,以实现企业知识产权管理各项目标。一般认为,企业管理系统的优化主要是有效组织各种管理要素,最大限度地发挥其功能,最大限度地提高系统的整体功能,从而实现系统最优化,实现对系统进行维持与发展的目标。基于复杂系统视角,系统优化目标除了要实现要素与结构优化外,还需要系统核心能力构建,增强系统动态适应性。因而企业知识产权管理系统优化目标有三个:第一,构建知识产权系统,并使之完善及运行正常,发挥系统整体作用;第二,优化知识产权系统的结构与功能,更好地发挥系统作用;第三,提升企业知识产权系统的动态适应性,增强知识产权系统的动态能力。下文给出一个企业知识产权管理系统优化的一般模型,在此基础上,提出增强企业知识产权系统动态适应性的措施及优化原则。

(一) 企业知识产权管理系统优化模型

企业知识产权工作作为一项系统工程,覆盖面广,涉及人、财、信息、知识、技术、法律等方方面面,仅突出知识产权工作中的一个方面,不足以实现知识产权管理目标,知识产权各个方面的管理必须协调配合,发挥整体作用。通常而言,一般系统的视角处理的是简单系统的情况,在静态分析层面非常有效,但在动态分析层面有所欠缺,不能很好解释系统动态优化发展问题。而复杂适应系统视角的企业知识产权管理系统优化策略,强调知识产权管理系统的复杂性、自适应性、系统突变等,但由于复杂系统往往太重视系统内在的突变性及演化性、自组织,突出系统自身发展及自主管理,而忽视整体调控,甚至有可能过分强调系统的复杂性而排除控制和管理,因此,探讨企业知识产权管理系统优化时有必要整合两种理论。本节结合一般系统理论原理、复杂系统的系统演化、系统复杂自适应与演化等观点,提出一个企业知识产权管理系统优化的整合模型。该模型的基本思路是从知识产权系统形成、系统调优以及系统发展与演化等三个环节或三类内涵不同的目标状态来分析知识产权系统优化策略问题。如图 3.2 所示,

其中系统发展与演化是系统在时间维度的展开与发展,体现系统动态发展性,这三种状态既是优化的逻辑起点,也是目标。各种状态与目标之间互相反馈,形成闭环回路。

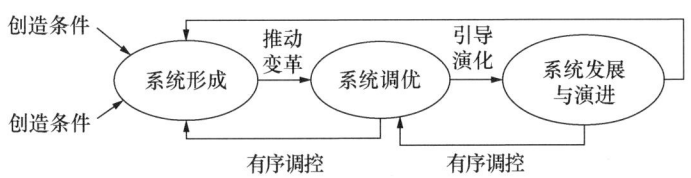

图 3.2　知识产权系统优化的逻辑及策略

与之对应的管理干预策略可以用"创造条件,推动变革,引导演化,有序调控"来高度概括。创造条件,即完善系统基础,为知识产权系统正向突变、自组织创造基础;理顺各种相关内在机制,发挥各个子系统的协同作用,为知识产权系统的孕育创造、为进一步的发生发展、向更高级有序的方向演化奠定基础。引导演化,是指尊重知识产权管理系统运行内在规律,并加以适当控制和引导,促进系统整体向预定目标迈进;有序调控反映了对复杂系统整体进行管理的原则和方法。推动变革,是不断发挥来自内部的变革力量,发挥企业内部的变革推动作用;知识产权系统的发展无疑是一个有序的规律性运动过程,其整体协调发展离不开人作为主体因素而发挥的调控作用。要按照对系统目标实现起作用大小的优先顺序,找准变量,有秩序、有顺序地去干预和调控,进一步增强总体秩序。

以图 3.2 所示的系统形成、发展及演化规律为内在逻辑,本章提出一个更具操作性的企业知识产权管理优化策略模型,如图 3.3 所示。企业知识产权管理系统优化应该从完善知识产权管理体系、形成知识产权内在机制、引导与推进知识产权战略以及优化路径等方面来开展。

1. 完善知识产权管理体系

该工作背后的系统论机理是促进系统形成,并对系统进行维护。企业知识产权管理体系是由功能各异、侧重点不同的多种重要管理模块共同构建的一个整体和系统,主要包含知识产权决策与领导、组织机构、知识产权制度、人力资源、信息与档案等内容。知识产权管理基础体系是进一步开展知识产权战略、开展复杂业务的平台和基础,对加强知识产权基础管理工作,促进知识产权权利发生、保护及应用,提升知识产权管理总体水平有重要意义。一个完整的知识产权管理体系应表现为知识产权工作目标明确、专门负责、职责清晰、工作规范有序、方法得当、流程正确、配合严密,同时应体现出制度统一和职责分层、集中管理和分散管理有机结合。良好的知识产权工作体系有利于将知识产权工作纳入企业经营管理之中。企业知识产权管理基础体系初步构建之后,还应根据知识产权

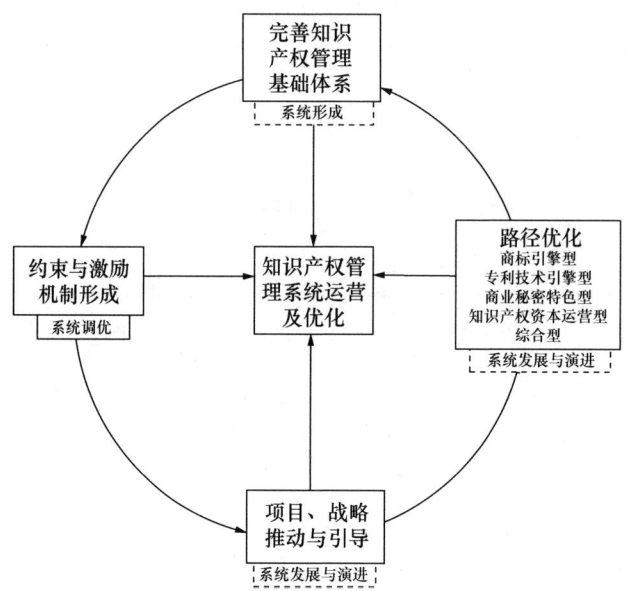

图 3.3　知识产权系统运营及优化策略的操作性模型

权利发生、权利保护、权利应用等方面的规律,不断调整管理重点,完善基础管理体系。

2. 形成知识产权内在机制

该工作背后的系统论机理是系统的调优,通过调动内部相关人员的积极性,发挥知识产权多中心自主管理的自组织特性,为有序发展、实现功能奠定基础。知识产权制度作用的发挥,最终要靠知识产权人才作用的发挥。知识产权人才构成了知识创造与管理和应用的主体,相关的知识、信息构成了知识产权管理的客体。有效的激励、约束机制是知识产权科技人员和管理人员作用有效发挥的机理,而相关的保护机制、运行机制则是知识、信息等客体价值实现与排他性利用的机理。各种内在机制的形成能创造良好的知识产权氛围,培养全体员工特别是研发人员、法律人员、管理人员等关键员工的知识产权意识和知识产权战略观念,进一步形成企业知识产权的激励机制、约束机制,发挥相关研发人员、法律人员、管理人员等的主观能动性。

3. 引导与推进知识产权战略

该工作背后的系统论机理是系统发展与演化,通过引导演化,有序调控,发挥战略的引导和推进作用,促成知识产权系统发展与优化。企业知识产权战略统摄企业知识产权工作的全部内容,是各类型的知识产权具体工作的逻辑起点,为企业知识产权工作指明了方向、目标和发展路径及发展方法,并提供了实现目标的途径和方法,也是企业经营战略的重要组成部分。在良好的知识产权管理基础之上开展的知识产权战略管理能把知识产权与企业整体战略关联起来,有效优化企业知识产权工作资源配置,提高知识产权工作效率和效果。

4. 优化路径

企业知识产权管理系统发展与演化的轨迹是所处社会经济大系统中诸多因素综合作用的结果。企业知识产权管理系统发展有如下几条路径:第一,商标引擎型路径。企业知识产权管理系统重点运作商标,以商标管理培养驰名商标,将营运驰名商标作为发展目标,以此为引擎带动知识产权系统发展。第二,专利技术引擎型路径。企业知识产权管理系统重点放在技术及专利技术层面,主要通过引进或自主研发、改良产品或技术创新,实现自主专利,以此为引擎带动实现知识产权系统发展。第三,知识产权资本运营型路径。该类企业知识产权管理系统发展侧重于智力成果保护(权利化方式,或申请策略),通过引进—消化—创新等方法实现发展,同时在知识产权许可利用、知识产权融资、知识产权诉讼或保护等多方面积累经验并迅速成长。第四,综合型路径。综合型路径是指既通过专利技术的研发与运用,又培育该领域驰名商标,同时善于对知识产权资产进行经营的发展路径。

企业知识产权管理系统演化路径,一方面具有路径依赖特性,由过去企业知识产权工作决定,另一方面也反映了企业发展的方向和发展战略。不同的路径对企业知识产权工作的要求是不同的。企业应根据内外环境、行业特点、公司战略综合决定。一旦选择某条路径,就要按照相应的发展规律进行相应的引导和管理,配置资源,促进目标实现。企业知识产权管理系统演化的轨迹是所处企业小环境、外部大系统中诸多因素综合作用的结果。发展的阻力和推力共同组成了知识产权系统演化的动力系统。在演化过程中,这些力并非不可控。通过影响企业知识产权管理系统发展的相关因子,可以使企业知识产权系统发展趋向于预期目标。深入分析企业知识产权管理系统发展动力,遵循复杂系统运行规律,加强对各种序参量的监测与调控,促成正向的目标实现。

(二)企业知识产权管理系统优化的原则

基于系统观的视角,企业知识产权管理系统优化的实质是知识产权管理要素及其结构的优化。重点必须满足两个核心要求:第一,建立、健全和优化各个知识产权管理子系统;第二,正确处理管理子系统的相互关系,使它们各得其位、各展其功、彼此协调,从而优化整个管理系统的结构。除了上述对要素和子系统优化及彼此协调的要求外,作为管理的创新活动,知识产权管理系统优化还要遵循一定的原则和规律。

1. 整体协调原则

企业知识产权管理系统作为由各种构成因素相互联系的整体,总是在相互协调的状态中生存和发展的。其自身构成因素的相互协调及其与外部环境的相互协调是系统自身得以存在的基本条件,也是企业知识产权系统维持自身有序发展的生存机制。企业应深入研究并协调知识产权战略与结构等诸方面的相互关系,促进其全面协调而持续的发展。

2. 动态调优原则

知识产权系统优化具有相对性、动态性。优化并非追求绝对最优,而是在特定情境下发挥企业现有条件,是在原有基础上的提高和完善。在实践中、在动态发展中获取权利、保护权利、运用权利,利用知识产权为企业带来企业竞争优势,通过不断改进和完善,在发展中解决问题,趋近最优。

3. 效益与效率兼顾原则

所谓效益即目标达成度,效率则是知识产权系统的投入产出率。知识产权系统优化要兼顾效益与效率二者的平衡,并非为优化而优化。企业不仅要重视知识产权目标及其实现,同时要考虑到相应的成本及代价。企业知识产权管理系统优化的目的是提高企业的知识产权工作整体效能,提高长期经济效益,提升企业运用知识产权制度的能力,提升企业竞争优势。推行知识产权系统优化,应从企业知识产权系统目的出发,同时知识产权系统要与公司总体战略结合,与其他系统协调配合。

4. 局部优化与整体优化相结合原则

每个知识产权管理子系统,例如技术开发管理、知识产权保护系统等,都各自由若干相互联系的管理要素组成。由于企业精力有限,一定时间内的系统优化重点可以放在局部优化上。在局部优化基础上,要注意发挥各部分的功能,更重要的是要发挥部分相互联系形成结构的新功能,即重视整体优化。

5. 循序渐进式优化与剧烈变革式优化相结合原则

在优化途径和方法及具体操作方面,知识产权系统优化需要兼顾优化的循序渐进与优化的剧烈变革。

(三)增强企业知识产权系统动态适应性的优化策略

为增强企业知识产权系统的动态适应性和可持续发展能力,除了前文的一般优化策略外,还需要一些有针对性的优化措施。

1. 加强协同管理

系统内各序参量之间的竞争和协同作用是使系统产生新结构的直接根源。发挥知识产权系统内部各要素之间的协同、系统与环境因素的协同,为自组织过程奠定基础,是知识产权系统优化的应有之义。知识产权协同管理实质是打破资源(人、财、物、信息、流程等)之间的边界和壁垒,使它们为共同的目标而协调运作,通过对各种资源最大化的开发、利用和增值来充分达成共同的目标。

2. 强化企业知识产权管理系统学习能力

企业知识产权系统要想保持生命力就必须保持开放性,不断与外界环境进行物质、能量、信息的交换。学习是一种与环境进行密集交换的行为,能增加系统负熵,增强知识产权系统的内在秩序,从而适应环境并影响环境。建立企业知识产权系统学习型组织是企业知识产权系统优化的重要途径和手段。

3. 加强企业知识网络建设,完善信息反馈机制,加强对知识产权环境的监测与预警,增强适应能力和系统灵活性

运行良好的知识产权管理系统具有自组织机制。保持企业系统的开放性、加强各个子系统的协同以及强化企业系统的信息反馈机制,可以使企业知识产权管理系统自组织机制发挥良好的作用,从而将企业发展过程中的各种分散力有效聚合成一种协同力,促进企业知识产权系统的持续、高效发展。

4. 重视人员子系统,在硬性管理基础上突出文化、柔性化管理

相对于企业其他系统,企业知识产权系统作用发挥更加依赖个人的作用。知识的创新只能发生在人们的社会互动过程当中,而且这种创新不一定是由发明到扩散的线性模式,而可能会有不同的出发点,即在企业经营管理的各个环节都有可能发生创新,这就要求建立尊重知识、尊重人才的企业文化,让员工在知识创新的过程中扮演核心角色,发挥其在知识管理链条中的作用。

从系统论视角分析企业知识产权管理有利于加深对知识产权管理的认识,为管理实践提供理论依据和操作方法,也有利于促进知识产权管理科学化,提升我国企业知识产权管理水平。企业知识产权管理体系作为一个已经成形的系统,对其管理和优化的重点是系统维护与系统发展。其中系统维护包含风险防范、法律纠纷及其化解、对已有资产的保值、各种系统要素关系的维持等。而系统发展则涉及价值创造与知识产权发展战略、优化战略等。作为企业管理系统的一个子系统,由于专业的特殊性和知识的复合性,知识产权管理系统具有一定的独立性。为了保证最大限度发挥企业知识产权系统的作用,企业知识产权系统在保持自己独立性的同时,还需要与企业其他管理系统融合和协同,特别应与企业战略管理系统充分融合,成为企业战略系统有机组成部分。这要求企业在管理实践中开展"战略知识产权管理",即遵循知识产权工作的规律,在企业总体战略指导下开展知识产权管理,为实现企业整体目标、更好发挥知识产权作用,采取有计划、具有战略性意义的知识产权部署和管理。唯其如此,企业知识产权管理系统才能更好地发挥应有作用,不断产生各种知识产权并保护及利用知识产权,为企业总体效益及可持续竞争优势贡献应有力量。

第二节 知识产权管理领导工作

一、知识产权领导与知识产权总监

领导是影响和指引他人或组织在一定条件下实现其目标的行动过程。选择业务精干、有领导能力、有担当的专业管理人才，不仅有利于内外部工作开展，还有利于部门间协调沟通，促进知识产权法务与企业内部其他部门不断就知识产权相关问题积极地开展信息交换，有利于构筑引领整个公司的知识产权战略。一方面，通过有效地运用知识产权，企业可以享受到各种各样的利益，如利用构筑防止其他公司进入的障碍来确保先涉足者的利益、通过分析其他公司的知识产权信息来开拓新的研发领域、通过提供知识产权许可来获得收益等。另一方面，侵害其他公司的知识产权，存在产生损害赔偿及企业品牌价值减损的风险。一些大型企业知识产权法务与管理在实践中设置知识产权总监（Chief Intellectual Property Officer，CIPO）对企业的知识产权运营与发展是有益的。

由一个有专业素养与管理能力和领导能力的经营者全权领导、主持和协调知识产权保护与管理工作，是知识产权事务中的惯常做法。知识产权负责人的参与能促进与研发部门及事业部门的沟通，促进明确知识产权战略。将知识产权部门的领导作为总监参与经营，可以使知识产权意识植根于公司内部，有利于引导企业经营朝着好的方向发展。设置CIPO岗位有利于将企业人事功能、财务功能、研发功能、市场功能等有机结合。因此，为了明确知识产权战略，将其定位在经营战略的核心位置，设置承担知识产权功能的中心人物即CIPO是有益和正当的。

二、CIPO 工作

（一）CIPO 角色定位与工作内容

对于一些以知识产权开发带动公司整体经营的企业来说，知识产权是技术开发及事业开展的先行指标，是确保产品竞争力的手段。在商业战略和技术创新战略中，企业应该通过有效利用知识产权来为整体发展利益做贡献。从信息传递角度来看，CIPO每年应定期向企业高管及经营层汇报知识产权工作，汇报内容包括但不限于知识产权整体布局、相关诉讼及关联问题等。特别是专利费支付超过一定数额的重大案件的相关决策，应按规定向董事会汇报。如有些企业要求CIPO每个季度完成一次知识产权汇总工作，汇总各事业部的知识产权相关课题进展和今后的方针、战略等。围绕知识产权战略制定与实施，CIPO的主要工作内容包括：

1. 制定知识产权战略基本方针，并参与制定体现该方针的经营战略

CIPO 积极参与企业整体经营战略的制定，知识产权战略、商业战略及研发战略三位一体的经营战略有利于企业形成可持续发展力，有效支撑企业发挥整体优势。这要求包括 CIPO 在内的经营层斟酌来自各部门的信息，制定有效的公司整体商业战略。企业知识产权战略的基本方针确定之后，CIPO 将综合考虑该基本方针、总体商业战略与研发战略等，并制定经营战略。

2. 制定企业具体的知识产权战略

CIPO 根据企业整体的经营战略，制定相应的知识产权战略，与研发部门、事业部门进行紧密合作，统括知识产权部门顺利实施该战略，同时负责制定、更新和实施企业的知识产权战略，包括技术创新、保护、授权、商业化等方面。

3. 对知识产权关联工作深度把握、监督及向其他管理层进行汇报

要求 CIPO 掌握、监督涉及知识产权战略的相关工作整体情况，并将此汇报给经营层。把握知识产权工作对于公司经营战略的贡献、自己公司及竞争公司的知识产权地位和优势劣势等，向企业高层提供有助于经营战略制定及修订的信息。

4. 管理知识产权资产

CIPO 负责管理企业的知识产权资产，包括专利、商标、著作权、商业秘密等，对知识产权进行评估、分类、管理和维护。

5. 促进技术创新和发展

CIPO 负责促进公司内部的技术创新活动，推动新技术的研发、申请和商业化，建立和管理技术研发的流程和体系。这包括与研发人员对接，撰写特定项目申报资料，管理研发部门团队，负责在研项目和日常项目管理工作，确保按时、保质保量完成研发及项目。

6. 推动商业化运营

CIPO 将知识产权转化为商业价值和竞争优势，推进商业化运营策略，与营销、商务开发等部门协同工作，实现知识产权商业价值最大化。

7. 风险管理和合规管理

此类工作主要包括负责监测和管理知识产权领域的风险和挑战，确保企业遵守相关法律和规定，为企业提供合规审查和风险评估服务等。

8. 建立和维护合作关系

CIPO 负责与外部的知识产权机构、公司、高校等建立和维护良好的合作关系，推进知识产权的信息交流和共享。

CIPO 的工作内容通常与企业发展阶段、企业知识产权业务重点、国家公共政策以及各种知识产权相关的法律法规等有关。近年来国内已有企业引进该制度,不少企业内部设置了 CIPO 岗位。国内一些企业的 CIPO 工作内容,大多可体现出我国企业知识产权工作起步阶段的特点,也体现了当前阶段我国知识产权公共政策的一些特点。如 CIPO 岗位职责和工作内容普遍包括:制定、完善并督导实施研发部门的管理制度、工作流程;负责实施公司产品研发规划,共同参与市场拓展活动并提出方案;参与建立知识产权管理体系,撰写体系文件,并实施运行;负责知识产权相关文件的整理、归档,保证专利档案的完整性和可追溯性;沟通和协调解决在研项目实施中出现的问题;收集政府科技等相关项目申报的信息,提出项目申报建议;起草项目申报材料,组织项目申报材料的送审与跟进等。

一些专利研发比例较高的企业,对其 CIPO 工作内容的界定通常带有专利工作特色。同时我国知识产权政策对相关企业的专利申请有一些奖励和资助,这些外部激励与引导政策在相关岗位职责中亦有所体现。比如一些企业要求其 CIPO 负责管理专利事务,包括撰写、递交、审查、授权和维护专利,以确保专利的有效性和合法性。具体包括项目研发过程中的专利检索与分析,制定专利预警与风险防控方案;负责专利挖掘,根据各部门提交的技术交底文件确定申请策略、撰写和修改申请文件、提交申请等,以确保申请的专利通过审查并获得最大的保护范围;负责梳理与挖掘公司知识产权,组织公司知识产权的申报、审核和日常管理;负责办理公司的专利申请、变更、维护专利权等各种事宜;负责公司专利检索数据库的建立与维护;及时申请国家、省、市、区级的专利补助和专利奖励;确定企业的专利战略,并根据市场需求和商业目标来制定专利申请计划,并管理其专利组合。

我国一些新兴跨国企业志在全球化发展,为适应全球化管理特点,要求 CIPO 具有更强的战略管理能力和全球视野。比如要求负责公司整体知识产权的全球规划、布局;建立全球知识产权保护、维权、侵权防控等法律体系;代表公司处理全球发生的各类知识产权纠纷、诉讼或域名争议案件,维护公司利益;制定和完善公司知识产权制度体系,负责团队组建及管理等。

(二) CIPO 所需资质

CIPO 要能领导整体知识产权工作的开展,不仅要具备知识产权相关的深厚知识,而且还要能够对研发的进展状况、企业的财务状况、事业的方向性、其他部门的状况进行准确理解并作出有效讨论,有全局把握的能力,能作为经营层的一员来制定经营战略。

第一,具有长远眼光,能开展知识产权战略管理。这要求 CIPO 具有战略性思维和商业头脑,能够深入了解企业的核心业务,制定合适的知识产权战略,从长期的角度来计划并实行知识产权的创造、保护、运用等工作,将知识产权转化为商业价值,为企业创造竞争优势。

第二,具有敏锐的市场洞察力、营销能力、战略执行能力、优秀的企业管理和团队组建能力。这要求CIPO能够带领团队高效执行知识产权管理计划,与各部门和外部伙伴进行良好的沟通和协作,有效推进知识产权保护和利用工作。

第三,具有高度的责任心和职业道德,敢于负责、勇于担当、工作高效、有一定抗压能力。这要求CIPO能够全面履行知识产权管理职责,遵守法律法规,维护企业和社会的利益。

第四,具有良好的沟通表达、协调能力和团队协作精神,以及分析总结、文案写作能力。这要求CIPO能够带领团队高效执行知识产权管理计划,与各部门和外部伙伴进行良好的沟通和协作,有效推进知识产权保护和利用工作。

第五,具有相关研发工作经验或相关资质。这要求CIPO具备法学、工程、科技等相关学科背景,有扎实的知识产权理论基础,并具备多年知识产权管理实践经验,熟悉知识产权管理流程和体系,掌握知识产权保护和商业化利用的方法和技巧。实务中,普遍要求通过司法考试,有高校法学院法学学士以上学历;具有在律师事务所或知识产权代理所多年实务经验。

第三节 知识产权管理组织结构

知识产权是企业重要的经营资源,应当有效地加以保护和利用,否则将是对企业投资和研发经费的浪费。要实现这一目标就需要企业内部拥有相应的组织安排,但不同行业、不同类型企业情况有所不同。达到一定规模以上的企业应设有专门的知识产权管理部门(以下统称为知识产权部)。知识产权部一般直接隶属于总公司的经理管辖,是企业中技术与经营两个部门的支撑单位。知识产权管理部、技术部、经营部共同组成了企业的核心,与法务部、财务部一道组建成企业的最高层组织管理机构。

企业知识产权管理的外部组织结构基本模式主要有以下三种。

第一,隶属于产品技术研发部门。知识产权管理部门编制位于研发部门之下,可以根据技术创新和产品开发部署,制定出合理有效的知识产权战略(见图3.4)。该类模式适合技术主导型企业。

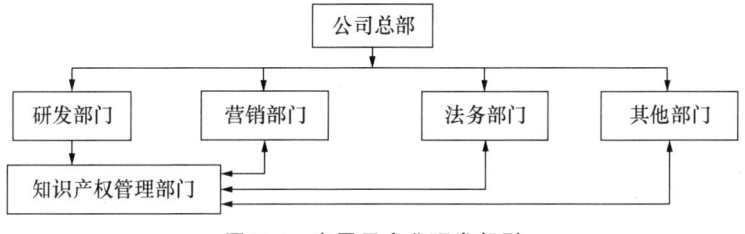

图3.4 隶属于企业研发部型

该模式中的知识产权管理部门在必要时可与企业相关部门进行沟通,以更全面地解决企业的知识产权问题。

该模式的优点包括:有利于知识产权管理部门从技术研发项目的确定到技术研发的过程以及技术评估等环节对企业研发活动进行全方位指导,充分发挥知识产权管理(特别是专利管理)在技术创新中的作用。由于知识产权管理人员、专利人员直接参与到企业技术研发过程中,对企业所开发的技术特点、意义及其他信息比较熟悉,在专利申请时能更好地撰写申请文件,有利于申请取得成功。该模式的缺点在于:知识产权管理部门的地位较低,在知识产权事务上对企业的影响力较小,不利于与其他部门的沟通与配合。

第二,直属于决策层。这种类型的知识产权管理部门由公司总部直接管辖,属于决策导向,在整个部门关系中是企业中技术部门与经营部门的支撑单位,并与企业的研发部门(技术部门)、法务部门、营销部门等组建成企业最高层组织管理结构(见图 3.5)。此种模式的知识产权管理部门位阶较高,可以直接参与公司高层决策,能够制定出全面的企业知识产权战略,并将之贯彻到企业经营管理各个环节中。

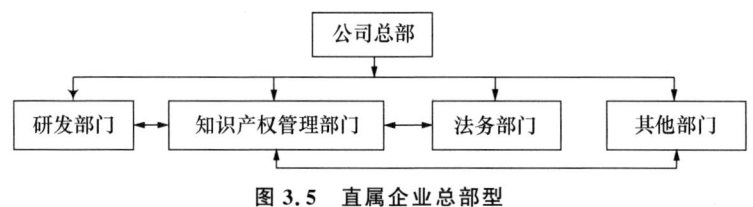

图 3.5 直属企业总部型

该模式的优点包括:直属于企业总部或由企业总经理领导,可以参加企业重大决策,能够在知识产权事务中发挥重要作用;可以与公司高层就知识产权事务进行及时沟通;便于知识产权管理部门与其他部门协调和沟通,有利于企业开展知识产权管理工作等。该模式的缺点在于:成本较高,对知识产权管理部门及其工作人员的要求较高。该模式一般适用于企业规模较大、知识产权发展空间大、知识产权事务已经融入公司总体发展战略的大中型企业。

第三,隶属于法务部门。该类型知识产权管理部门为法务部门下属的一个相对独立的机构,负责企业知识产权管理及其相关事务,并与公司的其他相关部门进行沟通和协调。

该模式的优点包括:能充分发挥企业法律工作人员在知识产权事务中的作用,对企业各项知识产权的权利状态、风险防范较为熟悉;能充分发挥法律人员与管理人员的配合作用。该模式的缺点在于:知识产权管理部门无法参与企业决策,不利于建立全面的知识产权战略和知识产权管理体系。该模式侧重于知识产权保护和业务往来中对知识产权风险的防范,适合专利技术不多、主要借助

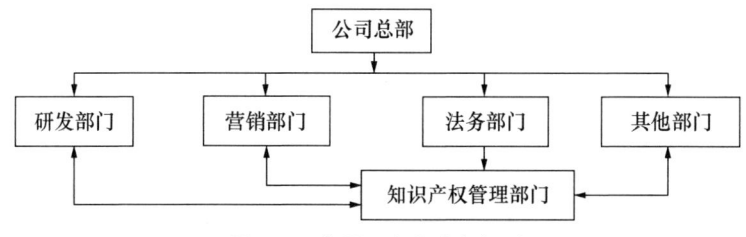

图 3.6　隶属于企业法务部型

商标或其他无形资产拓展业务的企业。

在大型企业中,知识产权管理部门也存在不同的组织结构,主要分为三类:第一类属于集中管理体制,如 IBM 公司;第二类是分散管理体制,如东芝公司;第三类是按行列管理的体制,如佳能公司。这三类管理体制是根据大型公司所具有的不同特点形成的,基本上不适用于中小企业。不过,不管是哪一类管理体制,知识产权部门都是处于总公司管理层的核心位置,与技术部门、经营部门密切联系,能够将授权后的知识产权有关工作全部汇集并统一管理,成为总公司的智囊部门。这一点可以为任何一个企业包括中小企业所吸收和借鉴。

上述企业大体有以下三种知识产权管理模式:

一是集中管理模式。知识产权管理部门按照统一的知识产权政策、由集团总部设立的知识产权管理部门进行运作,主要体现在知识产权的移转、授权、再授权的管理方式上。该模式以西门子公司为代表,其知识产权专管机构设在西门子中央研究院内部,与各业务部门的研发机构紧密合作,为知识产权的创造、运用和保护提供支撑。

二是分散管理模式。这种模式以充分授权为主要特点。充分授权是指在集团知识产权本部统一管理下,将知识产权管理工作的具体任务层递给下一层级的知识产权管理机构,其优点是各事业部及研究所可以根据产品特性决定知识产权战略,但是知识产权的运营、纠纷处理、对外谈判等事务由知识产权本部统一管理。这一类型的典型代表为东芝公司,其在总部设立的知识产权部掌握着集团知识产权工作的总体方向和全球战略,但是在具体的产业活动中,子企业对于其按照自身知识产权战略获得的专利权等其他权利的使用有着充分的自由。

三是行列式管理模式。这种模式按照技术类别、产品类别管理知识产权,适用于同时涉及不同产业的综合型集团,集团下设不同的业务部门总管,由处在同一业务领域内的专门机构来统筹该领域的知识产权工作,可以避免重复的研发投入,也能更好地配合各事业部的产品策略来对专利进行管理。这种模式的典型代表是诺华公司,其针对核心技术项目划分业务部门,针对不同业务部门设置不同的知识产权管理制度,以富有个性的制度高效地支持着集团知识产权管理工作。

第四节 知识产权管理制度与流程

一、企业知识产权管理制度与流程概述

知识产权管理制度与流程是指企业为保护和管理自身知识产权而建立的一套规范化、标准化的工作机制和操作流程。它包括了企业内部各个环节对知识产权进行管理、维护、利用和保护所需要遵循的制度和流程，具有完备性、一致性、可操作性的特点。

通过建立并遵循完善的知识产权管理制度与流程，企业可以更好地保护自身知识产权，加强知识产权管理和运营，提高知识产权利用效益，并从中获得更多的商业价值。

企业知识产权制度设计的一种模式是制定统一、全面的知识产权管理制度。这种模式主要适合企业知识产权工作内容比较简单或比较单一的情况。另外一种模式是将一些比较原则性的内容集中在一份综合性文件中加以规定，而将较具体、操作性较强的内容放在其他特定文件中规定。

无论是统一模式还是分散模式，作为总体的知识产权制度根据企业知识产权工作的主要环节，可以包含：(1) 组织与职责，规定相关组织结构及相关工作职责；(2) 评估与申请，对企业创新成果进行评估，在评估基础上进行专利、商标、著作权等知识产权的申请等相关程序；(3) 计划与管理，包括规划知识产权的分类、管理、使用和发展，以及备案、检索、监测、维护等方面的流程和具体措施；(4) 保护与维权，包括规定如何预防和应对知识产权侵权行为，以及如何进行知识产权维权的相关流程和具体操作；(5) 许可与运营，规定企业开展相关许可工作及运营等。

如果是分散模式的知识产权制度，从文本形式来看，包括的主要内容有：(1) 知识产权申请规程。规定如何申请专利、商标、著作权等各类知识产权，并对相关责任人和操作流程进行详细说明。(2) 知识产权管理制度。建立完整的知识产权管理体系，包括知识产权管理的职责、流程、授权、审批等方面的具体规定。(3) 知识产权侵权处理程序。规定对于侵犯知识产权行为的处理程序，包括发现、查证、通知、调解、起诉等各个环节的操作流程和责任部门或负责人等。(4) 知识产权运营管理规程。制定知识产权的运营策略和原则，包括知识产权的评估、开发、转让、许可、授权等方面的具体规定。(5) 保密协议。包括保密合同、保密协议等，规定企业内部成员或与外部单位之间保守机密信息的义务和责任。

通过制定这些文本形式的知识产权制度，企业可以明确知识产权的重要性，

规范知识产权管理和利用的行为,提高知识产权的保护和利用效益。

二、企业知识产权流程管理

流程通常是指一系列相互关联、具有时间顺序和逻辑性的活动或步骤,用于完成特定的任务或实现特定的目标。流程管理通过对工作流程的分析、设计、评估和改进,使企业能够更好地理解和掌握业务流程,从而提高效率、降低成本、保证质量并满足合规要求。企业知识产权管理活动中,相关流程通常指为实现知识产权的特定目标的工作内容及相关活动,包括各种信息、物资、技术、人员等要素的流转和交互。一般来说,知识产权管理流程通常包括申请流程、监管流程、保护流程、许可等运营流程。其中申请流程是从准备材料到提交申请、审查、会签、部门协同等各个环节的具体操作和时间节点等(见图3.7)。监管流程包括对已有知识产权的审核、监测、更新等各个环节的操作和时间节点。保护流程包括对侵权行为的识别、处理、追溯、起诉等各个环节的具体操作和时间节点。许可等运营流程是为知识产权许可等开展的相关工作和时间节点等。对企业来说,知识产权流程管理是企业进一步信息化管理的基础。通过流程优化,引入信息技术,可以使得工作流程在系统化、规范化、优化化及监控化基础上实现信息化及智能化。下文以专利管理流程为例,介绍专利管理流程及其管理思路和依据。

(一)专利流程管理的内容

专利管理相关流程的主要环节通常包括以下共性内容。

第一,策略制定:确定企业的专利目标、方向和重点,制定符合企业战略和市场需求的专利策略。

第二,发明创造的识别与保护:对企业内部研发的新技术或新产品进行评估和识别,确保符合专利申请要求,并及时提交专利申请以保护知识产权。

第三,专利审查与授权:针对提交的专利申请,进行审查、授权或驳回。如果被驳回,需要进一步提出申诉或修正。

第四,专利维护与强化:对已获得的专利进行定期维护和更新,扩大专利范围并加大专利保护力度。

第五,专利运营与交易:将企业的专利资产进行有效的运营和管理,通过专利转让、授权等方式获取经济收益或实现商业价值。

第六,专利风险管理:对可能存在的专利侵权风险进行评估和控制,避免专利侵权引发的法律纠纷和损失。

专利流程管理指的是对企业或组织中的专利管理流程进行系统化、规范化、优化化和监控化的管理活动。其目的是确保企业的专利管理能够有效地支持企业战略,提高专利价值,降低专利风险,保护知识产权,实现商业价值。专利流程管理内容围绕专利策略、专利申请、专利交易、专利审查、专利风险管理等开展,

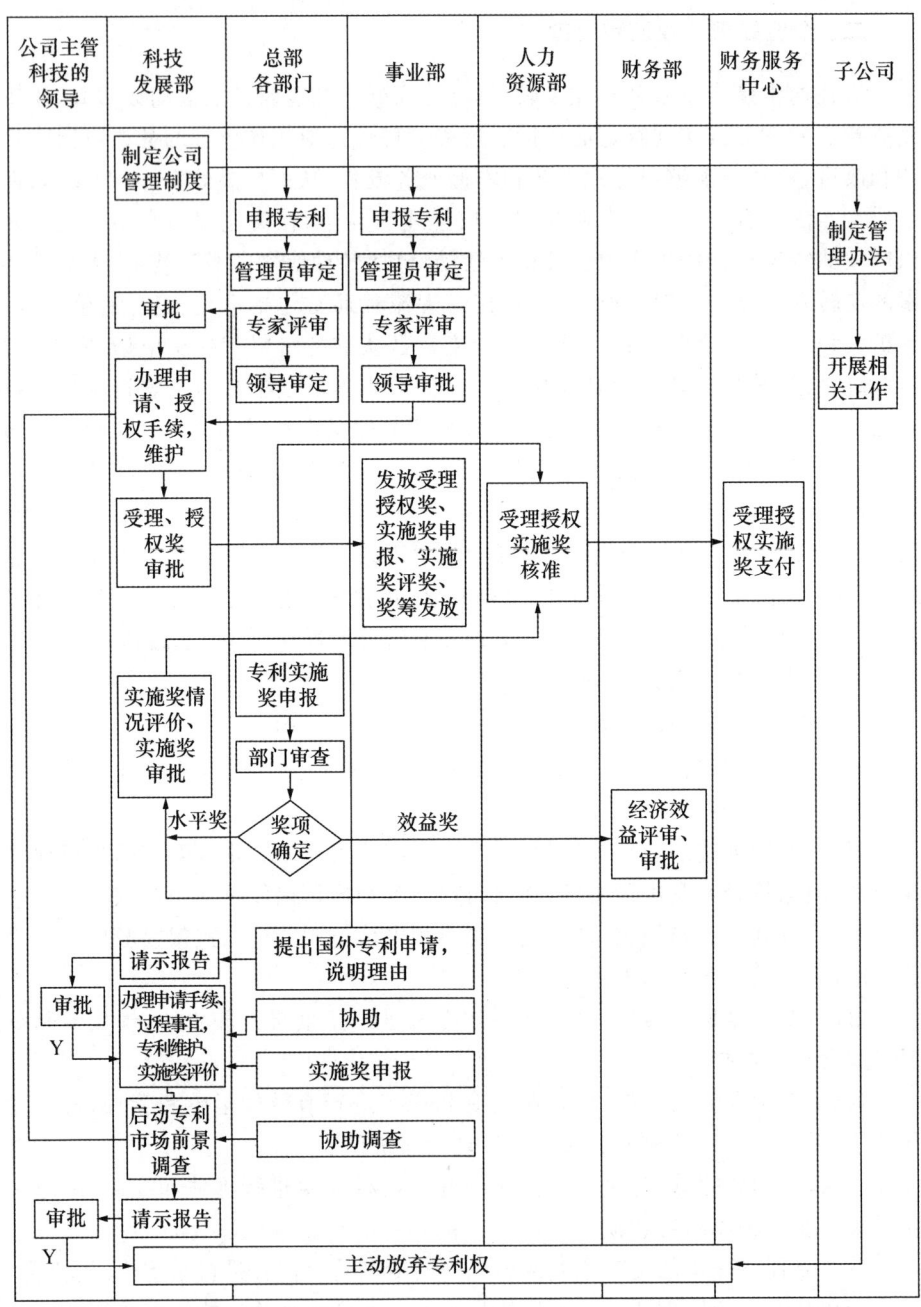

图 3.7 某企业专利管理流程

同时包括专利流程与其他流程的兼容性及协调问题。如开展专利申请管理,确保每个专利申请都符合专利要求并及时提交,相关决策可控且有效;开展专利审查管理,确保每个专利申请都得到审查,明确保护模式采用商业秘密方式还是专利方式等,并对审查结果进行有效管理。开展专利维护管理,建立专利维护管理程序,跟踪专利的有效期限,确保已取得的专利在有效期内得到维护和更新。再比如确定专利策略,制定明确的专利战略,并确保它与企业的战略目标一致;开展专利风险管理,对潜在的侵犯专利的风险进行评估和控制,实施相应的风险管理措施,以保护企业的知识产权。

(二)专利流程管理的依据

专利流程管理的思路是旨在确保专利的有效性、保护知识产权、提高竞争力、降低风险、实现商业价值,并不断进行改进和优化。

首先,要符合法律法规要求,确保专利的有效性。专利申请、审查和维护等流程需要遵守所在国家和地区的法律法规,否则会面临侵权、罚款等风险。

其次,引入价值维度,评价专利的价值,进而开展分类管理,可以最大限度地发挥专利价值。

再次,考虑效率维度,优化资源。企业流程要能合理配置资源,提高效率,降低成本,并实现专利资产的最大化利用。

最后,持续改进和优化专利管理流程,以适应不断变化的市场需求和法规要求。

三、企业知识产权信息化管理

近年来,信息技术在企业管理中的应用越来越广泛,企业知识产权管理的信息化建设受到越来越多的关注。特别是随着专利申请量的增长,企业知识产权管理部门的工作日益繁杂,专利申请、审查、维持过程中的大量法律期限必须得到有效的监控,大量文档的传递、归档、通知发送等需要信息化、电子化。在这种背景下,企业购买或自主开发专业的知识产权信息管理平台软件,能够实现信息传递畅通,流程高效运行,零散信息有效聚拢,系统化搜集,进而开展数据分析并提供决策支持。

(一)企业知识产权流程信息化概述

1. 企业知识产权流程信息化管理

企业知识产权流程信息化是指将企业的知识产权管理流程通过信息技术手段进行数字化、网络化和智能化,包括知识产权申请、审查、授权、维护等各个环节的电子化处理,并建立相关的信息系统和数据库,实现知识产权的全生命周期管理。这样可以提高知识产权管理效率和精度,降低成本和风险,加强企业对知识产权的保护和运营管理。

实务中已有多款商业化的专门用于企业知识产权流程信息化管理的软件。这些软件大多都有较为完善的用户界面和数据分析功能,帮助企业精准掌握知识产权状况,及时作出相应决策,可以支持知识产权申请、监视、授权、维护等全流程管理,并提供基于数据分析的决策支持。有的商业化软件平台除了可以帮助企业实现对知识产权的全过程管理外,还可以与企业其他系统进行无缝对接。有些商业化软件专门针对专利事务管理,通过自动化流程和数据管理来提高效率,减少错误和时间成本。这些软件的设计思路大多以数字化、网络化和智能化为核心,将传统的人工流程转化为电子化、自动化和智能化处理,以便更好地管理企业的知识产权。

知识产权信息化软件主要模块及设计思路通常包括以下几个方面。

第一,知识产权申请:通过自动化流程和数据管理,有效协同申请内部评审、主管部门会签等工作,帮助企业快速、准确地完成专利、商标等知识产权的申请和文件提交工作。实务中,该功能及模块普及率较高。

第二,知识产权监视:自动检索相关信息,搜索可能的侵权行为,帮助企业及时发现可能侵犯企业知识产权的案件和行为,并提供预警和风险评估功能。该功能要求能访问一些大型专利数据库,对软件智能化水平要求较高。

第三,知识产权授权:协助企业进行专利转让、许可、合作等知识产权交易活动,保障企业知识产权的价值实现。

第四,维护管理:支持用户对已获得的专利、商标等知识产权进行维护管理,包括缴纳年费、提醒续展期限等功能。

第五,数据分析:通过数据挖掘、机器学习等技术,深入分析企业的知识产权状况,提供数据可视化、报表分析等工具,帮助企业制定科学合理的战略和决策。

2. 功能与功效

总体来说,通过知识产权信息化管理,知识产权信息化平台的建立为知识产权工作的便捷有序开展奠定基础,促进了知识产权管理工作的全面落实。在推进知识产权信息化平台建设中,相关准备工作可优化知识产权全过程管理工作流程,促进知识产权管理标准化,规范公司内部的知识产权管理体系,切实提高公司知识产权管理水平,进而提升企业的自主创新能力。

第一,增强企业知识产权管理意识,强化企业知识产权管理的核心理念。知识产权信息化管理可促进企业进一步关注和重视知识产权管理工作,树立知识产权战略管理和商务管理的核心理念,促进将企业知识产权管理与企业的安全生产和经营管理有机结合,贯穿企业管理运作全部进程。

第二,促进企业标准化管理融入知识产权管理。通过企业知识产权管理信息化的构建,使公司知识产权管理流程从申请、注册、登记、受理、审查、授权等各个环节进行统筹考虑、统一布局,将知识产权的风险降到最低程度,促进提升企业的标准化管理程度,有利于企业标准化管理融入知识产权管理。

第三,优化知识产权全过程管理工作流程。结合企业研发及知识产权工作侧重点,通过对科研生产各环节进行梳理,将知识产权管理要求分别体现在各环节上,促进科研与知识产权工作紧密关联和深度融合,编制科研项目知识产权全过程管理流程图,明确研发项目在立项、实施、验收乃至结题后各个阶段的知识产权工作内容、成果形式,有利于推动在项目全过程中落实知识产权工作。

第四,切实提高公司知识产权管理水平。通过企业知识产权信息化管理平台的创建,使公司在知识产权创造、运用、保护、管理等方面实现规范管理,对专利、商标、版权等在申请、注册、登记、受理、审查、授权等全程进行信息化管理,提高工作效率和管理水平。

第五,为知识产权决策及战略研究提供决策支持。知识产权信息管理平台一经建立,各种数据可进行汇总,有利于发挥大数据的支持作用。特别是在企业局域网内建成专利与非专利信息发布系统,并与已建成的专利信息分析系统结合使用,可为研发人员提供技术检索和专利信息分析的数据信息共享功能,并可为知识产权战略研究提供信息支持。

(二)知识产权管理流程电子化、自动化

1. 知识产权管理信息化的基础准备工作

无论是购买专业软件,还是企业自建知识产权信息化管理平台,知识产权管理流程信息化都需要一些基础准备工作,都需要对现有知识产权流程进行分析和优化,进行系统规划与设计,经由数据导入等环节和基础性投入,在相关信息技术基础上,实现相关流程管理的电子化、自动化。

第一,流程分析与优化。针对企业特定的知识产权管理流程,通过业务流程重构、流程优化等方式,将各项业务活动进行细分和归类,如细分为专利申请、专利许可、商标申请等流程,确定每一项业务活动的输入、输出和流转路径。

第二,系统规划与设计。根据企业的具体需求和流程分析结果,进行规划和设计。系统设计时要考虑到数据接口、安全性、易用性、可扩展性等方面。

第三,数据导入与建档。将已有的纸质或电子版的知识产权文件导入信息系统中,并按照分类和编号等标准进行建档,这些基础数据一方面可以用作测试,另一方面可以形成相关数据库的基础数据。

企业借助于一些成熟软件,或自编信息化流程软件,基于系统中的数据和用户输入的信息,自动生成知识产权申请书、官方文书等各类文件,并发送给相关人员进行审批和签署(见图3.8)。对于已经授权的知识产权,系统会自动生成提醒和缴费通知,确保知识产权的维护管理工作得到及时处理。

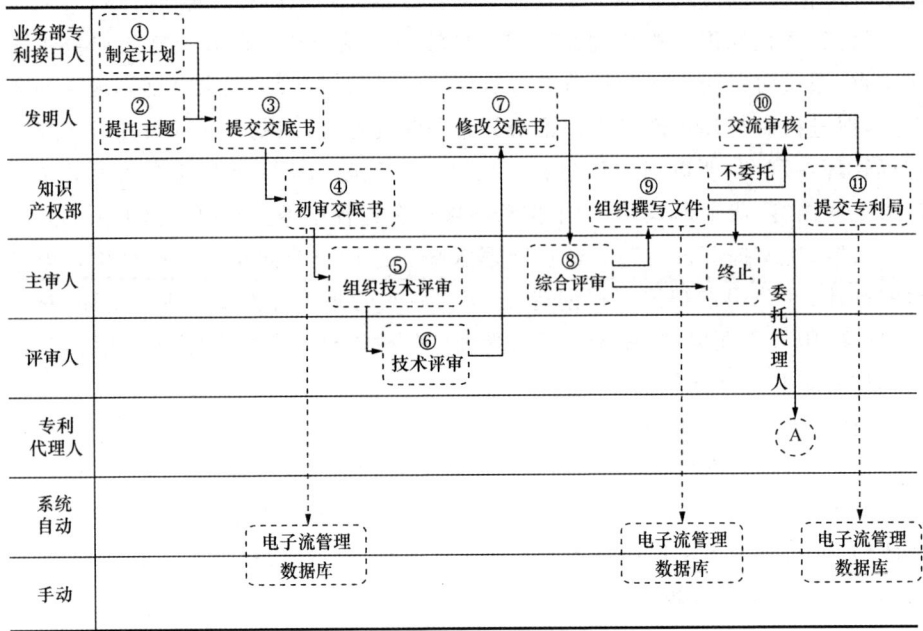

图 3.8　某企业专利管理流程

知识产权流程信息化主要功能是通过数字化、网络化协作,以自动化流程和数据管理方式来提高效率、减少错误和时间成本,并提供多维度的数据分析功能,为企业决策提供有力支持。特别如有相关数据仓库和数据挖掘功能的软件平台,通过数据分析等技术手段,对知识产权的状况进行深入分析,可提供可视化报表和决策支持(见图 3.9)。

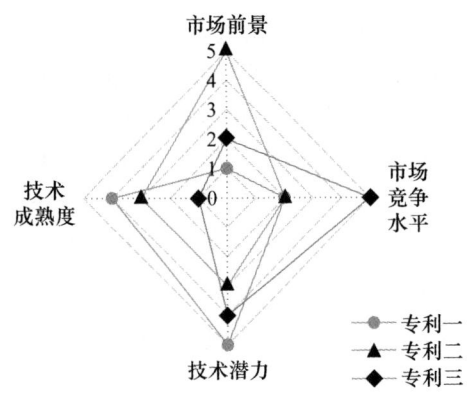

图 3.9　专利评估筛选雷达

2. 企业知识产权管理流程与其他流程的融合和衔接

知识产权管理流程与企业内部其他流程的融合与衔接是知识产权流程信息化工作中不容回避的问题。知识产权管理流程嵌入其他部门业务流程中,为知识产权工作整体的开展带来便利,但同时也会增加其他非知识产权部门的工作量,这些都需要管理协调。为解决不同流程之间的融合和匹配问题,可采用多种办法进行整合与协调,如从系统、流程、人员和考核激励等多个方面进行协同推进,以实现知识产权管理活动间的协调和高效运作。

首先,考虑系统间数据集成,将企业知识产权管理系统与其他关键系统进行数据交换,使得信息在各系统之间适当共享。如将知识产权系统与财务系统、采购系统等进行集成,一方面可以使得相关操作更便利,另一方面可以帮助企业更好地跟踪知识产权费用支出情况。

其次,考虑流程间的整合与自动化,通过将知识产权管理流程整合到企业的其他相关流程中,实现流程的自动化甚至智能化处理,提高效率和精度。例如,将知识产权审查流程整合到研发流程中,可以缩短专利审查时间,并避免重复工作。

再次,考虑人员协同与沟通,通过建立团队协同平台和在线沟通工具,加强团队内部的合作和沟通。例如,通过协作平台共享专利文档、会议记录等资料,可以提升工作效率和质量。

最后,可以考虑通过激励、绩效考核等机制,促进流程间的衔接与融合。如将知识产权管理纳入企业绩效考核体系,设定相应的奖惩机制,激励非知识产权部门的员工积极参与知识产权管理工作,提高企业知识产权管理的水平和效果。

(三) 决策支持

企业知识产权信息化管理的另外一层含义是信息管理,即对作为知识产权存在方式和存在状态表征的知识、信息进行的分析与管理。通过整合相关知识产权信息,经分析研究,可以掌握某一技术领域的整体水平、发展趋势、主要竞争对手、主要技术或关键技术所在,从而避免知识产权侵权、重复研究开发,也可提高开发起点,节约研发的成本和时间,为企业决策层提供最优决策依据。[1] 企业建立知识产权信息化管理平台后,借助于系统平台的功能,可以开展相关数据汇总及数据分析工作,进而提供决策支持。如通过收集、整合和分析企业知识产权相关的数据信息,包括专利、商标、版权、域名等各类知识产权资产的数量、类型、价值等信息,提供可视化报表和数据挖掘工具,帮助企业更好地了解自身知识产权状况,并基于数据作出科学决策;基于企业知识产权的特点和市场需求,为制定相应的知识产权战略,包括技术创新、专利布局、商标品牌建设等方面的内容

---

[1] 周凌:《企业知识产权信息化管理研究》,载《科技管理研究》2011年第19期。

提供决策依据。当然,支持的深度取决于系统本身的数据积累和分析功能情况,一些优异的知识产权信息化管理平台可以进行风险评估,通过对竞争对手的知识产权情况进行监测和比较,预判可能存在的侵权风险和法律纠纷,及时采取相应的措施来规避风险;还可以进行经济效益评估,通过对知识产权资产的估值、投资回报率、经济效益等指标进行分析和评估,帮助企业制定科学合理的投资决策和运营策略,最大限度地发挥知识产权的价值。

总之,企业知识产权管理流程信息化工作规范之后,可以考虑进一步通过数据分析、风险评估、知识产权战略和经济效益评估等方式,提供决策支持和决策依据,帮助企业更好地掌握知识产权状况和市场趋势,为相关决策提供数据支持。

第五节 知识产权体系与标准化管理

一、从体系化管理到标准化管理

当一种管理模式被认为是某方面行之有效的管理模式,并需要推广普及时,可以采取标准化管理进行固定与推广。具体来说,可以通过标准机构制定标准化的工作规范、流程和方法,来实现企业内部各项工作的规范化、统一化和科学化。其核心在于确立标准、明确责任、实施监测和持续改进,以提高生产效率、降低成本、提升产品质量和服务水平。常见的标准化管理包括 ISO 认证、六西格玛等。如前文所述,知识产权管理系统是企业应对知识产权管理复杂性及多样性的手段,是企业持续开展知识产权管理的有效办法。借鉴 ISO 9001 和 ISO 9004 质量管理原理,通过对知识产权开展标准化管理,制定相应的规范,让其他有类似需求的企业可以参照,这就是知识产权体系化管理的基本思路。具体来说,国家主管机构或标准化组织制定管理标准,企业依照标准建立制度、流程和控制措施,实现组织内部各项工作的规范化、统一化和持续改进。企业标准化管理核心是围绕知识产权管理体系的构建及完善、持续改进、全员参与等,提高组织知识产权管理运营效率,降低成本,提升知识产权产出、产品质量和服务水平,并通过认证来证明该企业已经符合相关标准,在知识产权管理方面达到了一定水平和规范程度。

知识产权标准化管理有以下几个方面的要求。

第一,统一规范。通过制定一系列标准和规范,对知识产权的获取、保护、管理、运营等进行明确和规范,使企业能够按照标准化的流程和方法开展相关工作。

第二,重视体系建设和过程管控。把整个知识产权管理工作看作一个需要不断改进、持续提高直至满足知识产权需求的过程。明确知识产权管理体系和过程,有助于得到准确理解以及有效和高效的管理和改进。

第三,确保过程有效和高效地运行并受控,确保具有用于确定组织良好业绩的测量方法和数据。

第四,风险控制与法律合规。通过识别和评估知识产权风险,采取相应的风险控制措施,从而有效地降低组织在知识产权方面可能面临的各种风险,如侵权、诉讼等。确保企业在知识产权方面的活动符合法律法规和相关国际公约的要求,避免因知识产权问题而产生法律纠纷和经济风险。

第五,适当结果导向,鼓励和支持技术创新,有效提升知识产权产出及专利质量。其中,结果层面可参照的指标及状态为自主知识产权数量增多、自主创新能力增强、利用知识产权制度水平不断提升等,从而引导企业加强研发投入,提高技术创新能力,保持竞争优势。

第六,持续改进。引入PDCA循环,推动知识产权管理工作的持续改进和优化,不断提高组织在知识产权方面的管理水平和能力,以实现更好的经济和社会效益。

二、制定标准的逻辑

帮助和敦促企业提升知识产权管理水平,并逐步显现知识产权对企业的价值,一直是知识产权公共政策的核心目标。近年来我国知识产权政策管理富有成效,特别是由国家知识产权局推出的知识产权试点、示范工作,堪称典范。通过示范企业和试点企业的带动,各地知识产权产出与管理水平突飞猛进。经验总结表明,那些知识产权优势企业无不是建立了企业知识产权管理体系、开展了系统化管理。这种宝贵的经验既有理论支撑,又有实践佐证,可谓理论界和实践界达成的共识。然而试点示范企业毕竟是少数,如何把相关经验传递到类似企业中,实现企业知识产权管理体系规范化程度"可考量"、可为公众接受并且具有一定公信力,是推广过程中需要考虑的问题。解决这些难题的办法就是借助于公权及标准的力量,把原来小范围内的规范和经验推广到社会整体。

《企业知识产权管理规范》及《企业知识产权合规管理体系要求》是国家专业主管部门在对企业知识产权管理重要性及作用规律认知基础上制定的国家标准,有助于推广具有科学价值和经过实践检验的管理模式,促进企业加强知识产权制度化和规范化管理,建立科学系统的知识产权管理流程,保护企业的知识产权,促进企业创新发展。其原理在于通过构建知识产权权利体系,从全局出发,抓主要矛盾,以知识产权管理体系构建作为知识产权基础管理的抓手和突破点,实现从局部经验向全国性的标准过渡。国家试点示范工作大量成功案例表明,知识产权管理体系对于企业知识产权工作整体性提升具有重要意义。

在实施层面,国家知识产权局建立了企业知识产权管理及合规标准的认证体系,引入第三方认证,逐步实现市场化运作。因而其内在逻辑是由国家知识产权局总体推动,以公共管理部门认可、倡导公开标准形式,推动企业贯标。由此可见,知识产权国标是以公共政策"强力"推进的综合型政策,并由一揽子配套和衍生的制度与政策配合(如联合多个部委的激励政策)共同推进。在实务中已经形成一个完整的工作机制,实现由原来结果管理、事后激励的模式转换到过程管理、过程保障的工作思路。知识产权国标制定和实施体现了以下几个原则。

一是综合与系统管理原则。知识产权管理是一个多学科交叉、多环节融合的综合性工作,知识产权各项工作开展与配置工作需要综合协调。在实务中需要各部门之间协作配合,形成协同效应。

二是持续改进原则。知识产权管理体系的建立和完善需要持续改进,其中需要不断加强监控、分析和评估,发现问题并及时采取纠正措施。

三是目标导向原则。体系化管理体现了目标管理思想,企业应该明确知识产权管理的目标和指标,并进行监测和评估,不断优化和改进管理措施。

四是领导承诺原则。企业的高层领导在知识产权管理中的作用非常重要,相关领导应该重视知识产权管理工作,制定政策、目标和计划,并向知识产权的发展和战略作出承诺,以保证相关资金投入及知识产权管理规划和措施的落实。

五是知识产权分类管理原则。不同类型的知识产权需要采取不同的管理措施,不同功能及定位的知识产权任务需要不同的投入与配置协调工作,例如专利需要申请、审查、授权和维护,商标需要注册、维护和保护等。此外,分类管理有利于抓住主要矛盾。

国家标准通过强调以上原则,增强了科学性和合理性,有利于企业建立完整的知识产权管理体系,实现对知识产权的全方位管理和保护,提高企业的市场竞争力和创新能力。

三、企业贯标管理

(一)企业知识产权贯标定义

企业知识产权贯标,就是企业建立并完善企业知识产权管理体系或合规体系,贯彻国家相关标准并经由专业机关认证的一种活动。知识产权贯标对企业整体的意义明显。实施知识产权贯标可以降低企业经营中的知识产权风险与负面影响,"以合规保发展,以合规促发展",对实现企业知识产权规范化管理、提高企业的核心竞争力、创造更大产品附加值等有积极意义。

（二）知识产权贯标的内容

（1）规范企业知识产权管理的基础条件。企业应当有明确的知识产权管理方针和管理目标，并做到知识产权管理"领导落实、机构落实、制度落实、人员落实、经费落实"，如企业应当建立知识产权管理制度、职责等。

（2）规范知识产权的资源管理。与知识产权相关的资源管理，包括人力资源管理、财务资源管理、信息资源管理等方面，以及对管理活动涉及的知识产权事项作出的相应规范。

（3）规范企业生产经营各个环节的知识产权管理。为确保企业生产经营各主要环节的知识产权管理活动处于受控状态，避免权利流失或侵犯他人知识产权，要明确规定企业研究与开发活动、原辅材料采购、生产、销售、对外贸易等重要环节的知识产权管理规范。

（4）规范企业知识产权的运行控制。围绕企业的知识产权创造、管理、运用和保护四个重点环节，明确规定企业在知识产权权利的创造和取得、权利管理、权利运用和权利保护四方面的规范性要求。

（5）规范企业生产经营活动中的文件管理和合同管理。企业在生产经营活动中涉及的有关知识产权的各类活动，应当有相应的记录并形成档案。特别是对企业对内、对外的合同管理作出明确规定。

（6）明确规定企业建立知识产权动态管理机制。企业应当对自身知识产权管理工作进行定期检查、分析，并对照管理目标对管理工作中存在的问题制定相应的改进措施，以确保管理目标的实现。

（三）企业知识产权贯标工作的基本流程

知识产权贯标是一项复杂的工作，需要兼顾从知识产权制度到战略等各个方面。在实务中，一些企业将该项工作外包给专业辅导机构指导开展。如果企业自己开展，需要至少一名相关国标培训考试合格的管理人员。企业按《企业知识产权管理规范》建立知识产权管理体系并运行三个月以上，完成内部审核和管理评审后即可申请贯标认证。从基本流程来看，贯标工作可以分为以下十个环节和步骤。

（1）贯标启动：成立贯标小组，确定管理者代表，确定辅导模式，确定工作计划，召开贯标启动会；

（2）管理诊断：通过调查问卷、访谈等形式，根据管理规范梳理企业知识产权管理现状，明确存在的问题；

（3）体系构建：编制知识产权管理体系文件，确定方针、目标，编制知识产权手册；

（4）文件编制：编写内控程序、管理制度、记录表单等相关文件；

(5) 文件发布:对编制文件的符合性、适宜性、充分性进行讨论、会签,由最高管理者发布命令;

(6) 体系运行:根据体系文件进行知识产权日常管理,并建立、保持、维护记录文件,证实体系的有效运行;

(7) 持续改进:通过内部审核和管理评审实现管理体系的不断完善;

(8) 管理评审:企业最高管理者进行评审;

(9) 模拟外审:按照标准实施现场模拟外审;

(10) 贯标认证:向认证机构提交认证申请。

第六节 知识产权合规管理

知识产权合规是企业适应社会对其合法合规经营要求的重要部分。做好知识产权合规可以帮助企业提高风险应对能力与核心竞争力,从而平稳进行创新与业务拓展、产业升级。知识产权合规有着极为深厚的理论基础,内容多样化。知识产权合规以合规的一般学理为基础,且有着自身独特的学理。雇主替代责任、零部件侵权、知识产权二元归责论、企业高管知识产权侵权责任承担等构成了知识产权合规的独特内涵。知识产权合规的边界明确了企业承担责任的情形,为企业知识产权运营活动的有效开展划定了明晰的范围。

一、企业知识产权合规概述

随着法治化国家建设的推进以及依法治国理念的逐渐深入,社会上兴起了一股合规浪潮,企业依法合规经营管理的要求正在逐步提高。为避免触碰刑事法律"高压线",我国最高人民检察院推动下形成的刑事合规制度逐渐被企业接受并得到积极实施。随着知识产权战略的开展和知识产权保护力度的强化,企业做好知识产权合规对于企业内部整合发展、规避知识产权风险、提升核心竞争力有着积极作用。以下探讨企业知识产权合规蕴含的学理,明确知识产权合规的内容和边界,希冀为企业开展知识产权运营及规避知识产权风险提供有益的参考。

(一) 企业合规的内涵

合规,顾名思义,应该有成文的"规"可遵循。我国政府十分重视企业合规管理体系的建设,最早是对国有金融机构的合规管理,后不断应用到其他行业,形成了一套相对完善的合规治理体系。广义的合规是指企业及其员工"生产经营管理行为"符合法律法规、监管规定、行业准则和企业章程、规章制度以及国际条约、规则等要求①,而狭义的合规特指刑事合规,即"预防及发现违法犯罪行为并且改善'鼓励符合道德的行为和承诺遵守法律'的企业文化的内控体系"②。企业合规管理与企业业务管理、财务管理并称为当代企业法人治理的三大组成部分之一,是企业治理中的重要内容。③

具体来说,学者及立法机关对合规内涵的界定如下。合规的第一层含义是"行为主体的行为应当符合法律法规的强制性规定,否则可能带来被处罚、起诉或者丧失特定权益的负面影响"④,即需要符合以上广义合规的内容,且合规范围可能还包括"商业惯例、道德规范"⑤以及"行为守则和职业操守"⑥。合规的第二层含义以陈瑞华教授的观点为代表,是"企业为预防、控制和应对各种法律风险所采取的一种管理机制",从本质上讲是"一种公司治理方式与风险防范机制,以便企业在开展业务管理和财务管理活动之时,可以获得最大限度的企业利益"⑦。即企业需要在遵守上述外部规范的前提下,采取专门的内部风险防控措施进行自我管理。

(二)企业知识产权合规的内涵

国内学者认为,企业知识产权合规即"企业及其员工的经营管理行为应当符合有关知识产权的强制性规范,以免带来被处罚、被起诉或丧失某些权益的负面后果"⑧。企业知识产权合规文化建设,是指企业在文化建设的过程中,不能忽视知识产权合规文化的作用。企业高管应积极确立企业知识产权合规理念,自上而下推行知识产权合规,践行合规精神。知识产权合规体系的建设是不可或缺的关键环节,同时,还要提高员工的知识产权保护意识,注意避免侵犯他人权利,树立合法合规、诚信经营、重视知识产权的价值观;另外,要积极培养雇员规避知识产权风险的意识,打造尊重与保护知识产权的外在积极形象和内在良好氛围。

而国外学者则创造性地从价值创造的角度指出知识产权合规不同于其他领域合规。"其他领域的合规计划通常旨在确保遵守现行的法律标准,以避免对不遵守规定的重大惩罚或在不遵守规定时采取的限制性政府行动。而知识产权合规计划通常有更为积极的目标,允许公司最大限度利用新的创造性产出,并管理将知识产权资产转化为新的盈利企业的商业实践。"因此,成功的知识产权合规

---

① 《中央企业合规管理指引(试行)》,国资发法规〔2018〕106号第2条第1款。
② 李勇:《企业合规需要重塑治理模式》,载《检察日报》2021年10月14日。
③ 郭嘉豪:《国际法视野下的企业知识产权合规文化建设》,载《东方企业文化》2020年第S2期。
④ 同上。
⑤ 《企业境外经营合规管理指引》,发改外资〔2018〕1916号第3条。
⑥ 《商业银行合规风险管理指引》,银监发〔2006〕76号第3条。
⑦ 陈瑞华:《论企业合规的中国化问题》,载《法律科学》2020年第38期。
⑧ 郭嘉豪:《国际法视野下的企业知识产权合规文化建设》,载《东方企业文化》2020年第S2期。

包括运用具有前瞻性和计算成本效益的步骤来收集信息,评估知识产权合规对知识产权资产和负债的影响,并就未来的组织行动作出相关决策,以改善组织的现有福祉或最小化对现有组织福祉的危害。① 我国实务界注重知识产权合规的价值创造和效益产出的看法与上述观点不谋而合。

二、企业知识产权合规的学理

1. 知识产权的独特保护机制决定了企业应严肃对待相关风险问题

知识产权是一种无形财产权,更易受到他人的侵犯和不法使用,相比其他财产更加依赖法律的保护。知识产权客体无形性的特点,使得侵犯知识产权的犯罪往往不易被发现,一旦发生则数额巨大、损害严重,侵权人可能会面临停止侵权、承担赔偿责任的后果;行为人主观上存在故意,且情节严重的,还可能受到刑事处罚,涉嫌构成《中华人民共和国刑法》第213条、第214条、第216条等相关罪名。《中华人民共和国刑法修正案(十一)》针对假冒注册商标、侵犯商业秘密行为的刑事归责问题作出了大范围修改,使得该罪名从最初的结果犯转变成情节犯,大幅降低了入罪门槛,提高了法定刑幅度,知识产权犯罪规制的情形得到进一步拓展;销售假冒注册商标的商品罪、销售著作权侵权复制品罪、侵犯商业秘密罪也扩大了入罪的范围。《民法典》规定了知识产权惩罚性赔偿,对主观上存在故意,且犯罪情节严重,符合惩罚性赔偿构成要件的侵权行为,将会给予相关计算基数一倍到五倍之间的赔偿。除了民事责任和刑事责任外,按照我国现行法律的规定,侵犯知识产权需要承担的行政责任主要有停止侵权、没收和罚款等三种,具体可见《著作权法》第53条。

由于知识产权的专有性、独占性,部分知识产权侵权行为责任承担适用无过错责任原则。如在专利领域,没有得到权利人的许可就擅自出于生产经营目的使用、许诺销售或者销售实际上未经专利权人许可而制造并售出的专利侵权产品的,无论被诉侵权人主观上是否存在过错,均需要承担诸如停止侵权、赔偿损失等责任。对一些运营设备包含侵权零部件的,承担停止侵权意味着不能继续使用,由此面临零部件停止使用带来的运营风险。诸如此类由知识产权侵权产生的风险较多,还包括刑事处罚、收益下降或声誉受损等其他不利后果,因此企业应该严肃、慎重对待知识产权风险问题,了解知识产权合规背后的学理,把握知识产权合规的内容及边界,以免对自身的经营发展造成不利影响。

2. 雇主替代责任原则决定了企业承担知识产权侵权责任风险

随着技术和著作权产业的发展,传统民法中的替代责任规则被引入知识产

---

① Richard S. Gruner and Jay P. Kesan. Intellectual Property Compliance: Systematic Methods for Building and Using Intellectual Property. In Benjamin van Rooij and D. Daniel Sokol (eds.), *The Cambridge Handbook of Compliance*. Cambridge: Cambridge University Press, 2021.

权法中,如雇员销售侵权产品,企业需要承担相应责任。著作权法上的替代责任规则最初是由发生于1963年美国的夏皮罗(Shapiro)案确立的,该案指出商店店铺的出租人应该为承租人利用其店铺出售盗版CD的侵权违法活动承担替代责任,因为商店店铺的出租人有能力制止他人的直接侵权活动并且从该种侵权活动中获得了直接的经济利益。著作权替代责任制度的理论基础有四,分别为报酬理论[1]、危险监督理论、经济实力理论和风险吸收理论[2]。该制度实质上属于传统民法替代责任体现在著作权法中的第三方责任制度,即承担替代责任的主体之间只需具备特定关系即可。

随着互联网技术的发展,网络环境中也产生了替代责任的适用需求。只要是和直接侵权行为有特定关系的第三方,且对直接侵权行为人具备监督和控制能力,并能从直接侵权人的侵权行为中获得直接经济利益,那么该第三方便满足承担替代责任的适用条件。

3. 零部件知识产权侵权问题使企业承担一定的法律风险

全球供应链体系是指跨国企业基于成本考虑,将研发设计、原材料采购、中间品制造和制成品组装等环节进行解构,结合供应链的需求特性以及地理空间优势,将复杂的流程布局于全球各个区位,以便最大程度地节约生产成本,提高生产效率。世界经济出现了多层次、多维度的交织融合,形成复杂的供应链网络,呈现出分散化、区域化和扁平化的趋势。[3] 而在知识产权领域,尤其是专利领域,往往会出现零部件装配商从各个零部件生产制造商处购买配件进行组装并销售的现象,其中可能会涉及专利侵权判断。

(1) 零部件提供者可能构成帮助侵权

零部件提供者可能涉嫌的知识产权合规风险为未经专利权人许可,明知某零部件是专门用于实施专利的关键部件,还出于生产经营目的向专利实施者提供该侵权零部件,构成帮助侵权的可能。我国对于零部件提供者的上述行为已经出台了系列法律法规进行规制。如北京市高级人民法院《专利侵权判定指南》第108条规定了共同侵权的情形;《最高人民法院关于审理侵犯专利权纠纷案件应用法律若干问题的解释(二)》第21条规定了专利帮助侵权。在被诉侵权产品生产者专利直接侵权成立的前提下,被诉零部件的提供者构成帮助侵权,应同时满足以下两个条件:一是该被诉产品只能专用于实施专利,形式可以是设备、材料、中间物或者零部件等,即该专用品的唯一用途就是生产被诉侵权产品,此时被诉零部件提供者若要进行抗辩,只能主张该零部件具有非实质性侵权用途;二

---

[1] 邱聪智:《民法研究(一)(增订版)》,中国人民大学出版社2002年版,第38页。
[2] 张新宝:《侵权责任法原理》,中国人民大学出版社2005年版,第25页。
[3] 杨继军、金梦圆、张晓磊:《全球供应链安全的战略考量与中国应对》,载《国际贸易》2022年第1期。

是被诉零部件的提供者对被诉侵权产品生产者的违法行为是明知的。与专利直接侵权采用的无过错归责原则不同,在认定是否构成专利间接侵权时,行为人的主观故意是个必不可少的考量因素。①

(2) 零部件合成者可能需要承担停止侵权、赔偿损失责任的风险

零部件合成者购买侵权零部件并将侵权零部件合成制成品的行为有何侵权风险呢?当涉案专利处于权利保护期内,涉案产品的技术特征也完全落入相应的保护范围,且使用者可举证证明其使用的专利侵权产品具有合法来源,不知或不应知涉案产品为侵权产品,如证明其已通过正当的购买或租赁手段支付了合理的对价,此时零部件合成者的责任可以根据其是否实质性使用零部件进行不同的判断。若将侵权专利产品用作零部件进行实质性使用,可以认定零部件合成者有使用涉案侵权产品的行为,应当停止使用侵权专利产品,但由于其主观上不具备恶意,故可免除赔偿责任;若将侵权产品作为非实质性零部件,并对其进一步加工、处理,实践中根据法官的自由裁量,形成了两种不同的判决思路,部分法院认为善意的零部件合成者有合法来源,可以不停止使用,其余法院则持相反观点。② 对于零部件合成者是否需要向专利权人支付许可费的问题,学界基本已经达成共识,基于专利权利用尽以及默示许可理论,专利权人没有权利向已经支付购买对价的零部件合成者再次要求支付许可使用费,以此防止专利权人重复获利,并保证供应链的健康发展。

4. 销售侵犯注册商标专用权商品的销售者面临商标侵权风险

关于知识产权侵权的归责原则,我国理论界和司法实践基本采用的是过错责任和无过错责任并行的二元归责论。目前通行的做法是针对赔偿责任适用过错责任原则,而对于停止侵权,则需要区分直接侵权与间接侵权,前者适用无过错责任原则,后者适用过错责任原则。以销售侵犯注册商标专用权商品为例,在追究赔偿责任时,适用过错责任原则。销售者若出售的是他人未获得商标权人许可而私自生产的商品,则可能构成《中华人民共和国商标法》(简称《商标法》)第57条第3款规定的"销售侵犯注册商标专用权的商品的",可能需要承担一定的责任。若销售者可以对此提供合法来源抗辩,才可以免除赔偿责任。《商标法》第60条第2款、第64条第2款以及《中华人民共和国商标法实施条例》(简称《商标法实施条例》)第80条均指出,只要销售者能对其销售的侵权商品作出合法来源抗辩,且主观上没有故意,在接到工商部门的通知后立即停止侵权,就可以免除其构成帮助侵权、间接侵权的赔偿责任。《商标法实施条例》第79条也对"合法来源"的三种具体情形作出了明确规定。在提供上述证据后,销售者即

---

① 张长琦:《产品零部件提供者构成专利帮助侵权的判定》,载《中国知识产权报》2016年7月6日。
② 王译萱:《使用专利侵权产品责任研究——以国内外相关案例为研究对象》,载《法制与社会》2019年第32期。

便确实销售了侵犯他人注册商标专用权的商品,由于主观上不存在过错,也可以提出免责抗辩。

5. 公司高管的知识产权侵权责任及相关知识产权风险

虽然我国尚未建立严格的公司高管知识产权侵权责任制度,但实践中已有公司高管(包括公司的实际控制人、法定代表人、知情股东和员工)作为公司知识产权侵权行为的共同侵权人承担连带或者补充责任的案例[1],法院通过"刺破公司面纱"使高管承担个人责任。高管作为公司主要的人力资本,关乎公司决策与发展大局,如果因缺少相关合规制度导致高管承担责任,最终也会影响公司的整体利益。因此企业应该重视知识产权合规体系的建立与完善,减少高管侵权事件的发生。

目前我国主要推行的是公司有限责任制度,一般情况下公司高管不必承担个人责任,这极大鼓励了商业活动的正常开展。在涉及公司的合同之诉或是公司法之讼中,根据有限责任原则,一般不能直接令高管共同承担公司应承担的法律责任,否则将违背公司法的立法宗旨和合同相对性原理,但法定情形除外。由于侵权责任的底层逻辑为过错归责原则,雇员若是存在过错,也应承担相应的法律责任。在大部分的知识产权侵权诉讼中,公司高管层操纵公司实施侵权行为,主观上对该违法行为具备明知的故意。如果依据法人独立人格和公司有限责任理论,则实际侵权人将会逍遥法外,其留下的空头公司又没有赔偿的能力,而隐于幕后的实际侵权行为人还可继续注册新的空头公司不断从事侵权行为。[2] 近年来司法实践裁判中"刺破公司面纱"、要求公司高管承担知识产权侵权责任的案例逐渐增多。为了真正从源头上打击该类侵权行为,公司高管承担知识产权责任的制度理应被纳入法律制度之内予以进一步明确、完善。

三、知识产权合规的内容及边界

(一) 知识产权合规的主要内容

根据知识产权类型、法律规范及相关学理,笔者归纳整理知识产权合规的主要内容,包含专利权、商标权、著作权、商业秘密以及反不正当竞争具体法律风险的外在表现、国内相关规定以及国外相关规定,以表格形式呈现。企业应及时掌握最新的知识产权相关法律法规,了解知识产权合规的具体内容,以便更好地开展知识产权合规运营管理工作。只有掌握知识产权合规体系每个流程的合规要点,才能全面预防侵权风险,以维护企业名誉,使企业实现稳定创新发展。

---

[1] 如上海知识产权法院司法保障营商环境建设典型案例之一(2018年4月):德国雨果博斯商标管理有限公司等诉唐某、深圳雅蓝波士服饰有限公司等侵害商标权、虚假宣传纠纷案。

[2] Benjamin Hsu:《侵权公司实际控制人与公司是否应一起承担侵权责任》,载"知产力"微信公众号 2018年5月3日,https://mp.weixin.qq.com/s/72jh3Q_34C83xYgo2tdJjg,2023年8月10日访问。

表 3.1 知识产权合规主要内容

类别	法律风险	国内依据	国外依据
专利权	1. 专利许可权滥用风险、专利申请权争议风险、被侵犯专利的风险、假冒专利的风险、被提起专利侵权诉讼的风险、专利转让纠纷风险等 2. 未能有效开发和实施专利的风险、管理不善导致专利失效的风险等 3. 零部件侵权、雇主替代责任等	《专利法》《专利法实施细则》《最高人民法院关于审理申请注册的药品相关的专利权纠纷民事案件适用法律若干问题的规定》《最高人民法院关于审理专利纠纷案件适用法律问题的若干规定》《最高人民法院关于审理侵犯专利权纠纷案件应用法律若干问题的解释（二）》《最高人民法院关于审理专利授权确权行政案件适用法律若干问题的规定（一）》等	《与贸易有关的知识产权协定》《日本专利法》《法国发明专利法》《韩国专利权注册令》《美国专利法》等
商标权	1. 商标申请风险：商标未注册或被他人抢注为注册商标或者域名、申请类别不全、重点类别保护力度不够、申请的标识不全面 2. 商标使用风险：申请地域不全、未对目标市场全面布局、对商品或服务类别越权使用、许可使用中的质量保障义务与商标增值利益分配不当、侵犯他人在先权利、商标使用不规范（如超出核定使用范围使用商标、象征性使用、连续三年不使用、驰名商标用于广告宣传）等	《商标法》《商标法实施条例》《最高人民法院关于审理商标民事纠纷案件适用法律若干问题的解释（2020年修正）》《最高人民法院关于审理涉及驰名商标保护的民事纠纷案件应用法律若干问题的解释（2020年修正）》《最高人民法院关于审理商标授权确权行政案件若干问题的规定（2020年修正）》《最高人民法院关于审理注册商标、企业名称与在先权利冲突的民事纠纷案件若干问题的规定（2020年修正）》	《与贸易有关的知识产权协定》《美国商标法》《英国商标法》《日本商标法》《联邦德国商标法》《法国工业、商业和服务业商标法》《意大利商标法》《丹麦商标法》等
著作权	1. 职务作品、委托创作、版权商的权属确定风险 2. 作品素材侵权风险 3. 互联网信息网络传播权侵权、计算机软件著作权侵权 4. 许可使用和转让中的法律风险 5. 销售侵权复制品等	《著作权法》《著作权集体管理条例》《著作权法实施条例》《计算机软件保护条例》《信息网络传播权保护条例》《最高人民法院关于审理著作权民事纠纷案件适用法律若干问题的解释（2020年修正）》《最高人民法院、最高人民检察院关于办理侵犯著作权刑事案件中涉及录音录像制品有关问题的批复》《最高人民法院关于做好涉及网吧著作权纠纷案件审判工作的通知》《著作权行政处罚实施办法（2009年）》《互联网著作权行政保护办法》等	《与贸易有关的知识产权协定》《世界知识产权组织版权条约》《美国版权法》《英国版权法》《日本著作权法》《韩国著作权法》《意大利著作权法》《印度著作权法》《俄罗斯联邦民法典》等

(续表)

类别	法律风险	国内依据	国外依据
商业秘密	1. 被他人盗窃、以间谍或黑客手段窃取 2. 内部员工被收买 3. 对外宣传、合作过程中泄露 4. 员工离职泄密等	《反不正当竞争法》第9条、《最高人民法院关于审理侵犯商业秘密民事案件适用法律若干问题的规定》等	《与贸易有关的知识产权协定》《北美自由贸易协定》、美国《统一商业秘密法》等
反不正当竞争	1. 虚假广告宣传、攀附型与诋毁型比较广告 2. 实施混淆行为，引人误认是他人商品或者与他人存在特定联系 3. 通过不正当手段，牟取交易机会或者竞争优势 4. 不正当有奖销售行为 5. 互联网领域不正当竞争行为等	《反不正当竞争法》第2、6、7、8、10、11、12条、《广告法》等	《与贸易有关的知识产权协定》、德国《反不正当竞争法》《日本防止不正当竞争法》等

（二）知识产权合规的边界

研究知识产权合规的边界，需要先厘清知识产权的边界，以便在合法合规的范围内进行知识产权运营。而知识产权自身边界的划定并非一成不变。由于知识产权的客体具有非物质性的特点，与具备明确边界的物权客体和债权客体均不同。[1] 知识产权的边界在其主体、客体、内涵和效力的共同划定下形成了内在边界与外在边界。[2]

知识产权的客体和内涵决定了知识产权内在边界的范围，落入此边界的作品、专利和商标等只有满足相关要求才能受法律保护；而边界外的创新成果，例如时事新闻、动植物品种、疾病的诊断和治疗方法等，可以被社会公众自由使用，并在此基础上创造出新的文化产品。知识产权的外在边界则是由其效力限定的，对于超越边界范围的作品和商品，权利人无权禁止他人生产与销售，否则有滥用知识产权的嫌疑。同时需要注意的是，知识产权边界的不断变动说明同一智力成果在不同的时代背景下可能会有截然不同的法律性质。

---

[1] 王国柱：《知识产权"严格保护"司法政策的法理解析——边界、强度、手段、效果的四维视角》，载《华东师范大学学报（哲学社会科学版）》2020年第1期。

[2] 金春阳、张茜：《在知识产权的边界内外实现创新驱动发展》，载《光明日报》2013年5月19日第7版。

关于知识产权合规的边界,需要注意不能对企业施加过多的成本负担,承担的责任与义务需要与其自身的权利相匹配,即知识产权合规的边界并不是无限的,而是具有相对性。例如对于网络存储服务平台,目前法律规定了"通知—删除"规则,即平台在接到权利人的通知后,需要及时采取措施,将被控侵权对象下架、删除等。只要平台尽到了注意义务,就可以免除相关的侵权责任,而不能苛求平台承担过高的事前审查义务。再如,若企业能对员工进行详尽的合规培训,建立健全知识产权合规体系等,也可以成为企业减轻侵权责任的依据之一。对于享有知识产权的相关企业,需要在国内外相关法律法规的边界内行事,在知识产权合规的前提下进行大力创新、有序发展。具体来说,企业应该做好知识产权合规工作,及时学习最新的法律法规司法解释,并在企业内部制定相关合规管理组织体系、制度体系、运行体系和风险识别处置体系等。

随着知识产权保护战略的深化以及中共中央、国务院印发的《知识产权强国建设纲要(2021—2035年)》等政策的出台,企业知识产权合规的现实意义不言而喻。企业知识产权合规有着深厚的学理基础及较为充分的实践经验。国家通过将部分管理权下放,在一定的合规检验等保障机制下,企业可有效实现自我管理,这有利于形成社会协同治理的良好局面。白领犯罪理论为规制企业的腐败犯罪提供了理论支撑;单位犯罪制度使不合规的企业有面临刑事罪责的可能,而信赖原则的引入又为企业在不具备管理过失责任的情况下实现了责任豁免;激励理论揭示通过给予企业一定的财政补贴、税收优惠、成本补偿、直接的金钱给付以及政策层面的照顾,激励企业重视知识产权合规、建立健全知识产权合规体系。具体到知识产权合规的学理上,企业应关注知识产权自身的特点,了解雇主替代责任的风险、零部件侵权的风险、知识产权侵权的二元归责原则以及高管被追责造成企业重大损失的风险等。另外,企业需要不断学习并掌握最新的法律法规,了解知识产权合规的内容与边界,以更好地开展知识产权运营活动。企业做好知识产权合规工作,方能保证其实现尽可能安全、稳定的经营环境,提高自身核心竞争力,最终实现长远的可持续发展的目标。

第四章　知识产权战略管理

知识产权战略是企业知识产权管理的核心内容,企业高层管理者从战略高度系统地、前瞻性地审视企业知识产权问题,拟定并实施适合企业发展的知识产权战略,以知识产权为战略资源进行总体规划和统一部署,指导企业有序进行知识产权管理,是谋求长远发展的必要手段,也是提升企业运用知识产权制度能力的必修课。本章围绕企业为什么开展知识产权战略管理、知识产权战略的内涵是什么、如何制定知识产权战略、如何持续提升战略有效性等话题,对知识产权战略的不同层次内容进行了介绍。本章亦介绍一种强调知识产权战略与企业总体商业战略融合的新的战略管理模式:战略知识产权管理(SIPM)。

第一节　知识产权战略概述

知识产权管理水平是衡量企业知识产权制度应用能力、企业管理成熟度、总体强大与否的重要指标。目前中国的高科技公司仍面临国际巨头们精心布置的专利网,尤其是基本专利的挑战。特别是欲"走出去"的中国企业,与跨国公司相比,总体上所掌握的授权专利数量比较少,如处理不当,禁止令、301条款、临时措施、边境措施等各种障碍会阻碍企业顺利进入国际市场;可能要承担难以承受的高额知识产权累计许可费甚至是惩罚性侵权赔偿金。为更好保护自身知识产权安全,实现商业自由,企业须有高质量的知识产权及其组合,努力提升高质量知识产权保有量。打破国外知识产权壁垒并非易事,需要对新技术、新领域进行持续不断的研究和跟踪,以保持参与市场竞争所必需的知识产权能力。知识产权积累需要长期坚持自主研发和技术创新,投入大规模研发人员和资金。知识产权战略布局与技术创新和研发高度关联,产出具有一定滞后性,有时间上的"后效性"特点,以及资金高投入性特征,这决定了知识产权工作的复杂性和风险性,需要统筹与综合性协调,进行前瞻性安排与谋划。这就需要企业开展总体性的知识产权战略管理,找到能有效提升企业自身知识产权能力和知识产权话语权的道路,从而为企业、行业和国家做出更大的贡献。

一、知识产权战略的概念

知识产权战略是运用知识产权制度和知识产权资源,为获取经济效益和竞争优势而进行的总体谋划和统一部署。企业知识产权战略目标是获得企业竞争优势,或者是为企业竞争优势做贡献,具体而言就是获得经济效益。国外学者罗伯特·皮特克斯利认为,知识产权战略是单独或者与企业其他资源一起利用知识产权,实现企业的战略目标。其本质是对企业知识产权及相关要素的全局性安排与谋划。企业知识产权战略统摄企业知识产权工作的全部内容,不仅为企业知识产权工作指明方向、发展路径及发展方法,也服务于企业总体经营战略目标,在企业发展中具有极为重要的地位。战略本身是泛指重点的、带有全局性或决定全局的谋划,反映了人们为了控制组织在一定时期内的发展,对其各种根本趋势以及对各种根本趋势起决定作用的因果关系作出能动反应的结果,是指导人们实现某种根本趋势的行为准则和目标。战略背后体现的是战略制定者的"理性"与"意志"。知识产权战略阐明企业知识产权工作基本理念和逻辑,解决企业知识产权发展方向和路径设计等问题。良好的企业知识产权战略可以不断拓展企业自身的发展空间,实现良性循环机制,不仅支撑当下业务,也支撑企业未来发展。

与作为"名词"的战略不同,战略管理是个"动词"和"词组",是相关管理活动集合及过程。知识产权战略管理,顾名思义,是用战略手段管理企业知识产权,包括知识产权总体工作谋划的形成、实施以及评价和控制等全部活动或过程。知识产权战略管理是一种综合性与系统工程化的管理,离不开企业对知识产权工作的理念定位、创造、保护、经营与管理、国际化、诉讼和风险管理等一系列规划与协调管理,这些内容共同构成了企业知识产权战略管理体系。一般来说,管理涵盖战略,战略亦可以作为管理的一部分,管理的范围更广,此时的管理是广义的管理。在实务操作层面,知识产权管理通常被狭义理解为侧重于具体实施,而知识产权战略管理侧重于目标、策略和规划,二者存在差别。战略是企业发展的宏观政策,战略指导知识产权管理,而狭义的知识产权管理可以是知识产权战略的组成部分。因此,二者的关系如何,关键是看使用语境。本书在广义上使用知识产权管理概念,将知识产权战略视为企业知识产权管理的一部分,如作狭义理解,可以认为知识产权战略为一般管理的起点和上位层面内容。企业制定知识产权管理制度或采取各类知识产权管理措施之前,应先拟定其知识产权管理策略,如此才会使知识产权管理符合企业发展目标并形成体系化的管理制度和措施。

(一)企业知识产权战略是企业经营战略的重要组成部分

知识产权战略就是将知识产权与企业发展结合起来的一套做法——将知识

产权融入企业发展和运营的发展方向、规划、制度、措施。

企业知识产权战略不在于企业是否制定了知识产权战略纲要、知识产权政策等文本,而在于是否实际将知识产权融入企业经营管理和企业发展规划之中。换言之,制定和实施企业知识产权战略的意义不在于拥有多少知识产权,而在于真正地培养知识产权意识,重视知识产权管理,将知识产权融入企业日常管理的主要环节与核心步骤之中。企业知识产权战略统摄企业知识产权工作的全部内容,为企业知识产权工作指明了发展方向、发展路径及发展方法,是各类型的知识产权具体工作的逻辑起点。

(二)知识产权战略是对知识产权创造、运用和保护的综合性策划与部署

知识产权战略管理之所以重要,是因为知识产权本身对企业的重要性日趋提升。知识产权既是企业发展的重要资源,是竞争力的核心要素,也是市场竞争的工具,优良的企业知识产权战略管理可以不断拓展并夯实企业自身的生存空间,并支撑企业未来发展。市场竞争根本上是每个企业争相向市场提供价格低廉、品质更好的商品或服务。正当的市场竞争是每个企业通过技术创新和制度创新,提升生产效率、降低成本、提高产品的品质,但是这需要长期投资;如何将自己的创新成果保护起来以防止不合理的搭便车、模仿等行为,是每个企业生存发展所需的基本能力。知识产权保护本身即是防止他人模仿、搭便车的法律手段。而知识产权的产生、保护和应用则需要管理。知识产权战略将知识产权管理和保护融入企业经营管理之中。合理的知识产权战略管理可以帮助企业有效地实现商业目标,推动新产品的研发,降低开发新产品的投资风险。在某种意义上,知识产权常规管理是知识产权战略的具体实施过程,是将知识产权的创造、运用和保护融入企业运行的全过程,转化为企业员工的自觉行为。

二、知识产权战略的多维内涵

(一)知识产权战略的财产化向度

良好的专利、商标等知识产权对企业来说是一种重要的无形财产,企业知识产权战略管理的主要目标离不开产出更多的知识产权类财产数量,并防止资产贬值,防范风险。战略资产理论认为,企业的资源对企业竞争优势的贡献是不同的,只有那些难以被模仿或替代的、非交易性的、积累过程缓慢且符合市场需求的资产才能为企业带来持久竞争优势。显见,知识产权这种资源及其运作,或者说知识产权能力是企业的战略性资产。基于此,知识产权战略管理的思路是识别对企业有长远贡献和重要作用的知识产权资产,并增加战略性知识产权,避免无效投入,如图4.1所示。企业应尽量发展与公司战略相关的知识产权,同时应使图4.1中的虚线部分尽可能小,尽量减少与企业总体发展战略无关的知识产

权,从而扩大那些能体现核心能力的资产类别在公司总资产中所占的比例。

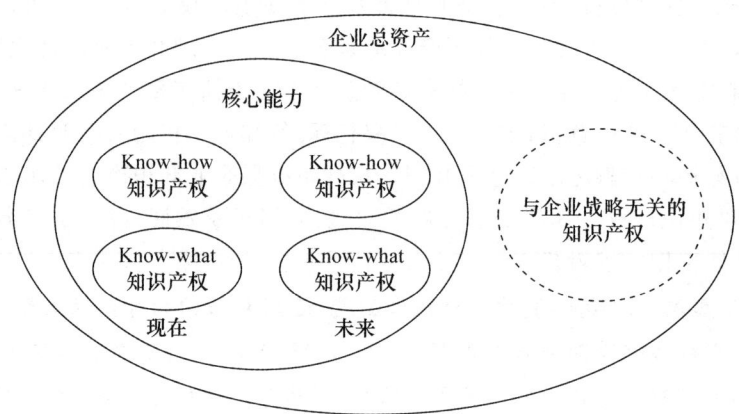

图 4.1 知识产权战略的财产化向度

知识产权战略的财产化向度涵盖了知识产权客体理论中视知识产权为智力成果、智力产品等的隐喻,是对知识产权及其战略内涵重要维度的基础性认知。

（二）知识产权战略的价值向度

知识产权战略的价值向度,是指知识产权在提升顾客价值贡献、推动企业整体盈利和增强财务收益方面的核心作用,价值向度聚焦权利内容本身及其为企业创造的核心价值,是一类企业知识产权战略发展的主导逻辑。借助知识产权服务,企业可深入拓展终端消费市场,为各类服务产品或服务提供坚实支撑,从而提升企业社会形象,加强市场竞争地位,并创造卓越的价值与更广泛的顾客价值。为此,企业应致力于积极拓展市场边界,发挥已有知识产权的价值,服务更多客户群体,以实现企业的稳健生存与长远发展。同时,企业应将知识产权视为宝贵的资产,高度重视其保值与增值的重要性,并要积极构建全方位的知识产权保护体系。在文化创意领域,文化创意产业的战略性开发与运用比较明显,以迪士尼公司为例,其在经典 IP 的再开发与利用方面,实施了"轮次收入"发展战略,成效显著。通过品牌营销、品牌资产管理等多种经营方式的融合,迪士尼公司成功实现了知识产权利益最大化的战略目标。价值维度聚焦于创意和技术构想如何有效转化为资本,以及如何借助互补资产实现知识产权的转化与应用。在财产结构不断变化的背景下,企业需关注如何通过创新网络、价值链等社会互动机制,进一步实现价值变现与增值,推动企业特有创意的实现与价值化,进而促进企业持续健康发展。

财产向度与竞争向度虽存在部分重叠内容,但仍可明确区分。从隐喻角度来看,财产向度主要聚焦于"物""要素"等,如表 4.1 所示。在战略管理层面,财产向度倾向于减少非核心的知识成果,同时增强与竞争优势及价值创造紧密相关的知识产权数量。相较于财产向度的资产化及保值增值内涵,价值向度更侧重于知识产权的资本属性及其动态化的多维价值开发与利用。在商标战略与版权战略方面,该向度作用体现得更明显。财产向度和价值向度结合反映了对知识产权内涵认知的深入,其中财产维度作为基石,强调知识产权的开发利用进而构成了价值维度。在突出价值向度的知识产权战略中,知识产权被视为具有实际财务价值的财产,通过专利、商标、著作权等领域的有效运用,实现知识产权的财务收益最大化。例如,在专利领域,通过专利的转化应用、许可和融资等方式,能够为企业带来显著的财务回报。而在著作权领域,价值维度的知识产权保护逻辑在于,通过保护知识产权,确保相关权利能够带来实际的经济利益,进而推动版权的多元化利益实现。

表4.1 知识产权战略的向度比较

	逻辑	特征	隐喻	表现及应用
财产化向度	知识产权为财产,战略财产为知识产权战略追求目标	重视知识产权数量和质量;财产保值	物;成果;要素	提升要素价值,对财产保值增值
价值向度	强调权利对顾客价值贡献,对企业整体盈利和财务收益贡献;通过价值创造转为竞争优势和价值;价值创作作为评价权利的维度和指标	重视知识产权数量及质量;重视知识产权与企业产品服务关联度;重视价值变现	酿造、栽培;服务;财产;资产;资本;专利货币化;知识产权货币化	知识产权资本化;转为财务收益;价值评估;质押融资;证券化;许可;信托等
竞争向度	追求自身知识产权的自由运作(FTO),保证产品通行和经营安全;同时与商业行动结合并保持一致,构建知识产权防攻体系	攻防兼备;借助于"诉讼"等手段实现	工具;武器;战争之攻防	专利壁垒;保障企业商业行动自由。追求自身知识产权的自由运作
形式与结构向度	战略本身是一个结构与系统,构成要素的完整与要素之间的关系影响战略本身效果	整体化推进,重视要素间协同	系统	兼顾与企业整体战略的关系;战略是一个系统工程

(三)知识产权战略的竞争向度

1996年亚特兰大奥运会时,某公司广告是:"你并不是'赢'得了银牌,其实你是'输'掉了金牌!"这句广告语道出了企业力争第一的内涵。尽管我国深厚的文化背景中蕴含着"厌诉"传统,但在商业领域中,以诉讼手段企图扰乱竞争对手的发展步伐、影响其成长轨迹的案例屡见不鲜。特别是在商品相关的商标、专利等知识产权领域的诉讼纷争,更是多见。知识产权战略作为现代企业发展的全局性规划,对竞争对手的警惕与追踪,不仅是实施对标管理的重要一环,更是企业知识产权战略管理不可或缺的组成部分。特别是在国际专利市场中,随着专利竞争愈演愈烈,出现了大量动辄高达数十万美元的天价专利,导致专利价值泡沫的涌现。在这样的背景下,专利诉讼的大战频繁上演,巨额赔偿的案例屡见不鲜,令许多企业难以承受其重。面对如此"疯狂"的国际专利环境,唯有建立起一套完善的知识产权攻防体系,企业才能稳固立足。否则,很可能在成长过程中被那些以专利优势著称的大型垄断企业所扼制。在当前背景下,强调知识产权的竞争维度,不仅是对现实知识产权战略实践的总结与回应,也符合通用战略管理的基本原则,对于深入理解并把握知识产权战略的内涵具有积极意义。

竞争维度和向度的逻辑要求企业必须树立高度的风险防范意识,以实现知识产权的自由运作(FTO),并将其与商业行动紧密结合,形成统一的知识产权攻防体系。在专利领域,尤其需要构建切实有效的专利壁垒,全方位保护企业的核心创新成果。同时,企业应深谙"知识产权游戏规则",保持居安思危、未雨绸缪的警觉性,积极应对可能出现的诉讼挑战。竞争向度的设定必然涉及对竞争对手和行业前沿动态的密切关注。对于中国企业而言,这一竞争逻辑在国际化进程中具有尤为重要的现实意义和实践价值。在跨国投资活动中,知识产权常被用作一种非关税壁垒,企业常面临对手实力强大、自身力量相对薄弱、跨国诉讼风险高、时间和金钱成本巨大、以及胜诉后市场地位受损等挑战。可以说,中国企业在国际市场上要想稳固立足,不仅需确保产品性能的卓越性,还需不断提升自身的专利实力。企业要具备强烈的竞争意识,深刻认识到知识产权战略在竞争逻辑中的核心地位,进而构建完善的专利布局,确立强大的专利话语权,实现攻防兼备的战略目标。唯有如此,企业才能在激烈的国际竞争中保持独立地位,避免被动受制于外部企业。

(四)知识产权战略形式及结构向度

基于系统论观点,知识产权战略是由众多战略要素构成的一个整体,战略功能是这个整体的外部性功能表现。将系统思维、战略系统概念及相关研究范式引入知识产权战略领域是近年来学界为应对知识产权及其战略构成复杂性的新尝试。战略系统概念及相关研究范式拓展了对知识产权战略内涵的认知。根据战略系统的一般定义,可以把知识产权战略系统定义为一种关于战略的特定系统或复杂系统。知识产权战略系统是"有关知识产权的资源、管理、组织和文化等诸要素及子系统组成的知识产权复杂系统"①。按照知识产权管理过程,知识产权战略系统是由知识产权开发战略、保护战略、运营战略等子系统构成的有机整体。知识产权战略是一综合性动态体系,其主线围绕权利类型和范围、知识产权配置、竞争优势及协同作用等方面展开。从知识产权工作整体链条来看,知识产权战略离不开企业对知识产权工作的理念与定位、规划、创造、保护、经营与管理、国际化、诉讼和风险管理等方面内容的谋划与布局,这些内容共同构成了企业知识产权战略管理系统与体系。从知识产权战略结果及文本呈现层面来看,其体系结构呈现为知识产权战略思想、原则、目标、定位、实施环境与支撑条件、实施策略等多种要素及其组合。知识产权战略体系性结构,在形式及文本层面给出了知识产权战略作为一种谋划的多侧面性,体现了知识战略的外显形式及结构。如咨询报告中给出整体的知识产权战略轮廓,包括战略重点、战略依据等。

知识产权战略的几种向度与侧重体现了战略的复合性与艺术性。在深层逻辑上,四者是统一的。如战略大师迈克尔·波特所言,竞争优势归根结底来源于企业为客户创造的超过其成本的价值,所采取的形式或是低于竞争厂商的价格从而提供相等的收益,或是所提供的非同一般的收益足以抵消其高出的部分价格。② 换言之,战略是以竞争的过程和形式,通过创造并保护资产,为客户创造价值。但不同企业所在行业不同,发展阶段不同,具体情况不同,在优先顺序上应有所侧重。

三、发展阶段与知识产权战略的关联性

一些成功的知识产权战略经验表明,企业知识产权战略体系往往需要经历不断的探索与发展完善。企业在各个阶段对知识产权的依赖及认知不尽相同,因而选择的知识产权战略会由于发展阶段的不同而有所差异。企业在不同的发展阶段对知识产权的需求和运用也不完全一样,因而在不同的阶段也需要不同的知识产权战略。

知识产权战略与阶段的关联性反映了知识产权战略权变性的一面。实际上影响知识产权战略的因素众多,如企业行业特点、企业规模、现有优势等。由此可以看出,最优知识产权战略模式应从企业实际出发,与企业经营和市场战略相吻合。知识产权战略是服务企业发展或经营目标的宏观策略和路线。只有当知识产权战略与企业总体营运目标相符,并根据市场竞争环境作出妥善安排时,才

---

① 陈伟、于丽艳:《企业国际化经营知识产权战略管理系统》,哈尔滨工业大学出版社2014年版,第11页。
② 〔美〕迈克尔·波特:《竞争战略》,陈小悦译,华夏出版社2005年版,第1—2页。

能发挥最大的功效。图4.2、图4.3反映了不同发展阶段的企业知识产权战略重点。

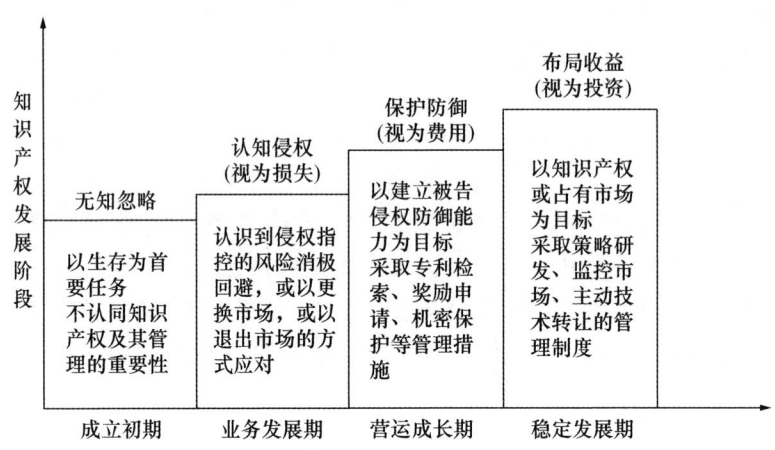

图4.2 企业知识产权发展阶段与企业本身发展的关系

资料来源:陆义淋:《智慧财产权管理实务及策略》,智慧财产局2007年版,第33页。

就技术发展战略而言,企业在不同阶段有各自不同的侧重。有学者总结出以下演变规律。

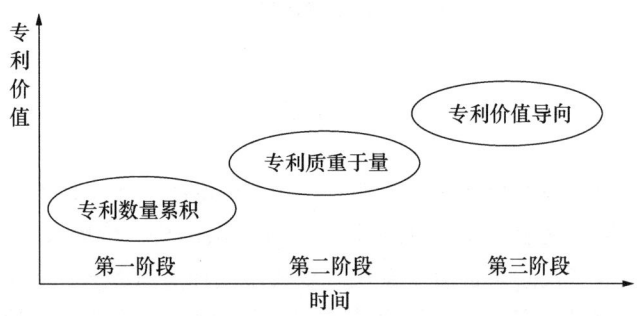

图4.3 技术战略重点与企业发展阶段的关系

资料来源:陆义淋:《智慧财产权管理实务及策略》,智慧财产局2007年版,第13页。

知识产权战略发展的阶段性、演化性说明企业知识产权战略不是固定不变的,应随着企业发展阶段等实际情况进行调整。这也说明企业知识产权战略是实现企业阶段性目标的工具,知识产权战略应随着阶段性目标的变化而不断调整,以适应变化中的企业发展状况。

在制定企业知识产权战略时,发展阶段、发展前景未必非常清晰,仅是一个粗略的概念,可通过企业内部管理文件、主要管理人员及员工的相关认知来间接判断。如查找定义企业目标或发展战略的相关文件,回顾所有可能与知识产权管理相关的政策、文件,并咨询相关当事人,研究当前的知识产权管理规范适应性、企业未来发展状况及发展潜力等。知识产权战略成功与否的关键是知识产权管理政策与企业经营目标是否相匹配。知识产权战略管理目的在于在资源约束条件下追求知识产权资产(包括研发投入和购买投入形成的知识资产)效益最大化,而知识资产效益的最大化主要取决于如何规划、运作和管理已有知识产权资产,实现最佳经营管理效益。因此,企业在制定知识产权战略时,必须对公司营运目标、市场策略、产品研发规划、现行知识产权法律规范等予以分析。

四、知识产权战略特性

作为知识产权工作全局性的谋划,知识产权战略有以下几方面特性。

一是全局性及整合性。这是知识产权战略最根本的特征,是对未来整体的谋划,要求对知识产权工作做全方位协同平衡。知识产权战略需要考虑权利间平衡、现在和未来平衡等多层面平衡。

二是前瞻性。知识产权应有超前指导作用,对未来进行预先定位、规划和布局,谋求长远利益。

三是特异性。知识产权战略体现知识产权独特定位与经营特色,包括独特路径与发展模式等。

四是领先性与抗争性。战略要考虑应对环境的威胁、压力和挑战。

五是纲领性与共识性。战略洞察发展方向有一定原则性和概括性,求得上下都理解,知识产权战略具有观念的成分,共识有利于指导团队成员在共同愿景下开展工作。

六是多元性。知识产权本身具有多重属性,由此知识产权战略具有多维向度,故需要多元化考虑与配置。

七是实用性。可具体应用落实,如同目标管理中的 SMART 原则,知识产权战略必须具有可落实性,目标太高、太低均起不到激励及指导作用。

八是动态性与演化性。情况会随时间而变化,为适应企业总体战略的需要,知识产权战略需要适时更新。演化性体现了大型企业知识产权战略不断从低级向高级发展的特性。

从知识产权战略和企业整体关系来看,知识产权战略和总体战略有一定的融合性与耦合性,可以作为杠杆,推动整体商业战略的演化与落实。从知识产权财产属性来看,知识产权战略决策作为企业发展的一种重要发展战略,首先需要大量资源投入。作为新投资领域,知识产权战略往往有资本关联性、风险性。虽然研发等投入可以经由知识产权把部分投入转换为权利,但相关权利在转换为实际生产力之前,还不能确认为最终的收益,仍有出现沉没成本的风险,故存在不可逆转性。适合企业发展的知识产权战略才是最好的,这反映出知识产权战略重视契合性或匹配性的一面。那些成功利用知识产权制度带来竞争优势的企业通常找到了适合自己特点的成长道路。如一些企业通过知识产权战略构筑核心竞争优势,从传统的排他垄断战略转换为更积极的许可与合作战略,这反映了新战略类型中竞合性的一面;在区域经济中,政府发挥知识产权促进企业整体发展的杠杆和抓手作用,推动整体战略的演化与落实,以知识产权网络实现"再工业化",知识产权密集行业作为新兴热点投资领域等,反映出知识产权战略资本关联性的一面。

五、知识产权战略类型

由于各企业所属行业、发展层次或发展水平各不相同,企业知识产权战略要实现的目标和内容也各不相同。对知识产权战略进行分类,既是一种理论抽象,也是为了分析和论述的便利,帮助企业把握各种战略的侧重点与各类战略之间的关系,有利于企业选择适合自身定位的知识产权战略。

按照知识产权形成和运用的循环过程,企业知识产权战略体系包括知识产权创造战略、运用战略、保护战略和管理战略。实践中,一些谋求全球市场的企业强调知识产权工作的本地化与全球协同化,常根据工作便利的需要划分几大业务板块,如知识产权挖掘与申请、保护与维权、知识产权侵权处理、合规风险管控与消除、运营等。从知识产权的角度来识别,企业知识产权战略分为商业秘密战略、品牌战略和专利战略(技术战略)、版权战略。从知识产权的角度来识别的话,以技术创新为主要优势,尤其依赖专利保护发展的企业可称为技术战略型企业;以品牌塑造和经营为发展路线的,可视为品牌战略型企业;以特有商业秘密保护为生存法则的,可视为商业秘密战略型企业。当然,一个完整的知识产权战略应当兼容并包。另外,企业知识产权战略中还会运用到著作权,尤其是著作权的保护和管理。著作权管理也应当成为企业知识产权管理不可忽略的工具,特别是那些以文本内容见长的企业,如广告设计等企业。

根据战略的性质或目的划分,知识产权战略可以分为攻击性知识产权战略和防御性知识产权战略。攻击性知识产权战略关注能给企业带来竞争优势的知识产权的取得和保护。一般说来,攻击性知识产权战略需要高质量的知识产权和资源来实现,通过发挥市场支配力、许可合作等模式,快速占领市场。理想情况下,高质量的知识产权应当可以阻挡可能产生替代作用的"回避设计"。为了制定攻击性知识产权战略,需要对企业的产品和服务以及它们可以受到保护的程度和相关的知识产权有全面的了解。

为了制定防御性知识产权战略,需要对知识产权生态环境、企业目标、既定战略和潜在发展障碍有全面的了解。防御性知识产权战略旨在避开或者降低潜在障碍和威胁带来的不良影响,通常包含的内容包括:取得障碍知识产权(blocking IP)的使用许可;在障碍知识产权保护范围周边进行设计开发;以交叉许可为目的,开发或者取得知识产权作为筹码;对障碍知识产权主张权利无效;在产业中形成联盟;建立适当的企业组织机构;通过合同条款改变或降低潜在威胁造成的后果;制定突发事件应对计划;购买知识产权保险。[①]

知识产权战略既可以是攻击性的,旨在开发能够供企业采取行动对抗侵权者的知识产权;也可以是防御性的,旨在获得知识产权从而使侵权诉讼的危险降到最低。理想情况下,企业知识产权战略需要同时包括这两个方面。保持攻击性和防御性的平衡是一个复杂的问题,需要管理者全面了解企业的内部和外部信息。企业在组织规模不断扩大的同时,也逐渐被竞争对手关注,竞争对手、权利人通常会通过知识产权侵权诉讼来制约企业发展。因此,制定防御性知识产权战略的需求就随着企业运作的成功而不断增加。

根据知识产权运用程度及知识产权战略复杂性程度,结合企业运用的实际情况,这里尝试把知识产权战略分为防御型战略、市场型战略、经营型战略、综合型战略。防御型战略强调防范知识产权侵权风险,重视知识产权风险管理及合规管理。市场型战略强调知识产权作为竞争手段的功能,建设预警系统,重视与竞争对手的互动。经营型战略强调知识产权资产商业化运用,知识产权许可与转让、投资,创造专利组合,争创驰名商标等,需要有一定的知识产权储备。综合型战略强调综合防御、市场、经营等各导向,全方位开展。

按照知识产权战略实施实践来看,可以分为五类。第一类为全面的知识产权保护战略。该类战略主要是为了填占整个技术空间,为每个发明提供技术性和非技术性的知识产权保护。第二类是控制专利和商标型战略,该类战略中,公司仅为核心技术提供专利保护,为不同产品的受保护品牌(不包括设计)注册商标。第三类是知识产权贸易型战略。知识产权主要被用作对外许可和销售。该类战略需要对专利、商标和设计进行适当保护,但这种保护的目的仅在于建立大型的知识产权资产组合。第四类是纯粹的品牌保护,该类战略为每一个潜在的产品都进行了商标注册;有一些产品受到了设计方面的保护,但是大多数没有申请专利。第五类是仅支持核心研发项目型战略,仅为实质上非常先进的产品提供专利、商标和设计保护,是最传统的公司知识产权战略。

上述五种类型的知识产权战略并不必然相互排斥,一个公司可以同时采用两种及以上知识产权战略。调查发现,全面的知识产权保护正在成为一些

---

① 高富平:《中小企业知识产权管理指南》,法律出版社2011年版,第28—29页。

大企业的主要知识产权战略模式,这一情况彻底改变了知识产权竞争的性质,使得竞争战场从"真实"的商品世界转入了"虚拟"或"潜在"的场所,所谓竞争关口前移,竞争不仅仅是产品和服务的竞争,在特定产品或特定功能推出之前竞争早已开展。

不同类型战略反映了知识产权工作的侧重。该类划分体现了知识产权战略的多侧面性,知识产权作为企业资产,不仅要创造更多财产,还要实现保值增值;同时,在应用方面,要从防御到经营,对于知识产权积累比较丰厚、成熟度较高的企业,其知识产权战略内容可涵盖从防范到经营的全方位内容。

六、企业知识产权战略管理意义

在现代市场经济中,知识产权既是一个法律问题,也是一个关乎企业长远发展的战略问题。知识产权既是企业发展的重要资源,也是竞争力的核心要素。近年来,随着中国知识产权制度的不断完善,国内涌现出一批知识产权优势企业,以知识产权战略促进整体发展,显著增强了企业的可持续竞争优势。这些企业在制定和实施知识产权战略过程中,把知识产权战略融入企业总体战略,高层管理者、研发机构、市场部门等多主体参与并配合,全过程控制,全方位发展,形成自身的知识产权能力,其知识产权战略适合企业自身特点,促进企业良性发展。企业知识产权战略在企业知识产权管理和企业成长发展中具有重要意义。知识产权战略管理对企业的重要性体现在以下几个方面。

第一,知识产权战略管理有利于企业实现知识产权的科学管理,促进有序创造、合理运用,形成创新机制,提升应用知识产权制度能力。企业知识产权战略是知识产权工作的总体目标,统摄企业知识产权工作的全部内容,为企业知识产权工作指明发展方向、发展路径和发展方法,是各类型的知识产权具体工作的意义和逻辑起点,适时开展知识产权战略管理,能夯实管理基础,推进知识产权管理水平提升。企业制定与实施知识产权战略的过程,也是对员工特别是决策层、管理层的一个教育和培训的过程,有利于实现企业员工知识更新及理念提升。

第二,知识产权战略是企业保护自己、参与竞争的一项重要武器,有利于企业知识产权的"防御"与"进攻",是企业生存的基本保障。知识产权风险是企业常见的一类风险。企业开展知识产权战略与管理,学会运用知识产权维护自己的利益,可有效降低或避免法律风险,也是企业稳健发展的必要手段。

第三,知识产权战略和管理是企业获取外部资源的需要。企业资源有限,在发展过程中必定需要依靠投资者和金融机构的投资贷款。体系化知识产权战略和知识产权管理有利于提升行业信誉、技术能力、企业代表人能力等企业软实力与无形财产,从而有利于企业获得相关外部资源。

第四,企业知识产权战略有助于提高市场竞争力。现代市场中企业的竞争优势更多地体现在能以具有竞争力的价格提供高附加值的产品。企业需要提升生产效率,降低产品成本,提高产品质量,提升企业信誉,拓展产品市场,为此必须不断获取新知识,改进管理措施,对产品进行市场开发和技术研发。知识产权战略的成功开展对增强企业的产品功能、建立品牌及提升竞争优势均有积极意义。

第五,知识产权战略和管理是企业成长和发展的需要。企业知识产权战略应是企业经营战略的重要组成部分,可以说是主动跟上知识经济时代步伐的必要行动和举措。有关知识产权的谋划和行动将影响企业、地区乃至国家的发展。以专利战略为例,企业通过有效的专利战略的实施,提高研发效率,避免重复研发和投资浪费;掌握行业及竞争者的专利信息,规避专利侵权风险等,强化市场优势、提升绩效、提高竞争力,也可作为信号传递机制,取得参与市场竞争资格等。

第二节 知识产权战略制定与实施

一、知识产权战略管理的前提与过程

由知识产权战略的内涵可知,知识产权战略并非单一维度,而是涉及技术、法律、管理等多领域,既要创造竞争力,也要创造价值,功能谱系极大。战略是定位,在恰当的功能谱系上定位好,通过战略管理,实现企业从风险防范到价值创造的多种目标,并非易事。战略管理作为一种自我审视及主动性干预与安排部署,总是在一定的时空背景下开展,使用方法因企业的不同而不同,在开展相关知识产权战略时,企业必须具备相应的前提条件。

(一)开展知识产权战略管理的前提条件及原则

第一,较高的企业知识产权管理基础水平是开展知识产权战略管理的前提条件。这种管理应该包括企业经营的方方面面,比如知识产权制度、知识产权流程及组织管理等基础管理体系。其中企业知识产权计划体系的完善性对企业知识战略管理实施有基础作用。企业的知识产权计划体系或计划工作能力及水平可反映企业预见性能力及计划实施能力。

第二,企业决策者对知识产权战略有较高的认知。企业开展知识产权战略管理,首先要充分重视知识产权及知识产权战略的重要性。要充分认识到知识产权是企业资源和无形资产,是企业品牌的主要支撑点,关系到企业竞争优势,直接影响企业的生存和发展。同时知识产权战略具有复杂性,覆盖的功能谱系范围极大,包括从风险防范到创造价值、从防范到经营、从价值创造到竞争导向

等。作为一种自我审视和主动性干预与安排部署,战略管理体现为特定的定位,要求企业在恰当的功能谱系、目标体系上做好定位,企业可以根据公司实际情况进行调整。

第三,必要的人力资源保障不可或缺。比如配备本领域精通专利和战略的专业技术人员,要求主要管理人员不仅是在实践方面,而且在理论研究方面都有一定知识储备,当然也可以外聘专业人士承担相关战略指导工作。同时,知识产权战略管理需要不同部门的人员配合。知识产权战略不是知识产权管理部门单一部门的事情,需要其他职能部门的配合,比如财务、人力资源等部门协同配合等,在推向全公司过程中,其他部门也需要必要的知识产权意识和普及性的战略管理知识。一般性执行人员对知识产权战略管理问题的理解与认同也必不可少。

(二)知识产权战略的主要过程

从动态过程来看,企业知识产权战略管理包括战略制定、战略实施和控制、战略评估与调整等。在战略制定环节,要根据公司发展实际和行业发展特点,制定符合公司实际和公司高层领导意愿的知识产权战略。知识产权战略要切实可行、发挥杠杆作用,要能起到引导、激励作用。企业开展知识产权战略,要有阶段性目标,对战略过程进行控制,在实际运作中适度修正战略目标,保证战略目标的合理有效,以及战略路径和手段合理、可执行。在实施层面,企业开展知识产权战略管理,要通盘考虑,协同配合,共同执行。知识产权战略制定后应重视战略执行,保证战略顺利实现,发挥知识产权战略对整体知识产权工作的促进作用(见图 4.4)。

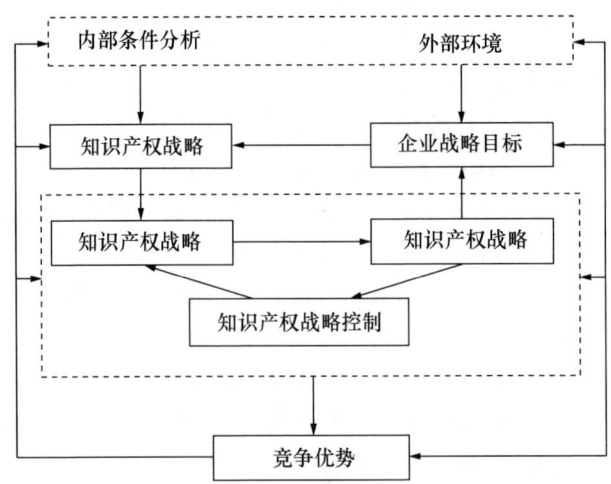

图 4.4　知识产权战略过程

首先,知识产权战略制定程序方面,应成立由企业负责人、知识产权工作人员、专利技术人员以及市场部门人员等组成的战略制定机构,发挥集体决策的优势,增强战略的权威性。其次,知识产权战略制定机构应对企业自身的经济实力、科技实力、经营规模与状况、资源配置、产业政策、市场状况、技术发展方向和市场前景等方面情况进行调查研究,以保证战略具有针对性。最后,根据公司高层的意愿以及知识产权发展规律,拟定各种知识产权战略草案提交企业相关部门和人员进行讨论和征求意见,最终确定企业的知识产权战略,并确保战略的可操作性。如果借助于外部力量制定本公司知识产权战略,一般在程序层面,需要通过调研和访谈方式对同行业发展状态,包括行业技术、消费者、环境等现状和发展趋势等进行深入了解,还需要了解基本情况、公司历史沿革、管理层共识、目标、存在的核心问题、总体商业战略等,在此基础上,借鉴成功经验和相关理论,结合公司实际,制定出具体战略,包括采用头脑风暴、理论梳理、方案借鉴等方式形成初稿,整个过程需要制定者与相关部门深度沟通、互动,对战略进行多次修改完善。知识产权战略需要遵循管理的"套路"(管理之理)、专业之理(知识产权法、特定技术领域的特有规律)及企业的实际情况。

二、企业知识产权战略制定

知识产权战略受诸多因素影响,如企业规模、发展阶段、企业偏好、发展现状、总体战略、行业特征等。与此同时,知识产权本身有其内在发展规律、发展路径和定位,比如"为专利而研发,为研发而专利"历来是企业战略选择与定位的一个话题,体现了知识产权战略复杂性、权变性的一面。在制定知识产权战略时,既要考虑知识产权本身的发展规律,又要考虑公司知识产权基本情况,还要考虑公司总体战略:如何使得企业知识产权战略与企业总体战略、商业战略融合与耦合,相互匹配与呼应?如何找到企业知识产权的成功之道?经由知识产权战略提升发展量级,增强利用知识产权制度的能力,为公司可持续发展服务,是企业知识产权战略管理中的一个基本问题。这里主要遵循战略制定基本管理,给出企业知识产权战略制定的一般程序和注意事项。根据企业战略制定一般规律,制定一个有特色并符合本企业实际的知识产权战略通常包括以下阶段。

(一)企业知识产权战略制定的准备与分析阶段

在确定知识产权战略之前,企业应当对其经济实力、技术创新能力、经营规模与状况、资源配置、相关产业政策、市场状况、技术发展方向和市场前景等情况进行调查研究和综合分析,掌握本企业在市场竞争中的优势与劣势,扬长避短,为制定适合本企业发展的知识产权战略奠定基础。在准备阶段,知识产权清理是全面了解本公司知识产权实际情况的手段。对公司专利、商标和技术秘密等知识产权进行清理、登记和分析，是制定进一步战略的关键环节。需要指出的是，在知识产权战略准备阶段，还需要各职能部门的配合与协调。由于企业知识产权具有全局性，其制定不仅是知识产权部门的工作和任务，而且还需要其他职能部门的紧密配合和大力支持。

（二）企业知识产权战略的选择与制定阶段

这一阶段需要充分的前期准备及各职能部门的配合与支持。具体包括如下几个环节：

一是明确企业的经营目标。知识产权战略的拟定需要以企业的核心经营目标为指导，确定企业的使命、愿景、核心职能和相关政策。

二是识别企业的知识产权现状和竞争环境。明确经营目标之后，制定知识产权战略的另一项基础工作是对企业知识产权的现状和竞争环境进行调查，明确其现状和差距。所谓知识产权调查即是要对企业拥有的知识产权进行盘点，确定企业核心知识产权、过剩知识产权和知识产权缺口，结合企业所处的竞争环境，制定满足企业经营需要的知识产权战略。而企业的竞争环境，就是企业所拥有的知识产权生态环境，比如在领域内的技术发展程度、同业公司知识产权现状等。

评估企业知识产权生态环境的作用包括：第一，帮助企业识别潜在的知识产权壁垒。一旦发现壁垒，就可以制定出使障碍最小化的知识产权战略。第二，战略性地确定并跟踪市场的发展趋势和市场缺口。第三，监视竞争对手的活动，明确他们的优势和劣势，并预测其下一步行动。

在明确企业经营目标、分析企业知识产权现状及竞争环境之后，借鉴成功经验和相关理论，可以制定知识产权战略。具有条件的企业可以自己组织团队，制定企业知识产权发展战略，也可以委托外部专业人员进行，或者邀请专业人员与企业内部员工共同完成。

三是知识产权战略评价与选择。知识产权战略制定的最终结果是形成企业知识产权战略文件。制定该文件的目的是明确企业知识产权管理的方向和路线。这份文件应经过企业高级管理层（比如董事会）讨论决定。在文本层面，知识产权战略应给出详尽的分析过程、战略目标和战略实施保障机制等。如某集团公司知识产权战略的文本结构，体现了战略分析、战略制定、战略实施等过程，包括内外部环境分析的过程结果，战略制定的逻辑及原则，战略指导思想与原则、目标、重点及实施方案等。一些企业提炼了优良的知识产权价值观，有统摄知识产权全部工作之义，可以说是知识产权战略的一部分。如华为公司的知识产权价值观为："坚持开放式研究与创新，广泛吸纳全球产业链的创新成果，快速推出质量、性能领先的产品与服务，满足客户需求。重视自有知识产权保护。持续的研发投入使得华为成为全球最大的专利持有企业之一，华为愿意在全世界范围内提供专利与技术许可,以促进全球产业链的发展和技术进步。尊重他人知识产权,遵循国际规则和惯例,以积极友好的态度,通过交叉许可、商业合作等多种途径解决知识产权争议。"①小米的知识产权价值观为:"坚持为用户提供高质量创新;尊重知识产权且致力多元解决知识产权争端,寻求共赢、长期可持续的知识产权伙伴关系,最终以知识产权推进技术普惠,造福更广泛人群。"②

三、企业知识产权战略实施

知识产权战略是知识产权管理的起点,而知识产权管理是知识产权战略的执行和实施。二者之间的互动形成知识产权管理基本框架(见图4.5)。

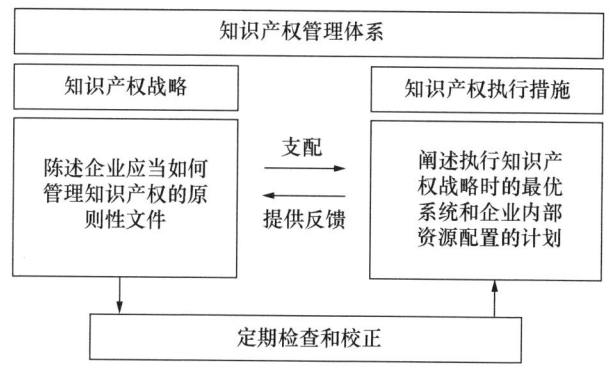

图 4.5 企业知识产权战略与执行

由此可见,一个企业知识产权战略的实施,基本上分两大步:第一步是对企业知识产权现状进行诊断,确定企业知识产权战略,形成企业知识产权政策或战略文本;第二步是落实知识产权战略,将知识产权战略内容转化为具体管理制度、措施和行动,形成企业知识产权实施计划,即企业进行知识产权管理的"操作手册"。企业通常可以将两个文本合一,制定一份知识产权管理战略文件或知识产权管理手册,内含企业的战略定位和具体实施计划。

企业知识产权战略制定之后,战略具有总体指导性、权威性,各个部门的知识产权工作有了方向和具体目标,各部门应协力执行战略。在知识产权战略实施过程中,企业应当注意知识产权战略的控制。在发现知识产权战略实施偏离战略目标时,应及时纠正,确保知识产权战略有效实施。一般来说,企业知识产权战略实施是一个不断完善的循环过程。在这个过程中,战略管理部门应该根

---

① 《华为创新和知识产权白皮书》,https://www-file.huawei.com/-/media/CORP2020/pdf/download/Huawei_IPR_White_paper_2020_cn.pdf,2024年8月18日访问。
② 《全球授权专利超2.9万项!小米首次系统披露知识产权体系》,载光明网2022年12月16日,https://tech.gmw.cn/2022-12/16/content_36239512.htm,2024年8月18日访问。

据技术发展、企业环境和市场环境以及企业自身实力的变化,及时调整战略内容,确保战略目标实现。知识产权战略控制过程中,知识产权工作状况评估和战略调整是控制工作的重点。

企业知识产权战略绩效评估主体运用科学的评估方法、标准和程序,依据评估体系,对战略取得的成绩或者实施效果作出尽可能准确的评价,是企业知识产权战略的重要组成环节,也是战略控制的基础,其目的是提高战略实现效率和效果。同时知识产权评估也是人力资源管理、目标管理的重要手段和环节。为了科学客观地进行评估,企业可以制定一个知识产权战略评估体系。在评估完成以后,企业应当根据评估报告对知识产权战略方案进行适当调整。在实施过程中,企业可根据市场竞争态势、自身实力变化以及相关法律制度与政策的变动对其知识产权战略进行调整优化,以便适应新形势、新环境的要求。

四、世界知识产权组织知识产权战略指引要点

世界知识产权组织(WIPO)曾发布过知识产权战略形成需要的重要步骤[①],对企业战略制定具有参考价值。

(1) 在以新品牌推出一项产品或服务时,一定要先检索数据库以避免与在先的商标冲突。在推出产品或服务时,要考虑国外市场出口,避免使用在外语中有不良含义的品牌。

(2) 确认可申请专利的技术,确保尽早地申请专利,避免落后于竞争对手。

(3) 在申请专利之前确保发明与其他人的发明不相同或未公开。专利必须满足新颖性。

(4) 确保商业秘密控制在企业范围之内,在与商业伙伴谈判和信息交流时,准备相应的保密协议(条款)以保护商业秘密。

(5) 对于以出口为导向的企业,确保其知识产权在所有的潜在市场(国家)都得到保护。在专利情形下,企业在本国申请后,在其他国家申请的优先权只有12个月。

(6) 使用知识产权资产库作为商业融资工具。

(7) 使用专利数据库中的专利信息,制定企业知识产权战略。

(8) 在与其他企业或研究机构开展合作开发时,要确保事先明确谁拥有合作项目产生的知识产权。

(9) 对市场进行监控,确保企业知识产权不被侵犯。如果发现企业的知识产权受到侵犯,应尽快联系律师协助处理。

---

① WIPO. Some Important Steps to be Considered While Developing an Intellectual Property Strategy. http://www.wipo.int/sme/en/ip_business/managing_ip/ip_strategy.htm,2023 年 3 月 10 日访问。

(10) 如果企业不能确定如何最好地保护其无形资产,就要先进行知识产权审计,这样可以确定企业拥有全部有价值的信息,发展出企业的知识产权战略。

第三节 提升知识产权战略有效性的机理及措施

为提升知识产权战略的有效性,莱特茨希建议企业高层管理者应思考包括知识产权如何与在位优势和进入壁垒相联系、知识产权如何使企业获得价值链上的垂直力量、怎样的组织设计是适应知识产权战略所必需的、如何帮助企业取得与维持竞争优势等知识产权战略有效性问题。[1] 以下给出提升战略有效性的一些思路及措施。

一、基于战略匹配与战略评价的提升框架

(一)战略匹配与战略评价概述

1. 战略匹配概述

战略匹配是指企业竞争优势与相应管理政策和流程能力间的一致性。[2] 根据企业匹配理论,企业成长是内部策略与外部环境匹配的结果。企业依据内外部环境洞察行业发展趋势,评估竞争对手并选择正确的进入时机和竞争方式,表现为洞察力;进而有效率和有效果地执行战略目标构筑竞争优势,表现为执行力(如图4.6所示)。通过洞察力和执行力的协同匹配,增强战略匹配成熟度,提升战略效果,推动企业成长。[3] 有研究表明,战略洞察力与执行力的战略匹配对企业成长可起到积极促进作用,战略洞察力和执行力结合起来可衡量企业的战略匹配度、战略成熟度。[4]

战略洞察力是企业能把握整体方向,从企业实际出发,找准发展路径和发展策略,使得企业自身活动与未来趋势相一致的能力。培养战略洞察力首先体现在战略思维能力,及时认识社会发展需要和企业性质的变化;认识潜在消费者的要求,致力于确认、培育、发展、调整自身核心能力和所在价值系统的优势并能形

---

[1] Markus Reitzig. How Executives Can Enhance IP Strategy and Performance. *MIT Sloan Management Review* 49(2007), pp. 36-63.

[2] Francois L'Ecuyer, et al. Strategic Alignment of IT and Human Resources Management in Manufacturing SMEs: Empirical Test of a Meditation Model. *Employee Relations: The International Journal* 41(5), 2019, pp. 830-850.

[3] N. Venkatraman. The Concept of Fit in Strategy Research: Toward Verbal and Statistical Correspondence. *Academy of Management Review* 14(3), 1989, pp. 423-444.

[4] 王玉、张化东:《战略成熟度因素探索:基于中国经验的实证分析》,载《财经研究》2006年第11期。

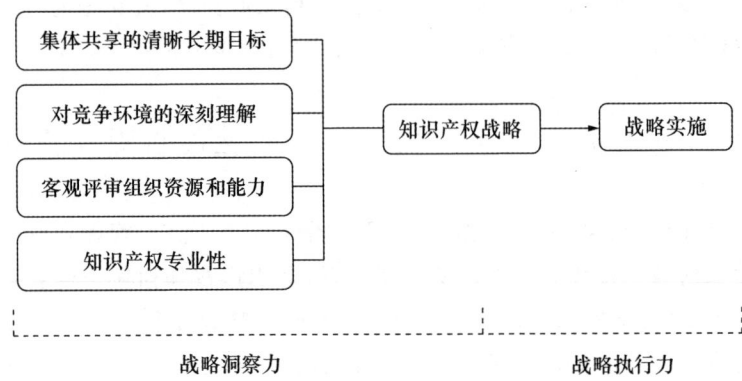

图 4.6 知识产权战略洞察力和战略执行力

成企业内外部对此的共识;在知识产权领域,还表现为专业性,能对知识产权业务熟稔,借此培育核心业务,使其不但具有自身持续发展的前景,而且能最大限度地利用企业的核心知识产权优势。战略执行力是指通过一套有效的系统、组织、文化和行动计划管理方法等把战略决策转化为结果的能力,也指企业把已确定的事情做好的能力,强大的战略执行力表明企业能以规范、标准的流程控制业务以高于对手的效率运行,是获得竞争优势的基础,也是企业生存的基石。战略执行力含义比较丰富,一方面反映了企业的资源能力情况,另一方面突出了企业的管理能力。

知识产权战略的有效评价与战略管理的卓越实施,对于公司的成功运营具有重要的作用。评价过程需确保战略与多方面因素的匹配与适应性,即对战略问题的正当性与可行性进行深入分析。必要的知识产权战略评价,不仅为企业长期决策提供了有力支撑,还有助于对决策执行情况持续监测,以便在必要时采取纠正措施来保证战略目标顺利实现。

2. 战略评价概述

有效的战略评价和成功的战略管理是公司成功运营的关键。虽然某些战略管理不能确保企业成功,但有利于企业制定长期决策,有利于观测企业决策并在必要时采取纠正措施以确保成功。战略作为企业应对未来环境不确定性的重要工具,要适应外部环境,适应企业的内部资源,也要适应企业的组织结构等。战略管理学家理查德·鲁梅尔特(Richard Rumelt)指出,战略评价就是要回答以下问题:公司的目标是否合适,主要的制度与计划是否合适,是否在指定的时间内完成任务,以及是否违背战略所依赖的前提等。鲁梅尔特提出了可作为战略评价的四条原则及标准:一致(consistency)、协调(consonance)、优越(advantage)和可行(feasibility)。① 协调与优越主要用于对企业的外部评估,一致与可行则主要用于企业的内部评估。当然,知识产权战略的评价不能完全照搬以上评价方法,比如知识产权战略评价中至少应加入保密性、风险防范维度。但总体上看,相关研究为知识产权管理战略评价提供了较为详细的思路和方法。

(二)提升路径与措施

由以上战略匹配及战略评价的相关研究可以得出知识产权战略管理有效性的提升框架。这里给出两种提升路径。

路径一:从增加企业知识产权战略洞察、战略执行力及二者间匹配性入手,提升知识产权战略的有效性。

该路径把知识产权战略制定与实施,类别化为战略洞察力和战略执行力。知识产权战略的战略洞察力是确保能认知企业自身实际情况,并根据环境及竞争对手、行业发展趋势的有效预测,选定合理的战略目标和战略路径,是保证战略有效性的基础。企业提升知识产权洞察力,认知到商标、专利等领域的权利与机会,预测到本企业知识产权战略趋势,由此制定出相对合理适宜的知识产权战略。通过评价者的观察与分析,可以评估洞察力的真假和强弱,由此进行战略修订和战略转型等。

另外要增强企业战略执行力,保障各种措施及管理能力胜任企业知识产权战略的实施,并根据企业实践情况,不断优化战略内容,在确保整体战略有效的情况下,适当对不恰当和不利之处进行修正。

路径二:基于战略评价的标准,从增加知识产权战略的合理性、先进性等入手,提升知识产权战略的有效性。

如图4.6所示,增强企业知识产权战略洞察力,首先要有知识产权专业性,对专利、商标、著作权法律及管理规律有明确认知,尊重知识产权特有制度规范,遵循相关规律开展战略制定。其次,要有明确的企业目标,简单明了共享的长期目标是企业知识战略的基础。再次,对竞争环境要有深刻理解,对企业专利领域及竞争对手的专利情况、商标情况,对行业发展趋势及发展状况应有明确理解;要客观地评审企业内在资源与能力,从实际出发,制定目标既要有一定前瞻性,又要兼顾企业自身资源及企业发展实际情况。最后,知识产权战略洞察力还需要对特定战略推进和时间节点进行恰当安排,统筹相关布局及全面规划等。

(三)实务经验

第一,企业领导者亲自参与知识产权相关事务。如首席执行官(CEO)亲自

---

① K. Ramooshjan, M. A. Sobhanallahi, and Alireza Arshadi Khamseh. An Improved SWOT Evidential Reasoning Based Approach for Strategy Evaluation under Uncertainty. *Decision Science Letters* 3(1), 2014, pp. 73-84.

参与公司内部的知识产权课程；公司高层不一定需要直接判断知识产权相关内容，但是可以通过监控确保知识产权事务整体程序及过程的有序、有效。又如关注甚至直接参与涉公司的重大知识产权诉讼。选择更符合行业规则以及长远规划的专利纠纷解决机制等。

第二，培养企业专利敏感性。要将高层管理人员所主张的专利战略整合到组织的战略视野中。可以从知识产权的角度评估公司未来的市场吸引力、选择将来的市场、决定是否进行兼并或合并，并为企业处理许可、技术预测、研究轨道选择提供信息与咨询。对专利知识的缺乏可能成为专利申请的重大阻碍。经理层必须最优先强调：创新不仅是研究部门的核心责任，而且也是营销等其他部门的责任。为此需要开展企业知识产权协同管理。为了鼓励"专利友好型"的态度与表现，要支持高级管理人员使用激励机制。

第三，定期检查知识产权规章制度和执行情况之间的关系，优化制度对战略执行的支持。

第四，在基础管理层，清晰的知识产权规章和公司的知识产权整体表现有不可分割的关系，这样的规章能够节省基层经理的时间，并使其更有效地工作。

第五，加强部门间协同。当公司管理层愿意花时间倾听其高级知识产权负责人的意见，并且在一定程度上让他们参与高级管理层的决策制定时，公司将在知识产权管理上做得更好；以知识产权为基础的竞争性公司战略应当有公司各个层级管理人员的参与，使公司高级管理层在早期就参与知识产权规划是公司在将来从知识产权中获得丰厚利润的关键性因素。

第六，构建高级知识产权执行官、管理委员会和董事会之间进行经常性非正式信息交流的制度，持续优化绩效。

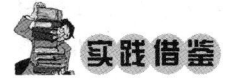
实践借鉴

某企业提高经营层知识产权意识的措施

1. 设置知识产权总监等领导岗位，专职负责知识产权事务

本公司的专职知识产权总监从发明的产生阶段开始就明确发明的处理方式等，提出明确的流程和研发规则，并将其作为知识产权的举措来实行。知识产权部门为研究人员提供研发信息及相关知识产权方面的咨询。通过这样的措施，逐步提升研究人员的知识产权意识。知识产权总监积极地就知识产权信息及基于该信息的意见等进行沟通，促进企业研发等相关部门意识到知识产权重要性。具体手段包括定期发送知识产权信息等。知识产权部门"高调"开展工作，将知

识产权意识渗透到整个公司。通过上述知识产权总监的活动等,很大程度地提高了其在公司内部对知识产权问题的认知与评价,企业战略规划、研发、营销等部门认识到知识产权问题关乎公司整体利益,是整体发展战略的一部分。

2. 建立向经营层汇报知识产权活动内容的体制

经营战略和知识产权战略很难巧妙联系在一起。在必要的领域投入必要的预算及人员(资源),从而可以顺利开展知识产权工作。

3. 公司每年编写并分发《知识产权白皮书》

知识产权部每年编写《知识产权白皮书》,分发给各部门阅读学习,内容包括知识产权申请数量及许可费收支等。

4. 公司董事长等高层亲自讲述发明的重要性和知识产权工作的重要性

用自己的语言向员工讲话,比如将知识产权工作比拟为国际标准化工作向经营层说明等。

5. 凸显知识产权保护风格与企业风格的一致性

对知识产权的想法表现企业的品格,本公司将能不能尊重知识产权作为表现该企业品格的衡量标准,为了让各企业持有重视知识产权的意识而开展活动。杜绝存在明明知道却还去侵犯知识产权或者没有注意到其他公司知识产权的研发及产品化而无意识地侵犯知识产权的行为。

二、知识产权战略有效性提升的战略成熟度框架

(一)战略匹配成熟度概念及相关思想

战略成熟度是一个动态概念,目的是精准评估企业在战略实施过程中的成熟程度,反映了企业在平衡影响战略成功的各种因素时,所展现出的生存与发展能力。战略成熟度不仅揭示了企业战略意识与战略行为的有效性水平,更体现了企业在长期市场竞争中保持持续竞争力的能力,从而成为衡量企业综合竞争力的重要维度之一[①]。管理学界通过结合战略匹配与战略成熟度这两个概念及其对应的观点,形成了战略匹配成熟度理念,目的是深入阐释企业如何在不断变化的企业环境和战略背景下,实现战略匹配情况的多层次演化,涵盖了横向与纵向的匹配考量。一般而言,匹配注重动态的、持续的优化,战略匹配成熟度理念在某种意义上是对管理中权变思想的延续,为企业评估、优化战略匹配状态以及达成成熟的战略匹配提供了坚实的理论基础、有效的方法论和实用的工具。此外,战略成熟度路径为企业战略有效性的提升提供了有力的理论支撑,并可作为具体的知识产权战略有效性提升工作的一种重要方法和思路。

---

① 王玉、赵涛:《中国企业的战略成熟度分析》,载《财经研究》2004 年第 8 期。

(二)基于战略匹配成熟度的战略有效性提升机制

1. 识别影响战略匹配的促进或阻碍因素

在战略匹配不断变化和发展的过程中,组织中的某些活动可有利于促进企业实现战略匹配,而另外一些活动可阻碍战略匹配。人们对知识产权的认识,开始从单一视角转向关注知识产权对企业总体发展的影响,特别是开始考虑从战略角度来研究如何利用知识产权。根据战略匹配评价指标的设置,本书将企业知识产权战略发展与应用水平提升机制的影响因素归纳为五个方面:企业治理与管理者、知识产权专业人员技能与培训、跨部门协同、知识产权业务涉入度、知识产权发展与应用价值测度。通过对这五个方面及其相互关系的分析,来评价知识产权战略与企业战略目标的平衡匹配程度,以此找到适应企业相应阶段的匹配成熟度办法。

2. 根据环境变化及企业战略目标变化调整知识产权战略

战略匹配是一个关系和过程的概念,除了从企业内部考察战略匹配成熟度、知识产权战略及应用水平影响因素外,还可以从外部环境角度监测市场的变化,一些指标的重大变化会使原有的知识产权战略与企业知识产权及应用水平不匹配,或可导致知识产权战略有效性下降。随着企业规模及定位的不断变化,企业的整体战略目标也可能会发生方向上的调整,原有的知识产权战略或难以支持新的发展阶段要求,企业应密切关注此类变化,进行必要的变革,根据环境及企业战略目标本身来调整知识产权战略。

3. 依据企业发展阶段及应用能力等级进行客观评价与适当干预

在不同阶段,企业的知识产权战略与企业战略的匹配程度不同。企业应根据内外部环境和条件,结合对知识产权战略与企业整体战略的匹配成熟度的评估结果,及时归纳总结关键过程及关键指标完成情况,对企业整个知识产权体系进行关键元素分析,适时采取必要的干预措施,保证知识产权战略与企业战略的良好匹配。

4. 基于成熟度的两种提升路径

企业知识产权战略成熟度水平的提升遵循两条核心主线,第一条主线为知识产权战略驱动主线,也可称为需求路径,其逻辑自企业战略出发,逐步细化到知识产权规划,进而形成知识产权战略,并最终回归到知识产权规划的执行与优化。另一主线则聚焦于现实反馈的供给路径,深入考量当前知识产权的综合发展与应用状况,对关键影响因素及其变动趋势进行全面评估与预测,根据知识产权的实际产出与应用成效,有效提升知识产权的整体效能。供给路径彰显了现实反馈的调控逻辑,通过战略实施效果与作用的具体反馈,以及所产生的相关影响,为战略评价者提供决策依据,进而推动知识产权战略的动态调整与优化。在实际运作中,一场关乎公司发展的重大诉讼事件,便可能触发高层对知识产权战略的高度重视,进而促使知识产权水平迈上新台阶。具体评价维度可包括专利数量与质量标准的综合考量,以及知识产权对技术创新、产品优化、企业竞争力提升和对外许可收入等多方面的贡献评估。以上两条主线分别从需求与供应两个不同视角,全面审视企业知识产权的建设与应用状况。前者立足于企业战略需求,深入分析知识产权规划与实施的必要性,对制定切实可行的知识产权战略具有重要指导作用。后者则着眼于知识产权的供应功能与实际潜能,通过评估其整体效能,为企业知识产权战略的优化与完善提供重要参考。二者相辅相成,共同助力企业实现与战略匹配的知识产权战略成熟度水平的有效提升。

三、基于 PDCA 循环的持续改进机制

基于质量管理的 PDCA 持续改进机制,需要对企业战略执行的配套措施、基本前提、支撑条件等方面的认知与实践进行系统性的修正和完善。在企业知识产权战略及其实施过程中,可采用广义的 PDCA 循环实现动态的持续改进。此处的 PDCA 循环要素含义与质量管理中的有所不同,具体表现为:P(plan,计划)阶段,即明确专利等知识产权战略的方针和目标;D(do,执行)阶段,涉及实现战略目标的具体工作,涵盖文化、组织、人力资源等多维度内容;C(check,检查)阶段,侧重于总结知识产权战略执行计划的效果,识别问题,并参考知识产权评估方法,如专利数量与质量评估、专利费收入及其对企业竞争优势的贡献等;A(action,处理)阶段,目的是维持符合项,并针对不符合项提出改进措施。

在实践战略执行过程中,企业知识产权战略推动战略领导小组借助 PDCA 循环,识别专利战略目标、指导思想、战略部署与实际情况之间的偏差。对于正面偏差,予以保留;对于负面偏差,则应及时商议对策,以优化公司的知识产权战略。为此,战略领导小组需全面分析评价结果,提出有效的纠正措施或改进方案,确保企业知识产权战略与公司发展高度契合,增强其有效性。

四、基于动态演化与调控的改进机制

知识产权领域的技术和法律环境变化较大,需要不断进行评估和调整。如同生物体需要不断地适应变化和创新以生存下去,战略也需要不断创新以保持活力。动态演化与调控视角强调尊重战略发展自身规律,鼓励试错,在演化中不断完善。这种理路蕴含了一种整体观、演化观,也包含了系统思维、组织学习等管理思想,体现了整体层面的质量管理思想。从调控角度来看,要不断地对环境进行监测和分析,及时调整战略并灵活应对变化。企业可以通过建立反馈机制和监控系统来实现持续学习和适应。企业建立相应的监测和评估机制,对知识产权战略的执行情况进行监控和反馈,如利用收集和分析数据等方式来不断改

进战略,并及时作出调整以保持竞争力。所谓知己知彼百战百胜,通过了解相关的法律、政策和市场情况等因素,以制定适合自身的知识产权战略。要遵循知识产权领域发展规律,从建立知识产权管理体系开始,不断提升企业内部知识产权管理能力。遵循知识产权管理系统演化规律,适当调控,优化演化路径。

事实上,作为战略调控的一种主体,政府部门有发挥作用的空间,创造信息资源公共平台与服务,发挥预警机制的行业监控作用,对于本辖区的企业知识产权战略制定与完善有积极作用。从更广阔的视角来看,特定地区的知识产权战略运行与优化也离不开专业性的服务机构、基础教育及专业教育等。知识产权综合治理及政策引导也可有利于企业知识产权战略的优化与提升。比如区域行政管理部门、科技园区等通过专利导航的技术手段,强化产业引导力度,鼓励企业精准定位其知识产权战略,促进企业知识产权战略合理定位与转型。与此同时,引入或培育高端专利服务结构,引导企业培育高价值专利。发挥区域行政管理部门、科技园区的行政与资源撬动能力,构建区域或园区完善的专利生态系统,也有利于企业知识产权战略完善与优化。

五、知识产权战略有效性提升的逻辑及实施侧重点

在知识产权管理的专业性、发展阶段性、企业情景性以及战略契合性等多重特性背景下,其优化提升的逻辑涵盖以下几个方面。

1. 战略定位的合理性

在规划企业的知识产权战略时,需要强化战略洞察能力,深入考量知识产权领域的合理价值评估,从而精准确定知识产权的实际价值。达成共识的知识产权相关目标应具备具体性、可衡量性,并与企业长期发展规划紧密衔接。

2. 促进知识产权管理模式转型

战略知识产权管理是一种强调与战略的耦合与融合的综合性战略管理思路,根据该战略管理思路,企业应确保其知识产权战略与企业战略紧密结合,并彼此支持和促进。企业可以采用定期检查和反馈机制,对知识产权战略进行调整和改进,以确保与企业战略的契合性和有效性。

3. 系统观的战略整体推进策略

在构建知识产权战略的过程中,需全面优化各类核心要素,涵盖明确的战略目标、深入人心的知识产权文化、价值观以及高效的知识产权战略执行系统。从系统论的角度出发,需要对战略支撑要素进行充实,优化动机机制,并确立清晰的战略发展路径,以确保知识产权战略的全面性和有效性。

4. 重视企业知识产权管理专业性与行业特殊性

实施知识产权战略管理必须兼顾其专业性与行业独特性。知识产权作为重要的法律资产,须在法律框架的指引下展开,强调财产结构的构建与运营,并注

重价值的发掘与实际应用,同时采取恰当的竞争导向。鉴于此,企业应当建立或强化专业化的知识产权管理团队,或聘请具备专业知识的顾问及律师,并为其提供必要的培训与支持,以确保团队具备扎实的法律、技术和商业知识,进而在知识产权的审查、注册、维护、执法等各个环节中能够高效、准确地开展工作。

5. 考虑知识产权战略的发展阶段性

企业应根据不同的发展阶段制定相应的知识产权战略,以确保与企业战略的契合性。在初创期,企业应注重创新和发明创造,并积极申请专利、商标等知识产权,以保障其创新成果的产权。在成长期,企业应加强市场研究和竞争分析,并寻找新的知识产权机会。在成熟期,企业应注重知识产权的维护和管理,并寻求协同效应,加强与其他企业或组织的合作。

6. 重视企业情景性与战略契合性

企业应根据实际情况制定相应的知识产权策略。例如,在高度竞争或技术领先的行业中,企业需要注重自身创新能力的提升,并通过授权、合作等方式获取更多的知识产权资源。在国际化过程中,企业需要了解当地的知识产权法律和政策,并参与相关国际组织,有效保护和管理跨境知识产权。

7. 持续优化知识产权战略

企业在推进知识产权战略的整体实施过程中,应当持续优化其流程和方法,以适应不断变化的外部环境与挑战,确保维持和提升企业的竞争力和创新能力。企业可以采纳学习型组织的先进理念,积极激发员工的创新精神,同时注重不断反思和改进工作流程。为全面了解知识产权的实施情况,企业应当建立健全的反馈与监控机制,通过系统地收集和分析数据,开展评估和审查,及时发现潜在问题,并采取相应的调整和优化措施。通过上述策略的实施,企业可以高效推进知识产权战略的整体实施,确保达到既定目标,有效保护知识产权,进而提升企业的竞争力和实现可持续发展。

推进与发挥知识产权战略的引领与杠杆效应,其目的在于充分挖掘知识产权系统的潜能与功能,进而提升创新能力和企业竞争力。制定科学、合理的知识产权战略离不开对知识产权战略的重要性及其作用规律有深刻的理解与认知。从知识产权战略内涵的认知出发,是企业有效开展知识产权战略管理的首要逻辑。本节中提出的优化路径,汲取了高阶学习与高阶控制的思想,为战略状态的改进与优化提供了多角度、多侧面的方法与手段。上文中基于战略评估、战略匹配成熟度、PDCA循环等思路探讨的企业知识产权战略提升思路、路径,一方面给出了相对理论化的改进及优化逻辑,另一方面也包含了一些具有可操作性的具体方法。

知识产权战略有效性提升话题对知识产权战略实践具有一定的启示作用。战略制定者和管理者应当增强对知识产权战略的洞察力,结合企业实际情况,全面考虑各方面因素,制定合理、明确的目标与愿景,并加强知识产权战略的执行力,充分发挥其导向与汇聚作用。同时,应尊重知识产权战略的整体运行规律,避免将知识产权战略视为单一、孤立的策略。在关注知识产权管理的专业性、发展阶段性、企业情景性和战略契合性等因素的同时,既要重视资产的创造,也要关注竞争;既要重视战略的形式与结构,也要关注实体层面、专业层面的内部系统作用。

第四节 战略知识产权管理

一、战略知识产权管理概念的提出及研究进展

重视知识产权管理与企业战略的融合,从战略角度开展知识产权相关研究是知识产权管理研究中的前沿课题,近年来受到理论界的重视,代表性研究包括:史密斯(Smith)和汉森(Hansen)基于战略管理视角,提出知识产权是关乎企业长远发展的重要资产,对知识产权的管理应涵盖战略评价、战略创造、战略运用等;[①]莱特茨希从实务角度提出企业应发挥知识产权作为战略武器的功能,并建议企业高层管理者思考包括如何将知识产权与在位优势及进入壁垒相联系、知识产权如何使企业获得价值链上的垂直力量、怎样的组织设计是适应知识产权战略所必需的、如何帮助企业取得与维持竞争优势等问题[②],对企业从战略高度开展知识产权管理具有启发性。徐建中、任嘉嵩从系统视角分析了知识产权战略性管理体系,提出知识产权的人文环境和组织管理是管理体系的输入要素,知识产权管理评价和信息平台的建设是管理体系的输出要素,并提出应将知识产权战略贯穿整个管理工作的始终。[③] 包海波等具体介绍了日本企业的知识产权战略管理实践。[④]

现有的从战略角度开展的知识产权管理研究,着重分析了知识产权与竞争优势关系,突出用战略的视角对知识产权进行可行性管理,但缺少对知识产权战略与企业总体战略耦合、互动方面的深入探讨,对知识产权实践中日益突出的一类有较高绩效和推广价值的知识产权管理实践缺少体系化的理论提升。国内有学者在吸收已有的相关研究成果基础上,借鉴战略人力资源管理、战略管理会计、战略领导等相关概念及思想,提出"战略知识产权管理"(SIPM)是企业为实

---

① Michele Smith and Frederick Hansen. Managing Intellectual Property: A Strategic Point of View. *Journal of Intellectual Capital*, 3(4), 2002, pp. 366-374.
② Markus Reitzig. How Executives Can Enhance IP Strategy and Performance. *MIT Sloan Management Review*, 49(1), 2007, pp. 36-63.
③ 徐建中、任嘉嵩:《企业知识产权战略性管理体系研究》,载《科技进步与对策》2008 年第 9 期。
④ 包海波:《日本企业的知识产权战略管理》,载《科技与经济》2004 年第 4 期。

现整体目标,更好发挥知识产权作用所采取和进行的一系列有计划、有战略性意义的知识产权部署和管理行为,并结合国内外知识产权管理成功实践,对战略知识产权管理进行较为清晰的界定。① 战略知识产权管理实质是实现企业知识产权战略与企业总体战略的融合与耦合,最优发挥知识产权应有价值。

近年来国内外不少学者开始加入战略知识产权管理相关研究,一些管理学期刊也开始关注战略知识产权管理,其中《加利福尼亚管理评论》(*California Management Review*)于 2013 年夏季版专刊探讨战略知识产权管理,推动了战略知识产权管理研究的发展。已有研究主要集中在以下三个方面:一是对战略知识产权管理内涵等基础理论问题的研究,如黄国群指出战略知识产权管理的内涵可以用"3P",即管理实践(practice)、理念及理论视角(perspective)、管理模式(pattern)来高度概括②,并进一步分析了战略知识产权管理的理论依据和驱动要素;二是对战略知识产权管理作用机理的探讨,如蒂斯等学者分别从价值创造及整合视角分析战略知识产权管理作用机理等;三是对战略知识产权管理具体实施策略方面的研究,如黄国群利用系统工程中的霍尔模型构建了战略知识产权管理实施体系的时间维度、逻辑维度和构成维度三维框架。在相关研究推动下,战略知识产权管理理论研究有望进一步系统化,更具实践指导意义。

总体上看,战略知识产权管理是基于国内外最新知识产权管理研究成果与趋势分析,以及企业实践总结提炼出的原创性知识产权创新管理新范式,具有一定的理论创新性,对于推动和丰富知识产权管理、创新管理理论研究,以及提升我国企业知识产权管理水平,具有一定的促进作用。

二、战略知识产权管理形态分析

组织形态(organizational configuration),又译为组织构型,丹尼·米勒(Danny Miller)把形态定义为一个组织的各要素是如何相互辉映并被联系在一个主题之下的。③ 米勒认为由要素组合形成的系统形态有两个重要特性:一个是关注主题,另一个是紧密相连的要素围绕关注点。形态理论是基于系统视角分析组织特征的重要理论和方法,它强调某一系统必然存在某种理想的形态类型④,因此从整体或者关键要素的角度审视系统的有效性,考虑各不同要素的协同效应和与组织绩效的非直接关系,进而考虑其优化问题。事实上,同样的要素可能会构成不同的形态,进而产生不同的效果。因此,采取形态方法分析组织整

---

① 黄国群:《战略知识产权管理内涵及实施体系研究》,载《中国科技论坛》2012 年第 8 期。
② 黄国群:《战略知识产权管理理论依据及驱动要素研究》,载《当代经济管理》2015 年第 6 期。
③ Danny Miller. Configurations Revisited. *Strategic Management Journal*,17(7),1996, pp. 505-512.
④ 〔美〕亨利·明茨伯格、布鲁斯·阿尔斯特兰德、约瑟夫·兰佩尔:《战略历程:纵览战略管理学派》,刘瑞红等译,机械工业出版社 2001 年版,第 57—87 页。

体时,就有必要研究其主题的或系统的特性,以探究其中的元素为何和怎样相互联系或补充来产生一个组织的特性。① 丹尼·米勒认为,形态在数量上是有限的,它代表一种独特的、紧密结合的、相对长期的动态存在,形态会有高度的稳定性,因为它们有内部的逻辑、整合性及演进的动力。② 从理论研究方法层面来看,形态可以用简约的方式对组织进行丰富而复杂的描述③,形态的研究方法在实现简化的同时表现出组织丰富、复杂的一面。因此,在组织理论研究中,采取形态的方法在一定程度上还原了组织的本质特征,并克服了将组织"分割"成不同的部分进行研究的局限性。基于形态理论,可以为知识产权管理体系设计出理想形态与构型,由此分析实际知识产权管理体系与理想结构的近似程度,并探讨知识产权体系与战略体系交互作用,使得战略知识产权管理更加系统化。

(一)战略知识产权管理一般形态及6P框架

根据形态理论,可以把战略知识产权管理看成一个有机系统,它主要由以下四个相互联系的子系统构成(见图4.7)。

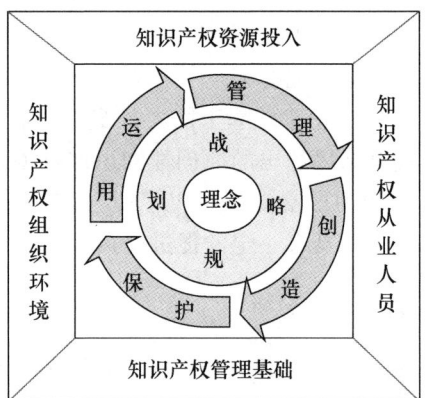

图4.7 组织形态理论视角下战略知识产权管理的一般体系

第一,战略知识产权管理理念。在认知和理念层面,重视知识产权的战略性功能和属性:知识产权不仅是法律意义上的无形财产,也是一种服务于企业总体战略的竞争武器,是战略财产。④ 如商标是企业竞争中的"脸面""头盔",企业构

---

① Danny Miller. The Genesis of Configuration. *Academy of Management Review*,12(4),1987,pp. 686-701.

② Danny Miller. Toward a New Contingency Approach:The Search for Organizational Gestalts. *Journal of Management Studies*,18(1),1981,pp. 1-26.

③ Gregory G. Dess,Stephanie Newport, and Abdul M. A. Rasheed. Configuration Research in Strategic Management:Key Issues and Suggestions. *Journal of Management*,19(4),1993,pp. 775-795.

④ Raphael Amit and Paul J. H. Schoemaker. Strategic Assets and Organizational Rent. *Strategic Management Journal*,14(1),1993,pp. 33-46.

建专利池,参与推广含有本公司专利的技术标准,构建专利联盟等可为企业增强核心竞争力。

第二,战略性知识产权规划系统。制定一项出色的企业知识产权规划是战略知识产权管理的必要条件,战略知识产权管理所要求的企业规划需要对有关企业目前的发展水平、企业如何为自己定位或重新定位以及有关该企业怎样努力实现其目标等有清晰的认知与可行的行动安排。这需要弄清企业的战略决策及经营环境,盘点企业现有知识产权状况,在总体战略指导下制定企业知识产权规划,使得企业的知识产权能够支撑企业战略发展需要。

第三,战略性知识产权管理核心职能。该子系统特指企业知识产权管理中服务于企业战略的功能,包括知识产权的战略评估、战略创造、战略保护、战略运用等。

第四,战略性知识产权管理平台。基于战略的管理平台,指战略知识产权管理需要完善的知识产权管理基础体系、友好的组织环境、适当的激励与约束机制等。

在以上子系统中,战略性知识产权管理理念是灵魂,指导整个知识产权管理体系的建设。战略性知识产权规划是航标,指明知识产权管理体系构建的方向。与一般的知识产权管理不同,战略知识产权规划突出知识产权战略的核心地位,内容涵盖企业价值链中涉及知识产权管理的全部流程和环节,力图保持企业知识产权管理与企业战略整体规划的一致性,使企业知识产权的各个方面得到全面、系统、有效的管理。战略性知识产权管理核心职能是手段,以此确保理念和规划在知识产权管理工作中得以实现。战略性知识产权管理平台负有构建和完善战略知识产权管理的职能。

由此可见,从形态理论来看,战略知识产权管理的一般形态由战略知识产权管理理念、战略知识产权规划、战略知识产权管理机制和战略知识产权管理平台组成,是理念和相关理论与方法的集合体。基于此,战略知识产权管理的内涵可进一步表述为:以战略为导向,以价值保护与增加为目标,以培育和增强核心能力、提高核心竞争力为中心,以各知识产权管理要素(如技术、组织、市场、战略、管理、文化、制度等)的协同管理为手段,通过有效的管理机制、方法和工具,力求实现更多高质量的知识产权创造及更好的保护、转换与运用,从而增强企业动态能力和核心竞争力,提升企业可持续竞争优势。知识产权是动态和发展的财产,因而必然与企业动态和发展的核心能力联系在一起。创造知识产权是一个持续向前看的过程,战略知识产权管理支撑企业核心能力和动态能力发展。这种"理念→规划→机制→平台"的整体、系统的思路对于深入了解战略知识产权管理内涵、深层结构及作用机理有启发作用。

基于以上形态与构型分析的框架,可进一步提出战略知识产权管理的6P模型,即战略知识产权管理框架包括:知识产权哲学与理念(philosophy 或 perspective)、知识产权管理模式(pattern)、知识产权政策(policy)、知识产权计划(plan)、知识产权实践(practice)和知识产权过程(process)。其中知识产权政策是指一个企业管理其知识产权的原则性文件。它既是指引知识产权管理实践的文件,也是保持知识产权管理连续性的文件。6P之间通过组织的层级相互联系,并构成一个整体,目的在于更有效地利用知识产权以适应组织的战略需要。战略知识产权管理在理念层面将知识产权认知、设计和定位与战略融合,由战略统摄,表现为行为层面的战略创造与保护,中间输出为构建知识产权敏感性组织,在组织整体层面构建体系化组织支撑结构,进而在结果层面、绩效层面实现领域战略融合与耦合,支持整体发展战略。

(二)战略知识产权管理"三全一协同"的理想形态

所谓战略知识产权管理的理想形态,是具备条件的企业开展战略知识产权管理时的结构性表现和整体结构形态。战略知识产权管理理想形态内隐的一个推论是,组织采用的知识产权系统和理想的知识产权系统越相似,相应绩效就越高。一个理想的知识产权管理体系应由研究开发、保护、市场竞争机制三者紧密结合,形成良性互动机制,使企业形成一种有效的知识产权创造、保护及运用战略机制,保证企业在国内外市场竞争中的主动权,加快专利技术创新的速度,使市场份额占有率不断提高,同时整体知识产权系统具有稳健性及鲁棒性,多种类型知识产权组合运用并协同配合,最终通过战略知识产权管理体系的运行,使得企业实现更多价值创造与增加,核心能力、动态能力不断积累和发展,取得可持续竞争优势。

借助合适的机制和工具,战略知识产权管理使得知识产权工作在全组织中得以协同展开,与创新战略、技术发展关系更紧密。战略知识产权管理与传统法务导向型知识产权管理的显著区别是突破了以往仅由法务部门孤立进行知识产权法务管理的格局,并使知识产权要素与时空范围大大扩展,理想形态可以用"三全一协同"来概括,即全价值链知识产权管理、全流程知识产权管理、全方位知识产权管理,以及知识产权管理的全面协同。

1. 全价值链知识产权管理

在全价值链中考虑知识产权问题,进行相关合作、布局、控制等,即重视知识产权价值链的各个环节。所谓知识产权价值链是指由产生无形价值的研究与试验发展(R&D)部门、知识产权保护的专利和法律部门,以及使用知识产权的律师、商标专家和对外许可专业人士等共同构成的知识价值创造、保护、运用的价值链。一个完整的知识产权战略应当贯穿知识产权价值链的每个环节。不仅如此,理想形态还应涵盖整个供应链、物流链。当前在一些竞争性行业中,对上下游知识产权控制成为"应然",与供应商及客户知识产权协作,针对对手上下游知识产权竞争,各利益方合纵连横以打击对手及对手产业链俨然已经成为一种竞争策略,甚至出现了一些供应链下游企业操纵上游供应商,或暗中资助非专利生产实体对竞争对手开展专利攻击等竞争策略。因此,知识产权合作与竞争上升到全价值链、全物流链是知识产权竞争发展到高级阶段的必然趋势,在此背景下,全价值链知识产权管理尤为必要。

2. 全流程知识产权管理

战略知识产权管理内在要求将知识产权战略贯穿整个公司运作过程,从研发到市场、从产品到项目,都需要同知识产权工作有机结合,并实时互动。战略知识产权管理视域下的知识产权管理工作需要对公司经营全流程的渗透和介入,为企业经营形成有力的支撑平台,知识产权业务同采购、研发、市场等各环节有机结合,并实时互动。将知识产权资源整合到企业经营中并最大限度发挥作用是全流程知识产权管理的应有之义。

3. 全方位知识产权管理

全方位知识产权管理至少涵盖三方面的内容。首先,战略知识产权管理涉及以技术创新为中心的企业各知识产权要素,涵盖技术信息、商业秘密、专利、商标、版权等全方位权利及无形财产,包含融技术战略、信息战略、组织战略、资产经营战略、国际化发展战略、诉讼和风险管理战略为一体的综合动态体系,同时需要全方位的协调配合,包括组织、文化、制度、流程、市场等各方面均需要考虑知识产权。其次,企业各部门和全体员工适度、适当参与知识产权创造与保护。最后,知识产权管理应该涵盖诉讼、许可、经营、布局、资产管理等多个维度。

4. 知识产权管理的全面协同

战略知识产权管理是一个有机协同的整体,单一的权利及要素往往难以发挥其应有的作用。唯有以各种知识产权要素的有机组合协同为手段,方可保护创新成果,促进绩效,取得预期效果。这里的协同是一种全面协同,比传统意义上的协同涉及的主体更多、处理的关系及相互作用更复杂,包括不同权利之间的协同(如拜耳公司的阿司匹林医药专利过期之后,继续用后续的商标保护)、组织间的协同,也包括内在协同、内与外协同(如竞争对手及合作伙伴的协同),而战略知识产权管理全面协同涵盖了影响知识产权管理绩效的关键要素,更具有系统性、全面性,且应对的相互关系更加复杂,全面协同效果将更显著。

战略知识产权管理"三全一协同"的理想形态,是适应全面创新管理、适应全球竞争的一种形态,是企业开展战略知识产权管理时可以采用的一种理想模式。我国华为、中兴通讯等知识产权优势企业的知识产权实践印证了"三全一协同"模式的有效性。

三、战略知识产权管理实施体系构建对策

(一)战略知识产权管理实施的要求及原则

基于上文分析,不难理解战略知识产权管理实施需要很多条件,这些条件对其实施和推进工作提出了具体的要求。

1. 必要的资源投入与保障

战略知识产权管理推进需要持续不断的投入,特别是在人力资源和财力资源上,需要企业给予保障。由于知识产权工作的特殊性,战略知识产权管理急需具备法律、技术、管理背景的复合型人才。

2. 高层领导高度重视

战略知识产权管理是企业核心能力的内在构成部分,对很多企业来说是一种需要耐心培育的特有能力。在培养战略知识产权管理能力过程中,企业多部门配合与协同是必要的环节和过程,高层的统一领导与部署必不可少。

3. 战略导向性管理目标,支持企业核心战略,与企业总体战略耦合协同

耦合在实践中表现为与总体战略协同发展,互动学习。通过以战略为核心的输入输出的反馈学习,使企业的知识产权始终处于协调统一的动态管理过程中,从而保证知识产权管理的系统性和有效性。战略知识产权管理通过组织建构,将知识产权管理置于组织经营系统,促进知识产权业务绩效、组织绩效最大化,其战略性要求知识产权管理必须与企业的发展战略契合。

4. 以核心能力为中心的建设和组织学习

在战略知识产权管理实施过程中,需要基于理论的演绎与建构,同时需要过程控制与诱导演化,这需要目标上以企业核心能力为中心,过程实施中加强组织学习。

战略知识产权管理实施体系的系统性、战略性及其他内在要求决定了实施的相应原则。换言之,只有遵循如下原则才能真正落实和执行战略知识产权管理。

1. 能力提升原则

战略知识产权管理实施应以提高企业知识产权管理能力、提升企业整体竞争力为目标和依据。实施战略知识产权管理是企业战略转型、竞争力提升的契机,企业可以通过开展战略知识产权管理来提升企业战略管理水平、创新水平,增强企业竞争优势。

2. 同企业发展战略紧密配合与兼顾企业发展实际相结合原则

该原则应是战略知识产权管理实施的最基本原则,应始终以企业战略为总目标和原则。

3. 匹配原则及适度超前相结合原则

该原则指企业战略知识产权管理水平应与企业发展阶段匹配。同时可以考虑企业发展的需要,战略知识产权管理制定及实施应具有适度前瞻性和领先性。

4. 循序渐进与快速推进相结合原则

在战略知识产权管理实施的过程中,有的业务应该快速推进,而有的业务应精耕细作,如在企业知识产权基础体系建设方面应该大力推进,在专利战略选择方面应仔细酝酿。

5. 优化和谐与及时应对相结合原则

优化和谐原则强调在实施中发挥协调作用,优化各部门、各实施主体关系,优化近期目标与远期目标关系,协调各种知识产权之间的关系,促进整个实施过程和谐、整体功能和谐。实施的计划要有应变方案,适时选择并采用最佳方法,对战略结构进行调整。在实施过程中应不断优化,动态调整,采取措施确保不同阶段的重点目标。同时为确保战略实施的稳定发展,应根据环境的变化及时采取合理、有效的措施对系统施加控制。

6. 制度控制与发挥人的主观能动性相结合原则

根据霍尔的系统工程思想,系统工程不仅涉及工具,而且需要程序、人和工具之间的精心协调,系统工程建设各项工作中人的创造性和能动性关系极大。同理,战略知识产权管理实施需要对相关知识产权实施人员进行有效激励,充分调动其主观能动性,如增加研发人员、知识产权法务人员的创造性,增强知识产权保护意识等。在有效激励的前提下,要对整体实施进行控制,使之不偏离战略目标。

(二)战略知识产权管理实施策略

战略知识产权管理形态是从系统论角度,结合知识产权领域特有规律,基于演绎逻辑提出的,在一定程度上已经隐含了实施体系构建的策略与方法。事实上,系统视角为战略知识产权管理实施体系构建提供了思路和应对之策。本书基于系统调控视角给出战略知识产权管理实施体系策略(见图 4.8)。

在总体战略指导下,从完善知识产权基础体系入手,构建战略知识产权管理体系,优化知识产权价值链,促进知识产权工作与战略融合和耦合,首先要建立知识产权敏感性组织。其中,构建知识产权基础体系包括构建知识产权规章制度、优化流程、设置知识产权管理部门等。清晰的知识产权规章和公司的整体知识产权表现有不可分割的关系,知识产权规章可提高基层的工作效率。知识产权敏感性组织既是知识产权基础体系构建的结果,也是进一步深入开展 SIPM 的基础。其次,要以合适有效的知识产权战略引导推动。再次,要优化发展路径。最后,应重视知识产权战略实施。总体上,战略知识产权管理实施策略可概括为"构建体系,战略引领与推动,协同融合,职能创新,策略应对"。

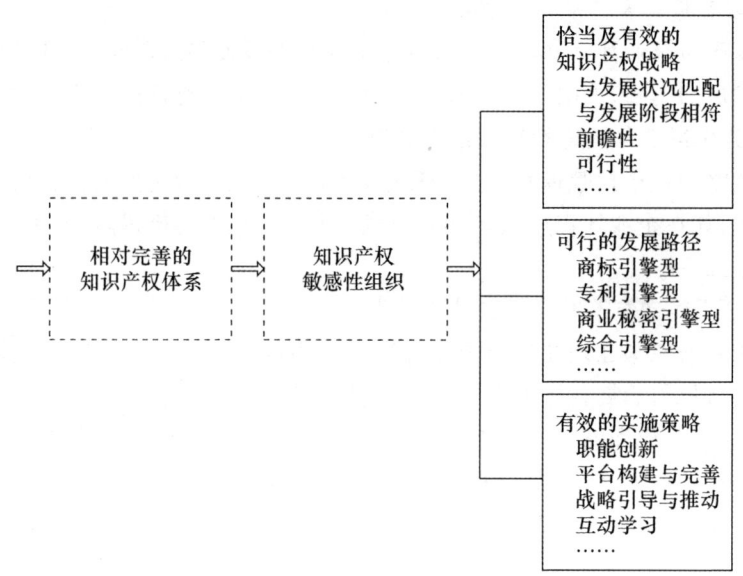

图 4.8　战略知识产权管理实施策略

（三）战略知识产权管理实施的主要方法

1. 知识产权文化培育及价值观念和行为规范的培养

构建有利于企业知识产权发展的文化，培养与知识产权有关的价值观念、行为规范、习惯和理念，提高企业员工通过专利和商业秘密来保护技术的习惯和能力。一些企业在这方面的成功经验值得借鉴，比如有些公司鼓励研发人员按照专利文件中常用的规范和技术标准来书写 R&D 工作报告，有些公司鼓励工程师加强知识产权事务方面的阅读，养成与知识产权实务要求相一致的书写习惯等。行为规范培养同时需要相关激励机制与政策引导。

2. 战略制定优化与完善

企业知识产权规划是战略知识产权管理开展的基础，精心制定并定期更新的企业知识产权规划是可以实现多种目的的有价值的管理手段，编拟企业规划时需要完整考虑和回答企业是否拥有全部所需的知识产权资产、企业的知识产权资产组合状况、企业计划如何保护其知识产权资产、知识产权资产对企业的成功有何重要性、竞争对手的知识产权战略和知识产权组合状况如何、企业的知识产权政策和战略是什么等内容。

3. 优化投入，策略布局

企业的资源是有限的，结合市场布局和知识产权法律规则，将有限资源的价值最大化是战略知识产权管理的内在要求。以专利为例，为实现价值目标，需要企业以质量为核心，策略性部署每一项研发业务，构建特色专利组合等。

4. 加强融合与协同

知识产权协同管理是战略知识产权管理理想构型中的一个重要方面,协同所涉及的主体非常之广,包括知识产权间的协同与配合、合作研发中的知识产权协同管理、内在部门之间的协同、供应链企业间的知识产权合作与协同等。这里仅简要介绍知识产权间的协同与配合。知识产权间的协同与配合主要表现为建立以商标为统摄的知识产权一体化战略。由于商标内涵的内在成长性和动态发展性,在整个知识产权束中,发挥着统摄与枢纽作用。商标作为声誉载体,不断以技术创新、专利、商业秘密等充实核心内涵。

5. 职能创新与优化

创造、保护、运用、管理作为知识产权体系的四大核心职能,在战略知识产权管理视域下,可进一步精细化,突出其战略性。首先要战略评估。对各项权利进行评估时考虑知识产权的战略相关性。其次要战略性创造。由于企业的资源有限,必须选择集中发展那些最有可能使其总回报率最大化的知识产权,将其纳入创新的过程。最后是战略性保护。这涉及不同知识产权之间的协同保护、策略性防御与效益评估等。战略性保护着眼于提升使用、分配和改进知识产权的能力,从而促进和打磨企业的独特能力,保护企业的价值独特性。

第五章 知识产权商业化与经营

知识产权客体的无形性、"客体共享，利益排他"等特有属性，决定了知识产权可以同时被多人利用。创新和标识的价值通常在实施和交换中方能体现。为了更好地受益于知识产权制度，企业不仅要对相关知识产权进行法律保护，还要从商业的角度运营知识产权，使之成为商业竞争的有力武器，为企业带来经济效益。在企业投融资、兼并收购、招投标、公司上市等众多商务情境中，专利、商标等知识产权扮演着重要角色，直接影响到整个经济交易的发生与否及最终结果。本章重点介绍知识产权商业化管理的内容，主要包括知识产权商业化基本原理、具体形式，并以并购中的知识产权管理为例说明尽职调查、知识产权风险管理等实务操作。

第一节 知识产权商业化及运营基础

一、知识产权运营概述

（一）知识产权运营概念与内涵

知识产权运营，顾名思义，是指知识产权的运用与经营，即经由合法手段对技术、创新类或其他知识产权进行管理、保护和商业化的活动，也就是企业或商业组织、个人等法律主体基于市场机制，为实现知识产权价值而开展的许可交易、质押融资、信托等专业性管理活动或过程。知识产权运营通常与知识产权商业化联系在一起。根据蒂斯的互补资产理论，知识产权商业化同时需要企业运营的战略能力、管理能力等，这些互补资产在对相关知识产权进行配置与运营的过程中对知识产权予以补充，从而形成财产、资产。作为一种保护人类智力成果的法律制度，知识产权制度在宏观层面上具有鼓励创新、促进文化传播及维护市场竞争秩序的职能。在微观层面，对企业来说，知识产权不仅需要法律保护，而且需要在制度允许下开展商业化活动，增加收益及获得市场地位等。换言之，知识产权管理与战略的目的之一是依靠知识产权创造利润。尤其对于技术战略型企业来说，创新和权利化过程中需要投入巨大的资金和精力，当技术成果最终获得专利授权或者以技术秘密形式在企业内部得到保护后，企业管理者还要考虑怎样靠这些技术（即智力资产）来创造更高的价值，从而弥补先期研发的投入，甚至创造更丰厚的利润。

知识产权运营是通过知识产权资源的使用、转移、扩散（传播）来实现其价值的过程，或者说是知识产权资源在市场中得到最优化配置以最大化实现其价值和效用的活动及过程。知识产权运用和知识产权经济天然联系在一起，没有知识产权运用，就谈不上知识产权经济。知识产权客体与实物资源不同，权利人无法通过事实占有实现对客体的排他支配，而是可以同时被多人利用。以专利为例，企业除了自行实施技术之外，还可以将技术许可或转让给他人，将知识资本转化为物质资本。为了更好地受益于知识产权制度，企业不仅需要考虑保护知识产权，还要从商业的角度运营知识产权，使之成为商业竞争的有力武器，为企业带来经济效益。无论是处于成长期的中小企业，还是成熟的大型企业，最大化地利用现有的知识产权、充分用好所持有的技术成果具有十分重要的意义。

 案例 海尔从"烧钱"到赚钱

截至2015年，海尔及旗下子公司拥有全球有效及申请中专利2万余件，其中有效和申请中发明专利超过1万件，形成了海尔在全球专利区域占位和技术领域的优势互补。不过，对企业而言，拥有专利并不是最终目的。专利资产的产出及运维需要相应的成本投入，仅申请、维持一件专利可能就要花费十几万元，而如海尔这般规模的企业动辄拥有上千甚至数万件专利，由此知识产权运维也被斥为"烧钱"举动。那么该如何唤醒"沉睡"的专利？

海尔给出的答案是推进多种模式的专利运营。比如海尔通过全球专利检索及情报分析，确定一种新型压缩机技术将成为冰箱制冷压缩机的发展方向，试制出全球体积最小、性能领先且噪声低的新型压缩机，并围绕该产品布局了近80件发明专利。海尔原计划将该技术和相关专利高价出售，后与产业沟通认为采取对外许可的方式更能保证海尔的产业利益，遂对全球最大的数家压缩机厂商进行了有偿的普通专利许可，合同金额超过1.5亿元，并约定被许可方应在量产后独家供货海尔两年。如此一来，海尔通过专利运营不仅收回了前期研发投入，更保持了竞争优势。

资料来源：《海尔从"烧钱"到"赚钱"》，https://www.sohu.com/a/114290465_473656，2023年4月17日访问。

从上述案例可以看出,经由知识产权运营,海尔在特定技术领域获得了高额回报,收回了研发投入,提升了企业竞争力。这个案例也启发我们思考知识产权经营与商业化问题:知识产权经营的内涵是什么?其理论基础及现实背景问题如何?背后的理论依据是什么?企业有哪些知识产权经营模式?相关决策应采取何种知识产权经营模式?什么情况下应自行实施专利,什么情况下应转让、进行专利许可?权利人或企业如何实现知识产权收益最大化?如何增强企业知识产权运营能力?这些层层递进的问题对企业来说非常有价值。本章围绕相关问题,包括知识产权经营与商业化的内涵、理论基础、主要形式、决策依据、运营能力提升等方面开展论述,探讨应有的运营之道。

(二)知识产权运营与技术成果化

知识产权运营与技术成果化之间存在密切的联系。知识产权运营是指通过合法手段对技术、创新或其他知识产权进行管理、保护和商业化的活动。而技术成果化是将科研成果或技术创新转化为实际应用的过程。技术成果化关注的是将技术成果转化为商业价值,强调从技术角度出发,将研究成果转变为市场上可销售的产品或服务。而知识产权运营更偏重管理和保护知识产权本身,涉及专利、版权、商标等法律工具的运用,以确保创新者对其技术成果享有合法权益,并最大限度地实现经济利益。可以说,技术成果化是知识产权运营的重要目标和结果之一,而知识产权运营可以为成果化提供法律和商业支持,确保技术成果得到充分的保护和利用。知识产权运营是实现技术成果化的关键环节之一,从这个意义上说,二者是手段和目标的关系。具体而言,企业可以通过商业模式设计、市场推广等方式促进技术成果的商业化,将其转化为具有商业价值的产品或服务,再依靠知识产权运营为技术成果的转移和转让提供支持,如通过授权许可或转让知识产权,使得技术创新可以在不同的市场和领域得到推广和应用,实现最大化利用。总之,知识产权运营可以帮助企业保护技术成果,确保其在市场竞争中获得一定的优势地位,同时也有助于推动技术成果的商业化和市场化。如图 5.1 所示,企业用合适的方式使技术成果转换为收益,并将商业化带来的收益再投入到新一轮的技术研发中,二者结合,不断提升研发实力,累积技术优势,形成良性的技术战略循环,从而为企业带来持续的竞争优势。

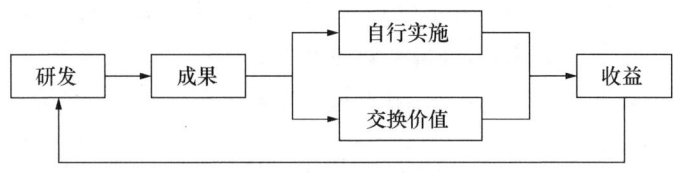

图 5.1 企业技术管理的良性循环

（三）知识产权运营对企业的作用

知识产权运营在知识产权战略整体中有着基础性地位，是知识产权战略、知识产权管理完整体系中的重要一环，也是知识产权价值变现的出口。对此，学者们基本形成了共识性的结论。如奥韦·格兰斯特兰德（Ove Granstrand）对企业的知识产权管理过程进行归纳，总结出从"概念提出"到"研究开发和技术获取"再到"商业化"的三阶段创新及相关知识产权管理模型；[①]在马库斯·赖特茨希提出的"知识产权价值链"中，企业整合考虑知识产权的"获取和产生""保护""利用和实施"三个方面的策略和能力，其中利用和实施是知识产权价值链的重要一环；[②]在文森特·迪·诺尔恰（Vincent di Norcia）提出的 RT&D 模型即"科学研究—技术创新—商业化产品开发"中，知识产权商业化、产品化与应用是该模型的第三阶段。[③] 由此可见，知识产权运营是知识产权管理和知识产权战略管理中的重要环节。总体来说，知识产权运营可以具有以下几方面益处。

1. 帮助企业融资与资产变现，实现财务收益

在财务理论中，有"现金为王"的说法，大意是指能在未来顺利变现的资产是企业优质资产，资产的及早合理变现是一种确保收益的策略。作为一种法律意义上的资产，当将知识产权用于投资、融资甚至变现时，可实现当期的资产收益。从这个意义上说，知识产权作为企业的"产品"，在现代金融制度支持之下，可以直接实现收益，进入社会生产大流通之中。这对一些缺少互补资产的中小型科技企业意义重大，这些企业不需要再去找设备、找厂房，就可以直接实现财务收益。

2. 促进企业从法律权利到现实权力转化

对企业来说，有法定的权利并非公司终极目标，此处的权利是法律意义上的私益、权益，但它绝非公司现实的权力。知识产权运营运用竞争手段、管理方式等直接或间接地为企业带来特有的影响力，有利于实现企业法律意义上的权利到现实的企业竞争优势的权力的转化。从权利到权力，可以说是知识产权商业化作用的一种高度概括，因而知识产权商业化也是一种从权利到权力的表现形式和资产运营形式。

3. 提升企业竞争优势

各种知识产权运营形式以知识产权创造为前提，以知识产权保护为保障，一

[①] Ove Granstrand. *The Economics and Management of Intellectual Property: Towards Intellectual Capitalism*. Cheltenhan: Edward Elgar, 1999, pp. 212-236.

[②] Markus Reitzig. How Executives Can Enhance IP Strategy and Performance. *MIT Sloan Management review*, 49(1), 2007, pp. 37-43.

[③] Vincent di Norcia. Intellectual Property and the Commercialization of Research and Development. *Science and Engineering Ethics*, 11, 2005, pp. 203-219.

方面可通过知识产权资源的实施、转移、投融资等运营形式实现其商业价值，另一方面可通过创造进入壁垒，或建立和维护良好声誉，或形成产品的独特功能，最终提升企业竞争优势。

二、知识产权商业化的主要形式

知识产权运营的主要形式除了权利人自己实施外，还包括知识产权许可、知识产权质押、知识产权出资、知识产权转让、知识产权信托、知识产权证券化等基本利用方式。

（一）自行实施

大多数企业将其知识产权资产商业化的主要方式是自行开发和提供基于知识产权的商品或服务。事实上，知识产权是否要在内部商业化，应该始终被视为业务规划过程的一部分。一般认为产品是技术的表现形式，技术对产品的作用体现在两个方面：一是将技术运用到产品生产流程中，提升产品的生产效率和质量；二是在产品中附加关键技术，提升产品附加值。无论是产品的价格因素、质量因素还是功能因素，都是区别于同类其他产品的关键要素，正是这些区别给企业带来了竞争优势。需要注意的是，技术实施也是需要成本的，当实施成本与所得利润不成比例时，企业就应当考虑以其他方式利用自有技术成果。首先，技术与产品并不能画等号，具备某项关键技术并不意味着就可以生产包含该关键技术的产品。其次，除了技术许可的成本考量之外，企业还要考虑自己是否拥有完成批量生产的必要设备和能够熟练操作这些设备的人员。最后，在销售层面，新产品推广经验等都是影响收益的因素。因此，对有些企业来说，自行实施所能带来的经济效益可能并不显著。当实施成本和实施效果不能达到企业预期，或企业没有能力消化该技术辐射的所有市场时，可以选择其他商业化方式。

（二）知识产权许可

知识产权许可是权利人依法通过与他人签订合同的方式，允许后者依据约定条件，在约定期限和地域范围内，行使知识产权的行为。根据许可授予被许可人权利范围的大小，知识产权许可可分为独占许可、排他许可、普通许可和分许可等。

技术成果是无形的，它不像有形产品那样只能被占有人利用，一项技术成果可以被世界各地的许多企业同时实施。技术许可人通过将技术许可给他人赚取使用费，实现技术资本化。被许可人则通过将技术应用到产品或制造工艺中去，依靠产品或服务的附加值的提升而获益。因此技术许可无论对于许可人还是被许可人来说都是有益的。

技术许可与技术转让不同，许可行为转移的只是技术成果在一定期限内的使用权,除了独占实施许可之外,许可人仍可以自行实施技术成果。此外,许可人还可以设定许可的地域范围和期限。相较于技术转让而言,技术许可的灵活度更大,企业可以根据自身的经营情况选择合适的许可条件,将无法自行实施的技术成果的相关权利许可给他人。

1. 技术许可决策

通常来说,在这些情况下,企业可以考虑将技术成果许可给其他企业实施。

第一,当企业没有能力独占整个市场时。根据 PFI 理论,如果企业缺乏技术商业化的互补资产,那么即便拥有几项很有市场前景的技术成果,也会由于缺乏大规模生产的能力而不能充分挖掘出这些技术成果的潜力。此时企业可以考虑除自行生产销售之外,将技术成果许可给其他企业使用,从而获得相应收益。

第二,当发现有人未经许可实施技术时。尽管诉讼是一种有效保护方式,但无论是专利侵权诉讼还是侵犯商业秘密诉讼,诉讼成本都非常高,这对于某些还没有建立健全法务部门的企业来说无疑是沉重的负担。事实上,诉讼在实践中被普遍作为解决侵权问题的最后一道防线,在发现侵权行为时,协商等方式被普遍采用。签订技术实施许可合同就是一种很好的方式,侵权方由于已经进行了实施技术的准备,通常有继续实施该技术的迫切希望,许可人开出的条件容易被对方接受。从这个意义上说,通过许可的方式,企业能收回一部分技术投资成本,也可能增加一个生意伙伴。当然,技术许可这种商业化方式并不一定总能成功,许可也有很多固有的劣势,企业还是要根据具体的竞争格局和技术特质来作出是否要对外实施许可的决策。表 5.1 列出了许可的优劣比较。

表 5.1 许可的优劣比较

许可的优势	许可的劣势
1. 缺乏制造能力、分销能力、管理能力的企业通过技术许可的方式能获得利益	1. 自行实施或者通过其他方式产生的收益可能比许可费的收益多
2. 企业依然拥有该技术成果的所有权,可以对技术成果的进一步开发和利用享有更多的控制权	2. 许可费的收入可能不足以弥补被蚕食的市场份额
3. 有利于将技术推广到企业自身没有能力开发的市场	3. 可能会培养出自己的竞争对手
4. 当有人未经许可实施企业专利技术时,可以通过许可的方式使竞争对手成为合作伙伴	4. 增加了技术秘密被泄露的风险

2. 许可协议

许可协议需要明确权利的性质和范围。制定许可协议需要清楚地了解许可所涉及的相关问题和要点。许可协议通常包括以下相关条款(见表 5.2)。

表 5.2 许可协议要点及解释

要点	解释
主体	包括各方的详细信息(如姓名/名称)、注册办事处或主要营业地点的地址,以及每一方的相应联系人的详细信息
许可标的	对许可标的进行详细描述,如专利技术应填写专利号,技术秘密应当描述该技术的关键特征
许可权利	描述许可的具体权利,例如对于专利被许可权利的详细说明
许可类型	说明许可是排他性、独占的还是普通的许可,具体而言: 独占许可指被许可人是唯一有权处理被许可知识产权的人,许可人无权处理被许可知识产权; 排他许可指除许可人外,被许可人是唯一有权处理被许可知识产权的人; 普通许可指除被许可人外,许可人也可以向第三方授予许可
分许可、从属许可	考虑被许可人是否有权向其他人授予子权利以及以何种条件授予权利。如果被许可人可以授予分许可,还可进一步明确授予分许可的条件以及许可费的分配方式
许可区域	说明被许可人可以使用被许可知识产权的国家、地区或区域范围
许可领域	明确被许可人使用被许可知识产权时受到的技术领域、细分市场或分销渠道等的限制,如对技术成果的许可协议中约定被许可人可以在哪些技术领域、市场或者经销渠道实施被许可的技术成果
许可期间	被许可人可以使用许可知识产权的期限。约定的前提是许可期间不超过注册权利情况下知识产权资产的有效期,如对于专利许可而言,约定的期限不能超过该专利的权利期限。从属许可的许可期限不得超过原许可合同中许可人与被许可人约定的许可期间 协议中还可以进而约定:期限届满后若无相反行为,许可协议将自动续期
许可费用	许可对应的费用、使用费的计算方式、支付方式等
改进成果的归属和实施	需要考虑许可知识产权的改进是否包含在许可知识产权中、对于许可技术成果作出的改进成果如何归属、被许可人是否能够实施这些改进技术成果、如果可以实施相关费用如何计算等。在条款拟定时,一般要区分该改进成果是由许可方做出的还是由被许可方做出的
保密条款	约定被许可人应当对技术许可标的以及附带的资料履行保密义务。协议中应当列明需要保密的资料清单
终止	考虑许可人和被许可人何时可以终止许可。描述任何终止后的义务,通常会包括被许可人停止使用许可的知识产权并返回许可人提供的任何材料和机密信息
许可人义务	可能包括:提供技术援助或专门知识,以及起诉和维护许可知识产权的相关责任(如果许可是非独占的,通常是这种情况)
被许可人义务	可能包括:支付许可费用,使用、制造被许可知识产权产品,维持质量标准,以及保护许可技术秘密的机密性

(续表)

要点	解释
产品责任	考虑产品责任问题,例如,谁将对最终用户的产品责任索赔承担责任,通常要求被许可人将产品责任保险单保持在指定值
法律适用和管辖	确定适用的法律并明确有管辖权的法院/仲裁机构(通常是许可人或被许可人的主要经营场所所在地)

(三)知识产权转让

知识产权转让是发生知识产权主体变更,将权利人享有的知识产权所有权由出让方永久地转移给受让方的法律行为。知识产权通常以一次性付款的形式转让。知识产权转让行为应遵循相关法律法规,我国《民法典》合同编中规定专利权、专利申请权和技术秘密权可以转让。技术转让合同应当以书面形式签订,否则不具有法律效力。技术转让与技术许可不同,一旦出让人出让了权利,该技术的所有财产性权利即发生转移,出让人无法再支配该技术方案,甚至无法再继续实施这一技术。表5.3通过比较总结了转让和许可的不同特征和优缺点。

表5.3 知识产权转让与许可的对比

转让	许可
所有责任和风险都转移给受让人。转让人将不再拥有对知识产权资产的开发和商业化的任何控制权	许可方通常对知识产权资产的开发和商业化保留一定程度的控制权。但是,许可人可能会面临与知识产权实施活动相关的某些风险(取决于许可条款)
转让人只需处理一次性交易。如果受让人决定放弃该项目,知识产权可能不会再被实施	许可方需要监控被许可方的商业化活动。但是,对知识产权资产的控制力度更大
转让人可能会收到更丰厚的对价。但是,难以评估知识产权资产可能产生的最终收益(特别是在知识产权处于发展的早期阶段)。如果知识产权产生的收益超出预期,转让人一般没有机会分享额外的利润,除非转让费的结算和支付基于知识产权日后被实施取得的收入	通常,许可费金额较少。但是,如果知识产权被证明是有价值的,那么随后的资金回报可能会更大。 如果商业化不成功,则存在仅有最小回报的风险

当然并非只有成熟的专利技术可以被转让,如果受让人有需求,企业也可以将尚未成熟的技术成果转让给他人。企业在转让时要考虑到自身的研发战略、该技术的开发前景、技术转让费是否有足够的吸引力等各方面的因素,从而作出决策。

技术成果转让是一次性的交易活动。一般情况下,转让人和受让人履行的合同义务并非持续性的,交易费用支付完毕后转让合同即告完成。但合同中可能会约定转让方的附随义务,即向受让方提供必要的技术支持、配合受让方完成行政登记等。

对于没有能力生产产品、缺乏产品推广经验或者没有兴趣进行生产的权利人来说,选择合适的技术购买人、将技术成果一次性让渡给他人不失为一种快速回笼资金的技术资本化方式。

技术转让合同的注意事项包括:

1. 确认出让技术的法律状态

在技术转让法律关系中,出让人对出让标的应当承担瑕疵担保责任,因此企业必须确保转让的专利技术仍然处于有效状态或者转让的商业秘密仍处于保密阶段,否则要承担违约责任。

2. 明确出让人是否继续保有使用权

一般而言,技术转让行为转移的是技术的全部财产性权利,所以一旦技术转让合同履行完成,除非合同中另有约定,否则技术出让人将不能继续实施该标的技术。因此如果企业想要在技术转让后仍然保有对该技术成果的使用权,就应当在合同中作出明确的约定。

3. 技术转让费的确定

技术转让的目的是使企业的技术成果转化为资本,此时技术成果就相当于一项商品。只有当商品售价高于商品的产生成本时,企业才能获益。

转让费可根据"技术转让费＝实际开发成本＋利润"公式来核算和定价。通常技术成果产生过程中涉及的成本因素包括:(1) 资料、设备支出;(2) 研发人员薪水和奖励;(3) 专利申请费用,包括向代理机构和行政机关支付的费用;(4) 专利维持费用;(5) 技术成果保密成本等。而利润则是依靠技术成果预期的市场效果来确定的。根据上述成本考虑因素可以大致推算出技术成果产生过程中所耗费的实际成本。但技术成果的市场价值具有很大的不确定性,此问题在研发初期的技术成果转让中尤为突出。因而技术转让费的构成有时并不能反映出技术成果的实际价值。可能某项技术最终实施的效果非常好,给受让人带来了极大的收益,但是由于估值方面的原因造成技术转让费用过低,这对于出让人来说是不利的。为了避免此类情况发生,企业在协议中可以约定对出让标的利用收益按一定比例分成。

(四) 知识产权质押

知识产权质押指知识产权权利人以合法拥有的知识产权中的财产权为质押标的物出质,经评估作价后向银行等融资机构获取资金,并按期偿还资金本息的一种融资行为。知识产权质押本质上是一种担保方式,通常是债务人或第三人将其知识产权作为债权的担保。当债务人不能履行债务时,债权人有权依法以该知识产权折价或者拍卖、变卖的价款优先受偿。其中,专利权质押贷款最为常见,它是债务人或第三人以特定的专利权向债权人出质用于担保债权的实现,并因此获得贷款的融资方式。当债务人不能履行该债务时,债权人有权依法将该质押专利折价或者以拍卖、变卖该无形资产所得的价款优先受偿。

知识产权质押这种新兴商业化模式的出现为中小企业资金短缺又难以获得银行贷款的问题提供了一个新的解决思路。中小企业可以将技术质押给金融机构,以所贷得的款项实施产品开发,从而解决资金短缺的问题。我国《民法典》规定,以专利权中的财产权出质的,当事人应当订立书面合同。质权自有关主管部门办理出质登记时设立。知识产权中的财产权出质后,出质人不得转让或者许可他人使用,但经出质人与质权人协商同意的除外。出质人转让或者许可他人使用出质的知识产权中的财产权所得的价款,应当向质权人提前清偿债务或者提存。事实上专利质押已经在我国多个地区进行试点,并且取得了不错的成效。作为一种变现手段,专利权质押对企业财务管理和经营有积极意义。

1. 有效解决企业融资"担保物"缺乏问题

传统担保模式以实物为担保物,然而技术型中小企业大都没有多少固定资产可作为融资的担保物。技术成果的产生需要投入大量研发资金,技术成果的商业化利用同样需要资金作为保障,很多中小企业在技术开发后往往没有足够的资金实施技术成果,这不仅造成了很多优秀科研成果的浪费,而且使得中小企业陷入了发展的瓶颈。专利质押制度的出台为借贷无门的中小企业提供了一条融资途径,中小企业可以实现专利权的资本化,为技术的商业化实施募集资金。

2. 对质押专利仍享有独占权

企业无论是采用技术许可、技术转让还是技术入股作为商业化利用模式,都无法完全掌控技术成果。然而通过专利权出质的方式,中小企业既可获得开发资金,又可保持对权利的专有性。中小企业在取得融资后仍然保有对该专利技术的独占实施权,也可以在取得质权人同意的情况下,在适当的时候将专利技术许可或转让他人使用。这样一来,中小企业在技术成果价值利用问题上有了更广阔的决策空间。

一般来说,企业在实施专利权质押活动时遵循的流程如图5.2所示。

专利权质押业务实践中,需要进行企业盈利及偿还分析,专利质押虽然可以解决中小企业融资难的问题,但是据统计,知识产权评估、律师等各项中介费用的综合费率一般在企业贷款金额的10%左右,这对中小企业也是一笔不小的负担。企业的最终目标在于盈利,过高的质押成本意味着企业只有获得更高的质押收益才能最终盈利,这方面的因素是企业作出知识产权融资决策时所必须考虑的。除了中介费用之外,银行设定的高额利率也是中小企业进行专利权质押

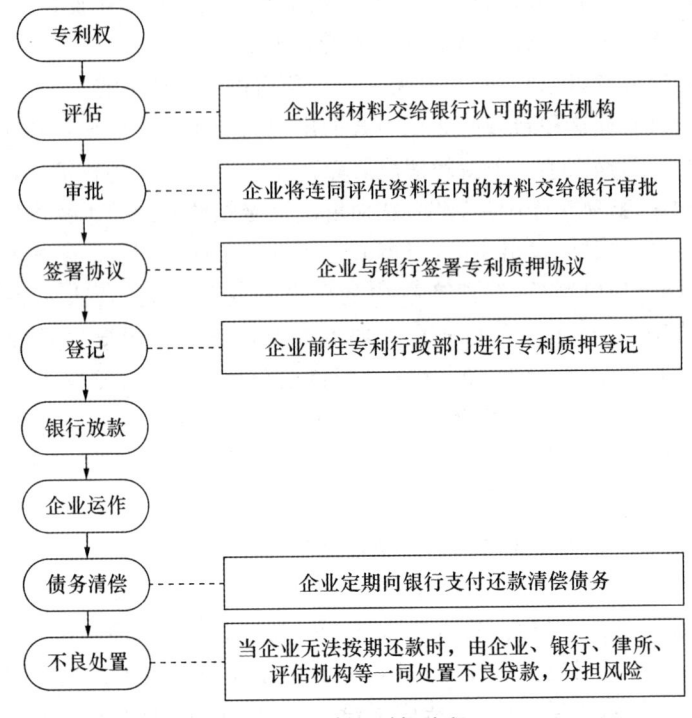

图 5.2 专利质押流程

时必须考量的因素。中小企业应当仔细分析银行的业务详情,根据银行规定的贷款额度、贷款期限、贷款利率等融资条款对企业的盈利可能性进行估算。

与此同时,企业还需要考虑质押风险。当企业无法按期偿债时,银行会变卖担保物,将其变卖所得冲抵债务。但是严重贬值的担保物很有可能不足以完全冲抵债务,此时,企业将面临严重的信用危机。因此,在实施专利质押业务前,企业应当充分考虑可能存在的风险,并且在实际运作中妥善监管专利权的实施,尽可能防止专利技术价值骤降。

（五）知识产权出资入股

知识经济时代,技术可以作为资本进行投资的理念已被广泛接受。知识产权出资是知识产权资本化的一种方式,指在设立企业时以知识产权缴付企业资本的行为。我国《公司法》规定股东可以用货币出资,也可以用实物、知识产权、土地使用权等可以用货币估价并可以依法转让的非货币财产作价出资。一些创新导向企业不乏优秀的技术成果,企业管理者可以考虑将技术成果用作投资,一方面用技术替代了实物资本出资,弥补了企业实物资本不足的劣势;另一方面也为该技术成果的开发利用找到了资金的保障。技术入股是近年来发展比较迅速的一种技术成果商业化方式,是指技术持有人以技术成果为无形资产作价出资公司的行为。技术成果入股后,技术出资方取得股东地位,相应的技术成果财产权转归公司享有。中小企业要利用好技术入股这一商业化模式,使技术成果发挥最大功效。

知识经济时代,技术成果的价值正呈几何级迅速增长,技术能力的高低一定程度上反映了企业竞争力的强弱。对知识型中小企业来说,厂房、设备、资金等传统物质资源较为缺乏,但是它们拥有其他企业不具备的技术资源,如果技术资源能与其他企业的生产销售能力结合起来,那么这些技术成果的经济价值将得到更大程度的体现。技术入股制度就为创新型企业提供了一个很好的契机。

在中小企业不具备大企业雄厚的产品开发能力、生产能力、分销能力和售后服务能力的情况下,自行实施技术路径并不一定可行。在这样的场景下,中小企业可以与有生产制造能力的企业合作,重新设立一个公司,专门负责技术成果的商业化运作,而企业则作为股东分享商业化带来的利润。通过这种方式,中小企业能够节约商业化成本,进而将节约下来的资金再投入到其他项目的研发活动中去。而中小企业作为股东从新公司的商业化运作中获得的利润分红也可以弥补在先技术开发的成本。

技术入股与技术许可、技术转让这两种传统商业化模式相比有其优势。在技术入股的模式下,以技术出资的企业是新公司的股东,它对新公司的运作具有表决权,可以在很大程度上掌握新公司对其投资的技术成果加以利用的决策话语权。除此之外,由于新公司是独立的法人,股东仅以出资额为限对外承担责任。也就是说即便技术成果商业化失败,企业所承担的风险也是比较低的。

在实践中,企业在实施技术入股活动时应当注意明确出资标的。技术入股合同应当明确具体出资技术的表述,同时明确技术出资人是否有权实施,避免为日后争端埋下隐患。一般来说技术成果出资入股之后,其所有权即转移给新的公司,如无特别约定,出资人将无法继续实施该技术成果。所以倘若中小企业希望在技术入股之后还能继续实施所出资的技术,则必须在技术入股协议中明确相关事项,以避免可能产生的出资不实的后果。此外,中小企业应当选择权威可靠的无形资产评估机构进行评估。

除了技术入股外,这里简单介绍一下合伙企业中涉及技术的商业运作方式。合资企业是由两方或多方合作开展共同项目或追求特定目标,例如知识产权商业化。合资企业可以简单地由订约方订立合约安排,订明其与项目有关的权利和义务("非法人合资企业")。或者双方可以决定成立一家独立的共同拥有的公司来执行计划的活动("合资企业")。对于任何合资企业,合作活动过程中产生的各方的权利、责任和贡献以及知识产权的所有权都应明确定义和记录。

合资企业相关协议的文本通常根据项目的性质、规模和复杂程度决定安排与规定的详细程度。由于合资安排可能非常复杂,特别是在涉及知识产权部分,如果缺少事前的统筹考虑,在合资后的研发及经济活动中,会出现知识和成果非必要性外溢,原有权利人及合资公司权利得不到保障的情况。实践中,商业秘密无端被披露给第三方的情况时有发生。因此,制定合资协议需要寻求法律顾问的意见。通常对于非法人合资企业,新知识产权将由所有各方共同拥有,并根据其对项目的贡献分享此类知识产权的利益。如果是合资企业,新知识产权通常由合资公司拥有。

涉知识产权的合资企业协议中有关界定背景专利(background patent)、前景专利(foreground patent)等权利归属的条款非常重要。各方提供的背景知识产权是什么?谁将拥有在项目过程中创建的任何新知识产权?谁负责获得新知识产权的正式保护?各方都有权使用新知识产权吗?为何种目的使用?如果双方有权使用新的知识产权,那么是否也有权为此目的使用彼此的背景知识产权?涉及商业秘密方面,合资企业能否未经原商业秘密权利人同意披露商业秘密?或者在对外许可中对商业秘密保护是否承担一定义务?这些问题均需要事前约定并清晰界定。

(六)知识产权信托

知识产权信托是指知识产权委托人基于对受托人的信任,将其知识产权中的财产权委托给受托人,由受托人按委托人的意愿以自己的名义为受益人的利益或者特定目的管理或者处分该知识产权,以实现知识产权价值的一种信托业务。作为一种特殊的信托结构,知识产权信托的机理是权利人将其知识产权转移到信托财产中,由一个独立的信托企业或实体作为受托人代表所有权利人管理这些知识产权。权利人将知识产权资产置入信托后,享有收益和控制权,但不直接持有资产。受托人有责任保护和维护知识产权的权益,并按照权利人的意愿和信托文件的约定进行管理、许可或处置知识产权。

一般来说,知识产权信托开展包括以下主要环节:

第一,设立信托。权利人与信托受益人之间订立信托协议或信托文件,明确信托财产的范围、受益人的权益以及信托管理的规则和程序,确定信托结构的规则和安排。相关协议包括资产置入、收益分配、管理决策等条款。

第二,转移知识产权。权利人通过合同或其他形式将其知识产权转移到信托财产中。这通常需要进行知识产权的登记或转让手续。权利人将自己的知识产权资产转让给信托企业或相关实体,并在协议中明确知识产权的范围、权益和使用条件等。

第三,管理和运作。信托机构按照信托文件的规定对知识产权进行管理和运作,包括保护知识产权、管理许可、控制侵权行为、收取使用费用等。信托企业或实体负责管理和运营知识产权资产,包括维护、授权、许可和监督等。

第四,收益分配。根据信托文件的规定,收益由信托企业或实体按协议规定分配给权利人。信托机构将知识产权所产生的收益或利益分配给权利人或其他受益人。

第五,期限和终止。信托协议中通常规定了信托的期限和终止条件,如到期日、权利人终止权等。

知识产权信托在实践中可以为权利人、相关生产企业等带来多重优势,包括降低风险、优化资产配置、增加资产价值、促进技术转移和合作等。利用信托结构管理和运营知识产权资产,可以实现更好的资产组织和风险管理,有利于促进技术转让、合作研发和创新投资等。知识产权信托的具体应用和效果受相关法律框架、金融市场成熟程度、知识产权本身质量、产业环境等多要素影响,仍在不断发展和完善中。

知识产权信托在一些国家和地区已经得到实践和应用。作为一种较新的机制,知识产权信托实践情况在不同国家和地区存在差异。在金融相对发达的地区,如在欧美等地,知识产权信托运用率比较高。我国经过多年探索,知识产权信托被用于知识产权的管理、许可和保护,为权利人提供了更灵活和多样化的经营手段。一些金融机构也鼓励企业将自己的知识产权资产置入信托,并通过信托方式进行运营和管理,以实现收益。

(七)知识产权证券化

在知识产权信托基础上,衍生出知识产权经营的另外一种金融形式,即知识产权证券化。发起人将其能产生可预期现金收入的知识产权或其相关权益移转给特殊目的机构(SPV),由此特殊目的机构以该知识产权或其相关权益产生的未来现金收入为基础发行在市场上可流通的证券,为发起人进行融资等金融操作。简而言之,知识产权证券化就是将具有可预期收入的知识产权资产或者权益作为基础资产,并以其未来所产生的现金流为支撑,通过产品的金融化设计发行市场可流通的金融产品,以获得融资的过程。知识产权证券化离不开对知识产权进行资本化操作,将其转化为可交易的证券产品。这种做法允许持有者将其知识产权权益分拆并通过市场进行买卖,从而获得资金或投资回报。其主要功能在于盘活存量知识产权资产、增强知识产权资产的流动性。一般来说,知识产权证券化的开展包括以下环节和步骤。

第一,评估和定价。对拟证券化的知识产权进行评估,确定其价值和潜在收益。这需要专业估值机构的参与,考虑到知识产权的市场需求、技术价值、使用历史和预期收益等因素,对知识产权的许可费、使用费、技术转让收入等进行估价。

第二,结构化和分拆。将知识产权权益进行结构化和分拆,以便形成符合投资需求和市场流动性的证券化产品。例如,将不同的专利打包为证券化产品组合,或将专利收益权转化为可交易的收益证券。

第三，发行和交易。将证券化的知识产权通过发行机构公开发行，并在证券交易市场上进行买卖和交易。该环节涉及证券交易所的监管，需要专业的上市流程程序。

第四，盈利和回报。投资者通过证券化产品持有和交易知识产权证券化证券，可以获得相应的投资回报。

通过将知识产权证券化能够给企业带来如下好处。

第一，价值认可与风险分散。通过证券化，企业可以将这些知识产权的未来现金流价值进行打包和定价，获得更多资本回报。证券化可以分散知识产权的风险，降低持有者的单一风险。投资者可以通过购买并持有知识产权证券化产品，分享知识产权带来的收益，拓宽融资渠道，提升融资能力。

第二，知识产权证券化是融资渠道的新模式，企业可以通过知识产权证券化融资，将知识产权作为资产抵押或债券发行，获得丰富的融资渠道。这有助于企业在创新和研发方面的资金投入。同时提升企业融资额度，增加企业知识产权的流动性，增加企业资金流，有利于实现企业良性运营。一般来说，知识产权证券化融资成本要低于知识产权质押贷款、知识产权债券，并且融资额度大、效率高，有助于提升企业融资能力。

第三，有利于知识产权的高效利用和保护，激励创新。对企业来说，可促进知识产权流动性，为企业知识产权保护提供创新性解决方案，为创新提供更强的激励机制，为创新活动提供更多资金支持，促进技术创新和科技进步。参与的企业不仅获得了融资，其知识产权的价值也得到了市场的认可。

第四，促进企业管理规范化，提升企业形象。企业在挂牌培育、交易过程中，需要举荐机构专业的规范化管理咨询服务，在企业管理、财务、法律法规等方面获得规范化的培训指导，一定程度上促进提升企业规范化管理程度。知识产权证券化提升了企业形象，提高了品牌知名度和美誉度，增强企业实力，从而吸引人才，留住人才，提高企业创新能力。

总的来说，知识产权证券化的内在逻辑在于实现知识产权价值的最大化，提高流动性和融资渠道，吸引更多投资者参与，从而促进创新和经济发展。它为知识产权拥有者提供了更多的资本运作方式，同时为投资者提供了多样化的投资选择。知识产权证券化的实践情况在不同国家和地区存在差异。一些国家在知识产权证券化方面已经有一定的经验和市场发展。然而，知识产权证券化也面临一些挑战和争议，包括评估和定价的复杂性、市场流动性的风险、知识产权权益的保护等方面的问题。因此，在实践中需要审慎考虑和遵循相关法律和监管规定，以确保知识产权证券化的合法性和有效性。

三、知识产权运营商务模式创新

（一）知识产权运营与商务模式创新

知识产权运营、商业化和商务模式创新是紧密相关的概念，它们之间存在相互促进和相互依存的关系。知识产权商业化是指将创新的知识产权转化为商业价值的过程。创新的知识产权可以包括专利、商标、版权等，通过有效的商业化手段，将这些知识产权转化为可营销、可盈利的产品或服务，实现商业化利用。知识产权商业化的方式包括技术转让、技术许可、知识产权交易等。知识产权商业化的目的是通过知识产权的价值实现经济效益，同时也能够促进创新和技术进步。而商务模式创新则是指企业在商业活动中所采用的一种新的商业模式，通过创新商业模式来提供不同于传统商业模式的产品或服务。商务模式创新主要包括产品创新、服务创新、渠道创新、营销创新等多方面。商务模式创新的目的是改变传统商业模式的局限性，提高企业的竞争力和盈利能力。

知识产权商业化和商务模式创新相互促进。第一，知识产权可以为商务模式创新提供重要的创新资源。创新的知识产权可以为企业提供独特的竞争优势，引领企业进行商务模式创新，进一步提升企业的市场地位和竞争力。第二，商务模式创新可以为知识产权商业化提供更广阔的市场空间。通过商务模式创新，企业可以将知识产权转化为符合市场需求的产品或服务，并通过创新的商业模式实现更高的商业价值。

此外，知识产权商业化和商务模式创新相互依存。知识产权商业化需要依托于创新的商业模式，通过商业模式的创新来实现知识产权的商业化利用。同时，商务模式创新也需要依托于创新的知识产权，通过知识产权的支持来实现商业模式的创新和实施。

总之，知识产权商业化和商务模式创新两者的协同发展可以为企业带来更好的商业机会和竞争优势。通过充分发挥知识产权的价值和创新商业模式，企业可以实现知识产权的商业化利用，进一步提升企业的竞争力和盈利能力。

案例　能源产业通过商业模式创新实现专利价值

SW为业内一家新兴的技术研发导向的企业。1995年公司成立之后，SW组织了一批相关领域的技术专家就"蓄热式高温燃烧技术在工业炉和锅炉上的应用"进行研发，获得了自主知识产权的"蓄热式烧嘴技术"。此外，SW还有40多项专利，如"煤基转铁炉直接还原炼铁新技术"和"气基竖炉直接还原炼铁新技术"，利用上述燃烧技术，对矿石品位要求低很多，而且燃料可以不用焦炭，直接用普通的煤就可以炼铁。

SW业务扩张需要大量的运营资金,特别是早期,SW约90%的业务为工程总包,前期资金需求非常大,平均一座锅炉改造投资在1000万元到2000万元。更无奈的还有产权问题,尽管SW公司的许多技术都申请了专利,但市场上仍存在大量的技术模仿者。模仿者的大量存在不仅消解了SW的市场势力,而且也剥夺了从专利中获取垄断性收益的机会,只能在市场占有率与利润空间中寻找一个最佳组合。

为此,该公司通过探索,找到了适合资本、技术密集型产业的合同能源管理商务模式,引入社会资金,实现高技术(专利)、专业化管理,为有关各方实现高效益的价值创造。2001年,SW公司开始与项目一期节能服务示范公司之一的山东某节能工程公司合作,对某冶钢集团两台轧钢加热炉采用合同能源管理模式进行综合节能技术改造。2002年,SW公司再次与某节能工程公司合作,采用合同能源管理模式对某钢铁公司三轧厂车间加热炉进行蓄热式高温燃烧技术节能改造,改造资金605万元。这两次成功的合作不仅解决了SW公司资金不足的难题,也增长了职工实施合同能源管理节能项目的经验和才干。对钢铁工业企业来说,通过融资租赁的方式节约了能源;对合同管理公司来说,投入资金,获得收益;对专利权人SW来说,通过与外包企业合作,把专利价值转换为生产力,快速实现价值,总体上实现了多赢,达到了资源节约、环境改善、社会总体福利提高的效果,各利益方得到自己的价值。

(二) 常见的知识产权运营模式

知识产权运营涉及的权利类型通常集中在专利和著作权领域。围绕专利开展的运营更为常见,其本质是以专利制度为基础和依据,建立专利发明的资本市场,把专利当作一种产品或核心资产来运营获利。知识产权投资运营公司[如美国的高智公司(Intellectual Ventures)]在这种模式下,以知识产权为基础,通过开发、管理和商业化知识产权来获取收益和利润。知识产权运营模式的核心要素包括知识产权的获取和管理、商业化和市场化运营、投资和资金支持、法律保护和合规管理、创新和技术研发等。其运行特点是把知识产权作为核心资产,用于私营性经营,由专业的知识产权管理团队或专家组成,通过收购、开发、管理和运营知识产权来获得收益。同时也可进行跨领域的经营,通过将不同领域的知识产权进行整合和组合,实现更大的商业价值。常见的知识产权运营模式有:

第一,交易中介型运营模式。这种模式包括专利经纪商、在线交易平台、现场拍卖等多种形式。

第二,专利池型运营模式。专利池是指由多个企业、研究机构或个人共同拥有并管理的一批专利的集合。这些专利通常属于同一技术领域,在形成技术标准基础上,汇集更多专利权人加入,将各自的专利投入专利池中,可以获得其他成员的专利使用许可。专利池的组建一般须通过"研发＋运营"或联合行业内的专利密集型企业共同实施来实现。该种运营模式下,通常由一个管理机构或组织来协调成员之间的专利许可和管理事务,例如制定许可协议、收取专利使用费等。

第三,综合服务型运营模式。这类运营模式在实务中有多种表现,比如发明投资基金、"技术＋资本"股权投资基金运营、管理方案供应商等模式。这里简要介绍技术转让办公室模式,这是目前在世界范围内被普遍接受的一种模式。大学作为经济增长的引擎,越来越多地通过知识产权的商业化和技术转让服务于社会和产业,特别是一些综合性研究型大学普遍设置了技术转让办公室等机构。大学技术转让中最首要的商业机制是许可协议(专利/技术许可)、研究合资企业以及以大学为主导的新兴企业。通常技术转让办公室与负责研究机构或高等院校科研管理的研究资助办公室平级,研究资助办公室负责学校科研的前端工作,主要代表学校签订纵向和横向研究协议,并对研究项目进行全过程监督,而技术转让办公室则负责学校科研的后端工作,主要是技术转移及知识产权经营。技术转让办公室通常实行全程专人负责制,每项发明专利由一名技术经理负责从受理一直到收取和分配专利许可收入的全过程。[①]

第二节 知识产权商业化决策管理

企业在作出知识产权商业化决策前,往往需要考虑如下一些问题:知识产权商业化应采取何种知识产权经营模式?其决策依据是什么?什么情况下企业应实施专利,什么情况下应转让、进行专利许可?权利人或企业如何实现知识产权收益最大化?如何增强企业知识产权运营能力?

一、技术成果商业化决策一般流程

技术成果商业化决策与专利申请决策相似,都应当遵循相关人员提案、评审人员审核的流程。

提案人应当在计划书中指明技术成果商业化方案的具体模式和内容,并详细论证方案实施的可行性,包括对技术法律状态和市场前景的预测、技术与企业战略方向的密切程度、技术的再创新空间、技术交易相对方的信誉等。

对于提案人的商业化方案,企业应当组成包括管理人员、技术人员和销售人员在内的评审委员会,从各个角度对商业化方案加以审核(见图5.3)。

[①] 郑伦幸、牛勇:《江苏省专利运营发展的现实困境与行政对策》,载《南京理工大学学报(社会科学版)》2013年第4期。

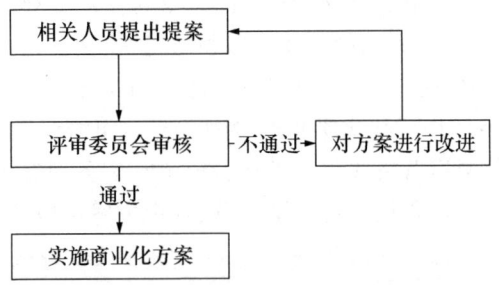

图 5.3 技术成果商业化决策流程

(一) 主要参与机构

表 5.4 技术成果商业化决策的责任部门和协助部门分工

	知识产权协调机构(管理高层负责人)							
	管理高层	法务部门	人力资源	研发部门	市场部门	行政部门	财务部门	各部门
商业化方案提出				●	○			◎
商业化方案论证		●			○			◎
商业化方案决策	●	○				○		◎
商业化方案实施		○			●	○	○	
●责任部门 ○协助部门 ◎配合部门								

审核过程中企业需要考虑的主要问题包括：拟实施商业化利用的技术成果是不是企业独有的；如果不是，企业有没有权利支配该技术成果；如果选择自行开发产品，企业有没有配套的技术和资源；这种商业化模式是不是能给企业带来最大的利润；受让技术的公司将来会不会成为本企业的竞争对手。

(二) 知识产权的实施、许可和转让控制程序

知识产权的实施、许可和转让控制程序是指根据相关法律法规和合同约定，对知识产权进行有效管理和运营的一系列程序和控制措施。这些程序和措施旨在确保知识产权的合法性、有效性和可控性，确保知识产权的合法有效利用，保护权利人的权益，促进知识产权的创造、传播和利用。设置此类程序是知识产权运营规范化管理的一部分，通过对公司已获取的知识产权实施、许可和转让进行规定，以确保知识产权得到合理运用。该类程序富有"二阶观察"之意，意在根据

实践经验和学说指导,通过程序、规程等企业内部化制度规范运作,控制风险,并将其用于整个生产经营活动中。就职责履行而言,可以由高层领导参与的专设机构或总经办负责管理知识产权的运用,并组织知识产权的评估;技术部门负责知识产权的实施工艺开发及改进。

实施控制程序是对知识产权的实施过程进行管理和监督的程序,包括确权、登记和监测等环节。确权是指对知识产权的主体、对象和范围进行确认和确立;登记是指将知识产权的相关信息进行备案和登记,以便进行管理和监督;监测是指对知识产权的使用情况、侵权行为等进行监测和追踪,及时发现和应对侵权行为。许可控制程序包括许可的条件、范围、期限等的确定和约定,以及许可的登记、监督和纠纷解决等环节。许可控制程序的目的是确保许可行为的合法性和有效性,防止滥用知识产权等。转让控制程序指对知识产权进行转让管理的程序,包括转让的条件、方式、范围等的确定和约定,以及转让的登记、监督和纠纷解决等环节。转让控制程序旨在确保转让行为的合法性和有效性,防止滥用知识产权,维护知识产权市场秩序。

(三)知识产权商业化决策的一般框架

知识产权商业化的最常见形式是对其组织内部开发的知识产权进行商业化。知识产权商业化是一个涉及众多要素的复杂过程,需要考虑多个方面的制约及影响因素。

第一,在进行知识产权商业化之前需要考虑的问题。知识产权的成功商业化通常是组织知识产权战略的主要目标之一。并非所有知识产权都可以立即商业化,也不是所有的知识产权都应该为了利润而被开发,而是可以在运营的基础上在内部使用,或者向公众许可免费使用。在商业化知识产权资产之前,通常应该结合企业自身的知识产权战略来设计与定位知识产权资产的运营方向,即根据知识产权总体战略来确定知识产权商业化与运营策略,包括处理知识产权资产的方向、办法等。

第二,商业化配置与执行。商业化配置、商业化结构及采用的模式与方法等是知识产权商业化必不可少的环节,也是知识产权商业化的核心工作。企业或个人的知识产权在商业价值转化过程中,需要权利识别与评估、商务模式设计等。实现知识产权商业化决策的一般步骤包括:

一是识别和评估知识产权。企业或个人需要识别和确认自己拥有的知识产权,包括专利、商标、著作权等。同时需要对知识产权进行评估,确定其商业潜力和价值及其在市场上应用的可行性和竞争力,包括市场需求、竞争环境、技术成熟度等因素。评估知识产权的目的是考量其商业化前景,为商务模式创新提供基础。

二是商务模式设计与创新。基于对知识产权评估的结果,设计适合的商务模式。商务模式是指将知识产权转化为商业产品或服务，并获得收益的方式。商务模式的设计需要考虑市场定位、价值主张、盈利模式等因素。商务模式创新包括产品创新、市场创新、渠道创新等方面。例如，在将知识产权转化为产品或服务后，可与其他企业合作开展联合营销，或者通过互联网平台进行在线销售等方式盈利。选择和建立最合适的商业结构是知识产权商业化成功的关键。知识产权商业化的五个最常见模式为内部开发、许可、委托使用、分拆公司、合资公司等。采用何种商业化结构或模式取决于组织的目标和期望、知识产权的性质、知识产权商业化所需资金和资源的丰裕度等因素。

三是选择商业化合作伙伴并建立合作关系。建立合作伙伴关系是实现知识产权商业化的重要步骤。合作伙伴可以提供市场渠道、技术支持、资金等资源，帮助企业将知识产权转化为商业产品或服务。为知识产权资产的商业化选择合适的合作伙伴与选择正确的商业化结构同样重要。为了使商业化成功，商业化合作伙伴必须与企业协力朝相同的目标努力。潜在合作方所具备的商业化项目的资源(包括财务和其他资源)、在相关技术及商业化运营等方面的专业水平、在市场上的声誉和影响力等会影响合作伙伴的选择。

在与潜在的商业化合作伙伴达成协议之前，企业必须对相关实体进行全面的尽职调查，以确认该实体是否拥有开展商业化活动所需的资源和专业知识，并且能够满足合作需求。全面的尽职调查流程应包括对实体的财务稳定性、法律风险、技术经验和基础设施的详细评估，以及与第三方的现有合同关系。在对任何潜在的商业化合作伙伴进行尽职调查时，组织应寻求法律、审计等专业人士的建议和协助。

四是建立有效的知识产权保护机制，监督和维护知识产权。可以通过申请专利、商标注册等方式来保护知识产权，防止他人侵权。同时，需要及时监督市场情况，发现和应对侵权行为。

二、知识产权运营与商业化风险管理

知识产权商业化将不可避免地涉及风险，企业应当将风险控制在可接受的范围，在识别风险点的基础上对其进行评估、管理。为了识别知识产权运营与商业化中的潜在风险，企业需要进行必要的尽职调查，主要包括收集与特定知识产权资产商业化相关的信息以及对已识别风险进行评估等工作。

(一) 知识产权运营风险点识别

依据PFI理论中互补资产模型、风险管理等相关理论框架，结合知识产权价值链，本节总结出商业化各环节中常见的问题。这些问题有利于分析特定知识产权资产商业化的可行性，并有助于企业识别知识产权运营的风险点。

1. **知识产权的所有权**
- 企业是否拥有知识产权？如果有的话，是否有共同权利人？
- 企业是否拥有将知识产权商业化的必要权利？
- 企业是否签订了知识产权转让等合同而限制了企业的权利商业化？

2. **知识产权的性质**
- 知识产权有效吗？
- 知识产权的优势是什么？
- 知识产权剩余有效期是多少？
- 知识产权的保护范围有多大？
- 知识产权是否能受到法律保护？
- 知识产权资产需要进一步开发吗？
- 知识产权预估的商业生命是多久？（与法律有效期相对）

3. **开发阶段**
- 是否已经处于适合知识产权商业化开发的阶段？

4. **对潜在侵权行为的回应**
- 谁是你的竞争对手，他们尊重知识产权吗？
- 谁是可能的侵权者？
- 企业是否已做好知识产权维权的准备？

5. **潜在市场**
- 谁是潜在的被许可方、受让方或其他客户？
- 潜在市场的规模是多大？
- 知识产权成功进入市场和停留在市场的可能性是多少？
- 是否有适合的替代产品？
- 估计的财务回报是多少？
- 商业化会促进该企业的竞争优势吗？

6. **所需资源**
- 企业是否有适当的技能、足够的人力和其他资源将知识产权商业化？
- 知识产权商业化的财务预算是多少？
- 商业化的方法是什么？

（二）知识产权运营风险管理框架

从风险识别到风险评价再到风险应对，是知识产权运营风险管理的基本逻辑。在对风险的种类和性质进行识别后，需对风险程度进行评估，估算风险事件发生的概率，而后判断风险后果如何，并制定、采取有针对性的应对措施。

1. **风险评估**

风险管理离不开对风险事件概率的估算。这里提供一个风险评估表作为参考。在下面的示例风险评估表中,每个风险事件的可能性按数字等级从1(非常不可能)到5(非常可能)进行排名,风险事件后果的严重程度按照从轻微到中等到重要的等级进行排序(见表5.5)。

表 5.5 风险评估表

商业性计划 ABC									
风险事项	风险发生的可能性					后果严重性			推荐措施
	1	2	3	4	5	小	中	大	
事项1			×					×	措施1;措施2……
事项2				×			×		措施1;措施2……

风险评估表便于管理者评估出特定知识产权资产商业化所涉及的风险等级,并有利于企业就风险管理机制作出必要的决策。

2. 风险管理机制

一旦评估了各种风险,后续就需要决定采用最合适的风险管理机制。有许多方法可以管理知识产权商业化中可能出现的潜在风险,最合适的风险管理机制将取决于知识产权的性质和风险类型。

第三节 不同商业情境下的知识产权运营管理

在企业投融资、兼并收购、招投标、公司上市等众多商务情境下,著作权、专利、商标等知识产权扮演着重要角色。本节介绍国内外不同商务情境下的知识产权运营管理。

一、不同商务情境下的知识产权管理概述

知识产权是企业商务中不能回避的核心事项,它们或为某方企业最关心的部分,或为有关各方争议的焦点,或影响到企业关键业务的开展及成败。如在一些兼并收购中,收购方可能看中的就是被收购方的某些知识产权。在企业开展业务时,结合特定商务情境,对知识产权进行有效管理,是知识产权管理的重要构成部分,也是现代市场经济中金融制度、交易制度发展到一定程度之后的必然产物。通常特定的业务会有专门的律师事务所从事非诉业务的律师团队来执行,比如在技术转移类业务中,技术供给方向技术需求方转移转化的过程中,通过开展技术尽职调查进行风险防控,为合理定价提供依据,避免转移失败,规避投资风险等。其中既有共性内容,也有具体化、特定的行业内容,是知识产权战略等基础原理与商业的结合。此外商务情境中的知识产权管理不仅涉及企业的

自我决策,而且兼具公共政策性,如针对某些交易环节的程序上的强制性要求是对公众负责的体现。不同的商务情境下有不同的业务特点,需要制定不同的商务运营管理模式。

(一)商务情境特点及业务性质

第一,通常涉及多环节、综合性业务。全程涵盖众多领域内容,多专业交叉,复合性强,通常只有复合型人才方能胜任。

第二,每一项相关交易都具有唯一性,且都有时间和预算的限制,通常以项目的形式开展,适用项目管理的方式。

第三,实践性强。在实践中广泛存在,是市场经济逐渐发展完善之后常见的交易形式,需要借助于现代金融制度、法律制度。

第四,法商高度结合,需要将法律服务和特定商业目的结合。如管理实践中普遍需要尽职调查,评估相关风险及价值。

第五,通常需要兼顾风险防范和商业发展。相关业务开展需要风险及价值评估,既要保护相关权利,又要考虑业务发展需要。

(二)主要业务类型

由于商务情境的差异,业务类型具有多样性,主要包括投融资、知识产权质押、风险投资(VC)、私募股权投资(PE)、收购兼并、招投标、企业上市、合作研发、技术转移等。企业为确保上述业务的顺利开展,往往需要进行尽职调查。如一家投资公司打算向一家拟上市生物医药企业投入几亿元,该投资方看中的是该企业拥有几项专利权,业内看好这几个专利的基础性、领先性,有望成为一个新兴产业中基础性的专有技术,某律所受托开展尽职调查。再比如某项技术合作中,需要调查目标技术的真实情况,需要对拟转移的技术及相关专利进行调查,需要以现有技术、本技术发明人申请的专利、其他申请人的相关专利、技术秘密、发明人等为调查对象进行尽职调查。

二、商业活动中的尽职调查原理与一般程序

(一)尽职调查概念及内涵

尽职调查是在签署合约或进行其他交易之前,依特定注意标准及规范,对合约、交易相关人或公司展开的业务调查,以便评估目标公司及其资产的真实性及价值。尽职调查可以获取并核实作为目标公司估价依据的相关信息,确认某些保证、承诺及损害赔偿条款的必要性及目标公司提供上述条件的能力等。有效的尽职调查可以降低成交后可能出现的风险概率。尽职调查通常由专业机构比如律所等接受委托,按照特定的注意标准和程序有序开展,让决策者在决策前可以获取更多系统化的、可靠的信息,包括成本、利益及风险等,以便作出更为理智

的决策。作为尽职调查的一种具体形态,知识产权尽职调查是指基于特定的商事需求,委托第三方专业机构或人员对目标公司的知识产权信息进行全面性收集、调查及系统性梳理、分析,为委托方或预期投资者提供目标公司可能影响预期商业计划或其他关键因素的内容,最终形成专业性综述报告的非诉讼法律服务活动。①

1. 知识产权尽职调查并非纯粹的专利评估,而是一项法律程序

相较于仅对权利进行纯粹的分析与估值的专利评估,知识产权尽职调查并非纯粹的专业性评估活动,而是综合考虑经济、技术、法律、市场等多方面因素,通常会确认、审查并分析知识产权组合,使知识产权资产的价值和潜在问题明朗化,比如对知识产权的所有权、权利范围及可执行性、未来可开发潜力等进行多层次、多角度的调查与评估,并最终给出综合性的结论和建议。由于知识产权客体的无形性,以及专利等知识产权本身的复杂性和专业性,尽职调查对权利的真实性、有效性及技术价值、经济价值的分析有其必要性。

在首次公开承销、改组/重组、业务外包和公有制企业私有化、大型项目投融资等类别的商业情景中,相关交易及商业性活动不仅关乎企业或权利人个人,而且涉及社会公众等更多利益相关者的权益,这正是交易结构公共性的体现。在此种情况下,对知识产权进行尽职调查是开展相关经济活动必要的法定程序。当然,负责尽职调查的机构或企业对调查结果的真实性应承担一定的法律责任。

2. 知识产权尽职调查具有广泛性

现代市场经济中的各种经济活动,特别是大型投资具有不可逆性。面对市场的不确定性,相关交易及投资活动往往涉及重大经济风险,其中所涉的知识产权问题相对比较复杂,因而在对任何知识产权资产进行投资之前,都需要对知识产权资产的状况进行调查和确认。知识产权尽职调查应用广泛,适用于并购、合资、其他许可协定、风险资本融资、首次公开募股以及知识产权资产证券化等众多领域。当然,特定涉知识产权的经济活动对尽职调查的深度和广度及侧重点、要求不同,如投资中的知识产权尽职调查侧重专利权稳定性分析、专利权侵权风险、专利权保护范围、技术自由利用分析、上游技术的权属风险、发明人奖励等。

在一些特定的应用场景下,还需要对专利技术进行自由运作尽职调查,即对实施该技术是否可能侵犯他人专利权和违反其他法律法规的规定进行调查和研究。开展专利尽职调查有助于预防侵权争议、控制运营风险、防止专利欺诈、避免研发和投资浪费、降低交易费用等,从而整体提高专利运用的水平。

---

① 袁真富:《论专利交易的风险调查——以法律风险为主要视角》,载《中国发明与专利》2009年第12期。

3. 知识产权尽职调查通常以项目形式开展

尽职调查是一类经典的非诉业务,在知识产权实务中被广泛应用。这类业务专业性强,结合特定商业情景围绕知识产权的权属、转让、许可等展开,进行风险分析和价值评估,为项目提供决策支持。

(二)尽职调查的目的与作用

调查目的可以概括为两类,一类是核查确认,另一类是估价。确认内容包括权利权属关系和权利内容、权属关系有无瑕疵及法律风险。比如评估知识产权可能被判无效或不能实施的风险;基于知识产权的范围,评估其与产品的相关度等。估价包括评估相关权利在行业内的竞争力、对企业利润的贡献度、可能给业务发展带来的不确定因素等,为实施收购条件及与收购相关的合同提供参考。事实上,调查的实际深度取决于必要性预算等,客户要求深入的调查需要专利代理人与律师的默契配合,及早发现并解决问题。

在投融资领域,知识产权确认及评估等相关目的可以为是否继续交易提供依据,尽职调查可以获取并核实作为目标公司估价依据的信息,确认某些保证、承诺及损害赔偿条款的必要性及相对方针对上述条款的履行能力,降低成交后可能出现的如涉诉、新产品无法推广等风险。

尽职调查近年来也成为一种应用于企业内部的定期开展的管理手段。比如为了技术创新和参与市场竞争需要,企业通过尽职调查了解企业知识产权现状及其潜在风险,以便尽早制定对策和解决方案,从而减少自主创新的盲目性,探索更有利于提高技术创新水平的研发路线及知识产权战略等。

(三)知识产权尽职调查开展的思路

根据调查内容、实施逻辑顺序等差异,知识产权尽职调查可遵循不同的思路展开。

思路一:以是否是权利、权利效力(包括时间效力、范围效力、关系效力等)几个方面为切入点。其中权利归属、所有权问题常涉及知识产权许可等事实调查。具体而言,涉及的问题包括:确定知识产权是否归属于目标公司?是目标公司单独所有还是共有?许可的类型、期限及区域分别为何?该许可事项是否会影响企业的后续利用?此外,可以通过自由运作尽职调查了解相关权利是否真实、是否还有效、技术本身价值如何、是否侵害了权利人的合法权益、有没有潜在的侵权风险。

思路二:为更精准识别知识产权财产,假定相关知识产权均是完整的、无瑕疵的,在此基础上识别知识产权效力和价值减损的事项,全面了解权利许可、控制权变更、可转让性、对发明人/作者的义务、第三方侵犯目标公司的知识财产、目标公司侵犯第三方权益、涉诉等情况,然后再对知识产权进行核实与估价。

两种思路可结合使用。在实践中,一些专业尽职调查团队已经借助技术开发出相关软件,大大降低了操作的复杂性,使尽职调查更为程序化、流程化、规范化。

(四) 知识产权尽职调查常规程序

以专利尽职调查为例,尽职调查常规程序可分为尽职调查准备、调查实施、调查结果分析、调查结果汇报和应用四个环节。以下根据中华全国律师协会颁布的《知识产权尽职调查操作指引》给出受托方尽职调查通常的程序。

(1) 发出需求:委托方因相关项目存在知识产权尽职调查需求,通过定向询价或者开放式招标形式以招徕受托方;

(2) 提交报价:无论是定向询价还是开放式招标形式,有意向的知识产权尽职调查单位均应向委托方提交书面的报价单或者服务方案;

(3) 确定委托:委托方针对项目的实际需求,根据报价情况选定知识产权尽职调查服务单位,签署委托合同,确定委托关系及尽职调查内容;

(4) 立项组队:委托方与受托方双方对知识产权尽职调查项目分别立项,各自选定合适人员组建团队;

(5) 制订计划:受托方根据项目实际情况及时间节点,制订工作计划及尽职调查内容清单;

(6) 前期调查:受托方根据委托方提供的初步资料以及互联网公开渠道,对项目所涉尽职调查目标进行前期调查;

(7) 资料搜集:受托方根据前期调查情况,结合实际需求开列资料清单,分别通过委托人提供、被调查单位提供及自行搜集等方式搜集资料;

(8) 访谈走访:受托方结合项目实际需求,针对目标单位实际控制人、股东、高级管理人员、核心技术人员等分别制作访谈清单,通过走访获取相关信息;

(9) 核查信息:针对委托方、目标单位提供的资料以及访谈获悉的内容,要求相关单位及人员进行真实合法性承诺,同时受托方还需通过政府部门、第三方机构等有公信力的渠道对相关信息及资料进行核查确认;

(10) 与第三方机构沟通交流:在知识产权尽职调查过程中,还应在委托方的组织下,与评估机构、会计师等第三方机构保持良好沟通,如对进场安排、资料搜集、访谈安排乃至信息核实等各方存在重合或者可能互有影响的部分应当及时沟通交流;

(11) 撰写报告:受托方根据调查获悉的资料及信息进行全面分析,并据此起草撰写知识产权尽职调查报告;

(12) 反馈与修改:根据委托方及相关机构对知识产权尽职调查报告初稿的反馈意见进行必要的调整与修改;

(13) 补充尽调:在基准日等时间节点发生变化、主要知识产权标的发生变化或者确有必要的情况下,根据项目实际需求,开展补充知识产权尽职调查;

(14) 完成报告:结合知识产权尽职调查(含补充尽调)的结果,参考委托方的反馈意见进行最终调整,完成知识产权尽职调查报告;

(15) 归档备查:按照法律规定、合同约定及单位内部要求,进一步核查知识产权尽职调查过程中的工作底稿,尽调报告后进行归档以备查阅。

(五) 知识产权尽职调查的挑战与应对

尽职调查类型多种多样,企业可以自行实施与开展,也可以委托外部专业机构开展。大型项目涉及知识产权数量众多,业务类型复杂,这类项目往往需要委托给专业机构。实践中,知识产权尽职调查会面临一些困境,比如调查时间紧迫、信息不对称等情况。知识产权尽职调查是一种复杂业务,应对挑战的思路通常为组建具有专业背景的专业团队,常用的方法是定期举行进度会议,包括团队成员之间的会议以及与委托人之间的会议。

(1) 强化过程管理,加强尽调的客观性及规范性,保证尽调的合理性及数据完整性,有序开展。被收购方要求与进行调查的收购方签订保密协议是非常有必要的。

(2) 以信息技术赋能尽调过程,同时借助于信息技术,以专业的软件开展相关业务。

(3) 合理分组,协同工作。比如兼并收购的参与人员及组织在大型调查项目中,通常由三个小组同时执行相关调查,如一个小组负责调查自由运作问题,一个小组负责调查目标公司知识产权的范围、有效性和可执行性,还有一个小组则负责确认知识产权的所有权,并调查相关知识产权的可转让性。

三、企业并购过程中的知识产权尽职调查

(一) 并购及其知识产权管理概述

兼并收购(简称"并购"),指一家企业以现金、证券或其他形式购买取得其他企业产权,使其他企业丧失法人资格或改变法人实体,并取得这些企业的控制权的经济行为。随着经济的发展和市场制度的逐渐健全,企业并购已经成为市场竞争的一个重要手段,在企业实践中,并购不仅成为企业做大做强、站稳市场的途径,而且也是挤占对手、打击对手的战略。事实上,许多公司主要的价值点在于其知识产权。知识产权已成为并购中决定公司价值的主要因素和交易中重要的资源,对企业来说,如果公司不能积极掌控、保护和维持知识产权,就可能被要求停止使用、支付许可费用,或者被迫应对消耗大量金钱和时间的知识产权争议诉讼。

一般来说,并购交易中的知识产权尽职调查,可以帮助企业直接、快速取得所需的技术,获得进入某区域市场或特定产业的通行证。除此之外,近年来并购和诉讼结合的现象也愈来愈引起理论界和实务界的关注。长期以来,知识产权诉讼一直被用作企业实现战略目标的工具,以此对抗竞争对手。这些战略目标似乎越来越多地与并购活动重叠。兼并收购越来越策略化,成为企业追求规模效应、协同效应、财务效应之外的新的战略目标。在一些成功并购案例中,虽然企业之间的收购、合并耗费巨资,但目标企业知识产权等无形财产价值给收购企业带来的价值和利益往往更大。

随着中国改革开放、市场经济的发展和经济体制改革的深入,企业并购因逐渐成为资产重组和产权流动的重要手段而越来越受到重视。无论是中国企业大量收购境外企业,还是国内企业之间的并购,近几年都涌现出不少经典案例,如联想收购IBM电脑事业部、吉利收购沃尔沃汽车等。2008年金融危机后,国内一些企业对境外高科技企业的大批量收购蔚为壮观,对提升我国企业国外市场占有率、抢占行业制高点有积极作用。近年来,国内企业之间并购的案例也逐渐增多。总体来看,在一个市场内顺利开展知识产权相关的并购,需要以下几方面的支持。

第一,高端服务业的支持。如缺少能开展尽职调查的律所或相关机构,缺少相对公平的定价与核算机制,这类业务很难规范开展。

第二,市场经济及相关法律制度的支持。管制相对宽松的市场经济环境下,允许市场主体自主决定其经营行为,这是该类业务发生的一个制度基础。

第三,金融制度的支持。一些特定情境的商业交易,如公司上市、创业板上市等,和金融制度直接相关。一些规模比较大的收购需要资金、股权方面的配置与安排,离不开融资及金融市场的支持。

第四,公共政策的支持。如果一些国家和地区出于产业安全、维持本地区技术优势等考虑,严厉禁止某类技术转移或业务并购,以特定的政策限制或约束这类行为,那么对该地区企业的并购业务、技术输出导向的活动就不易开展。如2008年高智进入韩国市场并购买约200个项目的知识产权,对三星、LG等韩国企业构成潜在威胁。韩国政府通过下发文件等形式,禁止韩国大学实验室、研究机构和企业向高智出售知识产权。[①] 日本政府也要求相关科研院所和企业不得向高智出售技术和创意。为了防范非生产实体有目的、有针对性地收购特定战略性行业的专利,通过兼并收购等方式获得关键专利、基础专利,越来越多的国家和地区对相关交易设置事先审查条件。

---

① 《韩国应对高智发明的做法》,载《经济参考报》2013年4月11日。

（二）并购中知识产权尽职调查的必要性

1. 识别知识产权财产

知识产权行政确权和法律保护通常依照不同的规则，由不同的系统进行。实践中会有这样一种说法，专利局所批准的专利还不是真正的专利，只有经过司法诉讼审判程序维持下来的专利，才是真正过硬的专利。在一些并购案件中，收购方没有进行尽职调查，或者尽职调查不彻底、不周密，导致没有识别目标企业知识产权资产而无端付出高价。

2. 避免欺诈等知识产权风险

在专利交易中如缺少尽职调查，难免出现以假乱真、以次充好现象，这种欺诈现象在大量专利打包交易中更容易出现。例如，国内某石棉制品厂与美国一家公司合资生产刹车块布，美方要中方支付 300 万美元使用专利技术的入门费。中方对美方的专利技术情况进行调查，结果发现美方根本没有自称的所谓专利，却仍要求对已经处于公有领域的所谓"专有技术"支付费用，在谈判中中方向美方指出了这一事实，美方不得不同意降低技术使用费，最后协议使用费仅为 30 万美元。

3. 确认是否能获得相关技术

以知识产权为主要标的的并购交易可以帮助企业直接、快速获取企业所需要的技术，获得进入某区域市场或特定产业的通行证，经由尽职调查，确认相关技术的真实性及价值。

4. 不充分尽职调查的危害及风险

尽职调查可以充分认识和评估并购交易中的法律风险，避免出现"并购后遗症"带来的相关纠纷，比如因未能认识到交易可能造成重要知识产权的改变或损失，引致知识产权诉讼，或因权利义务约定不当引发反垄断诉讼等。现实中，确有部分公司因专利无效、不可执行等情况在收购完成后"昙花一现"。

（三）并购中知识产权尽职调查内容

从信息角度来看，知识产权尽职调查要获得三类核心信息：第一类，知识产权和相关合同的存在事实或信息；第二类，相关知识产权风险；第三类，关乎未来整合的潜在问题和挑战。这类似于需要对一个有战略意义的期权进行评估。买方在知识产权调查中，要确保在购买合同签订后没有意外发生。卖方在知识产权调查中，通过尽职调查力图挑选适合转让给潜在买方的知识产权。需求决定调查内容，知识产权调查对相关权利状态及其潜在价值进行核实与评估，有助于完成目标知识产权的信息核对，为后续的权利再利用与整合奠定基础。尽职调查内容主要包括审查各类知识产权证明文件，例如专利申请文件、授权证书、年费缴纳文件、转让文件和手续等，核实目标公司是否确实获得了权利，审查在审专利的申请状态,查找对比文件等审查技术合同及各类协议中的知识产权条款;审查知识产权许可协议和已有的自由运作报告等。此外,为确认风险和保全证据来支持调查结果,体系化的知识产权调查能够固定关于目标知识产权详细事实的证据,使对知识产权的可转让性和潜在买方使用权的系统分析成为可能。

1. 基本信息及知识产权权属信息

该部分主要对权利属性进行核查,确认权利的真实性,确保目标公司拥有相关知识产权的完整权利并能够向收购方公司明确转让。企业基本信息及企业采取的相关制度直接影响到某些权利的有效性。企业基本信息涉及经营范围、商业运作模式、主要产品等企业涉知识产权制度、保密措施相关制度,具体包括企业内部关于职务发明的规章制度、企业关于商业秘密保护的规章制度、与知识产权相关的股东会(大会)决议、董事会决议、重要的会议记录,知识产权管理规章制度、相关的委托合同等。知识产权权属信息包括权利的起止期限、权利主体等。如权利主体方面,确认相关权利是否有其他共有权人,共有权人是自然人主体还是法人主体,总分公司、母子公司之间对公司商标、专利权的所有权、使用权归属的约定等;①权利类型方面,明确企业所有、与共有人共同所有及本企业只具有使用权的发明、外观设计、实用新型、商标、软件等著作权、半导体布图设计权等。知识产权实际运营中还存在大量许可和被许可的情形,会对知识产权权属问题产生影响。类似物权法中的"买卖不破租赁"原则,知识产权转让前的正常许可有效性不受转让影响。因而在尽职调查过程中,需要核查特定知识产权的许可情况,如是否有被许可人,许可方式是独占许可还是普通许可,关联企业与实际控制人对知识产权是否有支配权,地方政府、主管部门对相关知识产权的许可是否有限制性的规定,是否有影响权利实现或者权利流转的优先权人,以及与之有关的诉讼、仲裁或者行政机关的行政决定等。通过填写企业知识产权登记清单、知识产权申请清单等文本,可以部分呈现目标企业知识产权基本权属信息。这个环节和工作也需要审查相关技术合同,包括技术共同开发合同、委托合同,以及各类协议中的知识产权条款等,还包括过去或现在发生的知识产权诉讼、仲裁情况说明、判决书和行政机关的处罚通知书。②

在相关实践中,通常该类工作由"所有权调查小组"来负责和开展。在对这些文件进行审核之后,为解决一些有争议的问题,在条件具备情况下,调查小组可安排发明人和专利律师进行面谈,并通过对所指定的发明人与目标公司签署的相关协议进行审核,确认该发明人所完成的专利是否属于应向目标公司承担的职务义务。调查小组还应查明发明人是否对第三方承担任何义务,因此调查

---

① 孙卫星、朱瑜雯:《刍议文化产业的知识产权质押融资》,载《中国律师》2013年第4期。
② 贾晓海:《企业并购中的知识产权尽职调查》,载《今日财富(中国知识产权)》2010年第1期。

小组须对与外部融资、合作、联合开发等事项相关的文件进行调查,以查明是否有任何赞助人、合作方或联合开发合伙人对目标专利享有任何权利。①

2. 知识产权有效性和可执行性调查

知识产权有效性和可执行性不能完全依赖相关证书等文本证据。世界各国在专利确权阶段可能存在遗漏或差错几乎是普遍现象。因此,获批相关权利并不意味着权利在后续使用和转让时的有效性及可执行性具有充分保障。为此,需要从专业角度对相关目标知识产权的权利要求等进行分析和论证,确认权利是否客观真实,确定目标公司知识产权的范围、有效性和可执行性以及目标知识产权的价值和可利用程度。为了确定专利的有效性,在评估权利要求范围时,首先需要解释相关专利和专利申请的权利要求。权利解释主要是基于内部证据,包括权利要求本身、专利说明书以及专利申请历史等,对专利权利要求进行解释。如果内部证据不足,也可以依赖外部证据,如权威书籍、专业字典等。其次,需要明确专利权利要求的范围,以确保权利要求范围覆盖所要转让或许可的产品和技术。

3. 专利权尽职调查内容

具体到专利领域,专利权尽职调查主要结合相关资料及信息,针对目标公司相关专利的申请授权情况、专利权权属状况、法律状态、运营情况、涉诉情况及法律风险等方面展开。为方便分析,这里把相关审查事项进一步分为基本情况、专利取得来源、许可及质押情况、影响专利稳定性因素、涉诉情况、竞争对手情况等几个类别,每个类别包括具体的审查事项(见表5.6)。

表5.6 专利尽职调查审查重点

序号	类别	事项	审查重点	证明及文本、凭证等
1	基本情况	专利清单	专利及专利申请的类型、名称、申请号、申请日期、公开(告)号、公开(告)日期、授权日期、有效期限、法律状态、转让情况、许可情况等	专利证书及专利登记簿副本、授权文本、申请文件回执等
		已授权专利情况	相关专利的真实性、结构特点等	专利证书、专利登记簿副本、授权文本、有效期限、年费缴纳凭证
		在审申请	相关官方发文,相关申请的真实性、获得专利授权的可能性	申请文件提交回执、专利申请受理通知书、进入实质审查通知书、审查意见通知书及缴费凭证

---

① 王宁玲、吴晓群:《全球创新浪潮下的知识产权尽职调查》,载《今日财富(中国知识产权)》2010年第4期。

（续表）

序号	类别	事项	审查重点	证明及文本、凭证等
2	专利取得来源	自行研发专利	研发利用的物资技术来源，以及专利权证书、技术研发记录文件等	技术研发记录文件
		委托开发或合作开发取得	委托开发协议、合作开发协议、权利归属相关条款或协议等	委托开发协议、合作开发协议
		个人职务发明取得	职务发明归属协议、发明人或设计人的工作经历、公司内部的职务、发明管理规定等	发明人工作简历、相关管理制度
		受让取得	转让真实性、手续完整性、合法性、权利有效性	转让协议、转让登记证明、专利著录变更证明、变更公告、转让费支付凭证等
		被许可方式取得使用权	相关权利及许可真实性、被许可使用的权利范围、被许可的类型及使用期限约定等	专利权属证明、许可使用协议、许可使用合同备案登记证明、许可使用费支付凭证等
3	许可及质押	作价出资	作价出资真实性等	专利权属证明、专利权评价报告、出资协议
		专利权许可	许可使用期限、许可类型、许可使用的权利范围、合同备案情况	专利权属证明、许可使用协议、许可使用费支付凭证、合同文本
		专利权质押	专利质押的到期赎回、质押的真实性等	专利权属证明、质押协议、专利权质押登记证、年费缴纳记录
4	影响专利稳定性因素	核心研发人员	目标公司与核心研发人员之间的保密协议、竞业限制协议约定的内容以及竞业限制补偿金的发放情况	保密协议、竞业限制协议、竞业限制补偿金发放情况
		专利管理及保护的内部规章制度	相关保密措施	专利管理及保护的内部规章制度
		新加入核心研发人员	劳动合同、保密协议内容以及竞业限制补偿金的发放情况	原单位劳动合同、保密协议、竞业限制协议
		专利稳定性情况	授权专利是否进入复审或无效程序，专利（申请）是否属于技术领域的公知常识和自由技术、是否可能被在先公开	相关外部证据、内部证据

(续表)

序号	类别	事项	审查重点	证明及文本、凭证等
5	涉诉情况	专利涉诉	专利权利有效性、赔偿可能性等	专利权协议相关的诉讼、仲裁等法律文书
6	竞争对手	竞争对手产品和专利情况	竞争对手产品侵害目标公司专利权的可能性；目标公司产品(特别是核心产品)侵害竞争对手专利权的可能性	竞争对手产品专利分析、自身专利权利要求书

4. 国外专利有效性和可执行性的调查

在国际投融资过程中，需要考虑到不同法域和国家的知识产权制度，针对东道国的相关制度特殊情况，开展有针对性的知识产权尽职调查。比如美国专利法中的"不正当行为"(inequitable conduct)及可执行制度对尽职调查提出了特殊要求，一旦认定存在不正当行为，将导致专利权所有人有效但侵权的专利完全不可执行。哪怕仅一项权利要求涉不当行为，专利的所有权利要求就都不可执行。不存在不正当行为可以说是专利权权利的前置性条件。根据美国专利法实施细则 37 CFR 1.56 的明确规定，参与专利申请的每个人都有诚实善意的义务，包括披露与专利实质有关的一切已知信息给美国专利商标局。对美国专利商标局的欺骗行为或故意违反信息披露义务将导致专利申请被驳回。如果证明专利权人在专利申请过程中实施了不正当行为，将使整个专利失效且不可执行，并可能影响专利的延续，还可能受到反垄断和不正当竞争的起诉，增加诉讼成本，并可能面临惩罚性赔偿。因此，不正当行为抗辩可能会影响公司的专利有效性和整体布局。为了确认专利的可执行性，在对美国专利进行尽职调查时，应调查确认在专利获权过程中是否存在不正当行为。

此外，影响专利可执行性的另一个因素是专利维持费的问题。根据美国专利法，具备小型实体资格的单位可以享受向美国专利商标局缴纳的所有费用 50% 的折扣优惠。然而，如果本应支付大型实体费用而实际支付了小型实体费用，在某些情况下可能引发影响专利可执行性的问题。因此，在对美国专利的有效性和可执行性进行调查时，需要确定目标公司是否按时支付了用于确保专利有效的维护费，以及在审查期间和授予专利后是否支付了正确数额的费用。

5. 自由运作调查

自由运作意指能够自由使用目标公司的技术、商标、设计等，而不侵犯第三方的知识产权。进行自由运作调查的团队通常需要专业的检索，可借助于外部专利检索机构，对目标公司在专利和专利申请审查期间引用的文件进行分析。在初期谈判阶段，潜在买方可与目标公司签署保密协议，以便买方获取目标公司技术的基本信息，自由运作调查团队由此确定自由运作检索的初步参数和关键词。外部专利检索机构可以提供自由运作报告，其中包括目标技术说明、所有的检索方法、检索出的相关专利的信息列表（包括专利号、专利权人或受让人、分类号等）、所使用的法律原理、对检索出的专利的评估（包括相关性分析和说明）以及免责声明等内容。

知识产权的有效性和自由运作情况是企业的商业秘密，深度和准确的检索与调查离不开对相关资料的获取与接触。自由运作调查团队应享有一定的特权，可以获得接近相关文件的权限，并基于这些文件给出客观的结论。当然，这种特权建立在信任和商业惯例的基础上，需要签订相关的保密协议。调查团队还可以审核目标公司的知识产权自由运作权和与有效性问题相关的律师意见书。为了进行高效和审慎的调查，调查团队需要签署共同利益协议。如果不具备相关条件，将很难保证最终的调查和检索结果，甚至无法审查与目标公司的知识产权自由运作权和/或与有效性问题相关的律师意见书。

此外，自由运作调查团队需要将目标公司的产品和技术与已确认的专利权进行比较，并对该专利组合的相关性进行分类。如果分析发现目标公司的产品和技术存在侵权风险，调查团队应对相关专利的有效性进行评估。如果涉及特定第三方的专利，应询问目标公司是否了解该专利、是否有涉及该专利的侵权性和有效性的律师意见书、是否已经获得相应的许可并能够在相关领域内使用相关专利发明。在保留律师/当事人特权的情况下，调查团队应审核目标公司就上述专利的侵权性或有效性出具的（或由他方代为出具的）法律意见书。[①]

（四）并购交易中的知识产权政策问题

知识产权审查机制是一种常见的在知识产权投融资及权利变更过程中进行事前干预与风险评估的主动性政策。这种政策看似有公权干预"纯市场行为"的情况，但确是在国际上被多国采用的政策。中国《专利法》第10条规定，中国单位或者个人向外国人、外国企业或者外国其他组织转让专利申请权或者专利权的，应当依照有关法律、行政法规的规定办理手续。《专利审查指南》（2023）第一部分第一章也规定，对于发明或者实用新型专利申请（或专利），转让方是中国内地的个人或者单位，受让方是外国人、外国企业或者外国其他组织的，应当出具国务院商务主管部门颁发的"技术出口许可证"或者"技术出口合同登记证"，或者地方商务主管部门颁发的"技术出口合同登记证"，以及双方签字或者盖章的转让合同。《专利法》第19条第1款规定，任何单位或者个人将在中国完成的发明或者实用新型向外国申请专利的，应当事先报经国务院专利行政部门进行保密审查。凡此种种，究其原因，知识产权并购交易虽然是市场经济行为，但有时

[①] 王宁玲：《海外并购中的知识产权尽职调查》，载《中国经贸》2012年第8期。

会出现敏感技术转移等问题,可能对国家安全产生负面影响,在这种情况下,政府对相关交易的干预有其合理性。这对企业涉知识产权兼并和尽职调查提出了更高的要求,特别是对中国企业"走出去"过程中的一些兼并收购,要了解当地相关知识产权政策,尤其是专利、商标方面的各类政策。

四、知识产权并购管理工作内容

(一)知识产权并购管理主要工作

1. *知识产权并购战略确定与实施*

在所有知识型产业中,知识产权资产对企业构建持续竞争力来说是一种潜在的有利战略要素。并购交易和知识产权资产对企业价值贡献的关联度和可能性有极大的相似性,都蕴含了成长及利用资源的战略性原则,是企业常见的发展策略和方法。事实上,知识产权工作的"有机"发展通常需要投入数量不菲的资金,并且需要持续性投入。良好规划和有效执行的并购交易可开启或加速在交易模式下获取新的战略性知识产权资产,甚至可通过知识资产获取快速成长,直接进入知识产权管理的高级阶段,比如从原来的知识产权管理欠缺飞跃到知识产权管理敏感阶段,从知识产权管理规范阶段跃升到知识产权战略管理阶段,从而相对容易地实现知识产权管理体系的构建与优化。所以,在并购第一阶段的知识产权管理方法中应当最优先识别基于知识产权的战略选项。

2. *知识产权尽职调查*

正如并购交易中所追求的面向知识产权的增长战略,第二阶段的关键目标是获取目标公司的知识产权资产。在这种情况下,明确争议中的知识产权范围和本质是很有必要的。知识产权尽职调查就是为了梳理目标公司知识产权资产信息以促使后期整合。知识产权尽职调查结果有助于确定风险和保全证据。它能够系统分析目标知识产权资产、相关资产的可转移性以及购买者将来在交易范围内使用权的详情。知识产权尽职调查也应用于管理层购买或者杠杆收购,以及首次公开募股、重组、外包等商业场景领域。在一般并购交易中,双方当事人均会实行知识产权尽职调查。在购买方的知识产权尽职调查中,买方要确认在购买协议签订后不会有不可控的风险发生。卖方的知识产权尽职调查中,卖主尽力将选定的知识产权权利转让给潜在的购买者,用持续的知识产权资产巩固目标公司期望的价值。

3. *知识产权风险管理和并购计划*

知识产权管理的第三阶段定位于在知识产权尽职调查中确定风险和弱点。整合带来的挑战以及转移知识产权资产采取的措施,针对其中的问题,需要相关部门和法律顾问协商解决。这个阶段开展积极的知识产权风险管理很有必要,甚至优先于结算。

4. 知识产权合同等识别与变更

为了避免之后目标企业在研发方面与其他公司或业务伙伴签订合作合同带来的潜在冲突,相关知识产权合同必须在尽职调查早期被审查、确认。此外,公司必须确保在结算后双方之间没有利益冲突,这种冲突对交易双方目标公司的价值有严重的影响,比如交易中知识产权的转移没有侵犯第三方知识产权权利的危险。

5. 知识产权整合

与交易目的一致,知识产权导向的兼并关系到商业增值,这同时也意味着高投资和较高的执行风险。基于过往交易的经验,业界已经形成了管控相关风险的理论框架和经验。为了合并后整合项目和知识产权管理,除了详细的日程安排和预算,还应清晰定义和引入团队成员的责任等。在知识产权整合阶段,离不开查明获取的目标知识产权、知识产权的转让以及交易后的使用权情况。整合阶段的其他任务是建立知识产权组织、规定相关权利使用的指导方针、计划和开展培训课程、创立保障措施与物理措施以及监视整合项目内部政策等。

从以上内容来看,识别知识产权资产与收购目的关联性、确认重要的知识产权资产是否明确体现在交易文件内、相关知识产权资产的产权是否明晰、警惕关联企业之间知识产权资产混同及产权不清等应是尽职调查重点关注的问题。并购后知识产权资产的顺利移交和转让、并购行为对被收购方知识产权相关协议的影响、知识产权资产转让过渡期的安排、知识产权侵权风险及责任等内容则是尽职调查后应该重点关注的问题。总之,并购过程中成功的知识产权管理需要综合的战略方法。孤立地定位交易中的知识产权问题是不可取的。理想办法是通过创造高透明度和事先定义的义务与责任来避免承担不必要风险。其他商务情境中的知识产权尽职调查应结合具体商务情境特点决定调查的侧重点和优先顺序。

(二) 企业并购过程中知识产权管理的阶段安排

在并购交易中,知识产权管理方法会辐射整个并购过程。并购过程一般包含了初步阶段(预披露)、交易阶段(成交前)和整合阶段(成交后)。[1]

1. 初步阶段

企业根据自身发展战略制定恰当的并购策略,寻找合适的交易对象。交易战略应当促进目标公司新知识产权资产的使用,获取目标新知识产权资产。

2. 交易阶段

交易阶段包括知识产权尽职调查复核、知识产权整合计划、企业评估、责任

---

[1] Mehdi Farhadi and George Tovstiga. Intellectual Property Management in M&A Transactions, *Journal of Strategy and Management*, 3(1), 2010, pp. 37-45.

的实际转移以及对公司或股权(结算)控制。对目标公司知识产权资产的整个检查可以准确描述知识产权风险以及整合潜力。知识产权尽职调查的目的在于避免对第三方知识产权的潜在侵害,确保知识产权权利在并购期间被谨慎对待并得到妥善处理,这也是是否继续并购交易的决定性因素。

3. 整合阶段

交易成功标志着交易从计划模式走向执行模式。这个阶段将交易阶段中已经识别和鉴定的目标知识产权资产进行整合和管理,旨在优化知识产权结构,实现知识产权价值最大化,并确保知识产权的有效管理和保护。通常企业在知识产权清查和评估基础上,制定知识产权整合策略,根据清查和评估结果,制定合并后的知识产权整合策略。这包括确定哪些知识产权需要保留、整合或剥离,明确如何优化知识产权结构和权益布局以及知识产权权属变更和登记等。

(三)知识产权并购管理交接与过渡期安排

在并购交易完成之后,需要进行知识产权的过渡管理。这包括将知识产权的注册、许可、转让等手续进行变更,并及时通知相关权利人,确保知识产权的合法权益得到保护。同时,还需要进行知识产权登记、备案等工作,确保知识产权的管理和使用的合规性。对于经过登记的一些知识产权资产,需要考虑完成移交和转让的时间问题。并购交易双方需要考虑在这一转让过渡期内,如何约定双方的权利和义务,确保在此期间能够顺利享受和执行该等知识产权。另外,为了确保知识产权的顺利过渡,双方还需要及时对相关信息进行交流和沟通,解决相关问题和纠纷。如在过渡期内,对于需要许可或转让的知识产权,双方进行协商,确定许可或转让的条件、方式、费用等,保证合规合法地使用和运营相关知识产权。完成并购后,组建专门的知识产权管理团队,负责知识产权的管理、维护和运营。这个团队可以由双方知识产权部门的人员组成,或者引入专业的知识产权管理人员。

第六章　知识产权行政管理与政策管理

行政是国家的组织活动,知识产权行政管理是运用国家权力对知识产权社会事务以及知识产权系统自身进行管理的一种活动。知识产权政策是各国或地区为了促进知识创新、保护知识产权持有者的合法权益、推动经济发展与科技进步、维护市场竞争秩序以及平衡公共利益等多重目标,围绕知识产权的创造、保护、运用和管理等方面,通过法律、行政和经济等多种手段,制定并实施的一系列规划、准则和行动计划等行动和措施。知识产权政策通常仅指知识产权制度中非法律形态的部分。促进知识产权层面的决策科学化、合理化,引导构建知识产权生态系统并优化其运行状态,提升国家和地区主体利用知识产权制度的管理能力是知识产权政策管理应有之义。知识产权政策评价评估围绕政策合理性及正当性,可从马克斯·韦伯的价值性与合理性两个维度来考察,以合理的评估模式,采用多种方法进行。本章给出了 3E 评价、政策工具方法、系统调控论等评估与调控方法,其中结合产业政策的 SCP 系统调控模型可用于分析知识产权政策的创新及演化策略。本章还结合相关案例,探讨了知识产权政策咨询的一般框架和方法。

第一节　知识产权行政管理与政策管理概述

一、知识产权行政管理概述

(一)知识产权行政管理的定义及内涵

知识产权行政管理,是指知识产权行政管理机关和取得相应行政授权的组织,依据知识产权法律规范管理国家有关知识产权的事务,为公民和社会提供知识产权公共服务的行为和活动。知识产权行政管理内容丰富,包括管理知识产权资源,制定知识产权政策,监督知识产权法律法规的施行情况,为开展知识产权审查、保护、运用、服务、教育等提供知识产权法律服务的工作。知识产权行政管理专业性强,需要依据相关法律规范开展,其中和知识产权法直接相关的部分通常表现为知识产权的行政确权及相关的管理,包括知识产权争议调解等。其目标在于保障知识产权制度的实施,维护公平的竞争环境等。

知识产权行政管理与知识产权司法二者分属不同的领域,两者在职能定位与作用机理等方面有很大不同,是相互补充、相互制约的关系,首先,二者在职能分工上存在不同。知识产权行政管理部门在负责知识产权的授权、登记等日常管理和服务事务外,还负责对知识产权市场秩序的维护、公共政策管理等;而知识产权司法主要是人民法院通过审判活动对知识产权纠纷进行裁决。其次,二者为相互补充的关系。如在知识产权行政保护与司法保护方面,我国知识产权的保护采取了行政保护和司法保护的"双轨制"模式,共同构成了知识产权保护的完整体系。当权利人知识产权被侵害时,被侵权人可以向人民法院起诉,也可以向工商行政管理机关请求处理,二者各有特点,在程序上、保护范围方面相互补充。再次,二者间相互制约,知识产权行政管理部门的行政权力需要受到司法的监督。如果行政管理部门在行政执法过程中存在程序违法或者滥用职权的情况,当事人可以通过行政诉讼等司法途径要求对行政行为进行审查。例如,专利申请人对国务院专利行政部门的复审决定不服的,可以自收到通知之日起3个月内向人民法院提起行政诉讼,要求法院撤销该行政决定。与此同时,司法机关的判决也会对知识产权行政管理部门的工作产生一定的指导作用,司法裁判在聚焦个案纠纷解决之外,还发挥着塑造公共政策的潜在功能。例如,法院在一些典型知识产权案例中对法律适用的解释及对侵权判定标准的明确,会促使行政管理部门在后续的行政执法、公共政策管理中遵循同样的法律原则和判定标准,确保行政执法及公共政策的合法性和公正性。

(二) 知识产权行政管理的特点与属性

知识产权行政管理的过程体现为国家行政机关依法对国家知识产权事务和相关行政机关内部事务的管理,涉及组织、协调、监督和控制等多种管理手段和方法,其特点可以归纳为:

1. **法治性及服务性**

知识产权行政管理贯穿于知识产权行政授权、确权、处罚、强制、裁决、复议、监督、调解等法治化的环节。同时具有服务性,其根本目的是为公众提供公共服务和公共产品,满足公众的需求和利益。

2. **公共性及社会属性**

知识产权行政管理的主体是国家行政机关,管理的对象是国家事务、行政机关内部事务,具有公共性。知识产权行政管理的目的是为了维护社会公共利益,保障社会秩序,促进社会公平正义,为公众提供知识产权公共服务和知识产权公共产品,满足公众的需求和利益。

3. **专业性及权威性**

知识产权行政管理涉及国家知识产权事务和行政机关内部事务的各个方

面,为实现知识产权法治及服务的目标,需要综合考虑政治、法律、经济、社会、文化、环境等多方面的因素,进行综合协调和管理,具有很强的专业性;同时,知识产权行政管理有赖于国家行政机关依法行使权力,知识产权行政机关作为国家权力机关的执行机关,其管理行为具有法律效力和强制性,公众和组织必须遵守和服从,具有权威性。

4. 经济及文化属性

知识产权行政管理是为经济及文化发展服务的管理活动,既需要考虑经济因素,为经济发展提供良好的环境和条件,促进经济的发展和繁荣;同时要考虑文化因素,保护和传承文化遗产,促进文化的繁荣和发展。

(三)我国知识产权行政管理主要机构

我国已经建设相对完整的知识产权行政体制,整体上呈现出多元和多层次的特点,多元的特点体现为不同的知识产权相关行政管理机构;多层次的特点指各行政管理机构分为中央和地方的不同管理层次。我国现行知识产权行政管理的主体非常广泛,不仅主管同一知识产权的不同层级的行政管理机构间的管理权限不同,而且处于同一层级的主管不同知识产权的行政管理机构间的差异也较大。我国中央级的知识产权行政管理机构设置情况如表6.1所示。

表6.1 我国中央级知识产权行政管理机构设置现状

序号	行政管理部门	主要职责
1	国家知识产权局	(1) 国家知识产权局是国务院直属机构,主要负责对商标、专利、原产地地理标志、集成电路布图设计等知识产权的管理 (2) 负责指导商标、专利执法工作
2	中央宣传部	(1) 负责对版权的管理,对外加挂国家电影局和国家新闻出版署(国家版权局)牌子 (2) 在地方的市或者区层级,宣传部门对本行政区域内版权进行行政保护,其中,行政执法则通过委托的方式由市级或者区级文化执法大队来实施
3	农业农村部	负责植物新品种方面的知识产权
4	国家林业和草原局	负责林业植物新品种、生物安全、生物遗传资源等方面的知识产权
5	海关总署	负责与进出口环节有关的知识产权
6	商务部	负责与国际贸易有关的知识产权
7	科学技术部	负责与科技有关的知识产权
8	网信办	负责与互联网有关的知识产权

(续表)

序号	行政管理部门	主要职责
9	公安部	知识产权行政执法与知识产权刑事司法衔接保护的主责机关
10	国防知识产权局	负责国防和军事领域的知识产权行政保护,隶属于中央军委装备发展部
11	国家市场监督管理总局	负责市场综合监督管理,负责组织和指导市场监管综合执法工作、负责反垄断统一执法、负责监督管理市场秩序、负责统一管理标准化工作

在国务院层面,采用了相对集中的"二合一"管理模式,即以专利、商标为一体管理,针对著作权另设管理部门,这里重点介绍专利行政机构情况。

我国专利管理行政机构主要有两个层次,第一个层次为国务院专利行政部门,即国家知识产权局,第二个层次为地方管理专利工作的部门(地方知识产权局)、专利执法部门等。

1. 国务院专利行政部门概况

《专利法》中所称国务院专利行政部门即国家知识产权局。根据2023年3月16日《党和国家机构改革方案》,将国家知识产权局由国家市场监督管理总局管理的国家局调整为国务院直属机构。国家知识产权局主管专利、商标工作,并统筹协调涉外知识产权事宜。国家知识产权局下设专利局、商标局等单位。其中专利局承担对专利申请的受理、审查、复审、授权以及对无效宣告请求的审查业务。商标、专利等领域执法职责继续由市场监管综合执法队伍承担,相关执法工作接受国家知识产权局专业指导。

2. 国务院专利行政部门职权

国务院专利行政部门的职权包括:管理全国的专利工作;统一受理和审查专利申请,依法授予专利权;负责受理强制许可请求并作出决定;对管理专利工作的部门处理专利侵权纠纷、查处假冒专利、调解专利纠纷进行业务指导;调解开放许可实施中产生的纠纷;应请求处理在全国有重大影响的专利侵权纠纷;裁决药品申请注册过程中的相关专利纠纷。

3. 管理专利工作的部门

现行《专利法》第3条第2款、《专利法实施细则》第95条规定了管理专利工作部门职责。管理专利工作的部门通常是指地方知识产权局,现大部分并入地方市场监督管理局。省、自治区、直辖市人民政府管理专利工作的部门负责本行政区域内的专利管理工作。省、自治区、直辖市人民政府管理专利工作的部门以及专利管理工作量大又有实际处理能力的地级市、自治州、盟、地区和直辖市的区人民政府管理专利工作的部门,可以处理和调解专利纠纷。

4. 专利执法部门

《专利法》第 68 条规定,负责专利执法的部门对涉嫌假冒专利行为进行查处。

5. 专利代办处

专利代办处是国家知识产权局的派出部门,按照相关规定受理专利申请及其他有关文件,但不能受理 PCT 专利申请、外国申请人向中国专利局提交的专利申请以及申请受理后提交的其他文件。实践中的专利行政主体及其职责划分汇总如表 6.2。

表 6.2 专利行政主体及其职责划分

级别	单位	职责划分
中央	国家知识产权局	下辖国家专利局、国家商标局等单位,审查专利申请、复审及无效等
中央	代办处	受理专利申请、缴费等
地方	地方管理专利工作的部门、专利执法部门	处理专利侵权纠纷、调解专利纠纷、查处假冒专利等

(四)我国知识产权行政管理体制变革

知识产权行政管理体制是国家针对知识产权管理与治理问题设计的一种行政管理模式。包括管理机构的设置、管理职权的分配以及机构运行规则等多方面内容。自我国建立专利和商标制度以来,经历了从知识产权行政管理体制的初步建立,到不断实践和优化的过程。至今,我国已经建立了相对完整的知识产权行政管理体制。

1. 我国知识产权行政管理体制的发展历程

中国知识产权行政管理体制的发展已有 40 余年。借鉴一些学者的阶段划分办法[①],中国知识产权行政管理体制的发展可以分为六个阶段:

(1) 第一阶段(1978—1984 年)

自 1978 年改革开放以来,中国知识产权事业进入正式轨道,为适应经济发展和对外开放的要求,先后成立了《商标法》《专利法》起草小组,并组建了国家商标局和国家专利局,对以商标和专利为代表的知识产权工作进行专门化管理,知识产权行政管理体系初步形成。

(2) 第二阶段(1985—1997 年)

随着改革开放的不断深入,中国对知识产权重视程度不断加强,第八届全国

---

① 黄术、陈宗波:《论我国知识产权行政管理体制的改革与完善》,载《理论界》2021 年第 4 期。

人大审议通过的《国务院机构改革方案》将专利局定位为事业单位,直接隶属于国务院,各省也开始相应设立保护知识产权机构。这一阶段,中国知识产权事业进一步发展,中国的知识产权行政管理体系建设进一步加强。

(3) 第三阶段(1998—2006 年)

这一阶段重大标志事件之一是中国加入世贸组织,中国知识产权事业发展迅速,行政管理体系进一步得到加强;标志事件之二是 2005 年 1 月国务院成立了国家知识产权战略制定工作领导小组,正式启动了国家知识产权战略制定工作,为未来的知识产权事业谋篇布局。第九届全国人大通过的《国务院机构改革方案》将专利局更名为国家知识产权局,主要管理专利和知识产权问题,国家知识产权局隶属于国务院。

(4) 第四阶段(2007—2017 年)

随着我国经济迈入快速发展期,中国知识产权事业进一步上台阶,专利、商标申请数量大幅度增长,知识产权在国民经济发展中发挥作用越来越大。第十一届全国人大批准了《国务院机构改革方案》,将国家知识产权局设为副部级,为国务院直属机构。这一阶段是知识产权行政管理体制进一步尝试改革的过渡期。

(5) 第五阶段(2018—2022 年)

为了进一步完善知识产权行政管理体系,2018 年 3 月中共中央印发的《深化党和国家机构改革方案》将商标和原产地地理标志的部分管理职权划分给国家知识产权局,并将国家知识产权局纳入国家市场监督管理总局。有关商标和专利的业务指导、侵权判断标准的制定等工作由国家知识产权局负责;国家市场监督管理总局只承担相关执法工作,本次改革在我国知识产权管理体系中具有里程碑的意义。

(6) 第六阶段(2023 年至今)

根据 2023 年 3 月的《党和国家机构改革方案》,国家知识产权局由国家市场监督管理总局管理的国家局调整为国务院直属机构。国家知识产权局主管专利、商标工作,并统筹协调涉外知识产权事宜。国家知识产权局下设专利局、商标局等单位。

从发展历程来看,中国知识产权行政管理体制建设有如下几个特点:

第一,从无到有,建立了初步符合现代知识产权法治特点的知识产权行政管理机构。回顾知识产权行政管理体制的改革历程,不难发现相关行政机构的管理对象从早期的专利、商标为主,到涵盖门类齐全的著作权、商标权、植物新品种、地理标志等。

第二,知识产权行政机构从分散到适度集中过渡。在 2018 年 3 月以前,我国知识产权行政机构采用的是"分散式"管理模式,专利、商标、著作权、植物新品种、涉国际贸易的知识产权、边境知识产权保护等的管理职责分别由国家专利局、国家工商总局、国家版权局、农业部和国家林业局、商务部、海关总署等承担。自2018年3月机构深化改革后,专利、商标、地理标志、集成电路布图设计均由国家知识产权局负责管理,其他内容的对应管理职责仍是分散在各个不同的管理机构。由此,在中央层面,初步实现了"二合一"模式,此种从分散到适度集中的模式转变,在一定程度上解决了存在机构设置过多、机构与职能设置复杂、对外交往与交流时的协调困难等问题。

第三,由同一单位负责一般行政管理与行政执法转向由不同单位负责。2018年3月知识产权机构深化改革前,行政执法分别由工商部门、知识产权部门等执行,一般知识产权行政管理和知识产权行政执法由同一单位同时负责,同一机构既做管理人又做执法人。2018年3月知识产权机构深化改革后,国家市场监督管理总局分担了专利和商标的行政执法权。

第四,主要行政管理机构职能不断强化。中央在知识产权保护的宏观管理、区域协调和涉外事宜统筹等方面的事权进一步加强;同时各级知识产权局在知识产权保护方面的职能不断强化,通过加强执法监督、完善行政裁决制度、推动知识产权保护规范化市场建设等措施,有效遏制恶意侵权等行为。

2. 中国知识产权行政管理发展趋势展望

随着我国创新型国家建设和知识产权强国战略的实施,面向社会主义现代化的知识产权制度逐步完善,可以合理预见,未来知识产权的保护力度将进一步加大,知识产权的运用和转化将进一步被强调,知识产权与经济发展的深度融合会进一步加强。为更好适应知识产权事业的发展,我国的知识产权行政管理机制必将进一步得到优化与发展,以下为对中国行政管理发展趋势的展望。

第一,进一步从"管理导向"向"治理导向"的转型升级。

实现知识产权治理体系和治理能力的现代化,对知识产权行政管理提出了新要求。"管理导向"与"治理导向"的区别在于知识产权管理呈现自上而下、单向度、一元化的特点,知识产权治理则更为扁平化、体系化、多元化。当前,越来越多的主体参与知识产权治理活动和公共事务,打破了知识产权垂直管理自上而下的行政化、命令式的管控特点,使知识产权治理成为包容性更强、灵活性更高、协调性更佳的综合管理系统。治理导向是适应知识产权领域复杂性及重要性特征的必然要求,也是市场经济发展的必然结果。

第二,公共服务职能进一步强化。

未来各级知识产权局等行政机构将进一步提供公共服务覆盖更全面、服务更规范、更为智能高效的公共服务供给,加强公共服务标准化、规范化、网络化建设,建立数据标准、资源整合、利用高效的信息服务模式,建设便民利民的知识产权公共服务体系,提高知识产权信息的传播利用效率,为创新主体和社会公众提供更优质、更便捷的服务,如为本地企业和个人提供知识产权咨询、检索、申请等公共服务,搭建知识产权公共服务平台,提高知识产权服务的便利性和可及性,进一步提升地方知识产权服务的质量和效率,促进地方知识产权创新生态的建设。

第三,综合管理、系统调控方式更为高效与成熟。

知识产权综合管理体制着重凸显"高效"与"综合"两大关键特性。就"高效"而言,其核心在于大力提升知识产权治理与服务的效率水平。具体而言,一方面要强化知识产权公共事务活动之间的协同合作与联动机制,促使各项事务紧密衔接、高效运转;另一方面,则需充分激发全社会在创新生产方面的潜在效能,为知识产权的创造与运用注入源源不断的动力。而"综合"特性强调的是知识产权管理体制改革应具备系统性和整体性思维,要通过科学有效的方式对知识产权区域生态实施全面的调控与引导,推动知识产权在经济、科技、文化等全方位、多领域实现协调发展,进而构建起有机统一、充满活力的知识产权生态系统。

第四,协同格局进一步优化。

加强中央与地方、部门与部门的协同联动,构建起职责统一、科学规范且服务优质的管理体制,塑造便捷高效、严格公正且公开透明的行政保护体系,进而形成统一领导、衔接流畅、迅速高效的协同保护格局。

总之,未来中国知识产权行政管理将有效运用知识产权保护制度,充分维护本国国民、法人及其他组织的合法权益,扮演好国内社会发展秩序和市场秩序的维护者、发展速度的推动者、国际良好发展环境的追求者、国家竞争力的维护者、自主创新的倡导者以及国民利益的代言者这一角色。

二、知识产权政策管理概述

(一)知识产权政策概述

从广义的角度看,可以将对知识产权权利行使产生直接影响的各种措施都看成知识产权政策,即知识产权政策是对知识产权制度进行调整来影响个体的行为决策,以实现效率的改进或者协调利益冲突。① 狭义的知识产权政策仅指知识产权制度中非法律形态的部分。同经济、文化和社会政策一样,知识产权政策是一种具体的政策,不同领域可以有不同的知识产权政策;知识产权政策本身也可以有不同的类型,如知识产权产业政策、区域政策、科技政策、贸易政策、文化教育政策和社会保障政策等。

在由物权、债权、人身权、知识产权等权利束构筑起的现代私权体系中,唯独

---

① 吴欣望:《知识产权——经济、规则与政策》,经济科学出版社 2007 年版,第 15 页。

出现了知识产权政策战略化的需求,这是由于知识产权具有超越私人本位的全局性和根本性特征,在促进经济繁荣、文化发展、科技进步等各方面有明显的外部性,客观上已经成为影响国家整体目标和企业经营目标实现的"社会问题",因而会出现政策、战略考量的需求。"公共行政权力不能在民法典中确立,不能用调整私人之间关系的原则来调整,而应根据公共服务和协调国家与私人的需要作出专门规定来调整"①。这说明,知识产权政策不是民法调整的内容,而需要国家在民法体系之外根据产业发展和国家发展情况来制定和实施。从政府管理角度来看,知识产权政策是国家或地区为了促进创新和知识产权保护而采取的行动和措施,主要包括政府在鼓励创新、加强知识产权保护、促进知识产权运用和转化等方面提供的支持和激励措施。政府通过调整知识产权的发展环境、提供政策支持和激励措施等,引导和促进知识产权的创造、保护和运用,推动知识产权在创新中发挥应有作用。通常而言,国家或地区根据自身经济、社会和文化发展的需要而制定相关知识产权政策。知识产权政策有以下几方面特点。

一是多层次及多类型性。知识产权政策可以是一种宏观层面的政策,也可以是中观层面的安排,比如园区、基层地区制定的较多政策即着眼于中观层面。

二是体系性。知识产权政策不仅包括为了更好地利用知识产权促进经济发展、提高竞争力和创新能力而制定的指导方针、发展目标等,而且包括具体的措施,比如为了促进知识产权的创造、运用和保护而采取的政策措施。

三是社会本位和产业本位。相较于知识产权法的权利本位,即其出发点和着眼点为维护个人财产权、人身权等私人权利,知识产权政策的社会本位、产业本位比较明显。所谓社会本位,指以维护社会公共利益为出发点的观念倾向,强调行动的落脚点应以社会整体的福利最大化为目标。所谓产业本位,是一种以产业发展为核心关注的理念,它强调产业在经济活动中的主体地位。知识产权公共政策通常是站在国家和社会发展的层面,从知识产权制度的最终社会效用出发来制定和实施的。如《国家知识产权战略纲要》提出,"强化知识产权在经济、文化和社会政策中的导向作用。加强产业政策、区域政策、科技政策、贸易政策与知识产权政策的衔接。制定适合相关产业发展的知识产权政策,促进产业结构的调整与优化;针对不同地区发展特点,完善知识产权扶持政策,培育地区特色经济,促进区域经济协调发展"。

(二)知识产权政策管理概述

知识产权政策与公共管理天然联系在一起。知识产权公共管理是以政府为核心的公共部门通过整合社会的各种力量,对知识产权公共事务进行管理的社会活动,是公共管理主体为了解决知识产权公共问题、实现公共利益,运用公共

---

① 宋功德:《行政法哲学》,法律出版社 2000 年版,第 228 页。

权力对公共事务实施管理的社会活动,包括制定目标规划、实施方案、执行与评估问题等方法。考虑到政策涵盖从制定到考评等众多环节,托马斯·戴伊(Thomas Dye)就将"政策决定过程"区分为问题确认、议程设定、政策形成、政策合法化、政策执行与政策评估六个阶段。① 图 6.1 将其进一步简化为政策问题形成、政策规划、政策合法化、政策执行、政策评估等五个环节。从知识产权政策的制定过程来看,知识产权政策涵盖内容丰富,包括知识产权公共问题识别、知识产权政策规划、知识产权政策制定、知识产权政策评估等工作。有别于微观层面的企业知识产权管理问题,知识产权政策需要得到有关部门的批准。在公共政策转化为立法的场合,通常要接受复杂的法律标准的评价与考量,知识产权政策也不例外。知识产权政策在制定过程中通常需要考虑相关政策的合法性及有效性问题,处理社会多元利益冲突,政策的制定和实施需要综合、复杂的决策与协调活动,可见知识产权政策本身需要协调与管理。

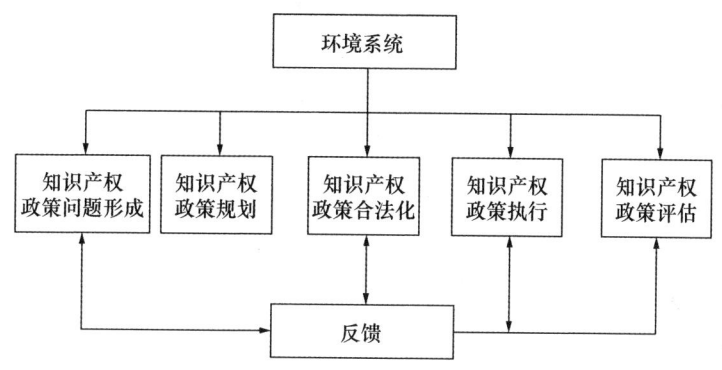

图 6.1 知识产权政策制定过程

以重大经济活动中的知识产权审查为例,在一些国民经济重大投资项目中,对于动辄上百亿级别或涉及较多专利的项目,如果不事前干预和审查,在投资后可能会出现侵权情况,进而影响社会公共利益。此外,在市场经济背景下,有些经济交易以收购兼并方式开展。近年来,部分企业(如非生产专利实体)有目的、有针对性地收购我国一些战略性行业的专利,跨国公司在兼并我国企业过程中通过股权获得有关关键专利、基础专利的情况屡见不鲜。因此,知识产权主管部门有必要对战略产业的涉外专利转让、行业基础性专利的涉外经济交易等进行审查及干预。如我国国家知识产权局积极推动建立重大经济科技活动中的知识产权评议制度,实施知识产权评议工程,引导企业建立知识产权评议机制,从而有效规避知识产权风险,提高知识产权竞争力。我国一些地方政府部门亦制定

---

① 〔美〕托马斯·戴伊:《理解公共政策(第十一版)》,孙彩红译,北京大学出版社 2008 年版,第 14 页。

了相应审议办法，对人才引进、研发项目、科技奖励、招商引资、成果转化等方面进行知识产权事前审议。某省为了充分发挥知识产权制度在推动科技创新和经济社会发展中的支撑作用，避免因知识产权问题产生重大经济损失，防范知识产权风险，制定实施了《××省重大经济活动知识产权评议办法》（以下简称《评议办法》），对重大经济活动知识产权评议作出规范。该《评议办法》严格界定了重大经济活动，并对重大经济活动对评议的申请条件、评议程序、评议内容、评议结论的运用和违反《评议办法》导致重大经济活动重大损失的法律责任等内容作出了明确规定。

三、政策科学视角的知识产权政策与管理

以追求政策的"合理性"为目标的政策科学，又称政策分析，它以社会的变化为研究对象，探讨对政策的调研、制定、分析、筛选、实施和评价的全过程进行研究的方法和模式等，试图建立可检验的经验理论，借以指导对备选政策的效果、本质及其产生原因的分析，从而为提出新政策方案和解决问题提供途径。基于政策科学的视角，学者和政策制定者可以对知识产权政策进行深入分析。

公共政策离不开政策制定主体。公共政策包含了一类行为准则，因此可以从政策本身、官方制度安排、行为准则等几个角度来理解。美国学者詹姆斯·安德森（James Anderson）认为，"公共政策是一个或一组行动者，为解决一个问题或相关事务所采取的相对稳定的、有目的的一系列行动"[①]。从政策主体角度和行为准则角度来看，"公共政策是国家（政府）、执政党及其他政治团体在特定时期为实现一定的社会政治、经济和文化目标所采取的政治行动或制定的行为准则，它是一系列谋略、法令、措施、办法、条例的总称"[②]。政策是一定的阶级处理经济关系和政治关系以及国家事务的路线、方针、规范和措施的统称。从本质特征来看，公共政策是公共权力机关为了一定的公共利益目标而进行的社会资源的配置和社会价值的分配，是公共管理部门为解决社会公共问题，利用公共资源，通过战略、标准、计划、经济等手段，试图平衡、协调社会公共利益的公共管理活动。在学理层面，公共政策受到世界各国的普遍重视，经历了较长时间的理论演化，也体现出各国对政府作用、政策性质的理解在逐步深入。

在知识产权领域，世界各国公共政策积极作为的趋势明显，比如日本政府、韩国政府先后制定实施知识产权发展战略，美国政府制订实施信息高速公路计划等。当代世界涌现出一批利用知识产权政策促进知识产权事业及经济发展的

[①] 〔美〕詹姆斯·E.安德森：《公共政策制定（第五版）》，谢明等译，中国人民大学出版社2009年版，第3页。

[②] 陈振明：《公共政策学——政策分析的理论、方法和技术》，中国人民大学出版社2004年版，第4页。

国家,其中既有发展中国家,也有西方发达国家,相关政府运用知识产权公共政策,通过完善知识产权法律引导市场发挥积极作用,有力推动各国知识产权更快速发展。

四、法学视角的知识产权政策

法学视角的公共政策涉及公共秩序,也称"社会秩序"或"公共利益",指社会公共生活所必需的秩序。知识产权是私权,知识产权法是私法,知识产权的保护、调节主要依据法律规范的作用。对知识产权的保护、运用在一定条件下直接关系到社会的发展和公共利益,这也是知识产权相对于其他私权所具有的特殊性。从经济学角度讲,知识产权的外部性特征明显:尽管知识产权被认定为私权,但知识产权在一定程度上关乎整个社会总体的科技及文化发展。因而对知识产权的调整、规范并不局限于私权、私法领域,还涉及公权和公法领域,公法的调整、规范作用不限于法律规范,还包括公共政策。公共政策的本质是为了维护国家和社会公众的利益,政府或由政府授权相关职能部门以公共政策的方式调整、规范知识产权,其根本目的在于保护知识产权权利人的正当利益和维护社会公共利益。知识产权的保护、运用应保持知识产权权利人与社会公众间利益的平衡,这需要借助于公权和公法,以公共政策的方式进行,而知识产权行政管理、政策管理是以公共政策调整、规范知识产权的一种主要方式(关于知识产权法律与知识产权政策的区别将在第二节中进一步说明)。

法政策学或称政策法学,是为良好的法制度设计提供必要的准则和技法的学问,主要研究公共政策转化为法律制度的基本原理和路径设计问题。知识产权法政策学从立法论和解释论等层面展开,关注知识产权基础理论、专利法、商标法、著作权法、竞争法等各个领域,涉及市场、自由、立法、司法和行政作用分担等话题的理论和现实问题,对知识产权现实问题具有一定的解释力,并可为知识产权法律与知识产权政策融合衔接提供一定的理论基础。按照知识产权法政策学的观点,虽然知识产权制度的创设应当以功利主义的激励理论为正当化根据,但由于作为激励论核心概念的效率难以被准确测定,因而知识产权制度有赖于具有政治责任的立法机关通过民主立法程序创设。立法机关的民主立法程序虽然具有正统性,但立法过程中也存在利益反映不均衡的危险,大集团的利益很容易在立法上得到反映,而小集团、个人的利益难以得到反映,社会整体的正义与公平难以得到保障,所以仅仅依赖于立法机关的民主立法程序创设和运行高效的知识产权制度是不现实的。除了确保社会的整体福利之外,知识产权制度的创设和运行还必须确保社会公众获得与使用知识的自由。考虑到这些因素,日本学者田村善之认为,围绕利用知识财产的行为,在进行知识产权制度的创设和运行时,市场、立法、行政、司法应当分担不同的作用。① 比如在知识产权保护方面,司法发挥主导作用可在一定程度上化解市场失灵、民主立法程序过程中的利益反映不均衡、行政机关不适当扩权等现实问题。

五、知识产权政策与管理的价值分析

(一) 知识产权公共政策的价值和意义

一般来说,公共政策具有管制功能、引导功能、调控功能、分配功能等,在知识产权领域体现在以下几个方面:

1. 保护知识产权所有者的权益

知识产权制度确保创新者和创造者能够享有其创造的成果,并从中获得合理的经济回报。这种保护鼓励个人和企业投资于创新和创造,激发创新活力,推动经济增长。

2. 促进创新和发展

知识产权公共政策可以提供保护和激励机制,鼓励创新和研发活动。知识产权制度通过保护创新者的权益,鼓励他们投入时间、精力和资源进行研发和创新,可以推动科学技术的进步,促进经济和社会的发展。

3. 保护消费者权益

通过确保产品和服务的质量,消费者可以更好地享受创新产品和服务带来的好处,同时也能够避免买到侵权产品和受欺诈行为的伤害。知识产权制度可以确保消费者获得高质量、安全和可靠的产品和服务。通过保护创新者的权益,防止侵权行为,消费者可以信任和依赖创新者提供的产品和服务。

4. 促进技术转移和合作

知识产权制度为技术转移和合作提供了框架和保护。通过许可和合作协议,创新者可以将其技术和知识传递给其他企业和组织,促进技术的广泛应用和推广。

知识产权公共政策在国际合作和交流中起到重要的桥梁作用。通过建立和遵守国际知识产权规则,不仅能够保护本国创新者和企业的权益,而且能够促进国际技术合作和技术转移,实现共同发展。

5. 保护文化多样性和传统知识

知识产权公共政策可以促进文化多样性和传统知识的传承和发展。在全球化背景下,保护本土文化和传统知识的权益,有助于维护各国民族文化的独特性和多样性。

---

① 李杨:《法政策学视点下的知识产权法》,知识产权出版社 2017 年版,第 6 页。

(二) 知识产权试点示范政策案例

2004年,国家知识产权局结合知识产权管理实际情况,推出了一项重要的知识产权试点示范政策,正式颁布《国家知识产权局关于知识产权试点示范工作的指导意见》(以下简称《指导意见》)。《指导意见》作为一项重要的知识产权政策,顺应我国知识产权工作面临的形势变化,在多个层面上推进知识产权制度在城市、园区和企事业单位的建立、完善和实施。开展知识产权试点和示范工作的目的是建立多层次的城市、园区和企事业单位知识产权工作体系,形成各有侧重点和特色的知识产权工作内容,构建工作绩效评价指标体系,形成"以试点促推广普及,以示范促深化发展"的工作格局,以点带面,推动城市、园区和企事业单位自觉运用知识产权制度,增强经济和科技的竞争力,促进社会和经济的全面、可持续和协调发展。各省市遵循《指导意见》,纷纷开展了知识产权试点示范工作。政府拿出大量资金来资助特定中小企业的知识产权工作,因而涌现出一批专利试点企业、知识产权试点园区、城市等。该政策有力促进了我国企业、科技园区、城市知识产权事业的发展,"以试点促推广普及,以示范促深化发展"的政策初衷得到了较好的实现。

第二节 知识产权政策与知识产权法

一、知识产权政策与知识产权法的区别与联系

(一) 区别

一般认为,知识产权政策与知识产权法两者在阶级本质、经济基础、指导思想、基本原则和社会目标等方面具有一致性,但在制定机关、表现形式、实施方式和稳定性等方面存在区别。[1] 在知识产权法没有明确规定的情况下,知识产权政策往往起到知识产权法的作用。如法理学家埃德加·博登海默(Edgar Bodenheimer)就曾明确提出,"公共政策主要是指尚未被整合进法律之中的政府政策和惯例"[2]。知识产权法是一种具有强制力和约束力的法律体系,为知识产权的行使和保护提供了法律基础;而知识产权政策是国家在知识产权领域制定的指导性文件,是为促进创新与发展而制定的一系列政策措施。知识产权政策通常包括知识产权的宣传、培训和普及工作,知识产权的管理与监管机制的建立,以及知识产权的激励(如提供专利申请费减免、知识产权质押融资)等。通常两者的区别体现于:

---

[1] 舒国滢主编:《法理学导论》,北京大学出版社2006年版,第303页。
[2] 〔美〕博登海默:《法理学:法律哲学与法律方法》,邓正来译,中国政法大学出版社1999年版,第487页。

第一,目标与作用机理不同,不能相互代替。知识产权法是一种具体的法律制度,具有强制力,主要用于保护知识产权的合法权益;知识产权政策以工具主义为核心理念,旨在引导和促进知识产权的创造、保护和运用。知识产权法是具体的法律规范,而知识产权政策则是更宏观的政策框架和指导方针。知识产权政策的本质是通过制定政策来构建、调整和优化知识产权生态系统,包括优化发展环境、促进知识产权的创新和运用等,其目标重在维持知识产权生态系统整体的利益与秩序;而知识产权法律调整知识产权创造、运用、转让等环节产生的社会关系,重在维护公平和公正的秩序。虽然知识产权法律也有促进文化繁荣和技术发展之意,但其保护权利、维护社会特定领域秩序的目标居于首位。

第二,标准与位阶不同。知识产权法律的严谨性、规范性要求其具有更高的标准。同时,知识产权法律也具有更高的位阶。通常来说,公共政策可升格为立法,而不是相反。

第三,强制力与约束力不同。知识产权法对于全社会具有强制性和约束力;知识产权政策在没有上升为法以前,是一种指导性的政策框架,为知识产权的发展和保护提供政策指引,只对社会部分领域具有强制性。知识产权政策具有倾向性,可能对不同地区、不同单位或不同个体等主体给予不同的政策;知识产权法具有普遍适用性,对同类法律主体必须平等适用。

第四,侧重点不同。知识产权法律更关注法律的具体规定和制度建设,强调对知识产权的保护和约束;而知识产权政策更关注政策的制定和实施,强调对知识产权的促进和利用。知识产权司法的依据是法,而不是知识产权政策;行政管理的依据不仅是法,还可以是政策。

总体来看,知识产权公共政策制定主体要比法律广泛,知识产权政策的作用范围比法律要广泛得多,知识产权领域的许多问题是靠政策而不是靠法律来管理和调节的。知识产权法律更为严谨、权威,知识产权政策更为灵活、具体且适应性强。

(二) 联系

如前所述,知识产权法和知识产权政策共同构建了知识产权的法律框架和政策体系,都是为了保护和促进知识产权的发展,实现创新和经济发展的目标。二者在强化知识产权治理、保护和促进知识产权发展方面又有着密切的联系。

第一,知识产权法和知识产权政策相辅相成。知识产权法提供了法律框架和规则,确保知识产权的合法性和保护,而知识产权法的实施也需要相应的政策支持和配套措施。知识产权政策通过制定相关政策和法规,加强知识产权的保护力度,提升创新和知识产权的价值。知识产权政策可以根据国家或地区的需求和实际情况进行调整和优化,以适应不同的经济和创新环境。

第二,知识产权法和知识产权政策相互影响和促进。知识产权政策的制定和实施可以推动知识产权法的修订和完善,以适应不断变化的技术、经济和社会环境。同时,知识产权法也可以为知识产权政策的制定提供法律依据和支持。

第三,知识产权政策可以弥补知识产权法律的不足。尽管知识产权法律为创新者和创造者提供了一定的保护,但仍存在一些不足之处,如法律的执行难度、跨国知识产权侵权等问题。在这种情况下,知识产权公共政策可以通过加强执法和监管机制、提供法律援助和教育、促进协作和共享、促进国际合作和协调、推动技术创新和发展等方式弥补法律的不足。

二、知识产权政策与知识产权法的衔接与整合

在强调知识产权政策与知识产权法律二者内涵和作用机制差异的同时,不能忽视二者的衔接问题。在保持政策与法律合理边界的基础上,知识产权政策与法律应该适度衔接与融合。

1. 单纯的法律保护不足以解决全部知识产权问题

知识产权的私权基础属性明显,但知识产权还具有公共政策属性,以公共政策形式来解决知识资源配置与知识财富增长的问题,比市场自发解决问题所产生的社会成本更低,而带来的收益更高,这种二元属性特点决定了对知识产权的管理与干预不能仅仅停留在法律保护层面。我国知识产权制度建立时间相对较短,部分地区仍存在不重视、相关储备不足、知识产权应用能力尚未得到培养及充分发展的客观现实问题,在此背景下,过早、机械地推行知识产权强保护策略,单单倚重知识产权法律的功效,不仅不会对我国经济发展有促进作用,反而有利于先发国家和企业依靠市场优势形成知识产权壁垒,有利于发达国家对我国市场形成垄断,不利于我国后发企业的市场进入与发展。过高、过早的强保护政策如同对后发国家社会公众征收一种高额的"知识税",不利于发挥知识产权制度促进我国科技创新、文化及经济发展的作用。

2. 从知识产权管理到知识产权治理转型,法律与政策的融合具有较高的正当性

知识产权问题是私权问题,也是国家战略资产问题,关乎社会整体的创新与经济发展。对管理者来说,既要保护在先权利人的权利,又要保护在后研发者的发展权、公共利益等,知识产权既涉及国际竞争、国际政治,又是国内企业发展问题。知识产权问题的复杂性、其显著的外部性等为平衡好各方利益带来了一定的挑战。单一主体的管理与干预已经难以承受知识产权复杂性之重,单纯的法律保护已远远不能解决不断涌现的知识产权新问题,需要公共管理、法律法规,

管制模式创新等多管齐下。在此背景下,法律与公共管理的融合势在必行,法律吸收治理的思想与经验,法律政策化、政策法制化是领域内的常态。

3. 法治思维语境下,知识产权法律、政策二者相辅相成

亚里士多德认为,"法治应包括两重意义:已成立的法律获得普遍的服从,而大家所服从的法律又应该是制定得良好的法律"[①]。可以说,亚里士多德在两千多年前对法治内涵的经典诠释,对当代法学理论之革新发展具有指导意义。具体来讲,法治的第一重含义主要涉及如何正确解释与适用法律的问题,此为传统法解释学的固有领地;法治的第二重含义主要涉及如何确保立法的品质问题,主要为现代法政策学之研究课题。能兼容两重含义的思维就是法治思维。在法治思维语境下,知识产权政策可以弥补知识产权法律的不足,二者相辅相成。

4. 新公共管理导向下,二者恰当的衔接和功能整合是应有之义

强调政府应有服务和责任意识、公共管理科学化的新公共管理运动的兴起和新公共服务的倡导,引发了全球范围内政府公共管理积极作为的浪潮。知识产权法律制度的实施不能独立于社会系统,其有效实施需要良好的政策配套和市场环境,并且为达到积极的协同效应,需要知识产权政策的配合与耦合;知识产权公共政策的制定也有助于平衡权利分配和权利限制。[②] 由于市场机制本身存在缺陷和失灵,对知识产权资源的有效配置和流转需要政府的调控,在知识产权的创造、运用、保护和管理过程中离不开相关政策的推动和引导,更离不开法律环境的引导和保障。知识产权法律和知识产权政策是政府部门"看得见的手",公共政策和法律制度与市场机制"看不见的手"实现协同作用和有机衔接,方能克服市场机制的不足,从而激发企业在自主创新中的市场主体作用,激发全社会的创新活力和激情。

总之,知识产权政策与法律之间存在互补性,二者适度的衔接与融合能够更好实现充分的社会激励,化解法律调整难以适应科技和社会发展带来的弊端。总体来看,追求公平、正义、秩序、和谐,促进人类总体福利的增加及可持续发展,是知识产权法和知识产权政策的共同目标和出发点。因而在维护国家利益、保障实质正义、促进社会效益最大化原则下,应为知识产权法律政策化、知识产权政策法律化预留空间,发挥二者协同作用,共同促进我国知识产权制度的优化与完善。

---

① 〔古希腊〕亚里士多德:《政治学》,吴寿彭译,商务印书馆2009年版,第199页。
② 刘华、孟奇勋:《知识产权公共政策的模式选择与体系构建》,载《中国软科学》2009年第7期。

第三节 我国知识产权政策变迁与发展趋势

一、我国知识产权政策的变迁

我国知识产权政策体系肇始、形成和发展于改革开放时期,其变迁历经风雨,取得了卓越的成就。其中,国家知识产权制度和工作机制建设的起点奠定了知识产权保护政策体系的制度基础;以我国2001年加入世界贸易组织后知识产权制度的大幅度调整和知识产权保护力度的加大为转折点,我国知识产权保护体系在国际化背景下渐趋成熟。与科技相关的知识产权保护政策体系的建成是我国知识产权政策体系的坚实基础。2008年6月《国家知识产权战略纲要》的颁布标志着我国知识产权政策体系的初步形成,2021年国务院颁布的《知识产权强国建设纲要(2021—2035年)》(以下简称《强国建设纲要》)标志着我国知识产权政策发展到了一个新阶段。至此,我国初步建立起门类齐全的知识产权政策体系,该体系涵盖创造、保护、运用等多领域,成为我国知识产权制度的一部分,为促进创新型国家建设提供了保证。

目前我国知识产权政策形成了包含知识产权战略规划、知识产权行动计划以及地方知识产权激励政策等在内的多层次、全方位知识产权政策体系;从战略角度来看,包括知识产权战略层、执行层、制度层等不同层次内容,以及中央、地方、企业相对完整的知识产权政策体系。首先有国家总体规划层面的重视,2008年颁布与实施的《国家知识产权战略纲要》有力指导了十几年的知识产权政策和战略工作,2021年《国家知识产权战略纲要》得到修订和进一步完善,《强国建设纲要》为实现知识产权强国总体战略、支撑创新型国家建设设定了更高的目标和指导方针;围绕《强国建设纲要》,各个部委颁布与实施了相关专项政策,如科技部、工信部、商务部等多部门制订相关战略实施计划等。《强国建设纲要》总体上构建了鼓励自主知识产权的政策综合措施,形成了多部门的知识产权保护与协调政策。

在鼓励自主知识产权方面,多地对知识产权生产者有明确的经济与精神权益补偿,对知识产权的申请费用和维持费用给予支持与奖励,如全国范围内各地区分别有专利费用资助政策;并将知识产权作为高新技术企业及产品认定、创新基金申请、科技奖励、职称职务评定的优先资格指标等。知识产权已成为优先确定科技计划项目的指标,国务院国有资产监督管理委员会、国家科学技术部等在中小企业资助过程中重视知识产权考评,相关主管部门对各大型国有企业制定与实施知识产权战略等。

在看到我国知识产权政策发展的同时,也不能忽视知识产权政策管理存在的问题,如个别地方并不能适应经济进一步发展的需要,现有政策与法律法规不配套,知识产权管理部门分散,在知识产权政策的后续测评、政策的效果跟踪方面工作不够扎实等。这些问题的存在有一定合理性,属于发展的阶段性问题,整体上与企业掌握和运用知识产权的水平不高、缺乏应对知识产权纠纷的专门人才等有关;同时,拥有核心技术和关键技术的自主知识产权数量偏少、质量偏低;各级领导对加强知识产权工作的重要性认识不够;社会公众的知识产权意识不强。但近几年随着我国经济社会文化的发展,知识产权政策的状况大有改观。从政策制定的不全面、不系统和政策结构的不协调、不平衡,到政策的体系化、精准化、本地化,国家各层面相关政策从运行不主动、效率低到知识产权公共政策体系全方位、多层面构建,具体体现在如下几个方面。

第一,知识产权政策出自不同部门,体现多中心治理的局面。知识产权政策制定主体范围不断扩大,发文机构多元化。在中央层面,除了国务院制定相关政策外,不同部委的政策文本中有知识产权条款;在省市级层面,由早期比较单一的省政府演变为不同机构都参与了知识产权保护与应用的政策治理。

第二,相关政策涵盖内容逐步细化,政策体系的目标由注重保护向综合目标演变,如向激励创造、促进知识产权与产业发展的深度融合转变。政策主题从早期的注重保护,逐渐转向在保护基础上对于运用、海外交流等的强调,政策主题完善度增强,整体上向制度化、法律化、体系化、战略化方向发展。

第三,受经济发展程度、市场创新程度等影响,知识产权政策在省市级层面存在发展不平衡现象。综合多位学者的研究,可发现影响省市级知识产权政策积极性的因素还有当地区域对外贸易程度、技术创新程度等,对地区产业知识产权公共政策的制定和实施有一定的影响作用。

第四,知识产权政策体系化逐渐明显。注重构建完善文化创意产业领域的知识产权体系和服务以及网络环境下知识产权保护体系,健全文化企业和产品融资渠道,文化企业自身加强对于知识产权的重视和规章建设、健全专家顾问制度和对外贸易知识产权咨询服务。

第五,政策工具越来越多样化、丰富化。综合相关研究,知识产权政策工具由环境主导型逐渐向强化供给型、需求综合型转变,更加注重丰富知识产权运用、管理和服务目标。

二、我国知识产权政策的未来发展趋势

在我国知识产权制度建设初期,知识产权法律为制度的核心。随着知识产权法律体系的初步形成,知识产权政策逐渐成为知识产权治理的利器,数量越来越多,发挥的作用越来越大,政策内容也更加积极主动。以2016年为例,国务院颁布并执行的相关公共政策中,有16条政策涉及知识产权管理与保护,有媒体

称之为"知识产权强国建设元年"。从政策内容上来看,从早期的知识产权试点示范政策到知识产权优势企业培养政策,再到国家知识产权管理规范国家标准的推进,我国知识产权政策在促进和激励知识产权制度建立和知识产权管理水平提升方面发挥了积极作用。

围绕建设创新型国家,服务于国家发展总体战略,以促进我国经济社会全面、协调、可持续发展为根本目的,未来知识产权政策有广阔的创新空间和发挥余地。一方面,可以尝试借鉴社会学、公共管理等学科前沿理论,大胆进行理论创新,积极构建我国知识产权公共政策科学体系;另一方面,应发挥我国大国优势,不断总结、归纳一些来自实践的新经验和新方法,经试点后推广,积极探索符合我国经济发展条件和科技创新实践的知识产权政策之道。在此给出未来我国在知识产权政策整体层面与政策内容层面两个向度的发展趋势。

在知识产权政策整体方面:

第一,知识产权政策的科学性进一步提升。新阶段我国知识产权政策以知识产权强国建设为立足点和出发点。知识产权政策在提升我国整体及各个区域知识产权生态功能与运行效果方面作用更显著。

第二,各种政策之间配合与协同进一步加强。

第三,知识产权政策与知识产权法律的协同整合更加紧密。突出知识产权保护,围绕知识产权保护的环境、教育,进一步通过政策提高知识产权保护的效能。

第四,与知识产权战略协同更加紧密。进一步发挥知识产权强国战略的指导作用,在强国战略指导下出台更多旨在夯实及提升国家整体和不同区域知识产权能力建设的政策。

第五,政策创新更加常见,一些新型创新政策及组合式政策工具被引入政策实践中。知识产权政策更加灵活,"积极主动型"知识产权政策所占比重进一步提升,确保公共利益的维护。

第六,知识产权政策区域发展不平衡问题有望得到较好解决。

在政策内容上,知识产权公共政策的发展趋势主要体现在以下几个方面:

第一,在国际知识产权治理中话语权进一步提升,强调加强跨国合作与协调的政策比例增多。随着全球化的加深,各国之间在知识产权保护方面的合作与协调日益重要。世界知识产权组织、世界贸易组织等国际组织在知识产权保护领域的影响力增大,各国通过签订双边、多边协议加强知识产权保护。同时,知识产权领域也出现了一些全球性问题,例如跨境侵权等,需要国际合作来解决。我国在强国建设中,发挥大国、知识产权强国作用,在国际知识产权治理中发挥越来越大的作用,未来的发展趋势将是加强国际组织、政府和企业之间的合作,共同应对全球知识产权挑战,推动国际知识产权规则的发展和完善。

第二,加强对新兴技术领域的知识产权保护。新兴技术是世界各国抢占的竞争制高点。随着知识经济的兴起,知识产权保护对于创新和经济发展的重要性日益凸显。知识产权政策越来越注重鼓励和保护技术创新,知识产权保护被纳入国家和地区的创新政策框架,通过加强知识产权保护来推动创新驱动发展。

第三,平衡知识产权保护与公共利益。

知识产权保护的目的既是鼓励创新,又是保护公众利益。要制定灵活的政策和法规,保护创新者的权益,同时考虑到知识产权的合理使用、技术转让和公共利益保护,寻求公共利益与知识产权保护之间的平衡。

第四,鼓励开放创新与技术共享。开放创新模式强调通过跨界合作、知识共享和开源等方式推动创新。为促进技术合作与创新突破,越来越多知识产权政策会鼓励开放创新,并采取相应的措施促进知识的自由流动和共享。

第五,强调知识产权在数字化与网络环境下的应用与保护。随着数字经济的快速发展,知识产权的保护和管理变得更加复杂。加强对数字化技术、互联网和电子商务等领域中知识产权的保护,确保数字经济的可持续发展。政府在制定政策时需要考虑到对数字内容的保护、网络侵权行为的打击以及数字化创新的推动等问题。

第六,重视社会参与和可持续发展。知识产权公共政策越来越重视社会参与和可持续发展的原则,政府、企业、非政府组织和公众等各方共同参与知识产权保护的决策过程,确保公正、平衡和可持续的知识产权制度的确立,同时通过知识产权的保护和利用促进经济、社会和环境的可持续发展,如相关政策考虑到知识产权对环境和社会的影响,鼓励绿色技术创新和可持续发展。

第四节 知识产权政策与区域发展

一、知识产权政策与区域知识产权战略交汇点

知识产权政策是指一个国家或地区制定的旨在保护和促进创新活动的法律、法规、政策和措施。而知识产权战略是一个国家或地区制定的旨在推动和提升其创新能力和知识产权竞争力的长期规划和目标。知识产权战略可以理解为一种特殊的政策。由于战略的全局性和指引性更强,一般的知识产权政策达不到知识产权战略的高度;从系统的角度来看,政策体系是以战略为核心的政策集。故而两者属于不同的范畴,但也存在密切联系。知识产权战略可以政策的形式呈现,特别是在区域知识产权战略实施环节,可由特定的政策束来实现战

略;从该角度来看,知识产权政策是知识产权战略的具体体现和实施工具,是制定知识产权战略的基础,知识产权战略需要基于有效的知识产权政策来实现。知识产权战略需要考虑国家或地区的创新实力、产业结构、市场需求等因素,制定具体的目标和计划,并通过知识产权政策的支持和保护来推动实施。广义的知识产权政策为知识产权战略提供了法律和制度支持,保护创新成果和知识产权的合法权益;制定和实施良好的知识产权政策,可以为知识产权战略的实施提供保障和支持,而知识产权战略的实施也可以推动知识产权政策的升级和完善,通过制定长期规划和目标进一步推动知识产权政策的有效实施,共同促进创新和经济发展。

知识产权政策与知识产权的战略交汇点意指知识产权政策与知识产权战略的共同目标、共同交集,主要有:

(一)保护与促进

知识产权政策和战略的核心目标都是保护知识产权、促进创新和经济发展。知识产权政策制定了法律框架和规定,确保对知识产权的合法保护,维护创新创造者的权益。而知识产权战略则是长期的规划和目标设定,旨在通过创新和优化知识产权管理,提升国家或组织在知识经济中的竞争力。

(二)产权环境与创新环境改善

知识产权政策的有效实施和合理运用有助于构建良好的产权环境,为创新活动提供稳定、可预测和公平的法律保护。这种良好的产权环境反过来又能促进创新的发生和发展,吸引更多投资和资源用于创新领域。

(三)国际合作与竞争力提升

知识产权政策和战略也与国际合作和竞争力息息相关。国家可以通过制定合理的知识产权政策,参与国际知识产权规则的建构和改革,推动知识产权的国际保护与合作。同时,制定具有竞争力的知识产权战略可以提升国家或组织在全球竞争中的地位,吸引更多的创新和投资。

(四)创新支持与技术转移

知识产权政策和战略也包括促进创新支持和技术转移的功能。政府和组织可以通过知识产权政策来鼓励创新活动,提供创新资金和支持机制,帮助企业和个人将创新成果转化为商业价值。此外,知识产权政策还可以鼓励技术转移和知识共享,推动技术的普及和应用。

二、知识产权政策促进区域经济发展机理

(一)知识产权政策对本地经济增长的促进机制

1. 促进对本地知识产权的保护

通过加强对知识产权的保护,可以鼓励本地企业进行技术创新和研发活动,促进本地经济的发展。此外,知识产权政策还可以防止知识产权侵权,保护创新者的权益,增强企业的竞争力。

2. 促进创新和技术进步

知识产权制度提供了对创新成果的保护,使得创新者可以获得合法的回报,从而激励更多的人投入创新活动中。这种创新活动的增加将推动区域经济的发展,提高经济的竞争力。

3. 促进技术转移和合作

知识产权制度提供了对技术转移的保护,使得技术能够更加自由地在不同地区间流动,促进区域经济的互补和合作,推动区域产业结构的升级和转型。

4. 吸引外部投资

在全球化的经济环境下,知识产权制度的健全和有效执行是外资企业在某个地区投资的重要考虑因素之一。对知识产权的有效保护可以增加外国投资者的信心,吸引更多的外国直接投资,推动区域经济的发展。

总之,知识产权政策和区域经济发展密切相关,通过保护知识产权,可以促进创新和技术进步,同时也可以推动本地经济的发展,提升企业竞争力。知识产权政策的有效实施还可以促进技术转移,吸引外部投资,推动区域经济的发展,提高竞争力。制定和实施有效的知识产权政策对于区域经济的发展至关重要。

(二)知识产权战略及综合性政策促进区域经济增长机理

国内学者杨晨给出了一个比较直观的政策作用机理图,该模型强调政府政策制定部门的能动作用(见图6.2)。

首先,知识产权政策在激励不同的创新主体和知识产权主体的创造积极性方面可以发挥积极作用,比如对企业、科研院所、服务机构、运营机构,以相关战略引导、市场驱动的模式调动其积极性。

其次,通过知识产权税收减免等相关财政政策,能够鼓励区域产业结构优化,鼓励企业进行技术创新和产品升级,推动产业结构的优化和升级。

再次,知识产权政策可支持知识产权的市场化运作,如通过建立知识产权交易平台和专业机构,推动知识产权的交易和流通。这将促进知识产权的价值实现,使知识产权生态运行更加有效。

最后,知识产权政策可从教育培训等方面入手,提高公众对知识产权的认识

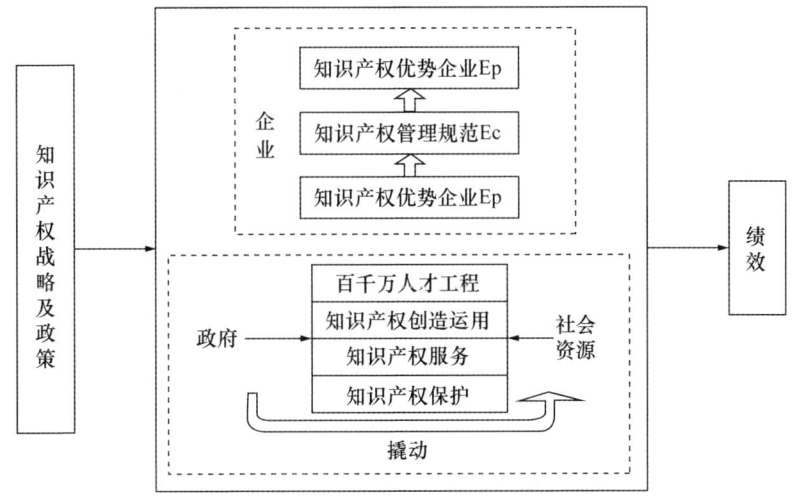

图 6.2　知识产权政策及综合政策作用机理

和意识。这将增强公众对知识产权的尊重和保护,减少侵权行为的发生,创造有利于当地产业发展的良好生态环境。

知识产权政策的健全和执行对于建立和维护本地知识产权生态体系至关重要,通过制定和执行知识产权法律和政策、提供保护和执法机制、加强教育和培训、支持市场化运作,可以有效促进本地知识产权的发展和保护,推动创新和经济发展。

第五节　知识产权政策评估与调控

一、知识产权政策评估概述

（一）知识产权政策评估的概念及作用

政策评估是依据一定的标准和程序,对政策方案、政策执行及政策结果的效益、效率及价值进行判断的一种全过程评估,目的在于取得有关这些方面的信息,作为决定政策变化、政策改进和制定新政策的依据。[①] 作为政策评估的一种类别,知识产权政策评估是指对国家或地区知识产权政策的制定、实施和效果全面、系统的分析,以评估政策的有效性、合理性、可行性和可持续性,为政策制定者提供科学的决策依据和政策改进的建议。知识产权政策评估是知识产权政策管理和治理的重要环节,通常涵盖以下几个方面的内容。

---

① 诸大建、刘淑妍等:《政策分析新模式》,同济大学出版社 2007 年版,第 107 页。

一是政策目标评估,即评估知识产权政策的目标是否明确、合理,并与国家或地区的经济发展和创新能力匹配情况相结合,分析其实现的可能性。

二是政策内容评估,即评估知识产权政策的法律法规、政策文件和措施等内容是否完善,是否符合国内外相关法律法规的要求,是否能够提供充分的知识产权保护和激励创新的机制。

三是政策实施评估,即评估知识产权政策的实施情况及执行力度,包括政策的宣传、执行、监督和执法等方面的情况,以及政策实施过程中面临的问题和挑战。

四是政策效果评估,即评估知识产权政策的实施效果(包括对知识产权创造、运用和保护的影响,对经济、社会和创新环境的影响等),以及政策的成本效益和可持续性。通过定量或定性的方法,分析政策的成效和不足,并提出改进建议。

知识产权政策评估的价值主要体现在以下几个方面。

一是提供决策支持。评估结果可以为政策制定者提供科学、客观的决策依据,帮助他们制定更加合理、有效的知识产权政策,从而更好地解决知识产权领域的问题和挑战。

二是促进政策改进和创新。通过评估可以发现知识产权政策的不足之处,为政策改进和创新提供思路和建议,推动政策的不断完善。

三是促进创新和竞争力。通过评估可以发现知识产权政策对创新和技术转移的影响,能够为政府优化政策环境,提供更好的创新和竞争激励机制,促进创新和提升国家竞争力。

四是国际合作与对话。通过与其他国家或地区的比较和经验交流,促进国际合作和对话,加强知识产权领域的交流与合作。

综上,知识产权评估一方面能够为政府决策提供科学支持,指导政策制定,帮助政府制定更加合理和有效的知识产权政策;另一方面能够为政策制定者提供科学的、有数据支持的决策依据,优化政策实施,促进政策的改进和创新,从而提升国家的竞争力和创新能力。

(二)知识产权政策评估模式与方法

提高知识产权政策的运行效率和公平性、推动创新和经济发展,离不开对知识产权政策正当性及合理性两个维度的考察。这可以借鉴韦伯的合理性和价值理性思想,这两个维度分别对应公共政策的合法性及其效率导向,因而对知识产权公共政策正当性的探讨可以从上述两个维度展开,即政策合法性及合理性是评估的逻辑起点和内容。在具体开展中,有不同进路和范式。

评估模式是一种将评估理论、方法和实践有机地结合起来,类似于方法论或"范式"的路径,有利于揭示评估所选用的哲学与理路、方法等。评估模式分析有利于选择合适的方法进行合理的政策评估。现有研究中存在许多不同的政策评估模式,例如弗兰克·费希尔(Frank Fischer)的"实证辩论逻辑"评估模型、威廉·邓恩(William Dunn)的政策评估模型以及瑞典学者埃弗特·韦唐(Evert Vedung)提出的评估模式。韦唐的评估模式包括目标达成模式、附带效果模式、无目标评估模式、综合评估模式、用户导向模式、利益相关者模式、政策委员会模式、生产率模式、效率模式和同行评议模式,这些模式也是目前应用最广泛的评估模式。其中综合评估模式认为,从某种意义上说,政策类似于产品的生产过程,必须经历"投入""转化"和"产出"三个阶段,因此评价一项政策的优劣也必须从该政策前期准备、实施和取得成果三个方面进行全面评价[①],如表6.3所示。

表6.3 综合评估方法的三阶段流程

评估阶段		前期投入	中期转换	后期产出
阶段特征		政策或计划被采纳,开始实施	政策或规划落实	政策或规划实施后相关绩效及表现等
描述	目标	确定目标和期望产出	政策或规划的内容	政策或规划应产生的预期结果
	现实情况	现实条件的描述	政策或规划的实际落实情况	政策或规划执行的综合性结论
判断	标准	用作比较基础的价值标准	用作比较基础的价值标准	用作比较基础的价值标准
	判断	将目的、现象与标准进行比较	将目的、现象与标准进行比较	将目的、现象与标准进行比较

在该评估模型中,政策的制定和落实都属于评估范畴,这种思路有利于较好地反映决策民主化程度及政策执行程序的公开、公平程度,相对具有公正性。同时,该评估模式对政策实施后出现或不出现某个结果的原因也能够进行较好的解释。

常见的知识产权评估方法或思路包括以下三类:

第一,经济评估方法。主要通过经济模型和数据分析,评估知识产权政策对经济发展、创新和竞争等方面的影响。这种方法的特点是量化性强,能够提供具体的经济效益和成本数据,有利于定量分析和决策。

第二,社会影响评估方法。主要通过问卷调查、访谈和焦点小组等方式,评估知识产权政策对社会各方面的影响。这种方法的特点是能够考虑到不同利益相关者的意见和需求,有利于政策的多元化和民主化。

---

① 程琼:《专利资助政策评估研究》,上海交通大学2010年硕士学位论文,第15页。

第三，法律评估方法。主要通过对法律文本和司法实践的分析，评估知识产权政策的合规性和有效性。这种方法的特点是能够提供具体的法律依据和判例分析，有利于政策的合理性和可操作性。

二、知识产权政策 3E 评估方法

（一）3E 评估概述

3E 评估是一种系统性评价理论与方法，在公共管理、社会学领域有较为广泛的运用，如对公共政策进行评估、对非营利组织绩效进行评估时，3E 评估是常用的评估方法。[①] 3E 即经济性（economy）、效率性（efficiency）与效果性（effectiveness），其内在评价结构为对系统的评估。系统的存在是通过某些有目的的活动达到系统特定目的与使命，从而彰显存在价值。3E 评价在实践中有多种变形，例如为协调评估系统所追求的价值理念和原有评价法单纯聚焦经济性之间存在的矛盾与冲突，引入公平（equity）指标，发展为"4E"。[②] 3E 模型首先把研究对象视为一个系统，其次把焦点研究系统看作一个大系统中的子系统，最后提出评价的一般方法，即不仅考虑焦点系统本身的运行效率与效果，也考虑与上层整体系统的关系。3E 评价容许决策者、研究者考虑系统自身规律，兼顾其作为子系统的一个侧面，给出一个一般性评估与干预方法。3E 评价是系统思维的具体应用，既是一种很好的评估方法和思路，也具有认识论意义上的认知功能，可帮助观测者、管理者识别焦点系统的状态与环境大系统的关系，同时可以作为一种方法改进系统运行状况。3E 方法综合性比较高，是一种典型的综合评价方法，同时可以用于长期监测和评估工作。3E 方法不仅考虑短期经济效益，还注重社会公平和环境可持续性的长期发展，能够更好地反映政策对未来的影响。同时 3E 方法提供了一种相对可比的评价框架，通过对经济、社会和环境的量化指标和评价标准的确定，可以进行不同政策方案的比较和评估。目前，3E 方法在政策评价中得到了广泛应用。在知识产权政策领域，可以通过分析政策对经济增长、就业和收入分配的影响，评估其经济效益和社会公平性、对社会公正和社会福利的贡献。总之，3E 方法可以帮助政府和决策者更全面地了解政策的效果和影响，更好地权衡各种利益和目标，从而制定出更具有综合效益和可持续性的政策措施。

[①] George A. Boyne. Theme: Local Government: Concepts and Indicators of Local Authority Performance: An Evaluation of the Statutory Frameworks in England and Wales. *Public Money and Management*, 22(2), 2010, pp.17-24.

[②] Åge Johnsen. What Does 25 Years of Experience Tell Us About the State of Performance Measurement in Public Policy and Management? *Public Money and Management*, 25(1), 2005, pp.9-17.

（二）3E 评估案例

以专利创造性判断制度为例。专利创造性判断制度既属于专利法范畴，也属于专利公共政策范畴。专利创造性判断系统是国家创新系统的内在构成部分，在运行中提供价值判断，它融技术、科技、法律等于一体，专业性较强，裁判并指引、引导整个国家创新，其输出是服务、信息，也是知识。在实现创造性判断的目标过程中，整个判断和创造性判断系统需要消耗资源，经过一个转换过程，输出的结果也必然会对周围的环境、国家创新系统和科技发展产生积极或消极的影响。因此，对专利创造性的总体评价可关注产出、产出的过程和产出的效果三个主要方面。在具体操作过程中，对专利创造性系统运行过程和结果的评价，可以转化为寻求以下三个问题答案的过程：

（1）专利创造性系统是否确实达到了预期的产出？是否对其上层系统和系统的外部环境产生了影响（效果）？鉴于产出和效果难以分离，把产出（efficacy）和公平性（effective）连接到一起来判断，即 E1。

（2）专利创造性系统产出过程中转换过程及方法效率如何？（E2：efficiency，效率）

（3）判断结果是否公正？产出是否对社会整体公正、合理？（E3：equity，公正）

创造性判断中追求公开、公正、高效应是专利创造性制度应有之义。用 E1（efficacy & effective）、E2（efficiency）、E3（equity）的 3E 评价方法可以对专利创造性判断的公平、公正等方面进行描述与评价（见表 6.4）。

表 6.4　专利创造性判断的 3E 评价

3E 维度	评价侧重点	评价内容	指标举例
E1（efficacy & effective）	产出及公平性	对特定技术领域的作用；对国家创新系统影响；对专利体系声誉影响；客观化判断程度；判断的信度等	新兴产业专利占有率；复审通过率
E2（efficiency）	效率	判断方法的可操作性、简洁性；申请公开程度	人均审查专利数量
E3（equity）	公正	创造性高度设置；私人利益与公共利益之间合理划分	十年之内的无效比率

由表 6.4 可以看出，根据 3E 评价思路，可进一步设置绩效测量指标，每类指标表征某种绩效并有其相关度量和业绩标准，需要考虑不同维度的需求与目标、分析创造性判断内部体制和机制与外部客观环境作用的不同方面等。三类指标的集合则构成整个创造性判断的绩效测量体系，这为进一步开展创造性判断系统测评奠定了基础。鉴于 3E 评估是个开放框架，并且在不断发展之中，这里把

使用上述几个维度的评估方法称为 3E 评估，显然在此问题研究中所采用的维度可以不止三个维度，考虑到中文"三"的含义的丰富性，仍然将其称为 3E。

3E 评价是在专利创造性判断的公共政策属性、系统性分析基础上开展的。它从系统视角诠释了专利创造性制度的几个主要维度，融合了创新高度、标准公平性、标准客观化、公平合理等特定领域具体问题，考虑到了专利系统在整个国家创新系统中的地位及关系，是一个理解专利创造性制度的概念模型，既可以作为微观判断时的评价依据和参考，也可用于对整体创造性制度的系统评价。

三、知识产权政策评估的政策工具方法

（一）政策工具的概念、分类及应用

政策工具起源于 20 世纪 90 年代的西方政策科学，已经成为公共政策研究中一种常用的政策评估与分类方法。政策工具指政府用来实现某种政治目标的手段，包含了决策者的政策价值和理念。也有学者为强调政策工具的作用机制、最终目的等，把政策工具理解为将政府目标转化为具体的行动路径和机制、连接目标和结果的桥梁、政策目标和政策行动之间的联结机制等。总之，政策工具的主体是政府，是政府为实现政策目标而采取的一系列手段、技术、方法和机制。

在应用层面，政策工具常以政策整体性研究为出发点，通过一系列基本的单元工具的合理组合建构出政策分析模型，通过量化分析更科学地研究政策文本，进而开展政策过程分析。这是政策科学研究的重要范式。从政策工具理论分析的优势和科学性看，政策工具可以把政策样本进行分类整理，通过内容文本的量化分析，起到全面分析政策内容、评估当前政策现状和特点的作用。通过工具理性来分析当前政策、提出政策走向意见也是政策工具方法的拓展与延伸。

政策工具的研究总量近年来逐渐上升，从货币政策扩展至各行各业，运用范围越来越广泛，理论基础相对成熟。学者可以从政府角度对当前政策进行归类，对行业政策的现状进行评价，并适度进行预测和指明未来发展趋势，为科学化决策提供支持。从文献综述中也可以发现，各学者对于政策工具的运用从简单的外国理论引用逐渐进行转化和创新，政策工具的类别不断扩充，整个研究体系不断优化。

作为政府所掌握的、可以运用的达成政策目标的手段和措施、构成政策体系的元素，政策工具有很多分类方法，如林德布罗姆（Lindblom）等把工具划分为规制性工具和非规制性工具，麦克唐纳（McDonnell）和埃尔莫尔（Elmore）将政策工具分为命令性工具、激励性工具、能力建设工具和系统变化工具四种类

型。① 陈振明将政策工具划分为市场化工具、工商管理技术和社会化手段三种类型。② 奥沙利文（O'Sullivan）按照政府对市场的介入和干预程度将政策工具划分为自愿型、强制型、混合型。③ 欧文·E. 休斯（Owen E. Hughes）将政策工具分为政府供应、生产、补贴和管制四种类型。④ 罗萨琳德·克莱因·伍尔修斯（Rosalinde Klein Woolthuis）根据政府运用的资源类别将政策工具分为信息型、权威型、组织型和财政型工具几种类型。⑤ 霍普曼（Joern Hoppmann）将政策工具分为战略层、综合层和基本层。⑥ 从运用层面看，当前政策工具的分类既有前人经验，又有行业特殊性标准，促进了政策工具运用范围的扩大。政策工具由于可塑性较大，运用面较广，因此往往被用于各种行业政策分析，帮助分析当前区域政策制定的现状和偏向。

政策工具的分类很多，其中罗斯韦尔（Rothwell）和泽格菲尔德（Zegveld）的政策工具分为供给型、需求型和环境型三种。⑦ 供给型政策工具主要表现为政府通过人才、信息、技术、资金、场地、基础设施等手段，直接扩大对特定产业的支持供给，改善产业相关要素的供给情况，从而推动产业的发展。需求型政策工具主要表现为政府通过采购与贸易管制等手段减少市场的不确定性，积极开拓并稳定新市场，从而拉动产业创新和新产品的开发。环境型政策工具主要表现为政府通过财务金融、租税制度、法规管制等手段为产业发展提供有利的环境因素，间接推动产业创新和新产品开发。罗斯韦尔和泽格菲尔德认为只有这三种政策工具平衡使用、张弛有度，才能保证政策的合理性和科学性。相较于其他类型的政策工具，罗斯韦尔和泽格菲尔德的政策工具淡化了强制性特征，并在政策执行过程中强化了政府作为环境营造者的角色，弱化了政府作为控制者与干预者的角色，因而这个分类框架在理论研究和实践中被广泛采纳。

政策工具方法在分析区域内文化产业、动漫等特定文化产业的政策时也具有较好的效果。如有学者将文化创意政策分为自愿型政策工具、混合型政策工具、强制型政策工具三大类，用以分析特定地区的政策颁布情况，认为混合型政

---

① Lorraine M. McDonnell and Richard F. Elmore. Getting the Job Done: Alternative Policy Instruments. *Educational Evaluation and Policy Analysis*, 9(2), 1987, pp. 133-152.
② 陈振明、张敏：《国内政策工具研究新进展：1998—2016》，载《江苏行政学院学报》2017年第6期。
③ Robert Phaal, et al. A Framework for Mapping Industrial Emergence. *Technological Forecasting and Social Change*, 78(2), 2011, pp. 217-230.
④ 〔澳〕欧文·E. 休斯：《公共管理导论》，张成福等译，中国人民大学出版社2010年版，第96页。
⑤ Rosalinde Klein Woolthuis, et al. A System Failure Framework for Innovation Policy Design. *Technovation*, 25(6), 2005, pp. 609-619.
⑥ Joern Hoppmann, et al. The Two Faces of Market Support—How Deployment Policies Affect Technological Exploration and Exploitation in the Solar Photovoltaic Industry. *Research Policy*, 42(4), 2013, pp. 989-1003.
⑦ Roy Rothwell and Walter Zegveld. *Reindustrialization and Technology*. Harlow: Longman Group Limited, 1985, p. 282.

策工具有增多趋势,自愿型政策工具还处于初级阶段;[①]亦有学者用政策工具理论构建三维分析框架分析1996—2017年动漫产业相关政策文本,认为动漫产业发展政策要本着"本土化"与"国际化"、"法治化"与"产权化"的方向合理制定。[②]

(二)政策工具量化分析思路与过程

政策工具方法的应用比较广泛,本章主要介绍政策工具在政策分析和政策评估中的作用。从评估角度来看,可以分为几个步骤。首先是问题定义和目标设定,需要明确研究的问题和所要达到的目标,例如,可以是分析某个政策的效果、评估政策的可行性等。这个环节也需要了解政策背景,包括政府的政策理念、政策制定的动机、利益相关者的意见等。其次,需要收集数据和信息,包括政策的实施情况、效果评估、相关研究报告等。再次是对政策效果、是否能够达到预期的政策目标进行评估,可以通过定量和定性的方法进行。最后要提出改进建议,即根据对政策工具的分析和评估结果,提出改进政策工具的建议,包括调整工具的设计、改进实施方式、增加监管机制等。

在评估中常用到文本量化及编码,即对政策文件、法律法规等相关文本进行量化和编码,以便分析。这一步骤可以采用文本挖掘、内容分析等技术手段,将文本数据转化为可计量和可分析的形式。文本量化及编码的目的是将政策文件等非结构化的文本数据转化为结构化的可计量和可分析的形式。通过文本量化和编码,可以对政策文件进行词频统计、主题模型分析等,从而揭示政策的关键词汇、主题和内容特征,以支持后续的数据分析和模型建立。

(三)知识产权政策工具方法评估应用案例

文化产业知识产权类政策是国家或地区为了解决文化产业发展中的知识产权问题而使用的一系列干预、规制和引导手段。此类政策文本分散于文化产业链各阶段,总体上较为分散。为了更好地对我国现阶段区域文化产业知识产权政策进行分析,评估政策体系的现状,可以用政策工具的方法建立政策分析框架。

1. 政策二维分析模型

借鉴其他行业内政策分析的研究经验,这里构建政策二维分析模型(见图6.3)。X轴为基本政策工具维度,政策可分为供给型、环境型、需求型三类,每种类型还可以细分为公共设施与服务、知识产权人才培育、知识产权资金扶持、信息科技支持、策略性措施、目标战略规划、侵权规制、金融与税收类支持、政

---

① 王春城、耿伟华:《政策工具视角下的文化产业发展策略研究——以河北省石家庄市为例》,载《河北师范大学学报》2016年第1期。

② 匡亚林:《文化产业政策演化视角下动漫产业发展路径创新——自1996—2017年相关政策文本观察》,载《中国海洋大学学报(社会科学版)》2016年第1期。

府采购与海外版权市场开发各子分类,可以从政策内容上了解目前政策的偏重和颁布特征。Y轴从产业链角度出发,借鉴"三链端"理论,将政策分为创意端、确权端、商业端,由此能够相对清晰地梳理出当前政策具体作用于哪些阶段,以便更好地分析当前政策在产业链中的效用。

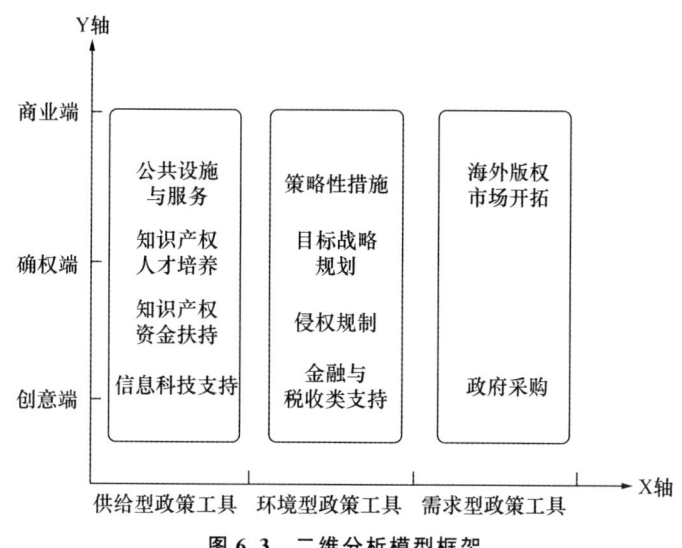

图 6.3 二维分析模型框架

2. 基本政策工具维度构建的理论来源与适用性

政策工具分析的基本思想是把政策结构性作为基本立论基础,以便更深入地把握政策体系的特点、规律和趋势。[①] 根据政策文本内容,文化产业知识产权政策体系中所涉及的政策工具可分为环境型政策工具、供给型政策工具、需求型政策工具三类。[②] 从三类政策工具的关系看,环境型政策工具对文化产业的支持是间接的;供给型政策工具往往借助经济和政治手段,促进文化产业的内部自发性成长;需求型政策工具则是政府通过对市场的直接介入和干预,拓展内外部市场,促进产业做大做强(见图 6.4)。我国政府治理往往同时利用"看得见的手"和"看不见的手"促进市场资源配置。供给型和需求型政策工具扮演的就是"看得见的手",通过适当供给和扩大需求两大政策工具有效培育产业、促进产业的迅速发展,同时环境型政策工具通过"看不见的手"以协调整体社会环境,潜移默化地支持产业的发展。由此可见,罗斯韦尔和泽格菲尔德的政策工具分类理论可以有效贴合我国国情,符合我国目前政策,因此可以用该框架来分析政策现状。

[①] 李健、高杨、李祥飞:《政策工具视域下中国低碳政策分析框架研究》,载《科技进步与对策》2013年第 21 期。

[②] Roy Rothwell and Walter Zegveld. *Reindustrialization and Technology*. Harlow: Longman Group Limited,1985,p. 282.

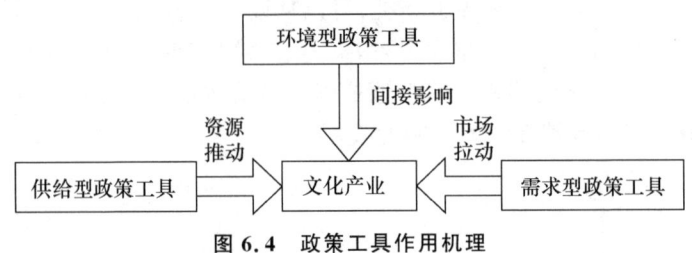

图 6.4　政策工具作用机理

3. 产业链维度理论来源与适用性

鉴于对文化产业知识产权政策的研究需要考虑产业自身运行规律,参照文化产业链各个阶段形成的关联密切的运行机制与知识产权的相关性,这里引入了张志祥、刘华的"文化产业循环产出系统",将文化产业链以创意端、确权端、商业端三端(简称"三链端")结构进行区分。[①]

"三链端"理论借鉴了联合国教科文组织文化统计框架中的文化循环基本规律、西方经济学家提出的"产业关联理论",又从我国实际产业发展角度出发总结出创意端(始端)、确权端(中端)与商业端(终端)的循环结构,体现文化产业中从最初的创意形态逐渐变成具有商业价值的文创产品和服务的全过程。同时,从理论的价值延伸看,"三链端"可体现知识产权与文化产业的关系。创意端对应文化生产的萌芽阶段,涉及对创意输出的宣导以及对整个环境的培育。确权端对应文化产业的生产阶段,把整个生产看作创意确权的引导和知识产权权利的归属和保护,从知识产权的独占性角度印证了文化创意具有商业价值变现的潜质。商业端是文化价值链市场化阶段,也是产业链的延续阶段,文化价值链区别于传统产业的原因在于版权衍生开发的无限性,也体现出商业中文化版权价值的延续性。

通过"三链端"结构解读当前区域内的政策内容文本,可以直观了解当前政策在产业链中的偏向,从整体角度分析出当前政策在产业链中的效用以及局限性。

4. 二维政策分析文本量化分析之 X 轴:基本政策工具分析内容

从政策工具的分类看,可分为直接型政策工具和间接型政策工具。直接型政策工具可包括供给型政策工具与需求型政策工具,间接型政策工具为环境型政策工具。从三种政策工具的作用力度看,环境型政策工具往往通过间接输入的方式为文化产业提供良好的社会环境;供给型政策工具为产业直接输入各种社会资源要素,促进产业的蓬勃发展;需求型政策工具往往直接创造市场机会,带动产业直接壮大。三种政策工具相辅相成,缺一不可。

---

① 张祥志:《知识产权视阈下的文化产业创造力研究》,中国政法大学出版社 2016 年版,第 85—87 页。

供给型政策工具是指政府明确通过政策工具对产业发展所需提供全面供给,以达到对产业的直接推动。结合学者之前的研究成果,人力要素、资本要素、技术要素都是文化产业发展的核心。同时政府公共服务和公共设施建设也是文化产业政策必不可少的内容,是政府履行职能的主要体现。结合文化产业知识产权政策的特殊性,我们可以将供给型政策工具分为知识产权公共设施及服务、知识产权人才培育、知识产权资金扶持、信息科技支持几大类(见表6.5)。

表6.5 供给型政策工具的类别划分

供给型政策工具	
公共设施与服务	政府提供相关的配套措施和服务项目,包括构建知识产权信息共享平台、知识产权交易信息平台、文化版权目录等,以促进知识产权信息在整个行业内的流通互动;发挥政府职责,对文化产业的知识产权服务不断加强,简化申请流程等
知识产权人才培育	政府制定文化知识产权人才引进计划,通过政策快速吸纳和培育文化产业中的知识产权开发人才,并为人才提供各项区域优惠政策和资金奖励
知识产权资金扶持	政府直接对文化产业中的知识产权中介服务、知识产权开发创新成果、知识产权应用和商业化行为提供研发经费、奖励资金、财政拨款,建设相关文化产业园,鼓励知识产权开发
信息科技支持	政府鼓励最新专利技术引入行业发展,通过区块链、人工智能、虚拟现实等新技术与产业融合,引导行业发展新路径,促进行业科技竞争力的增强

环境型政策工具往往指政府在促进文化产业发展过程中,通过营造良好的社会环境鼓励产业发展,通过间接力量提升产业竞争力。从文化产业知识产权政策角度来看,环境型政策工具主要通过制定知识产权整体目标规划、实施针对侵权行为的法规管理办法、针对文化产业中的特定知识产权问题推进策略措施、利用政策提升版权金融变现能力来解决文化版权投融资困境,开拓产业发展新道路(见表6.6)。

表6.6 环境型政策工具的类别划分

环境型政策工具	
策略性措施	政府基于文化产业中的知识产权开发、管理、保护中的特定问题,结合当前产业发展需要,提出可行方案意见,指引发展方向
目标战略规划	政府在分析行业与社会环境的整体基础上,从宏观层面对文化产业知识产权的开发与运作给予全局性的政策目标
侵权规制	政府对文化产业中的知识产权侵权行为进行规制,实现知识产权保护,通过法规和规章管理办法,补充知识产权相关法律,从各区域重点环节严厉打击侵权行为,抵制灰色地带,健全市场机制
金融与税收类支持	政府在文化产业的版权商业化过程中提供多方面金融支持,包括在版权融资渠道、税收政策、质押贷款等方面促进文化版权的开发和变现

需求型政策工具则是政府为了降低市场的不确定因素,主动培育市场,促进产业发展空间扩大。从文化产业中知识产权政策工具维度来看,需求型政策工具往往包括政府直接采购文化版权以及海外文化版权贸易管制。政府的文化版权采购往往由政府根据实际需要对文化版权进行招标采购,直接购买的同时培育区域内文化市场。海外文化版权市场开发分为文化出口的版权支持和文化版权进口审查与配置两部分。文化版权的出口往往包括政府对海外版权机构的建设、对海外文化版权贸易的扶持、对海外贸易环境的打造等;文化版权在对内进口方面要实现核查和限定,在确保本国文化不受侵扰的基础上按照实际需求引入国外优质知识产权。需求型政策工具有助于开拓海内外市场,扩大我国文化影响力。

表 6.7 需求型政策工具的类别划分

需求型政策工具	
政府采购	政府直接采购新技术、信息库、版权等,同时协调其他购买者,力求建立一套完整的采购体系,推动产业内企业间的公平竞争,同时扩大市场范围
海外版权市场开发	政府通过采取有关进出口的各种管制措施,包括贸易协议的制定、国外版权中心的建设、关税的减免、货币政策的调整等,拉动版权的对外发展,促进产业的对外发展

5. 二维政策分析文本量化分析之 Y 轴:产业链分析内容

在文化产业的创意端,政府主要通过运用各项政策工具营造创新环境,引领对文化产业中创意的培育。从文化产业知识产权角度来看,创意端可分为对社会知识价值创造的宣导以及对创意型人才或者项目的扶持与培育。对社会知识价值创造的宣导以顶层战略性政策促进区域创新环境的提升,通过整体规划、引导性激励政策、行业标准等促进文化产业创新机制的源头性增长,包括对版权的价值引导、对版权的宣扬和总体版权规划的制定,促进文化产业中创新思维的迸发。而对创意型人才的培育和对创意型项目的引进能够促进人力资源引进、创意性潜力开发,对于重点知识产权开发项目的关注也能促进社会资源的倾斜、政策导入下创新性意识的提升,以及资源的不断流入。

文化产业确权端强调明确知识产权的权利归属。在目前阶段,确权端的政策颁布不仅在于利用知识产权法律法规促进对创意的保护,而且还要通过锁定文化产业这个特定行业中出现的知识产权问题进行探讨与政策跟进,完善文化产业知识产权的合理保护体系,实现从创意资源到知识产权转化的价值。

从知识产权政策角度来看,确权端的政策可分为创意资源确权引导政策和知识产权保护政策。确权引导政策通过政策扶持引导创意转化成商标、专利、著作权等,鼓励将意识形态的创意思考向著作、标志等进行转化,促进后续文化版权的开发。知识产权保护政策往往在知识产权法律的基础上,根据文化产业的特殊性,促进知识产权保护的多样化,强化知识产权法的执行力度,为未来版权交易中的关系归属提供依据。

商业端是文化产业中的核心,基于创意开发和文化确权依法对知识产权进行授权、质押、变现等一系列产权市场化运作。商业端可分为知识产权衍生开发和版权交易。从效用价值看,在商业端的版权交易过程中,知识产权政策往往统筹产权在运营中的变现、质押以及授权,鼓励文化市场中的运作和交易,促进文化商业价值循环性衍生开发。从当前我国知识产权衍生开发的现状看,更多的是利用知识产权进行泛娱乐开发,促进知识产权生态链的形成。

6. 政策文本编码及量化分析

按照政策工具方法一般步骤,选定政策工具之后,需要对政策文本进行编码及量化分析,给出评估结论和政策优化相关建议。

四、知识产权政策的系统调控理论

(一)系统调控论概述

调控即调节、协调及控制。系统调控是为实现目标及系统整体的和谐有序而对系统整体进行的调节和控制。与人、财、物、信息等传统管理对象相比,系统调控的对象与客体是系统整体。系统调控思想是学者在一般系统理论基础上,结合复杂系统自适应性、自组织性特点,基于本体论思维提出的一种系统控制及整体管理思想。系统调控思想既反映了系统内在发展的一般机理,也可作为对系统控制及整体管理的方法。作为一种管理策略,系统调控思想在遵循系统本身发展规律的基础上加以适度调控与干预,既重视优化设计,又重视系统本身的演化发展,不断促进系统整体发展的控制及管理,因而可以用作系统变革与完善的理论依据和参照。

作为系统生成及发展的内在机理,系统调控思想揭示了作为整体的系统本身生成、发展内在机制、发展方向等一般规律,特别是在解释社会系统、由人参与的系统(人是构成要素的系统)等特定系统生成及演化方面有独到之处。系统调控思想具有浓厚的本体论意蕴和东方系统思想,较好克服了一些管理理论"只见树木,不见森林"的弊端,是一种功能性较强的系统方法论。

有学者提出要结合一般系统理论,同时吸收复杂系统的自适应性、自组织性,尊重系统自身生成及发展的规律(如特定行业运行规律)进行调节、干预及控制,相应的管理策略是创造条件,促进系统形成、推动变革、引导演化,从而促进系统整体的和谐与发展(见图 6.5)。①

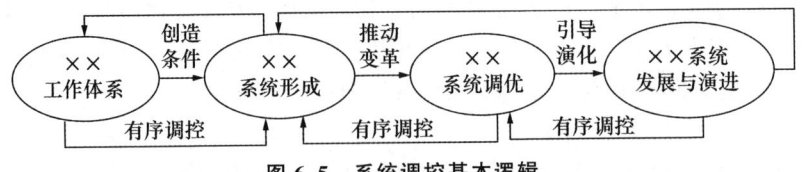

图 6.5　系统调控基本逻辑

系统调控论既可用于分析宏观政策,也可用于分析微观层面的相关管理。比如微观层面的企业管理中,主体通常是组织的领导者、高层管理团队等,或者是根据组织特定的价值观和组织发展战略,以市民社会方式进行民主集体干预等。

（二）系统调控目标及实现机理

随着系统等级的增加,系统复杂性逐步增加,系统的自主性也逐步增加。主张系统能够与环境以及其他主体进行交互作用的复杂适应系统(CAS)理论认为,主体在持续不断交互作用的过程中,不断地"学习"或"积累经验",并且根据学到的经验改变自身的结构和行为方式,实现自身的总体适应性。

对特定管理系统来说,其重要的管理目标就是通过发挥各种主体的能动作用,实现该管理系统对某项工作的胜任,实现系统设计及创制的预期目标,与大系统和谐共存,以达到总体发展目标,如某个企业特定系统适应企业发展的总体要求,这从长远来看就是形成特有的能力。因而,应该通过系统调控目标逐步增强系统的复杂性、自主性,促成整个系统能力的增强。当然在系统尚未形成及完善阶段,调控目标应着眼于系统建构,系统形成并逐步完善之后,目标则转变为促成能力发生。由此可以看出调控的整体目标谱系:从系统形成到能力发生。调控的最终目标是形成协同能力,中间阶段是系统形成及优化等。在总体战略或特定战略的统领下,特定系统通过不断完善与优化,有力促进了协同决策的科学性、可持续性,此即系统功能作用的重要表现。系统整体功能的发挥有赖于系统的建构及演化。所谓建构是指企业为弥补市场经济中经济合作效率的低下导致的不足,充分利用现有制度的引导、鼓励作用,在法律框架下发挥创造性,通过合同契约、长期合作关系等手段,发挥各种协调机制的作用,利用特定领域的规律,构造人造的特定系统。所谓注重系统演化,是在进行建构的同时,在管理过程中遵循系统运行规律,注重系统演化及对其的适当引导,即不仅关注单次合作的机制优化,还要重视长期的能力培养。

---

① 黄国群:《系统调控视角的知识产权协同管理研究》,载《现代管理科学》2014 年第 10 期。

（三）系统调控视角的系统管理策略

在管理实施过程中，强调以"创造条件、推动变革、引导演化、有序调控"为系统协同管理实施策略。所谓创造条件，即创造企业基础体系，包括完善系统基础、理顺各种相关内在机制、发挥各个子系统的协同作用等，以便为管理系统正向突变和自组织创造基础，进而促进协同功能及更高层级能力的生成与完善。推动变革是不断发挥来自内部的变革力量，发挥内部中小力量的变革推动作用；有序调控反映了对复杂系统整体进行管理的原则和方法。所谓引导演化是指遵循系统运行内在规律，适当加以控制和指引，促进系统整体向预定目标迈进。在实施过程中，按照对系统目标实现起作用大小的优先顺序，找准序变量，有秩序、有顺序地去干预和调控，可以增强系统总体秩序，促进能力的生成与完善。

本书根据产业政策的 SCP 分析框架，以文化创意产业知识产权政策创新为例加以说明。知识产权政策创新可以促进相关政策的完善，优化文化创意产业总体的战略布局（strategy），从而影响区域内有关知识产权微观主体的行为（conduct），增强微观主体主观能动性，促进本地区相关产业潜力的开发与转化，进而推动区域总体文化创意产业的发展（performance），综合各种文化生态理论，以系统调控思想构建既体现政府管理部门的顶层设计，又遵循文化创意产业知识产权发展规律的调控思路（见图 6.6）。

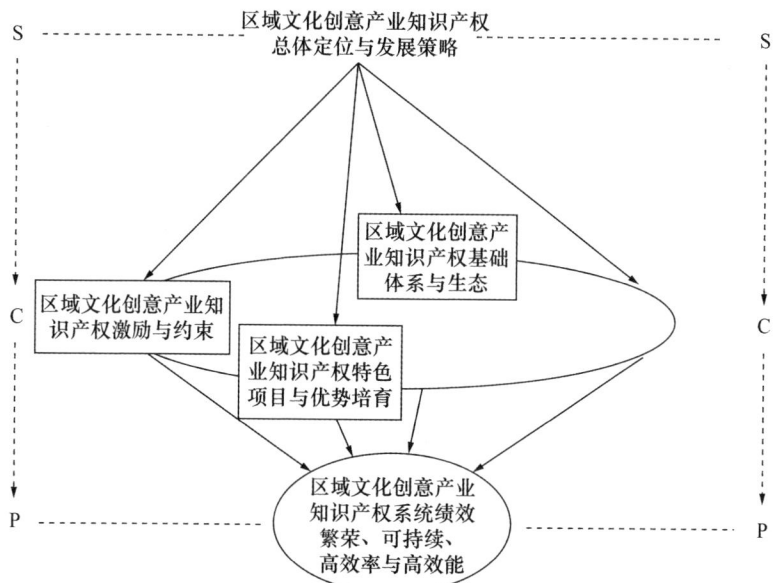

图 6.6　文化创意产业知识产权政策体系运作机理

该政策运作机理框架从抽象的政府部门调控角度,以及调控主体(政府部门)与被调控对象(文化产业知识产权生态系统)二者作用关系角度,综合系统调控主体与客体对象两个层面,相对系统地把文化产业知识产权政策的运作机理勾勒出来。如图6.6所示,区域文化创意产业知识产权总体定位与发展策略对应SCP框架中的"strategy",中间层如构建文化创意产业生态、特色项目与优势培育等可理解为"conduct",区域文化创意知识产权生态系统的繁荣、可持续性发展、运行高效率与高绩效为整体文化创意生态的"performance"。根据系统调控理论中"遵循系统自身运行与发展规律进行调控与干预""以'系统形成''系统内在机制的调优''系统发展与演化'为内在逻辑和结构""建构与演化二者兼顾,适度调控"等相关原理,要遵循文化创意产业系统、生态本身发展规律,进行适度调控与干预,既要重视文化创意生态总体的顶层设计与优化设计,又要尊重文化创意产业生态自身演化发展规律,引导良性演化,促进文化创意生态整体的发展与优化。① 为构建、促进本地区文化创意知识产权系统的形成和发展,知识产权政策应发挥创造条件、积极引导、项目推动、促进演化等作用。

五、知识产权政策制定与咨询实务

(一)知识产权政策咨询案例

案例　H教授的知识产权政策咨询

A市是我国江南地区富有特色的一个历史名城,下辖八个县市,地方文化特色突出,以"××文化"见长,该地区多个地方特色产品久负盛名,当地特色的建筑也成为江南一种标志性建筑。辖区内有多个全国驰名的旅游景点,其中5A级旅游景点三个,4A级旅游景点八个,可谓得天独厚,旅游资源丰富,是有名的旅游城市。近年来该市欲大力发展文化产业,文旅部门邀请H教授给予咨询和理论支持。

H教授接到任务后,首先组建了一个文化产业知识产权政策研究小组,深入研究区域知识产权政策,包括梳理国内外相关研究、文化产业政策及知识产权政策文献,总结归纳本领域主要理论观点和学术进展等,同时着手收集A市历年来相关政策资料。项目组分工合作,任务分配到几个研究生手上,他们虽不是第一次参与此类项目,但因能参与地方政府部门的咨询项目感到非常有意义,积极性非常高。文创产业知识产权政策组定期交流进展,并分享研究成果及各自负责部分的问题。

---

① 黄国群:《系统调控视角的知识产权协同管理研究》,载《现代管理科学》2014年第10期。

经过两个多月的集中学习,该项目组成员每个人均对本领域理论研究和 A 市的实际情况了如指掌,甚至部分成员欲动笔写一些这方面的理论研究文章投稿,被 H 教授制止。虽然 H 教授与委托方之间没有签订保密协议和成果归属协议,但项目组成员应自我约束,不能随意发表与项目相关的文章。

在项目组成员集中学习相关理论的过程中,部分核心成员组成调研团队,对 A 市进行了调研访谈。团队成员分工合作,对 A 市涉及文化产业的所有部门进行了深度调研,针对不同部门准备了不同的调查及访谈问卷,并准备了录音笔等。访谈进展顺利,各个主管部门领导对该项目组赞誉有加。该项目组有专业背景基础,设计问卷合理,所提的问题引起了相关部门的深度思考。

调研团队从 A 市返回后,提交了调研访谈总结,并在此基础上提出了很多问题,也总结了 A 市的特点及明显的规律等。在调研基础上,项目组进行了深入分析,运用政策工具,很快制定出综合性的方案,并完成了数万字的报告。

H 教授项目组根据知识产权政策创新内涵,依据其运作机理,结合本地文化创意产业发展的客观实际情况,借鉴北京、上海等地知识产权政策实践经验,因地制宜,从政策总体系统调控、文化产业生态构建、文化创意产业自身规律作用发挥、政策间协同作用等角度,经过实践归纳与理论演绎,提出 A 市文化创意产业知识产权政策创新的具体路径。

第一,政策"顶层设计"的总体引领,明确本区域知识产权发展目标与优势定位。政策的顶层设计是政府等管理部门根据国内外发展形势,从全局角度出发,对文化创意产业各方面、各层次、各要素做事先优化性配置与统筹规划,以集中有效资源,高效快捷地实现目标,具有前瞻性与科学指导性。知识产权保护贯穿文化创意产业链的全过程,政府知识产权政策制定部门可充分结合地区文化资源优势,围绕本地区文化创意产业发展总体定位、特色优势、发展战略、发展方向等进行创新,从文化资源的归属和文化产品的研发、生产、流通、销售等环节进行知识产权政策的预先系统性统筹规划。

第二,区域文化创意产业知识产权生态的主动构建。文化创意产业知识产权系统整体运行情况直接反映了区域整体性文化创意产业的成熟度与发展潜力,因而是促进本地区文化产业发展的重要抓手和突破口。这要求针对区域文化创意产业,在政策设计上注重对知识产权生态的主动构建,做好统筹规划,有的放矢。如建立区域协调机制,打造有利于知识产权创造、保护、转换与应用的合作平台、文化创意产业知识产权交易中心,完善知识产权公共服务体系等。同时,促进文化创意产业集群内部的有机联系,形成竞争与合作共存、优势互补、相互促进的格局,为文化创意生态的进一步发展提供动力。

第三,培育区域特色,制定知识产权扶持政策,增强区域竞争力。A 市历史悠久,文化积淀丰厚,从理论上讲,完全可依托本地独特的文化资源,经由创意转化、科技手段的利用、市场化运作的探索与实践,培育特色文化创意产业,提供具有本区域特点和反映本地人文风貌的文化产品和服务。[①] 根据文化创意产业知识产权发生规律,体现本地特色的故事、形象等经由多元演绎,均可成为本地特有的文化创意知识产权。此外,经由长期发展和市场演化,A市在特定领域的发展积淀亦可体现本地区域特色。旨在培育本区域特色文化创意产业的知识产权政策一定程度上可规范与优化产业结构,增强区域文化创意产业的竞争力。

第四,激发创新主体的积极性和能动性,促进知识产权的创造和成果转化。文化创意企业作为文化创意产业中的微观个体,其自主创新能力已经成为企业核心竞争力的来源和企业在文化市场中制胜的关键,良好的政策对于自主创新能力的激励与培养具有巨大的保障作用。根据产业创新体系理论,针对区域文化创意产业的知识产权政策应注重激励创新主体在知识产权创造与运用层面的积极性和主观能动性,这需要使创新活动个体的创新成本降低、效益具有可预期性,同时创造条件推动产业内新技术或新知识的产生、流动、更新和转化,促进企业创新能力的形成、优质知识产权积累与运用,促进产业竞争力的提升。[②]

第五,知识产权公共服务体系平台的构建与完善,区域知识产权的立体保护。知识产权公共服务强调知识产权政府管理部门的服务职能,使用公共权力或公共资源,创新服务载体和服务形式,满足社会化大生产的直接需求与间接需求,促进经济社会的健康发展。它贯穿知识产权的创造、运用、保护和管理及财富创造的全过程。[③] 目前我国知识产权公共服务体系尽管有一定进展,但仍然存在信息公开不充分、平台不集成、服务不均衡、高端服务难以满足市场需要、技术不先进等现实问题。针对以上问题,区域知识产权公共服务体系平台要不断完善,以最大限度地发挥平台的桥梁作用;同时需建立政府部门、行业协会、知识产权服务机构与企业、高校、科研机构等共同参与、协调联动的服务体系。[④] 除了本省市的知识产权保护外,可以通过区域合作,为文化创意产业知识产权提供创造、保护、应用等维度的立体保护,如可以打造区域知识产权公共服务平台,或可以依托周边省市制定区域知识产权政策。

第六,多元政策的支持与协同,多部门的配合联动。文化创意产业知识产权政策的制定和执行是多部门共同努力的结果,政策制定主体多元化、政策手段多

---

① 潘鲁生、殷波:《2014年度中国设计政策研究报告》,载《南京艺术学院学报(美术与设计)》2015年第5期。
② 张珺、刘德学:《基于全球生产网络的开放式产业创新体系构建》,载《科技管理研究》2007年第2期。
③ 吴离离:《浅析我国知识产权公共服务体系的构建》,载《知识产权》2011年第6期。
④ 李喜蕊:《论中国知识产权信息公共服务体系的构建与完善》,载《黑龙江社会科学》2014年第2期。

样化是明显的趋势。有效的政策能为文化创意产业的发展创造良好的发展环境,同时需要制定相关配套文件以确保基础设施、经费、信息、人才等方面政策,以及税收减免政策、科技开发贷款政策、知识产权保护政策的协调一致。除此之外,还要以长远目光兼顾社会效益与经济效益,保障各主体的公平参与,创造条件让地方政府之外的企业、社会机构等主体共同参与政策的制定,使得各级政府部门之间、政府部门与企业和社会机构之间在政策、规划和战略上进行有效的分工与协调。通过部门联动,打破部门间的分割,强化部门主体的责任意识,使相关政策的贯彻落实更具保障、更加顺畅。

第七,政策引导与协调的优化,动态跟进与良性互动演化。文化创意产业知识产权政策出台之后,在实施过程中可能会遇到与实际情形不相适应的情况,这就需要根据实际情况对已经形成的政策及其体系进行优化调整。相关政策要落实到具体操作层面,除了需要结合本地区的特色,还要对文化创意产业知识产权体系进行持续优化。知识产权政策体系的构建和执行是一个有机的系统,也是一个动态的过程。这个过程中需要系统演化,即在管理过程中需要遵循系统运行规律,注重系统演化及适当引导。各地在政策体系的构建过程中,不仅要因地制宜,更要因时制宜,要根据国内外最新发展态势,依据不同时期的重点任务推动政策体系的发展,以引导文化创意产业知识产权政策体系对产业发展的促进作用。

经 H 教授协调,A 市专门召开了文化产业知识产权发展研讨会,来自高校、旅游局、知识产权局、市府办等多个单位的专家纷纷发表意见,并对 H 教授项目组的成果提出了中肯意见。该会议后,项目组结合会议意见进一步研究,形成咨询报告提交给 A 市。经 A 市市长提出意见,H 教授项目组进一步修改与完善,最后得到 A 市的高度肯定与认可,项目组所提出的思想和具体办法被采纳。

 案例　国家知识产权战略制定过程

为了积极应对国际挑战,适应我国经济社会发展需要,实施国家知识产权战略,2005 年 1 月,国务院成立了国家知识产权战略制定工作领导小组,吴仪副总理为组长,知识产权局、工商总局、版权局、发展改革委、科技部、商务部等 33 家中央部委办局共同推进国家知识产权战略制定工作。国家知识产权战略分为《纲要》和 20 个专题的研究制定工作。2007 年 2 月 15 日,领导小组召开第三次全体会议,审定了 20 个专题研究报告,专题研究工作按期完成。各项研究成果深入分析了我国各领域知识产权的现状与发展需求、国际形势与发展趋势,从多个层面和角度阐述了国家知识产权战略的指导思想、战略目标、发展思路和战略重点,并提出了实施战略的主要任务和战略措施,第一次从国家层面对知识产权工作进行了系统梳理。《纲要》研究在此基础上全面展开。2007年5月17日,领导小组召开会议,对《纲要(稿)》进行了深入讨论,初步形成了国家知识产权战略的指导思想、基本原则、战略目标、主要措施和重点任务等主体内容。在国务院领导的直接指导下,知识产权局、工商总局、版权局、发展改革委、科技部、商务部等部门认真研究、反复修改,最终形成了《纲要(送审稿)》。2008年初,《纲要(送审稿)》提交国务院常务会议讨论。4月9日,温家宝总理主持召开国务院常务会议,审议并原则通过了《纲要(送审稿)》。2008年6月5日,国务院正式印发《国家知识产权战略纲要》(以下简称《战略纲要》),标志国家知识产权战略制定工作胜利完成。

战略制定过程中,首先设置有领导小组,组长为副总理,领导小组负责战略制定过程中重大问题的决策,包括审议国家知识产权战略的基本定位;审议制定国家知识产权战略的指导思想及工作方案;确定制定国家知识产权战略的研究任务分工并统筹协调;审议国家知识产权战略纲要及专题研究报告等。领导小组下设知识产权战略制定办公室等机构。制定过程中工作内容涵盖宏观方面,包括国家知识产权战略目标、科技与知识产权关系、贸易与知识产权问题、知识产权人才和宣传、防止知识产权滥用、知识产权产业化等问题;涉及知识产权类的包括专利、商标、版权、生物资源、商业秘密、中医药、国防等七个类别;涉及的典型产业主要以信息产业和生物医药为样本产业。

从2005年6月30日启动《战略纲要》制定工作,到2008年4月9日国务院常务会议通过,历时三年时间。国务院前后任命两位副总理领导,三位副秘书长先后协助,33个部门和单位参加工作,300多位专家参与研究,50多位专家参与起草。前期研究形成20个高质量专题报告。《战略纲要》从最初文稿110条25000余字到最后定稿68条8000余字。召开四次领导小组会议和数十次研讨协调会议,广泛征求意见,三次书面征求各部门意见。最后形成共识,达成一致意见,出台了《战略纲要》。《战略纲要》最后确定了一个序言和一条指导方针、两个战略目标、五项战略重点、七项战略任务、九项战略措施,所谓"112579"框架,后来的实践证明,《战略纲要》的确是具有基础性、长远性的,也很有操作性,战略性和前瞻性的布局合理、科学。吴仪副总理在第四次领导小组会议上讲道,"《战略纲要》的研究制定,极大地促进了全社会对知识产权重要性和紧迫性的认识,为实施知识产权战略奠定了良好的思想基础"[①]。《战略纲要》从国家总体发展的战略高度,明确了到2020年将我国建设成为知识产权创造、运用、保护和管理水平较高的国家的目标,确定了"激励创造、有效运用、依法保护、科学管理"十六

[①] 张崇和:《"战略实施十周年"关于〈国家知识产权战略纲要〉的四个体会》,载国家知识产权战略网2018年6月7日,http://www.nipso.cn/onews.asp?id=41617,2024年8月19日访问。

字指导方针,突出了完善知识产权制度等战略重点;部署了实施知识产权战略的总体任务,确定了七大专项任务和九个方面的重点举措。

《战略纲要》的颁布实施,是我国知识产权制度建设三十余年来最具时代意义、最有国际影响的一件大事。以此为标志,我国知识产权事业步入了一个新的重要历史时期。《战略纲要》的出台和实施是我国对知识经济发展趋势的制度回应,也是解决重大发展问题的政策举措,意在通过知识产权制度来提升知识创新能力,实现建成创新型国家的战略目标。通过《战略纲要》的颁布实施,我国抓住知识产权这一国际社会未来竞争的根本,发掘推动社会主义市场经济发展的动力源泉,走出了一条举世瞩目的创新引领发展之路。2021年《强国纲要》颁布实施,接续统筹推进知识产权强国建设。回望历史,《战略纲要》来之不易,发挥了重要作用。

(二)知识产权政策咨询案例解读及实务要点

由前述知识产权政策咨询案例及《战略纲要》的制定过程,可以看出该类实务业务的几个共性。

第一,要深入调研,了解政策实践现状及问题、需要等。

第二,知识产权政策制定是一个科学研究过程,甚至需要理论创新。知识产权政策专业性强,要探索知识产权政策运行规律,遵循战略制定规则。在制定中探索与凝聚对相关问题的共识,比如《战略纲要》凝聚了中央和国务院对知识产权的最新科学认识,某种程度上丰富和深化了我国发展战略的模式和内容。

第三,适当借鉴成功模式和先进经验。知识产权战略及相关知识产权政策的制定可借鉴国内外的一些成功经验,比如在文化产业政策制定时,可以适当借鉴文化产业相对发达地区的相关经验。

第四,知识产权政策咨询需要集体合作,集思广益,群策群力,汇集众智。知识产权政策咨询通常属于大的咨询项目,所服务的对象范围动辄涵盖几个区域或城市,辖区内人口众多,要综合考虑各个方面因素,还需要调研等,故而需要团队合作,由专业人士共同深入研究。

第五,整体工作需要协调和协同。大型的政策制定及咨询项目需要设置专门机构,协调相关工作的开展。领导小组和项目负责人牵头至关重要,可发挥总体策略定位与过程协调管理等作用。

在以上要点中,前三项要点是开展相关咨询的基础,在最终研究报告的形成过程中所起作用较大,是最终解决方案的逻辑前提。如果缺失相关环节,对所咨询的对象、所研究的话题不熟悉,将难以把握内涵和本质及深层规律,咨询的质量会严重受影响,因此前三项工作是增加咨询的战略洞察力的必要环节。

实务中,区域知识产权战略及政策咨询的大致操作程序可参照知识产权战略程序。首先要明确研究的问题,通常该环节由委托方提出,但需要受托方和咨询方进行精准界定;其次要组建团队,分工合作;最后要经过深度的理论研究及实务调研,了解所研究和咨询地区的实践情况及存在问题,对现状及存在的问题进行深度诊断。在此基础上开展理论分析和探讨,并给出综合性的因应之策。知识产权政策制定与评估体系的研究是一项多学科交叉综合研究,需要调用一切可以正确反映真实客观情况的研究方法,在兼顾精确性及成本的基础上选择主要的方法,这里给出一些常用研究方法。

第一,文献分析法。该方法为相关研究的基础,对研究者理论知识的建立和视野的开阔、对所研究对象的深入认识有积极意义。通过广泛检索中外数据库等相关资料,通过变换关键词组合,尽可能充分收集国内外有关知识产权政策制定等方面的相关文献,运用文献归纳法和规范差距分析法等对文献进行整理和分析,作为研究的基础。

第二,德尔菲法。在涉及旨在探讨知识产权政策评估的体系构建研究阶段,如在评估指标体系构建及总体策略制定环节,较多采用德尔菲法。德尔菲法通过将备选的指标单独发送到各个专家手中,征询意见,并在汇总、整理后,提炼出综合意见;随后将该综合意见分别反馈给专家,再次征询看法,依据专家的综合意见进行修改,再汇总,经过多轮探讨,最终取得较一致的意见。这种方法可以有效汇集本领域专家的意见。

第三,深度访谈法。在对实际政策的评估过程中,选取若干长期从事知识产权政策制定及实施的政府官员、学者,以及公共政策领域的若干专家,进行深入的访谈,征询他们对政策过程及评估、调控等方面的意见。

第四,问卷调查法。根据政策研究评估的需要,分别设计针对评估体系构建和实际政策的调查问卷,完成问卷预测后作出修正,生成问卷并展开调查,问卷调查的对象包括知识产权及公共政策评估领域的专家、知识产权政策制定者及执行者、政策对象(细分为知识产权示范企业、其他类型企业、学校、个体等多种类型)。

第五,数据分析法。访谈结束及问卷回收后进行数据分析。在对权重的设计上,采用分析法和专家直接评定法相结合的方法,对实际政策评估问卷结果进行汇总分析,经综合评判后给出评估的结果。

第七章 专利管理

为发挥专利制度在企业发展中的作用,促进企业技术创新和形成企业自主知识产权,推动企业加强对专利的管理、保护和利用,体系化的专利管理认知和相关策略必不可少。本章从基本的专利管理内涵及管理内容讲起,分析专利管理组织和相关制度等内容,涵盖专利组织管理部门职能定位与制度、流程,专利申请与维护管理、专利战略与决策管理,专利导航等内容。企业要建立专利管理基础体系,除了要完善专利组织、专利制度和流程,重视专利申请与维护管理等常规专利法务管理外,还需要重视专利战略与专利决策管理,增强专利决策的科学性与前瞻性。专利导航以专利信息资源利用和专利分析为基础,把专利运用嵌入产业技术创新、产品创新、组织创新和多类商业活动当中,是引导和支撑企业及产业科学发展的一项探索性工作,应用广泛。

第一节 专利管理概述

一、专利管理的内涵及内容

(一)专利管理的概念

专利管理的概念有宏观与微观之分:宏观的专利管理是国家层面的专利行政管理,微观的专利管理中最有代表性的是企业专利管理。本章主要围绕企业专利管理展开。

企业专利管理是企业围绕专利所进行的工作,包括专利申请、授权、保护、利用,还包括统筹安排与协调生产经营中涉及专利研发、权利获取、转换、保护与应用等的活动,是通过企业组织活动对内外部专利资源进行有效整合和配置,以提高企业市场竞争力,创造经济效益的活动或过程。专利管理具有知识产权管理的一般性特点,是知识产权管理中最具有代表性的专业性管理活动,具有动态性、法定性、战略性、从属性等特征。一般来说,在企业经营、专利数量达到一定规模之后,可以考虑设置专门机构,有序开展专利管理。根据管理的层次来分,专利管理可分为战略层、实施层、支撑层等。其中,战略层涉及企业专利及知识产权战略的制定、实施、评估、更新等;实施层则侧重机构设置、制度建设、流程优化等,包括专利创造与维护、运用、保护体系建设;而支撑层则涉及专利工作开展的保障及动机机制等,通常包括预算、人员、培训、外部资源维护等。三个层次互相支持,构成了专利管理的整体,也规定了专利管理的内容和努力方向。

(二)专利管理内容

专利管理涉及组织机构建立、人员确定、规章制度建立与完善程序层面的协调活动,还包括专业性的专利申请(无形资源知识的权利化)、专利维护和风控避免、专利价值实现、专利产权管理、专利信息管理、专利许可、专利利益分配与奖励等多层面内容。

(1) 机构设置与岗位设置。该工作是企业专利工作有序开展、组织化推进的基础。在企业专利数量达到一定规模以上,并且研发持续推进时,就需要考虑设置相应的机构分管或兼管专利工作。

(2) 建章立制。如本书第二章内化理论所阐述的,企业专利管理根据外部环境的专利法律与政策,制定企业内部的专利管理制度与流程等,比如企业专利利益分配与奖励管理、内部专利开发流程等。

(3) 建立专利信息利用平台。

(4) 围绕专利开展的专业性决策与协调活动。该工作主要包括专利决策管理、专利战略管理、专利布局管理、专利预警与保护管理、专利许可管理等。

(5) 企业知识产权文化建设。

(6) 专利宣传和培训。

(7) 提供企业决策支持。

专利管理内容涵盖面广,可以按抽象性及重要性标准分为三类:第一类为基础工作,包括制度建设、条件保障等。第二类为常规工作,包括研发促进、申请管理、权利运用、权益维护等。第三类为战略策略类及治理,包括专利战略制定与执行、专利合规风险管控等。

(三)专利管理价值

专利管理的价值可透过专利对企业及行业总体价值来理解。这里以卢德米拉·斯特乌科娃(Ludmila Striukova)提出的专利四维价值体系来间接说明(见图7.1)。

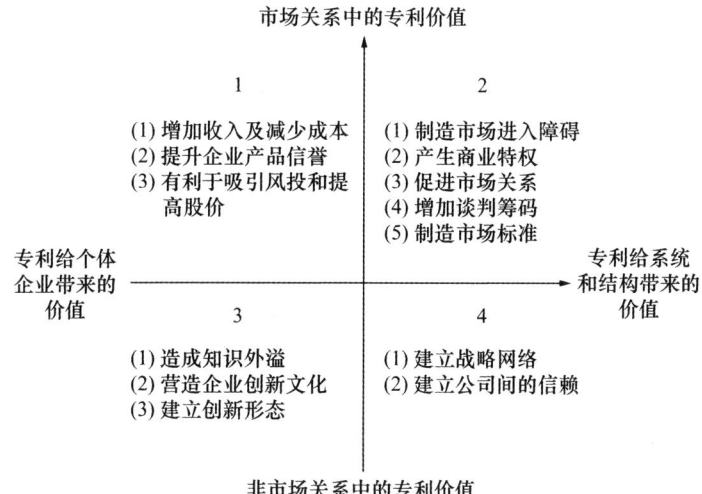

图 7.1 专利四维价值体系

资料来源：Ludmila Striukova. Patents and Corporate Value Creation：Theoretical Approach. *Journal of Intellectual Capital*，8(3)，2007，pp. 431-443.

专利四维价值体系大意为：以非市场关系中的专利价值、市场关系中的专利价值为纵坐标，以专利给个体企业带来的价值、专利给系统和结构带来的价值为横坐标，可划分为四个象限，分别为市场关系中给个体企业带来的价值、市场关系中给系统和结构带来的价值、非市场关系中给个体企业带来的价值、非市场关系中给系统和结构带来的价值。在不同象限中，专利的价值有不同的体现。如在象限 1 中，专利给个体企业带来的市场价值有三个方面：增加收入及减少成本、提升企业产品信誉、有利于吸引风投和提高股价。在象限 2 中，专利给系统和结构带来的市场价值有五个方面：制造市场进入障碍、产生商业特权、促进市场关系、增加谈判筹码以及制造市场标准。在象限 3 中，专利给个体企业带来的非市场价值主要有三个方面：造成知识外溢、营造企业创新文化以及建立创新形态。而在象限 4 中，专利给系统和结构带来的非市场价值有两个方面：建立战略网络以及建立公司间的信赖。

由图 7.1 可以看出，作为管理结果的专利权体系，可以对企业及行业等产生一定的影响。专利权利的背后是大量的资金投入以及企业的组织协调等。作为创新性的技术成果，单一的专利不排除天才的灵感和偶发性的产生；但在现代工业社会，为满足市场竞争的需要，专利要持续产出，就需要有组织地安排与协调。这就体现出专利管理的价值和作用。如上文所说，专利管理内容丰富，不同层面的专利管理价值和作用是不一样的。一般来说，通用的专利管理对企业来说可以形成技术成果、专利权利，提高企业声誉，有利于企业产生更多有价值的专利，以合适的模式独占自己的创新成果,实现自主知识产权,保持产品和技术的独特性或先进性,保证自己产品应用的技术不受限制,或可凭之与他人作交叉许可,或增加自己谈判的筹码,从而保持竞争优势,获得更大利润等。

(四) 专利管理与创新活动

创新活动与专利活动是两个相关却不相同的概念,两者之间并非线性关系。首先,创新活动和专利活动的内在动因不同。其次,由于保护范围、保护期限、申请流程、专利维护费用等方面的限制,于企业而言,一些创新成果无法获得专利保护或者不适合以专利方式保护,可能更适合作为商业秘密加以保护。比如,专利保护的技术仅是创新成果中达到一定要求的技术方案,需要"专利三性"(即新颖性、创造性和实用性)等,因此有些创新成果无法作为发明专利获得保护。最后,现代专利制度实际运行过程中存在一定程度的"异化",市场主体为追求专利而进行研发创新活动的现象比较普遍。因此,企业在进行专利管理及技术管理时应当针对创新活动和专利活动各自特点采取不同的管理策略,同时也不能忽略二者之间的内在深度关联性。

1. 创新活动与企业专利表现的非线性关系

(1) 创新活动的内在动因

创新活动的内在动因是多样的。但总体而言,创新活动的内在动因都与市场需求、市场竞争和市场环境等因素密切相关,这起源于生产技术与人类需求之间的矛盾,手段是对原有技术系统的要素、作用方式进行调整,获取具有新功能的技术系统,最终目的是为企业谋取利益。具体来说,首先是宏观层面技术进步的客观需求,技术作为一个完整的系统,其发展遵循自身内在的演化机制和发展规律,这种内在惯性机制会产生一种驱动力,推动技术研究、技术开发和技术应用的进程,表现为企业为适应不断发展的技术进步大趋势而进行创新活动。其次是微观市场竞争压力的推动——企业面临激烈的市场竞争,需要通过不断地创新来提高产品或服务质量,增强竞争优势,保持市场地位。再次是消费者需求的变化。消费者对产品和服务的需求和偏好的不断演变,需要企业不断进行创新活动以满足他们的需要,开拓新的市场。最后是风险投资的推动及社会和政策环境的变化。政府的创新激励和科技政策、社会文化和经济环境的变化等都可能促进或阻碍创新活动的发展。

(2) 企业专利行为的动机

在不同市场、不同国家(地区)、不同领域和不同发展阶段,企业专利行为的动机也可能不同。但一般来说,企业申请专利动机首先是技术保护,即保护其独有的创新成果,避免被其他竞争对手抄袭或模仿。其次是竞争优势动机,通过专利申请获取市场竞争优势,提高技术水平,增加知识产权价值,促进创新活动等。再次是信号动机,即增强企业信息透明度,释放企业创新潜力巨大的信号,以满足监管要求,获得政策支持,吸引投资,提升企业形象等。最后是策略性动机,比如通过专利行为改进研发过程,提高技术壁垒和防止侵权诉讼等。

由此可以看出,二者在动机上存在不一致性。这种不一致性又因行业和技术特征而呈现出多样化特点。技术创新发展阶段与技术属性等也是影响二者关系的相关变量。由于创新活动与专利活动的差异,对特定企业来说,专利申请量或授权量不能完全作为衡量创新强度的标准。

2. 专利管理与创新活动相辅相成

尽管在性质上二者有根本性不同,但二者在融合与协同方面仍有不少共识,比如应通过专利管理辅助创新活动。

(1) 创新活动与专利活动共同作为竞争手段

对企业来讲,专利是一种法律武器,可用来捍卫创新成果,也可用来攻击和制约竞争对手,而创新活动则好比这一法律武器的弹药。但创新又不限于此,创新活动的成果除了体现在外化的专利权之外,还可内化为企业的技术软实力。

(2) 创新与专利数据互为源头

对特定企业来说,创新是源头活水,只有提供源源不断的创新成果,才能保证企业的专利数量和质量,才能为企业专利竞争提供基础。从这个意义上来讲,企业创新管理应侧重创新文化的培育以及创新研发方向的选择。由于专利具有累积性效应,即世界范围内专利数据库积累了无尽的技术创新成果,可以为创新提供源头和启发,避免错误和重复开发。

(3) 专利战略促进技术成果权利化和技术成果的应用

企业专利战略除了侧重对创新成果保护之外,还能为技术成果进一步的应用奠定基础,可以说是创新活动的具体化和重要一环。专利权利化是指将有价值的技术成果提交专利申请,而技术成果利用则是将专利技术作为商业中获得和保持竞争优势、开展交叉许可谈判合作、抑制竞争对手的撒手锏。

由专利管理和创新活动二者之间的联系,可以看出合理规划创新战略与专利战略的关系。企业的技术战略将为企业提供源源不断的竞争力。创新成果是专利的基础,专利则可为创新活动指明方向,二者相辅相成。

事实上,在企业整体生产链和价值链上,专利管理是不可缺少的基础工作(见图7.2、图7.3)。从产品规划,到产品开发、产品制造、产品销售等众多环节,都需要加强专利管理。

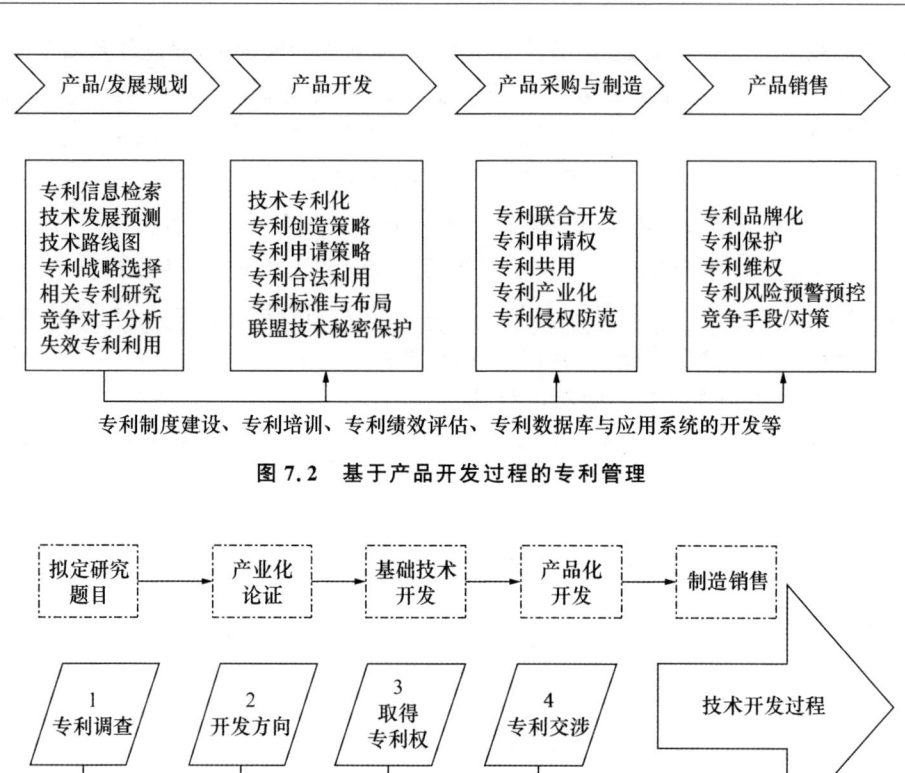

图 7.2 基于产品开发过程的专利管理

图 7.3 基于技术开发过程的专利管理工作内容

二、专利管理组织与相关制度

（一）专利部门职能定位

不同企业的专利管理部门定位因企业规模、行业特点、企业决策定位不同而有所区别。这里给出一般意义上具有完整技术研发业务的企业专利管理部门的职能定位。无论企业规模如何，其专利部门的职能定位终归是在管控与提供服务之间的平衡与优化,不同企业可能各有侧重。作为内部服务提供者,专利管理部门要提供企业内部专业性的管理服务,比如及时将创新成果形成专利、进行专利监控和评估、实现将专利技术到企业收益的转化等。管控则意味着合规与治理,即对企业专利行为的约束。在管理及战略层面,这类工作显然有治理与合规的任务,表现为专利风险防范与排除、专利工作目标制定等;在操作项目层面,此项工作为企业内外部"客户"提供专业支持,如专利信息检索、可专利性评估等;在公司架构层面,此工作负责对涉及专利活动部门的协调与控制,把控内部业务条线和外部客户的技术研发进展及专利申请的进度(见图 7.4)。

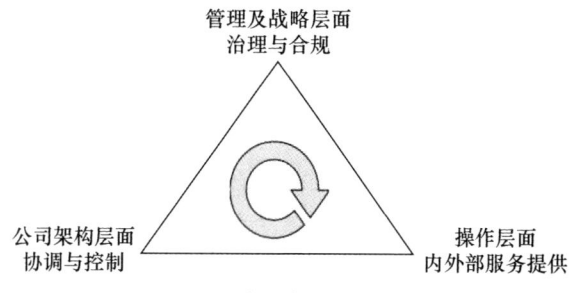

图 7.4 专利部门职能定位

(二)专利部门的主要任务

专利部门在企业内部扮演着重要角色,负责实施和具体化企业的专利管理工作,主要包括管理程序和基础方面的工作,以及专业性的实体层面工作。程序和基础方面的工作包括:制定专利管理制度,规范专利申请、实施、奖酬、维权等方面的规定,制订专利规划和工作计划,并开展专利知识的宣传和培训等工作。专业性的实体层面工作包括:

(1)专利申请管理:组织专利开发申报,指导科技人员适时提出专利申请、撰写技术交底书等,协助评审专利技术,审核申请人、发明人、申请内容等信息,并委托代理机构办理专利申请事务。

(2)专利实施管理:参与涉及专利技术和设备进出口的洽谈业务,审核涉及专利技术的许可合同和专利程序的管理,组织专利技术和产品展示会,申报专利奖项等。

(3)专利文献管理:在科研立项、开发新产品和申请专利前进行文献检索,提供检索意见,并跟踪本行业或技术领域的专利文献,根据需要提供分析研究报告。

(4)专利奖酬管理:设计发明者的报酬和激励制度,根据专利管理制度或实施细则规定,为职务发明人制定奖酬方案。

(5)专利文档管理:对专利申请、授权、缴费、实施许可等进行登记管理,建立简明业务档案,有条件的企业可开展网络信息化管理。

(6)专利维权工作:按时缴纳年费,维护专利权的有效性,与员工签订技保密合同并审核合同的遵守情况,建设专利预警体系,与营销或业务部门合作,监控专利产品的市场动向。

(7) 专利诉讼工作:在专利权益受到侵害或被指控专利侵权时,收集证据,提出专利和其他知识产权保护诉讼,并配合律师事务所进行应诉工作。

(8) 专利战略管理:根据企业总体发展战略,提出专利战略研究方向和策略,并制定相关专利战略,管理专利组合,策划新专利研发方向,筹划高价值专利申请与应用。

(9) 专利知识管理及咨询服务:提供专利信息检索,开展专利知识培训,向高层及相关部门咨询专利理念管理、技术状况概述、发明披露等内容,并进行尽职调查等工作。

企业专利管理部门工作不是孤立的,需要和其他部门协同开展。如上文所言,专利部门提供专业性服务,把研究与发展和业务部门视为客户,扮演着审查者和抑制者的角色,也可成为创新的催化剂。专利部门要在相关工作及不同的利益群体之间取得平衡。

(三) 制度、流程及体系化管理

1. 企业内部专利制度及主要构成要素

如前文内化理论所述,企业内部专利管理制度是外部宏观的专利法律制度和专利政策的内化,具体内容包括管理机构、专利申请与维持、专利转让与实施等(见表7.1)。

表 7.1 专利制度主要构成要素

制度内容	涵盖范围
总则	制定目的、适用范围、职务发明创造的定义与范围、职务发明创造的权利归属、专利信息的利用、员工保密义务等
管理机构	专利工作的领导机构与执行机构、专利工作领导机构的职责、专利工作执行机构的职责等
专利申请与维持	专利申请的保密制度、申请专利的程序、专利申请过程中各方关系的协调、专利申请与维持有关费用的承担、专利放弃或终止的决定与执行等
专利转让与实施	专利转让的程序、专利许可的程序、专利价值的评估等
专利奖励与惩罚	专利归属的"一奖两酬":奖励范围与金额、专利实施的报酬支付、专利转让许可的报酬支付;专利工作失职的认定与责任及惩罚等
其他或附则	档案管理制度、专利不申请的规定、制度解释权、制度实施日期等

中小企业可以制定简易、统一的知识产权制度。当专利工作具有一定规模，专利工作复杂性达到一定程度时，可以制定专门的专利管理制度。

组织化的专利工作为保证连续发明产出及运行有效，需要持续工作、持久投入。为此需要建立除了专利管理办法之外更具体的操作规程。所谓规程，是保证本部门的生产、工作能够持续、安全、稳定、有效运转而制定的相关人员在操作设备或办理业务时必须遵循的流程、程序或步骤等。表7.2列出了部分专利操作规程和相关文本。

表 7.2 专利操作规程

操作规程	相关文本
• 专利工作程序 • 专利资产评估程序 • 发明创造奖励工作程序 • 专利信息管理工作程序 • 专利教育培训工作程序 • 专利海关保护工作程序 • 专利战略制定程序 • 技术研发记录撰写指南 • 技术交底书撰写指南 ……	• 技术交底书 • 专利申请表 • 专利代理委托书 • 企业专利工作年度汇总表 • 专利实施许可合同 • 专利权转让合同 • 专利权质押合同 • 公司员工保密合同 • 委托研究合同、合作开发合同 ……

2. 专利管理的体系化管理

专利部门的管理高度依赖于整个公司的内部互动，专利管理需要众多支撑，涉及组织、领导、制度、流程等诸多内容和要素，因此对其采用体系化管理是实践中的一种共识。体系化管理相关原理及如何开展体系化管理等可参照本书第三章内容。这里简要介绍如何提升专利体系化管理的有效性。

第一，要有明确合理的专利战略。专利战略应与公司技术创新战略、总体战略保持一致，在整个组织内实施，并定期审查和更新。专利战略的主旨不局限于纯粹的风险防御和知识产权保护，而且还包括通过权利实施来创造许可收入，在专利战略指导下有序开展相关工作。发展一个对专利敏感的组织，有利于将高层管理人员所主张的专利战略整合到组织的战略视野中。

第二，要有精干的专业人员，形成部门合力。专利工作的开展离不开一个集中协调的核心团队。该核心团队成员在事前能精准预警，识别侵权风险，事后能快速对警告和专利侵权诉讼提供辩护；具备条件的企业还应构建专家网络，对相关技术问题提供专业性咨询。

第三，完善专利决策机制，科学决策。在充分考虑成本、效益和效果后，制定评估和选择发明与专利组合的系统及相应的评估选择程序。知识产权的许可和执行,应考虑适当的知识产权、财政资源和内部能力的可用性。上述工作还需最高管理层、垂直管理层和项目经理的全面支持和帮助。表 7.3 是一个技术研发项目决策构成人员及分工情况。

表 7.3 某企业技术研发项目决策构成人员及分工情况

构成人员	分工
专利工作领导者	协调、指挥、决策("拍板")
市场专家(营销部门负责人、副总)	专利产品的市场占有现状、前景、发展趋势;特定功能的价值等
专利实务专家(专利工程师、专利总监)	检索、分析专利文献,提供定性定量数据、信息
技术专家(如总工、高级技术顾问等)	从专利所涉及产品的工艺、小试、中试角度来分析实施可能性、对公司产品的影响

第四,有必要经费与后勤保障机制。确定与人员数量和财务框架有关的资源,保障专利管理人员有较为舒适的工作开展环境、清晰的成长晋升路径和有竞争力的工资。

第五,形成激励与约束机制。为了鼓励"专利友好型"的态度与表现,要支持高级管理人员使用激励机制,包括控制所有参与方的物质和非物质激励,如对发明者或许可者的激励。

第六,优化部门之间的合作机制。在内部工作网络方面,需要有负责整体申请、维权等工作的内部专家以及与各研发线条对接、协调的支持性的协调员,如嵌入研发部门的协调员制度,可促进专利部门、研发部门和市场/销售部门之间的合作。

第七,培养重视创新与专利的部门文化。在企业内促进形成适当的发明文化,对研发部门、管理人员、市场/销售部门以及专利部门人员进行定期知识培训等。

第二节 专利申请与维护管理

一、技术成果权利化与专利申请

技术成果的出现是专利申请决策的前提,专利的目的是实现技术成果权利化。技术成果作为智力劳动的产物,固然是企业的无形财产之一,但只有在相关主体采取了法定措施(比如申请专利或者对技术信息进行保密)之后,法律才给予技术所有人一定程度的保护。也就是说企业必须对其所创造的技术成果进行权利化管理,从而使技术成果成为受法律保护的智力资产。技术成果是以商业秘密方式进行保护,还是以申请专利方式实现,请参见本书第十章。这里简要介绍技术成果权利化的基本流程。

在技术成果权利化的决策流程中,应先由相关人员提出采取何种权利化途径的议案,然后经过企业内部审核确定再执行(见图7.5、表7.4)。

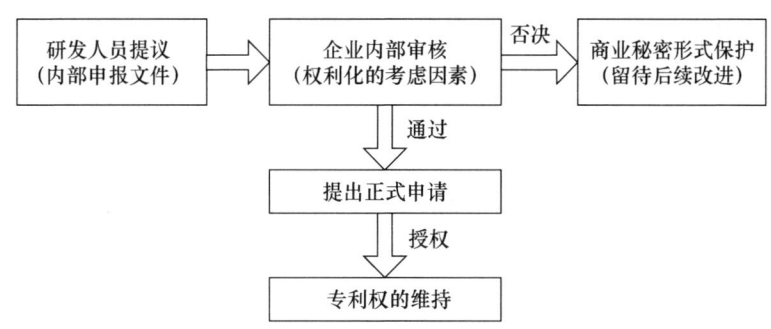

图7.5　技术成果权利化流程

表7.4　技术成果商业化决策的责任部门和协助部门分工

项目	部门							
	管理高层	法务部门	人事资源	研发部门	市场部门	行政部门	财务部门	各部门
权利化方案提出		○		●	○			◎
权利化方案论证		●		○	○		○	◎
权利化方案决策	●				○	○		
权利化方案实施		●(委托第三方)			○		○	
	●责任部门　　○协助部门　　◎配合部门							

内部申报文件一般包括专利申报书和技术交底书。技术交底书是研发人员将技术实质告知企业知识产权管理人员和专利代理人的技术文件,有关撰写技术交底书的具体内容详见本章第二节。

二、专利申请决策

中国专利确权实行行政审查制,由国务院专利行政部门——国家知识产权局对申请人提交的专利申请进行审查,只有通过审查的技术方案才能获得专利授权,享受专有权利的保护。

(一)专利申请应遵守的基本原则

1. 书面原则

专利申请过程中办理各种手续,都应当以书面形式或电子文件形式办理,提交的各种文件应当使用中文撰写,涉及外文材料的,均应提交相应的翻译件。

2. 先申请原则

两个以上的申请人分别就同样的发明创造申请专利的,专利权授予最先申请的人。两个以上的申请人同日(指申请日;有优先权的,指优先权日)分别就同样的发明创造申请专利的,应当在收到国务院专利行政部门的通知后自行协商确定申请人。若不能达成共识,两份申请均将被驳回。

3. 优先权原则

申请人自发明或者实用新型在国外第一次提出专利申请之日起 12 个月内,或者自外观设计在国外第一次提出专利申请之日起 6 个月内,又在中国就相同主题提出专利申请的,依照该国同中国签订的协议或者共同参加的国际条约,或者依照相互承认优先权的原则,可以享有优先权。申请人自发明或者实用新型在中国第一次提出专利申请之日起 12 个月内,又向国务院专利行政部门就相同主题提出专利申请的,可以享有优先权。

4. 单一性原则

一件发明或者实用新型专利申请应当限于一项发明或者实用新型。属于一个总的发明构思的两项以上的发明或者实用新型,可以作为一件申请提出。一件外观设计专利申请应当限于一项外观设计。同一产品两项以上的相似外观设计,或者用于同一类别并且成套出售或者使用的产品的两项以上外观设计,可以作为一件申请提出。

(二)技术成果在各阶段的法律保护

对技术成果是采用专利保护还是商业秘密保护,参见本书第十章相关内容。这里根据技术成果所处的发展阶段分析各个阶段应采用的相关策略(如图 7.6 所示)。

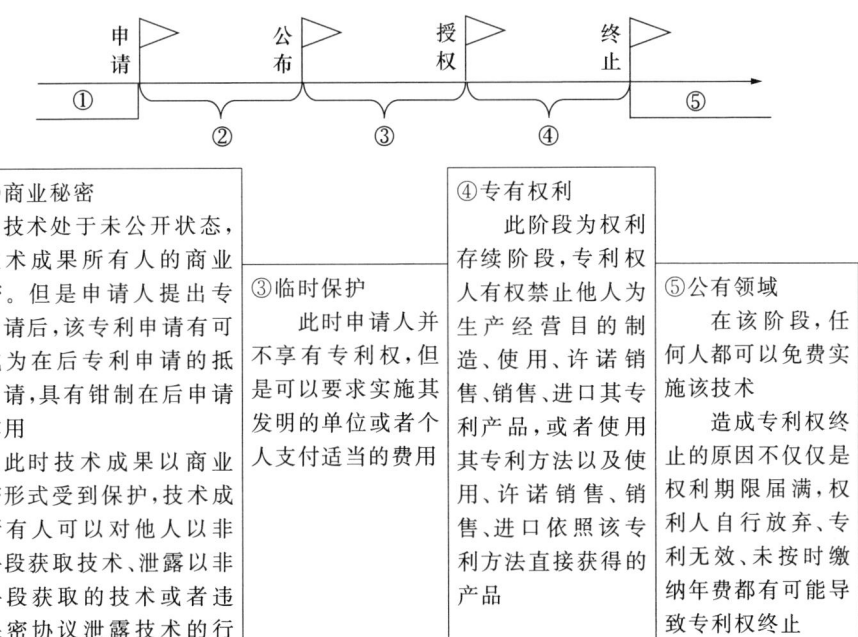

图 7.6 技术成果法律状态示意

资料来源:高富平主编:《中小企业知识产权管理指南》,法律出版社 2011 年版,第 86 页。

(三)专利申请流程

中国发明专利申请一般分为五个阶段:申请受理阶段、初步审查阶段、公布阶段、实质审查阶段和授权阶段。中国对实用新型和外国设计专利采用形式审查制,没有实质审查程序,因此图 7.7 虚线框内的流程仅为发明专利申请所特有。

1. 提出申请

(1)应提交的文件

申请发明或者实用新型专利的,应当提交请求书、说明书及其摘要以及权利要求书等文件。申请外观设计专利的,应当提交请求书、该外观设计的图片或者照片以及对该外观设计的简要说明等文件,各一式两份。

(2)受理申请的部门

国家知识产权局专利局受理处和设在地方的国家知识产权局专利局代办处都可以受理专利申请。目前全国设有 34 家专利代办处。

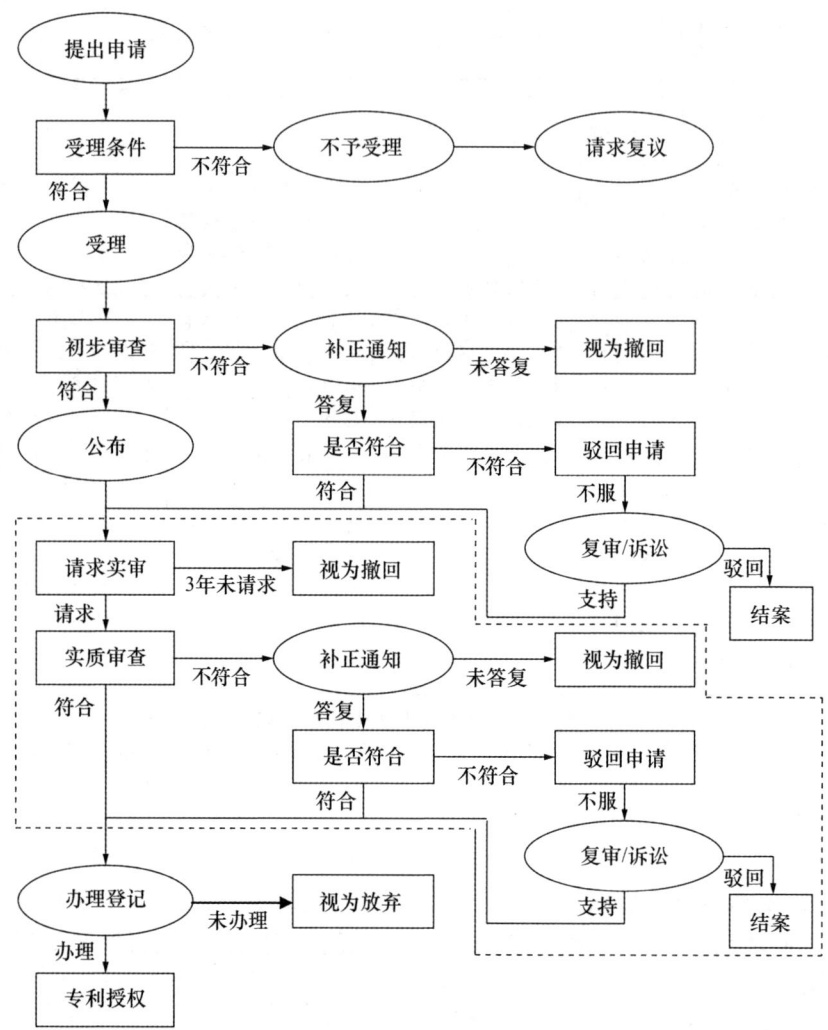

图 7.7 国内专利申请流程

(3) 优先权的援用

申请人要求优先权的,应当在申请的时候提出书面声明,并且在 3 个月内提交首次专利申请文件的副本;未提出书面声明或者逾期未提交专利申请文件副本的,视为未要求优先权。

2. 行政复议

申请人对国务院专利行政部门不予受理申请的决定不服的,可以在收到不予受理决定后 60 日内向国家知识产权局提出复议申请。对复议结果仍然不服的,可以在收到复议决定后 15 日内向人民法院提起行政诉讼。

3. 初步审查

初步审查的内容主要是申请人是否提交了必要的专利申请文件、文件的内容和格式是否符合规定；所申请专利是否明显不符合分案申请原则；在向国外提交专利申请前有没有经过保密审查等。

4. 专利复审和专利诉讼

专利申请人对国务院专利行政部门驳回申请的决定不服的，可以自收到通知之日起3个月内，向专利复审委员会请求复审。专利复审委员会复审后，作出决定，并通知专利申请人。

专利申请人对专利复审委员会的复审决定不服的，可以自收到通知之日起3个月内向人民法院起诉。

5. 公布

经初步审查认为符合专利法要求的，自申请日起满18个月，即行公布。国务院专利行政部门可以根据申请人的请求提早公布其申请。

6. 请求实审

中国对发明专利采取"早期公开，延迟审查"制度，发明专利申请人可以在申请日（有优先权时，指优先权日）起3年内随时提出实质审查请求，超过3年不提出实质审查请求的视为撤回专利申请。

国务院专利行政部门认为必要的时候，将自行对发明专利申请进行实质审查。

企业在专利申请提出后如果认为该技术市场前景不大，可以放弃专利申请，不提出实质审查请求，这样可以免去实质审查费用和授权后的维持费用。

7. 实质审查

实质审查的内容主要是权利要求书和说明书的撰写是否符合专利法的规定；申请人对申请文件的修改是否超出原说明书和权利要求书的记载范围；申请的主题是否属于专利法保护的客体；申请的主题是否符合新颖性、创造性和实用性标准；申请的主题是否符合单一性原则；是否存在重复授权的情况等。具体规定参见《中华人民共和国专利法实施细则（2023年修订）》第59条。

8. 办理登记

国务院专利行政部门发出授予专利权的通知后，申请人应当自收到通知之日起2个月内办理登记手续。期满未办理登记手续的，视为放弃取得专利权的权利。

（四）专利申请策略

1. 选定专利类型

在中国，专利包括发明专利、实用新型专利和外观设计专利。三者在审查程序、保护时间等方面都有所差异（见表7.5）。

表 7.5 发明专利、实用新型专利与外观设计专利的区别

	发明专利	实用新型专利	外观设计专利
保护对象	对产品、方法或者其改进所提出的技术方案	对产品的形状、构造或者其结合所提出的适于实用的技术方案	对产品的形状、图案或者其结合以及色彩与形状、图案的结合所作出的富有美感并适于工业应用的设计
实质性要件	与现有技术相比,该发明具有突出的实质性特点和显著的进步	与现有技术相比,该发明具有实质性特点和进步	与现有设计或者现有设计特征的组合相比,应当有明显区别
优先权期限	12 个月	12 个月	6 个月
审查程序	需要实质审查	不需要实质审查	不需要实质审查
审查期限	一般 3 年左右	一般 1 年左右	一般 1 年左右
保护期限	20 年	10 年	15 年

发明专利具有长达 20 年的保护期限,通常是企业最希望获得的专利类型。但是由于发明专利对创造性要求较高、审查期限较长、花费较高的特点,一些希望快速获得专利授权的企业往往望而却步。

专利法中确立的针对发明专利与实用新型专利间的转换禁止重复授权原则例外规定从一定程度上消除了企业的顾虑。企业可以在技术完成后同时提交发明和实用新型专利申请。实用新型专利由于不需要进行实质审查,大约在申请后 1 年就会得到授权,也就是说该技术方案在比较短的时间内就获得了法律上的强保护。而此时发明专利仍在审查之中,如果最终发明专利通过实质审查,只要申请人声明放弃原来的实用新型专利,就可以获得该发明专利的授权。

不过,并不是所有技术方案都可以采用上述策略,实用新型的保护对象仅限于有确定形状和构造的技术方案,对于化学试剂或者产品制造方法等不属于实用新型专利范畴的技术方案,则不能采取这种申请策略。

2. 善用本国优先权

申请人自发明或者实用新型在中国第一次提出专利申请之日起 12 个月内,又向专利行政部门就相同主题提出专利申请的,可以享有本国优先权。

使用本国优先权具有如下好处:

(1) 在符合单一性要求的条件下,申请人可以通过要求本国优先权,将若干在先申请合并到一份在后申请中,从而减少以后需要缴纳的专利年费,达到节约开支的目的。

(2) 申请人可以在优先权期限内实现发明和实用新型专利申请的转换。

(3) 申请人可以利用本国优先权制度延长保护期限。即申请人也可以在首次申请后，在优先权期限届满前，重新提出一个与首次申请完全一致的申请，要求首次申请的优先权，从而起到将其专利权的保护期限延长一年的作用。（因为援引优先权的专利申请，其专利权利期限从实际申请日，即第二次提交专利申请的日期起计算。）

3. 把握申请时机

世界上大多数国家对于专利申请都采用先申请原则，中国也不例外。通常情况下，企业在技术研发基本完成时就应该准备专利申请的相关资料并委托专利代理机构。尤其是在某些竞争非常激烈的领域，晚一步申请就意味着面临被竞争对手抢先的可能。

不过，专利申请也未必越早越好。在市场还不够成熟时就过早地申请专利，却无法将专利技术投入具体应用中，反而要白白多交几年的专利维持费用。更重要的是，如果竞争对手对该技术的研发尚处于起步阶段，企业的专利申请无疑是向对方公开了技术细节，给对手提供了吸收经验赶超自己的机会。此时企业应该先将技术雪藏起来，继续开发与该成果配套的技术和措施，做好充分的商业化准备，待整个专利布局形成后再一举提交申请。

4. 决定提早公布

发明专利申请提出满18个月后，知识产权局会将专利申请予以公布，企业也可以在18个月期限届满前随时请求公布。一般选择提早公布的情况有两种：

(1) 在申请提出后未满18个月就提出实质审查请求。当企业已经为实施专利技术做好了充分的准备时，可以采取此种策略。

(2) 由于专利法规定了发明专利具有临时保护期，即发明专利申请公布后，申请人可以要求实施其发明的单位或者个人支付适当的费用，如果有人在申请还未公布的时候实施了该技术，企业则无法向他们收取费用。

然而，过早公开专利申请还是有风险的，因为竞争对手可以根据公布的专利信息了解企业的技术细节和经营动向，可能还会开发相似技术与企业竞争。所以在决定是否要请求提早公布专利申请时，企业应作出谨慎分析。

（五）专利权的维持

企业在专利申请获得批准后，还必须时刻关注本企业专利的权利状态，例如费用是否缴纳、权利是否过期、权利是否遭到无效请求等。

1. 足额缴纳专利年费

专利获得授权后，权利人应当根据专利法及其实施细则的规定，缴纳专利年费及其他相关的维持费用。超过宽限期仍未缴纳相应费用，会导致专利权的丧失。

2. 专利维持费的减缴与缓缴

企业缴纳各种费用有困难的,可以按照规定向国家知识产权局提出减缴或者缓缴的请求。

3. 滞纳金

获得专利授权后应当在上一专利权年度期满前缴纳年费。未缴纳或者未缴足的,应当自缴纳年费期满之日起 6 个月内补缴,同时缴纳滞纳金。

4. 密切跟踪权利状态

获得专利授权后,企业还应该及时跟踪专利的权利状态。一旦有他人对专利提出无效请求,企业要立即根据无效请求的理由做好应对措施,积极同专利局复审与无效审理部沟通,对无效请求的理由进行反驳。

此外,还要关注是否有竞争对手提出了与本企业专利相关的专利申请。如果相关申请可能对本企业运营造成威胁,要尽可能找到该相关申请的漏洞,向专利行政部门提出异议。

三、PCT 专利申请

企业想要向境外申请专利,一般有两种方式:一种是直接向国外专利行政部门提出申请,另一种是选择 PCT 申请途径。PCT 申请是根据《专利合作条约》(Patent Cooperation Treaty, PCT)提出的专利申请。《专利合作条约》旨在简化专利国际申请的手续。企业只能对发明专利和实用新型提交 PCT 申请。

(一) PCT 申请的流程

PCT 申请包括国际阶段和国家阶段。

1. 国际阶段

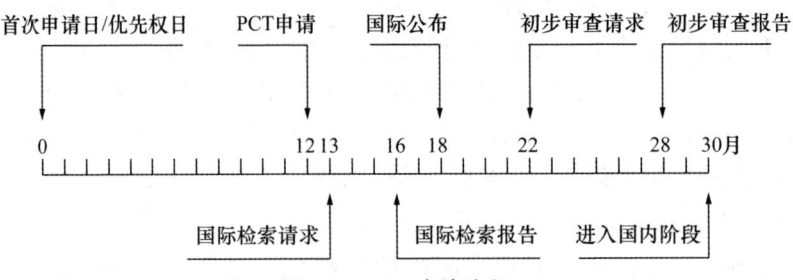

图 7.8 PCT 申请流程

资料来源:高富平主编:《中小企业知识产权管理指南》,法律出版社 2011 年版,第 91 页。

(1) 优先权

如同国内申请一样,企业也可以在 PCT 申请中援引优先权。

(2) 申请

企业提出 PCT 申请一般应向我国知识产权局提出。企业提出 PCT 申请时，应当报经国家知识产权局进行保密审查。申请文件应当包括一份请求书、一份说明书、一项或多项权项、一幅或多幅附图（如果需要），以及一份摘要。提交的文件必须使用中文或者英文撰写。

(3) 国际检索

每一项 PCT 申请都需要经历国际检索阶段。企业一般选择我国国家知识产权局对 PCT 申请进行国际检索，检索的目的是确认现有技术中是否存在和国际申请相同的发明创造。知识产权局会在 3 个月内制作出检索报告。国际检索不具有法定效力，但是企业可以根据国际检索的结果判断所申请的技术方案是否有可能获得授权，如果国际检索报告明确表示有现有技术存在，那么企业就应该尽早结束 PCT 流程，节省后续的申请费用。

(4) 国际公布

世界知识产权组织国际局（以下简称"国际局"）会在 PCT 申请的优先权日起满 18 个月公布国际申请，企业也可以自行要求国际局在该期限届满之前任何时候公布其国际申请。

如果企业在国际局做好公布准备之前撤回了专利申请，那么该申请将不予公布，此时企业还能将此技术方案作为商业秘密加以保护。

(5) 国际初步审查

申请人应在收到国际检索报告之日起 3 个月内或者自优先权日起 22 个月内提交国际初步审查请求。

国际初步审查的目的是指出申请专利的技术方案是否具有新颖性、创造性和实用性。国际初步审查的意见仅供申请人参考，不具有约束力。申请人也可以不提交国际初步审查申请，直接要求进入国家阶段。

国际初步审查是 PCT 申请的可选程序，进入该流程需要支付费用。但是，要求国际初步审查程序也有一定的好处：企业可以更深入地了解该申请获得专利授权的可能性；如果权利人指定了专利审查水平较弱的国家或地区，则国际初步审查报告可能就会成为进入国家阶段时，该国进行实质审查的参考依据，这样一来，只要初步审查意见对企业有利，获得专利授权的可能性就将大增。

2. 国家阶段

PCT 申请并不是自动进入国家阶段的，申请人必须在规定的时间内办理进入选定国国家阶段的手续。在我国，无论是否请求国际初步审查，申请人都必须在优先权日起 30 个月内进入我国国家阶段。

PCT 并没有提供一个实体上的审查标准，各个选定国还是会根据本国法律对专利申请进行实质审查。一旦审查通过，授予的专利权与通过传统专利申请途径获得的专利权具有同等效力。

(二) PCT 申请的优势

1. 申请手续便捷

企业如果想要在多个国家申请专利,按照传统模式需要分别向当地的专利行政部门提交专利申请,申请文件一般要求用当地语言撰写,程序非常烦琐。而采用 PCT 途径,申请人只需要向国家专利局提交一份申请文件,免除了将申请文件翻译成多国文字的麻烦。

2. 推迟了进入国家阶段的时间

按照传统方式向国外提出专利申请,申请人必须在首次提交专利申请后 12 个月内向国外专利局提交申请。而通过 PCT 途径,进入国家阶段的时间是首次提交专利申请后的 30 个月内。这样,企业就可以利用这一段时间对市场和商业前景做进一步的调查,从而确定是否继续在该国寻求专利保护。

3. 费用相对低廉

由于 PCT 申请可以将实质审查推迟到首次申请日起第 30 个月,因此企业有更多的时间考虑是否要向目的国提出进入国家阶段的请求。如果按照传统途径(《保护工业产权巴黎公约》途径)申请国际专利,必须在首次申请后 12 个月内进入国家阶段,假使企业向国外提出专利申请后又改变经营策略,放弃该国市场,那么申请时所支付的官费和代理费就都打水漂了。采用 PCT 途径则能降低这种风险。

此外,通过 PCT 途径申请专利,只需要提交一份专利申请文件,无须到各个国家分别委托代理机构提交申请,也免去了将申请文件翻译成多国文字的麻烦。这样一来,企业可以节省一大笔代理费和翻译费。

四、专利代理机构协调

专利事务是非常技术化的工作,要由既懂法律又懂技术的人士胜任。以专利申请为例,好的专利申请书撰写需要专业化人员参与,对撰写人的专业背景和经验等都提出了较高要求。一些企业,特别是中小企业,缺少具备这种资质的工作人员。即便一些企业配备有相关资质的工作人员,能把一个发明权利要求书和说明书写好也并非易事。专利申请程序性很强,需要频繁与专利行政部门交涉并呈递文件等,企业自行处理这些事务需要投入很大的精力。因此,在实务中,寻求外部代理机构处理诸如专利申请、专利检索等业务是一种惯例。近年来,一些外部代理机构的专业化服务也逐渐丰富化,除了专利申请代理之外,还开发了其他配套的咨询服务。企业委托专利代理的工作实质上是购买一种专业化服务,这种服务质量对专利的申请和权利状态有重要的影响。

（一）与代理人充分沟通

专利代理人虽说对某一特定领域的技术有一定程度的把握，但他们毕竟不是技术专家，对尖端技术也不可能有深刻的理解，因此企业必须将技术成果的实质明确展示给代理人。一般应先通过技术交底书的形式将技术展现给专利代理人，再针对技术细节作进一步沟通。技术交底书中应该充分阐明背景技术、技术问题、技术内容和技术效果。

技术交底书模板

技术交底书

一、名称

可选用技术通用名称，如"一种银耳栽培新方法"。最终的专利名称需根据技术方案确定。

二、所属技术领域

发明创造所属或直接应用的技术领域。

三、背景技术

与发明创造最接近的现有技术，包括专利文献、现有产品和技术，以及对理解现有技术有帮助的背景技术。如果有现有产品，还需说明该现有产品的结构，以及实施方式。

四、发明创造的目的

发明创造要解决现有技术中的哪些问题。应当详细具体地体现出要解决的技术问题，不要使用笼统的语言。

五、技术方案

技术方案是技术交底书的核心部分，应当详细说明本发明创造的各项技术特征。如果是产品发明，应该表明产品的构成及各部分之间的关系、各部分都起什么作用、其中属于发明的部分是什么。如果是方法发明，应该表明该方法由几个步骤构成、每个步骤要求什么条件、各步骤之间是什么关系、各起什么作用等。

六、发明创造与现有技术相比具有的有益效果

对本发明能产生的技术效果加以详细说明，最好通过具体数据来体现。

七、最佳实施例

结合附图对本发明创造的具体实施方案进行说明。至少应该具体描述一个最佳实施方式，描述的具体化程度应以使本领域的普通技术人员看到实施例能够实现该发明创造为标准。

(二)选择有资质的代理机构和代理人

专利代理是一项复杂严谨的工作,牵涉到企业长期研发的技术成果。如果代理人没有妥善处理代理事务,造成技术无法获得专利授权,将给企业造成巨大的损失,所以企业在选择代理机构和代理人时一定要谨慎。一般来说,不同的代理机构和代理人专精于某一类或几类技术领域的专利申请和代理,企业在选择代理机构和代理人前,要对代理机构的专业特长、成功率等有所了解,以便找到能胜任本公司专利申请业务的代理机构和代理人。

(三)明确与代理机构的保密义务

由于专利代理人在专利申请公开之前就获悉了企业的技术方案,一旦他们泄露技术信息,对企业来说将造成不可挽回的损失。尽管专利法中已经对专利代理人规定了保密义务,但是企业还是应当与代理机构签署保密协议,明确约定违约应承担的责任。

第三节 专利战略与专利决策管理

一、专利战略管理

(一)专利战略概述

1. 专利战略的定义

专利战略是企业为获得与保持市场竞争优势,运用专利及专利制度的特性和功能,对制定技术研究开发决策、专利申请、专利实施、专利引进或转让等专利相关工作的总体性谋划。作为企业研究和经营战略的重要内容,专利战略意在主动地利用专利制度提供的法律保护及市场经济的便利,保护自己创新成果,从技术研发中获利。专利战略也是企业为取得专利竞争优势,求得长期生存和不断发展而进行的总体性谋划,包括利用专利情报信息,研究分析竞争对手状况,推进专利技术开发,控制独占市场,以期取得市场竞争的有利地位。占领市场是专利战略目标的核心内容,也是其重要目标。基于系统的视角,专利战略可以由战略主体、客体、目标、方案、路径等要素构成。战略主体是战略制定者。战略的客体是战略实施对象,包括专利技术及专利管理在内的体系性工作。专利战略目标是获得商业自由,打开市场、占领市场或取得市场竞争优势。

在市场竞争日益激烈的环境中,市场专利行为日益频繁,要求企业管理好专利这一重要的无形财产,采取一定的对策,以期在市场竞争中既能有效地占领市场,又能有效地保护自己,不断提高企业的社会经济效益。企业专利战略首先离不开专利情报收集与分析,通过对专利信息及相关信息的搜集和研究,获取技术发展信息、市场竞争信息、法律信息等,预测技术、经济发展趋势与方向,同时需要在专利的开发、使用过程中采取一系列基本原则和策略,以专利授权为基本手段,来经营和盘活各种智力资源和物质资源,在技术创新和市场竞争中维持、强化其优势地位。

作为特有领域的专业性战略管理,专利战略包括一系列资源分配决策和关于专利决策的潜在逻辑。这些决策主要发生在三个相互依赖的活动领域:权利、许可和执行。权利是指专利权获得、续期、再发和维持的行为范围,包括在二级市场上购买他人专利,集中在专利权获得和维护专利权;专利许可可以作为权利变现的手段,也可以作为策略性工具;专利的强制执行和诉讼主要涉及通过起诉侵权者,获得救济的活动或过程,比如诉求停止侵权、赔偿损失等。

2. 专利战略对企业的作用

企业专利战略可服务于技术创新战略,也可直接服务于竞争战略。企业专利战略的总目标是打开市场、占领市场、垄断市场,从而取得最高的利润回报。理想的企业专利战略,不仅限于技术开发,若能有效实施,将在多个层面为企业创造价值"五出"效应:出技术、出权利、出资产、出声誉、出核心竞争力。同时还能激发科技人员发明创造积极性,确保企业在国际市场上运作顺畅,并助力企业成长,强化重研发之形象,推动企业资产增值。

一般来说,专利战略工作聚焦行业领先技术,起点高,可为企业贡献新技术,让企业获得相关专有权利,也能释放企业带来重要科技的信号,提高企业竞争力。与此同时,专利战略工作因专利信息的原因,还能够为企业管理决策提供重要参考信息,为创新型企业发展赋能。具体表现为:首先,专利战略可以引导企业重大决策,专利检索与分析有利于识别行业或技术发展方向,专利部门定期或者按需求对研发活动提供决策支持,可影响企业的研发和技术创新方向。通过公开途径获取专利信息系统分析之后,能有助于企业了解全行业各企业核心产品的专利布局情况,提取其中的重要信息,同时有利于企业及早获取一些前瞻性的商业信息,为企业战略乃至具体业务线条的决策提供参考。其次,专利工作与研发协同,解决研发问题,辅助研发决策。专利工作还可用于驱动企业产品研发,通过开展知识产权风险评测,辅助决策研发框架或供应商选择。特别是下游技术集成或组装企业,通过有针对性的专利侵权风险分析,可以规避知识产权侵权风险,选择成熟稳定的零部件和技术。最后,专利战略可以护航企业生态发展,如促进技术生态,包括国际标准、国家标准、行业标准,甚至技术联盟等。企业要想在相应的技术生态中拥有话语权,就必须持有自身的对应专利,以平衡自身在技术内容和生态中的地位。

(二)专利战略类型

专利战略作为紧密结合企业自身发展的项目,本身存在着诸多变化和调整的可能性。这里列举一些常见的专利战略类型。从创意发生发展、发明构思形成到实施,再到专利申请与应用,创新主体专利战略内容包括专利信息开发与利用规划、技术开发策略与规划、专利申请策略、专利引进与转化策略,也可归类为专利信息调研、专利开发、专利申请、专利实施、专利防卫策略等(见图7.9)。

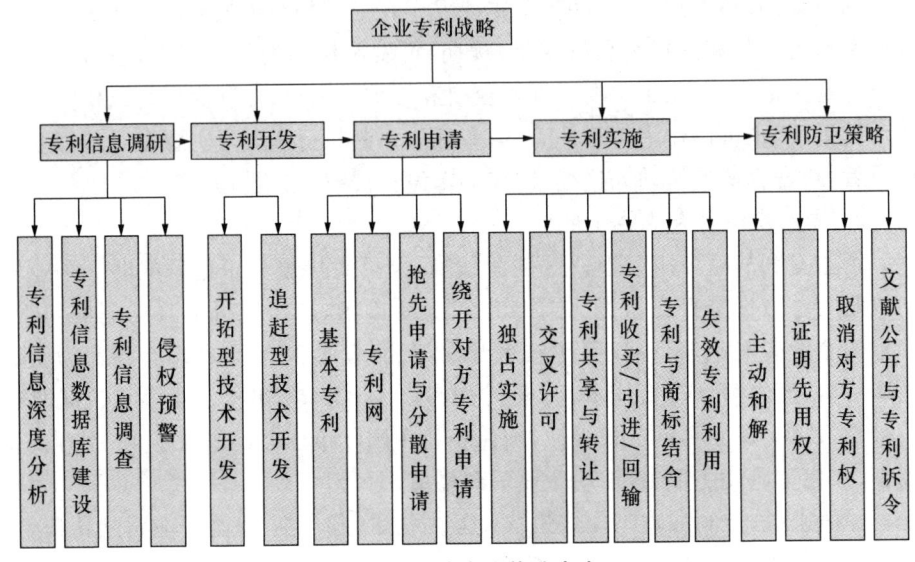

图 7.9　企业专利战略内容

这里介绍一种从企业权利获取到应用视角的通用分类方法,把专利战略分为三类:专有战略、防御战略及杠杆战略。

1. 专有战略

专有战略即获得和维护专利权的战略,其隐含之义就是企业要尽可能多地获得专有权利,构筑企业的专利壁垒。此类战略决策涉及专利权获得、续期和维持行为。企业可以选择在开发一项专利时投入多少费用、关注度和专业知识,专利在被申请时,可以决定其是否被放弃或成为新的申请。亦可以从第三方协调收购相关专利,完善自己的专利壁垒。在获得专利后,企业也可以对其进行重新审查,并选择对其进行定期更新或使其失效。除自身权利的获取与维护外,企业还可以通过提出专利复审请求,启动复审程序或无效程序来影响竞争对手的专利持有。专有战略本质上是一种传统的基于资源的逻辑,即将专利作为一种隔离机制,来保护企业的关键竞争优势免受模仿,监视和捍卫专利市场优势的能力被认为是专利最强大的好处。此外,从专利诉讼中获得的救济,特别是禁销令和损害赔偿,也间接表明企业可能希望以专有的方式使用其专利。

专有专利战略是专利战略的基础部分,也是实践中最普遍的一种专利战略,如打造专利围栏、先发制人、进攻性封锁他人技术和建造专利丛林等。追求专有战略的企业可能期望通过建立重叠和互补的专利权来加强对其所有的专利的保护,从而最大限度地减少专利组合被他人申请或推翻的可能性。在制药行业,一些创新企业通过安排筹划专利申请、引入药物重新配方的时间,以配合药物的市场排他性周期,从而建立一套现行的重叠权利体系。在许可领域,专有战略通常寻求将自己的技术商业化或者将该技术独家授权给具有所需互补资产的商业化合作伙伴。在专利保护行为中,专有战略意味着要努力寻找潜在侵权人,并对发现的侵权行为进行制止,积极维权。一旦提起诉讼,奉行专有战略的企业就不太可能与所谓的侵权人和解。总之,采用专有专利战略意味着企业寻求针对核心技术获得相对严密和专有的专利地位。

专有战略对企业的预警能力及保护能力有较高要求。当企业很难通过合适的许可方式获得专利收益时,往往会采用这种策略。企业在核心技术领域的专利地位通常保护其当前和未来的竞争优势,那些创造重大市场机会或能为企业带来独特差异化地位的发明通常会得到企业专有战略的保护。总之,专有战略常被用于具有高战略利害关系的技术,筑起专利授权和模仿的壁垒,以保护与专利技术有着相同专业性的有价值的资源。

2. 防御战略

这里的防御和一般的专利战略中的防御含义有所不同,甚至可以理解为进攻型战略。防御战略的目标是为企业保留运营和商业化其技术的自由,而不受他人专利的阻碍。质言之,持该类战略目的的企业利用专利制度建立并扩大自己的专利阵地,保护本企业的产品和服务长期占领市场,以争取更大的经济利益。防御战略体现在专利组合、(防御性)阻塞和抢占、(防御性)丛林、有效性挑战,甚至战略专利等方面。企业还可以通过自行披露一些技术方案或在竞争主体申请专利后,通过复审和无效程序阻止其获取专利,从而合法使用某类新兴技术。

虽然专有战略旨在创造竞争优势,但企业有时可能因他人持有的专利而处于竞争劣势或面临一些难测的风险,因此可能需要制定可行的战略来防御他人拥有(并可能强制执行)专利。在快节奏的高科技行业中,企业往往在所需技术的专利持有者浮出水面之前就对该技术的研发进行了大量投资。反过来,如果产品商业化所需的技术集合比较大,在此多发明、多技术集成的背景下,企业主体往往会百密一疏,难以获得自己所需的全部技术的专利权。在此情境下,如果商业化所需的其他技术方案的专利没有得到许可,可能就面临被控侵权的风险。此类专利的所有者可以通过以法院强制禁令的威胁来阻止假定的侵权者,从而获得非常可观的租金。

一个简单的防御战略是先发制人:企业可以为所有需要的发明申请专利或

获得事前许可。然而,当预测需要哪些专利或谁将拥有这些专利不可行时,通常情况下,需要采取另一种防御战略。一种常见的方法是让企业为自己的专利建立大型防御性组合,以避免被搁置。如果企业面临威胁或被起诉,企业可以用自己的专利采取对等措施,从而使僵局得到更快解决。这种防御战略在半导体、信息技术等行业已司空见惯,由于技术背景的复杂性,项目所需技术的专利所有权往往是分散的,许可谈判十分艰难。在此情况下,防御性专利组合布局成为此类企业尤其是投资周期长、投入资金大的企业的"军备竞赛"。在诉讼中,防御性专利组合的目的可能与提出反诉有关——由于相互阻止,诉讼和解的可能性更高。防御战略也可以通过许可来实施,特别是通过企业之间大型专利组合的交叉许可和专利池的捆绑专利许可,两者都可以包括对未来可能发布的专利的获取条款。企业在进行大量资本投资时更倾向于进行交叉许可,这强调了他们对事前防御方法的需求,而这种交叉许可又能使企业之间的未来诉讼减少。

3. 杠杆战略

杠杆战略的核心逻辑是利用排他性所赋予的议价优势使企业能够追求直接和间接的获利机会,最明显的直接机会来自专利许可收入。企业在专利杠杆战略中的目标是利用其专利权有效地讨价还价。一些专利可能并不关涉权利所有人的战略或核心竞争力,但却对其他企业很重要,属于有价值的技术。在此情况下,企业可以利用其专利权产生的议价能力来获得更多的许可收入。如果企业的专利技术更基础、更有价值,即使企业参与了整个专利组合的交叉许可,相对于交叉许可合作伙伴也可能为其更强或更有价值的专利获得抵消性补偿。杠杆战略也广泛应用于专利纠纷和解谈判中,试图通过影响他人对专利诉讼收益和风险的预期,引导对手作出让步,比如在和解谈判中"强硬"的声音可以向其他企业发出信号,表明他们从诉讼中获得的回报不会太高。另一个特别有效的讨价还价工具是在诉讼中使用诉前禁令,这会突然威胁焦点企业的整个运营。如果诉讼的前景成本比较高,焦点企业的议价地位较其谈判方而言较高,则企业越有可能借助杠杆战略,达成对己更有利的谈判条款。

近年来广受业界关注的非生产专利实体,其专利策略可以归类为杠杆战略。杠杆战略的开展对知识产权法律环境有一定要求,在存在"亲专利"(pro-patent)司法氛围、可以对专利侵权采取惩罚性赔偿、法定赔偿额较高的国家和地区,这一战略开展的可能性比较大。企业使用杠杆战略后,议价地位对其谈判伙伴来说就越强,获得的谈判条款越有吸引力。杠杆战略的极端化情况是"专利鲨鱼"或"专利恶魔",这类非生产专利实体利用专利系统和专利诉讼,通过禁令威胁、巨额损害赔偿金以及围绕专利进行发明的巨大转换成本,从推定的专利侵权者那里榨取租金。企业杠杆战略的有效性与他们从目标企业那里获得和解的能力相关。对此,领域内存在正反两种观点,一种观点认为,非生产专利实体是整个专利市场生态天然的一部分,没有所谓正确与否;另一种观点认为,这显然是制度异化,脱离了专利制度初衷。

(三)专利战略的制定与实施

1. 企业专利战略的制定原则

(1)立足于企业自身实际

根据管理的权变性原则,企业结合自身的特点及需要,如发展阶段、规模、科技实力、企业类型和规模、产品优势、经营风格、经营实力等,制定契合企业自身情况的专利战略,更容易落到实处。

(2)将专利战略纳入企业经营与技术发展战略中加以制定

专利战略与技术战略、商业战略均属于企业经营战略的子战略,整体战略的作用发挥离不开各个子战略的发挥及协同。因此,企业专利战略目标的确定不能离开企业经营战略目标,而要受到企业经营战略目标、研发与技术战略的制约和指导,如此才能保证制定出来的企业专利战略符合企业经营的要求。

(3)企业专利战略的制定要注意时空背景及相关前提条件

企业专利战略的作用发挥以特定的时空背景为前提,制定企业专利战略时要考虑时限因素。企业市场竞争是一场没有硝烟的战争,企业应针对不同阶段的市场竞争态势和技术发展趋势等权变要素及时修正现有战略,同时应该考虑各种逻辑前提是否有重大变化。

(4)重视法律制度环境,适应制度要求

企业专利战略立足于专利制度提供的保护、公开和激励机制,其制定离不开对专利制度背景的功能和特性的运用。从这个意义上讲,企业专利战略也就是运用专利制度的功能和特性,寻求市场竞争有利地位的总体性谋划。宏观专利制度不仅仅是专利法律制度,还包含专利公共政策。企业专利战略制定要遵循本国及东道国专利制度,适应制定环境,避免不必要的损失。如在企业"走出去"过程中试图通过兼并,经由股权获得有关关键专利、基础专利的专利策略,一些专利收购项目可能最终因东道国的知识产权政策在最终阶段被叫停。东道国主管部门对战略产业的涉外专利转让以及一些行业的基础性专利的涉外经济交易进行必要的审查越来越成为国际惯例。为避免风险,企业要考虑并购技术交易等重大经济活动中知识产权特别审查机制,避免大量资金投入,无功而返,乃至自主知识产权流失,同时要防止竞争对手滥用知识产权而对正常的市场竞争机制造成不正当的限制,阻碍科技创新和科技成果的推广应用。

(5)从技术、经济和法律等角度全方位综合考虑

专利首先是技术方案,同时是法律资产,集技术、经济、法律于一体。企业专利战略的制定也要从这三方面结合企业自身的情况加以考虑。在技术方面,企业必须注重专利文献情报,分析、了解同类产品专利状况、技术水平,通过对专利

文献情报的分析，了解技术发展现状和趋势，以便确定本企业将来的技术研究发展方向。同时，还应当通过技术情报、技术预测，确定专利技术投资决策。在经济方面，企业应通过研究专利文献等公开资料，明确竞争对手市场占有状况、专利技术市场覆盖面以及其他企业在产品和技术市场上的战略意图。在法律方面，企业在制定专利战略时，应利用专利文献情报充分了解相关技术的法律状况，特别是专利保护状况。在与其他企业专利竞争中采取防御对策时，这方面工作的重要性更加凸显。至于企业专利战略的制定要符合法律特别是专利法的要求，那是不言自明的。[①]

2. 专利战略制定的基本过程

通用的知识产权战略制定过程及实施程序在本书第三章中已经有粗略介绍。这里从专利战略咨询角度给出专利战略制定基本过程。

（1）专利战略准备

这是前期准备工作，主要包括组建项目组、制订工作计划。组建项目组的重要工作即确定专利的班子。项目组成员应该涵盖技术、法律、管理等领域专业人员，参与人员包括企业管理人员、专利工作人员及技术人员和主管领导。在专利战略外包情况下，通常经由招标程序选定适合的管理咨询机构。

（2）开展战略前提调研

该环节不可缺少，主要是为了解企业及其专利基本情况、公司历史沿革、管理层共识、目标、存在的核心问题、总体战略等，同时还有对同行业、行业技术、消费者、环境等现状和发展趋势的分析等。调研可采用面谈交流、电话采访、专家咨询、文献查阅、专利检索、专利分析、市场调研等方式。对一些大型专利咨询项目，除了要对分管的领导单独访谈外，还需要对相关部门的领导进行深度访谈。

专利调研内容包括调研企业内部环境与内部实力，包括企业基本状况、企业专利状况和企业专利资源情况等。调研外部环境包括宏观环境和行业发展状况等。其中，对行业竞争状况需要根据波特的五力模型，对新进入者、现有企业竞争程度、替代品的威胁、客户议价能力、供方议价能力等分门别类进行分析。对行业技术分布情况需要从行业主导技术、其他产业或科技发展中的潜在相关技术、主要技术替代情况、领先技术传播速度、关键技术革新可能性、专业技术学习曲线、品牌、技术壁垒等进行分析。

（3）确立战略目标与战略思想

在对企业内外部环境有清晰的认知之后，结合相关理论进行分析，此阶段可谓归纳与演绎推理阶段，需要对企业专利状况进行归纳定位，结合企业的实践和

[①] 杨端光、冯晓青：《企业专利战略制定的若干问题探讨》，载《科技进步与对策》2007年第11期。

相关理论,确认企业专利的战略思想。战略思想是全局性的观念,提出战略思想的过程也是战略分析的过程,是企业专利战略规划中最核心的环节。战略目标的确立建立在翔实的市场调研基础上,经由缜密细致分析,明确与专利战略实施紧密相关的经营目标,包括企业总体经营方针、规模、技术研究和应用能力、市场状况、资源配置、行业状况与产业政策、资源存量、技术和市场发展前景等。该环节主要包括定位总体专利状况、策划总体战略思想,以及提出总体工作策略。

(4) 拟定专利战略

战略制定者在知己知彼的基础上,经由比较、经验借鉴、理论分析,根据专利战略总体目标,综合情报分析所掌握的情况,确定最佳专利战略方案。专利战略内容包括专利战略目标的确定、专利方案的拟定与决策、专利战略实施等。确立企业的专利战略目标,其出发点是有效保护自己的技术,实现利润。由于经营目标、技术和经济实力不同,企业专利工作所能承载的增量型工作内容的复杂度和创新程度是不同的。在企业发展的不同阶段,专利战略的制定和实施的内容也应各有特色,首先要进行战略企业专利的总体目标和发展规划,其次要依据专利战略计划、目标和方案,制定逐步开展的专利战略实施方案。

该环节在实务中的具体方法包括:头脑风暴、理论梳理、方案借鉴、专家咨询等。在程序层面,该环节可以先形成初稿,通过与公司决策层、技术部门的进一步沟通、互动,在修改完善基础上,进入下一步操作。

(5) 撰写战略报告

战略策划后的最终成果可以战略研究报告文本形式呈现。战略报告可以分为战略背景、战略思想、目标、重点、战略措施及实施步骤等几部分较为详细的内容,也可包含如何进行战略实施与专利战略控制等环节内容。战略报告完整版交由公司管理层、技术部门参考执行。

例如,经过大量调研,某集团公司确立了专利战略的六大战略重点。战略重点一为管理体系建设,具体措施为制定完整知识产权手册、规范化制度、建立完善的知识产权管理体系和流程。战略重点二为专利检索与分析能力提升,具体措施包括建立公司专利数据库、开展专利检索培训与推广、委托第三方进行重点专利分析、加强基于产品生命周期的专利信息运用。战略重点三为专利挖掘与布局,具体措施为开展专利挖掘与布局培训、绘制公司研发技术路线图、构建核心产品专利保护网。战略重点四为专利与创新意识强化,具体措施为宣传贯彻知识产权战略方针、定期召开知识产权培训班、开展专利与创新知识竞赛。战略重点五为专利运营与联盟建设,具体措施为积极拓展市场、推进战略实施、组建或参与行业专利联盟、积极参与并推动专利标准化。战略重点六为专利风险防范,具体措施包括绘制专利风险地图、绘制专利分析全息图表、加强专利风险监控与防范、建立专利风险预警与预控机制等。

(四)战略专利管理

高质量的专利有吸引风险资本、帮助融资等多重价值。近年来,一种强调专利申请及运用战略性的专利管理受到重视。战略专利管理(strategic patent management,SPM)强调专利战略与商业战略的融合性及耦合性,战略地对专利工作进行布局与管理。战略专利管理强调专利申请与应用的战略性,从更广的视角审视专利价值及相关工作,提出了一些有价值的专利管理思路。这里简要介绍其中一些观点。

1. 对专利申请及相关工作的战略性认知

专利申请的重大阻碍可能是缺乏专利知识。除了直接普及专利知识外,公司负责人应该强调,创新不仅是研究部门的责任,也是商务人员创造新商业模式的责任。员工应该时刻注意保护有价值的商业想法,并致力于保护真正为客户增加价值的战略。是否申请专利不再由法律或技术决定,而是公司战略决策。

2. 将专利战略作为竞争战略的关键组成部分

尽管优质产品和提供有效服务仍旧重要,但是专利申请可以作为有效封锁潜在竞争者的手段。作为一种专有权利,专利为企业带来一定的垄断权。专利的战略管理能增强公司在市场中的竞争力。为了能从专利申请的最新发展中战略性地获益,将专利战略作为竞争战略的关键组成部分是重要的。

3. 战略地处理企业专利其他方面工作

专利在现代企业发展战略中的地位越来越重要,企业通过对现有的资源进行优化配置,形成具有竞争力的技术优势,再将技术优势转化成专利权,最终达到引导、支配市场的目的。在这一过程中,专利不仅是法律保护技术的工具,为技术在商业模式下提供法律支持,而且为企业创造效益。因此,除了专利申请之外,还要战略性地处理好专利商业化等相关工作,从而能从专利申请及后续应用发展中战略性地获益,从专利的实施及竞争中获益。

4. 重视专利战略实施工作

战略专利管理的实施强调建立正式组织统筹相关工作,并倡导"专利友好型"专利文化,增强企业员工对专利工作的重视。建立一个正式的组织把专利及其情报内容作为战略资产来管理,这个组织由一个知识产权总监或者一个首席专利战略家领导。在知识产权总监手下工作的员工必须熟悉战略重点国家或地区的专利申请流程,必须具备优异的技术检索技能,并且能提供相关建议,如区分发明公开、外国申请和专利维持三者的优先次序。

5. 培育组织的专利敏感性,建立"专利敏感型组织"

要将高层管理人员所主张的专利战略整合到组织的战略视野中。高层管理人员必须优先强调创新不仅是研究部门的核心责任,而且是创造着新商业模式的商务人员的责任。员工必须随时注意保护有价值的商业想法并致力于保护真正给客户增加价值的战略。

二、域外企业专利战略经验及借鉴

在过去几十年间,传统的欧美跨国公司在世界范围内的专利战略实施成果显著,专利技术占有绝对领先地位。这些跨国公司通过几十年的长期积累,拥有大量原创发明和基本专利,从而确立了竞争优势。大多数公司为实现上述目的,也有巨大成本投入,形成较强专利组合,以避免缴纳高额许可费、保证自身经营安全,同时有限度地压制竞争对手;顶级跨国公司则通过保持绝对的技术领先,树立行业实施标准来保证自己的经营安全。从组织及管理角度来看,这些跨国公司有着强大的科研团队、雄厚的资金支持、一流的专业人员和灵活的管理模式,但因其领先地位随时可能面临挑战,这些公司也在不断调整策略。综合国外企业专利战经验,可以发现成功实现专利优势的企业有以下几个方面的专利战略经验:

(一)高度重视专利战略,受益于友好的制度环境

进入 21 世纪以来,不少国家将专利战略作为宏观经济发展、振兴经济的工具之一,并频繁修订专利法以适应快速变化的市场需求。与此同时,积极发挥专利政策的补充作用,弥补法律制度的不足,发挥引导与激励作用,确保本国跨国公司的专利得到较好保护,促进积极的海外专利布局。无论是成熟跨国公司还是新兴市场跨国公司,均对专利战略高度重视,将其视为企业产业竞争的重要战场。各国在国家层面纷纷制定知识产权战略,提供广泛的政策支持,为企业的专利活动创造了有利条件。

(二)跨国公司对专利及发展规律有较深入认知,并有丰富的经验

跨国公司普遍将知识产权作为公司整体战略的重要组成部分、公司业务的组成部分和重要商业工具,以及取得参与国际市场竞争资格的基本条件,而不仅仅是一项辅助性的事务;把知识产权能力作为建立和保持国际竞争的市场地位、市场份额的基本能力要素之一,保证有效地持续投入和长期积累;将专利看成一项有效益的投入,其效益包括避免缴纳高额许可费、向他人收取许可费、保证产品的通行和经营的安全、通过资本运作及产权活动提高公司或资产的价值等。

（三）高度重视海外专利申请，专利先行，开拓国外市场

根据近几年的国际 PCT 专利排名及相关统计调查报告，传统发达国家、欧美跨国公司专利优势明显，南非、印度、日本、韩国等国家跨国公司表现也非常抢眼，这些跨国公司每年在国内的专利申请数动辄上万件，在海外申请专利数量也大量增加。当然，这种专利先行战略的实施要适应不同国家专利制度的具体要求，需要工作更细致、有效。

（四）引进技术与消化吸收并举，在消化吸收基础上不断创新

近年来，新兴市场的一些企业，特别是新兴跨国公司的专利战略效果明显，取得了卓越的成绩，比如我国的华为、中兴等企业，南非的萨索尔公司等。这些企业尽管在起步阶段受母公司所在国家发展阶段影响，技术积淀不够深厚，但由于它们正确地处理了引进技术与自主开发知识产权的关系，通过跟随战略、利基战略等，锚定前沿技术，在特定领域持续投入大量的人力、财力，并借助国际专利制度，产生了大量的专利及专利组合，在国际技术市场占有一席之地，甚至引领特定技术发展，向海外输出的专利也越来越多，形成了一个以专利技术为主体的"引进→消化吸收→创新→输出"的良性循环机制，在引进和创新上取得了巨大成功。

（五）企业研发、专利战略与商业战略融为整体

国外一些企业把研究开发、专利战略与生产经营战略视作企业整体发展战略中不可分割的三个组成部分。研发推动、专利保护、企业新产品开发相互促进。在实践中，要求企业在研究开发选定技术课题时，就利用专利情报检索的作用，将重点目标选定在当下及未来商业领域中最活跃、有较高附加值、可带来巨大经济利益的高新技术领域。

（六）专利战略中重视以"产学研"等模式为代表的开放式创新

企业创新应当是站在巨人肩膀上，基于客户需求适度开展开放式的创新。产学研是一种有效的开放式创新模式，这种模式可以加快企业专利研发速度，优化技术结构，提高产品质量和市场竞争力。同时，它也有助于企业实施战略规划，拓展市场空间，增强核心竞争力。

（七）重视企业专利实施，借助市场力量促进企业专利技术商品化

专利实施是把有潜在价值的专利技术转化为现实生产力的重要一环，是形成技术创新与专利申请市场激励的重要表现之一。没有专利实施，专利就无法转化为生产力，无法形成从研发到商业化的闭环。专利战略缺乏技术实施就不完整，不能算成功的专利战略。

过去几十年来，我国一些企业对专利工作不够重视，存在所谓"有制造无创

新、有创新无产权、有产权无应用、有应用无保护、有保护无战略、有战略无实施"的情况。随着我国《国家知识产权战略纲要》的实施和市场经济的不断完善,企业对专利的重视逐渐增加,近年来专利工作取得了明显进步,涌现了以华为等为代表的一批专利优势企业。为进一步提升我国企业技术创新水平和国际竞争力,有关企业应重视专利战略,根据我国企业实际情况,适当借鉴国外成熟跨国公司及新兴跨国公司专利战略经验,对专利战略有正确定位,增加研究开发投入,逐步建立自己的专利战略体系,促进企业技术创新和技术进步,增强在国内外市场的竞争力。

三、专利决策管理

企业专利行为类型众多,根据计划行为理论,从事后观察角度来看,某种专利活动或专利行为背后,通常都有其动机与意图,专利行为的决策通常不是偶然发生的,而是要根据企业的实际情况决定,有其内在规律可循。管理就是决策,企业专利管理及专利战略管理通常由一连串的专利决策构成。分析特定专利行为或活动遵循什么样的规律,探讨专利决策特别是关键专利决策的内在机理,对借鉴相关经验、增强专利决策合理性有积极意义。

(一)专利意图与专利决策

专利意图、专利动机强调公司对于专利在未来机遇中被利用的预期及其理由。在专利申请语境下,专利意图反映了专利给企业带来的优势。专利意图与专利管理行为、专利决策等高度关联,分析企业专利意图,可以探究企业在专利管理过程中的动态进程及与特定组合管理的关联性。由于专利在企业运营中发挥了诸多功能,因此可能会有多种申请专利的动机。在专利申请领域过往的研究中,有学者已经对企业决定申请专利背后的动机进行了许多精细化研究,识别出专利申请的多种动机,如防止模仿、避免诉讼、保护经营自由运作、改进技术谈判、实现许可、奖励研究人员、阻止某些技术领域的竞争对手、提高声誉、吸引资本等。一般认为,企业申请专利的主要动机是保护知识产权、获得商业优势。通过申请专利,企业可以保护其独有的技术或产品,避免其他竞争对手抄袭或模仿,从而获得市场上的优势和更高的收益。除此之外,申请专利的主要动机还可以是增强信息透明度,以及有助于获得政策支持和扩大营销渠道、吸引投资、改进研发过程和防止侵权诉讼等。在动机类别化方面,马库斯·霍尔格松(Marcus Holgersson)等学者把专利申请动机归为保护动机、讨价还价动机、改善企业形象动机、吸引外部融资动机和吸引内部动机。① 这种分组是对奥韦·格兰斯特兰德(Ove Granstrand)的十种动机分组的延伸,包括保护、讨价还价、改善企业形象和内部优势。② 霍尔格松相较于格兰斯特兰德的十种动机,增加了一组外部融资动机。布林德等通过因素分析统计方法,确定了五类动机:保护、封锁、交换、声誉、激励等。③ 克努特·布林德(Knut Blind)等在后续研究中分析了专利意图与开放式创新形式的关系,即企业越来越多地运行开放创新与更强的专利动机有关,特别是与为了保护产品技术和保护自由运作的专利动机有关。④ 埃琳娜·吉拉尔多尼(Elena Gilardoni)整合相关研究,把专利动机和专利管理、专利策略联系了起来。⑤

专利基本方法可分为五类:进取性、积极性、选择性、被动和基于声誉的方法(见表7.6)。专利意图则包括防御、攻击两大类,衍生出信号传递意图。具体的专利策略可大致分为两类:一类是单一专利策略,另一类是专利组合策略。专利组合管理有其对应的发展阶段模型,这里不多介绍。下面简要解释专利意图、专利战略和专利组合管理的内在一致性和同一性。

表7.6 专利意图、专利战略和专利组合管理

方法	专利意图	专利战略	专利组合管理
进取性方法	防御,增加讨价还价能力	地毯式多项专利	整合
积极性方法	防御,盈利	包围式多项专利	收入最大化
选择性方法	攻击	围墙式多项专利	富有远见
被动性方法	防御,提升形象	单一专利	减少成本
基于声誉的方法		地毯式多项专利	非标准化

第一,进取性方法意味着非常重视将专利作为竞争工具。该方法认为专利是其最重要的价值驱动器,其主要目标是从中提取价值。专利禁止其他人在未经专利所有者许可的情况下将专利发明商品化,这种垄断权是企业重要的工具。

---

① Marcus Holgersson and Ove Granstrand. Patenting Motives, Technology Strategies, and Open Innovation. *Management Decision*, 55(6), 2017, pp. 1265-1284.

② Ove Granstrand. *The Economics and Management of Intellectual Property: Towards Intellectual Capitalism*. Cheltenham: Edward Elgar Publishing, 1999, pp. 45-67.

③ Knut Blind, Jakob Edler, Rainer Frietsch, and Ulrich Schmoch. Motives to Patent: Empirical Evidence from Germany. *Research Policy*, 35(5), 2006, pp. 655-672.

④ Knut Blind, Katrin Cremers, and Elisabeth Mueller, The Influence of Strategic Patenting on Companies' Patent Portfolios. *Research Policy*, 38(2), 2009, pp. 428-436.

⑤ Elena Gilardoni. Basic Approaches to Patent Strategy. *International Journal of Innovation Management*, 11(3), 2007, pp. 417-440.

尽管这种策略增强了市场议价能力，但是这样做会导致与其他公司之间的法律纠纷和诉讼风险增加。该方法对应专利意图是防守、增加议价能力，相应的专利策略认为拥有广泛且强大的专利组合是在交叉许可协议和谈判过程中获取盈利条件的有用工具。如某企业 G 通过改进 D 公司技术获得的一项发明专利存在瑕疵，涉嫌侵犯 D 公司专利技术，竞争对手 A 公司买下了 D 公司专利技术，并立即对企业 G 发起诉讼。这种先于竞争对手获得某种基础专利，以此攻击竞争对手，逼迫其无法进一步开发的案例时有发生，专利权的纠纷往往是企业间商战的一部分。

进取性方法也体现在尝试让每个业务部门建立和维护专有的地位，从而阻碍或阻止竞争对手使用最能创造利益的最好的发明创造。该方法通常经由专利检索和专利信息，分析竞争对手的专利，了解对手专利申请及本领域发展趋势，从而可以有效地在相关空间覆盖一些技术缺口。进取性专利战略意味着重视专利的竞争工具价值，公司认为专利是最重要的价值驱动器。对应该类型意图的专利管理是专利投资组合管理，即集成管理，以支持公司的决策过程为导向，使专利战略和价值相匹配。

第二，积极性方法。该种方法对应的专利意图为防御及盈利。对应的专利战略是运用周边多项专利，实施包围式专利布局。采用积极性方法需要建立一个技术领域利润的保护机制。公司通常创建一个专利申请的强大网络，尝试保护其基本发明专利免于被侧面包抄。相应的专利投资组合管理为收入最大化。

第三，选择性方法。对应的专利意图为进攻意图，专利战略为围墙式多项专利，专利投资组合管理为有远见的管理。专利战略地位和专利战略相一致，专利组合管理旨在广泛关注在未来预期中可以开发并被授予专利的技术领域。与专利组合管理相适应，公司必须识别竞争对手组织和行业的未来趋势。专利战略活动重点关注公司之外的竞争对手的研发活动，以及未来具有竞争优势的创新。相应地，申请专利主要是为了覆盖不限于在短期内可能对竞争对手有用并且能够带来竞争优势的技术。专利成为企业对未来的"赌注"，比如当下通信领域 6G 技术。

第四，被动性方法。对应的专利意图为防守，认为专利是一个能够保护其核心技术、创造公司可以自由发展的新领域，以及将专利相关的产品与服务商业化的法律工具，以确保足够的研发投资回报。常采用的策略是单一的专利，专利组合管理以削减成本为导向。该方法采用持续的技术、权利监控活动，以了解何时进行专利保护及其必要性，或对选定的专利进行审查，并决定公司是否终止维护该专利。

第五，基于声誉的方法。对应的专利意图为形象的意图。采用这种专利战略的结果就是用申请发明专利的数量来衡量公司的声誉，专利数量越高，就越具有优势。专利战略为地毯式多项专利，相应的专利组合管理没有明确的标准。

(二)专利战略影响因素与决策

1. 专利战略及其相关影响因素

莱昂纳德·伯科威茨(Leonard Berkowitz)认为影响专利策略有两个最重要的变量(见图 7.10),一个是领域中专利竞争程度,还有一个是领域中技术变化速度,并以此构建了专利决策的矩阵。其中,领域的变化可指科学上的学习曲线,或是市场需求的改变等。①

领域中专利竞争程度

领域中技术变化速度		拥挤	稀少
	快	发展的自由 改良性的发明 利基发明 协商 授权或交互授权 典范转移	广泛专利申请 申请改良应用和制成专利 向外授权 主张专利权
	慢	发展的自由 授权 利基发明 回避设计	申请产业特定专利 改变竞争规则 发生典范转移 从相近产业寻找新应用技术

图 7.10 专利决策矩阵图

从不同学者的研究来看,专利战略由多个变量相互影响,因此在制定专利战略时不应该把专利战略作为孤立事件去考量,而应将其作为企业整体战略的一部分加以综合系统分析,并根据企业所在行业的特点和企业自身实际情况确定其专利战略的重点和发展路径。

2. 专利开发筛选与决策支持

为探讨专利战略决策科学性,米歇尔·格里马尔迪(Michele Grimaldi)等学者综合前人对专利评估的指标,提供了一个能够提出合适的专利开发战略的决策支持框架。② 该框架能够评估专利是否与总体业务战略相一致,并确定专利组合中每个专利最合适的开发策略(维护、许可、出售、放弃)。该框架分为两个阶段:第一阶段,挑选可开发专利,通过分析专利价值的四个维度,评估它们对公

---

① Leonard Berkowitz. Getting the Most From Your Patents. *Research-Technology Management*, 36(2), 1993, pp. 26-31.

② Michele Grimaldi, Livio Cricelli, Martina Di Giovanni, and Francesco Rogo. The Patent Portfolio Value Analysis: A New Framework to Leverage Patent Information for Strategic Technology Planning. *Technological Forecasting and Social Change*, 94, 2015, pp. 286-302.

司是否重要,据此有效地选择专利。第二阶段,采用问卷调查的方式,集中针对第一阶段选择的可开发专利进行进一步分析,以支持战略决策。问卷被分发给本领域专业的知识产权管理者,以获得来自受访者对四种可能的替代选择(维持、许可、出售、放弃)的战略决策的偏好和评价。

在第一阶段的挑选标准中,可以设计一些综合性指标表征专利的质量和价值,如可以选择体现专利在本领域技术引用情况、专利自身的技术范围、申请范围等指标,同时可以设置综合性的战略相关性指标。具体界定为被引频次、技术范围、国际(市场)范围与战略和经济相关性等四个维度。其中,第一个指标专利被引频次指的是专利被授权后,其他专利对其的引用。这些引用的数量是判断创新程度的指标之一,显示了专利的质量,反映出其技术背景及企业战略能力的融合。该指标不仅可以用来评估专利和专利组合,还可用来实施战略技术规划。第二个指标为技术范围,是由权利要求来定义的,每项专利的权利要求清单规定了专利权人所声称的所有新要素和专利的特征。在一些实践中,专利或专利组合的价值可以通过大量的索赔来加以利用,索赔反映了创新的技术重要性,索赔数量的提升表明创新具有广泛的盈利潜力。第三个指标为国际范围或市场范围,专利的价值与这些专利申请的国家的数量有关。尽管专利价格很高,但更广泛的市场覆盖使公司更具竞争力,并使得他们从制定许可协议或与其他公司的战略联盟中获得绝对优势。第四个指标为战略和经济相关性。作为企业追求目标的战略工具,专利的经济价值与技术、工业和商业因素有关,发明的工业价值取决于其技术在工业中的独创性程度和运用本发明所产生的竞争优势。

在第二阶段,通过问卷调查、专题讨论及专业委员会讨论、集体决策,形成最终决策。只有在前一阶段被挑选出来并被认为是可进行外部开发的专利,才会经历这一阶段。这一阶段包括对专利开发可能性的公司管理进行访谈,将问卷发放给知识产权管理者;对于每一项专利,受访者根据四个属性来评估相关专利,分别为市场前景、市场竞争水平、技术潜力和技术成熟度。

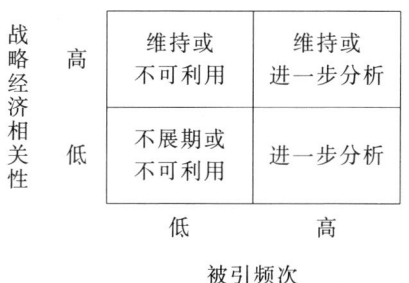

图 7.11 辅助决策四格图

被引频次和战略经济相关性的低值和高值的可能组合标注在坐标系的四个象限中。其中,被引频次和战略经济相关性值的定位显示关于专利价值的信息。在具体变量及参数选择上,可以计算相关标准最大值和最小值的中列数或算术平均值,使其能够代表被引频次和战略经济相关性的低值和高值之间的值。四种可能组合的解释如下:

(1) 低正向引用频率和低战略经济相关性(不展期或不可利用)。该区域专利被引较少,表现出对未来发展的技术评估和经济战略绩效不足。

(2) 低被引频次和高战略经济相关性(维持或不可利用),即使在经济和战略意义上,该区域的专利也很少被引用。实践中这类专利往往被认为是公司的核心,尽管被引用频次很低,但它们仍具有战略潜力,公司决定维护和保护它们。

(3) 高被引频次和低战略经济相关性(进一步分析)。高被引频次表明专利本身受到高度评价,然而,它们的经济和战略相关性不令人满意。实践中,这类专利可以用作构筑专利壁垒或阻止竞争对手申请相关的发明专利,且有一定概率可能逐步改善并被成功运用或被侵权。因此,对它们有必要进行进一步的分析。

(4) 高被引频次和高战略经济相关性(维持或进一步分析)。这些专利有利于内部经济战略角色和外部承认,对公司有核心价值,不会进行外部利用。然而,为了评估值得信赖的外部运用,有必要分析这些专利的市场范围及技术范围。

3. 专利决策可视化呈现

(1) 专利可视化与决策可视化

专利可视化是指使用图表、地图等可视化方式呈现专利信息,由此帮助人们更直观地理解和分析大量的专利数据。专利可视化是一种直观、高效的分析手段,可以帮助人们更好地理解和应用专利信息,同时也可为技术创新和知识产权保护提供重要的支持。专利可视化同时也可将来自不同国家和机构的专利信息集中在一起进行可视化展示,有助于促进各方的知识交流和合作。专利分析可视化是专利分析中的重要环节,在专利数据分析中应用可视化技术,借助专业软件,将相关的专利数据以图形化、立体化形式呈现,不仅能更直观地描述专利现状,而且能快速分析出专利领域的重点和盲区,从而提升人们对专利价值的评估能力,为企业决策提供科学依据。专利可视化的作用具体包括如下几个方面:

第一,有助于把握技术领域的发展趋势与重点。通过对大量专利信息进行可视化展示,可以帮助企业主体快速了解某一技术领域的发展趋势和热点方向。如根据对专利文本中关键词、时间等信息的提取和分析,绘制出相应的可视化图形,可以更加清晰地了解不同技术领域的发展趋势和热点问题,为企业、科研机构等制定技术战略和规划提供参考依据。

第二,有利于发现技术漏洞和机会。通过对专利引用网络、申请趋势等信息的统计和分析,可以发现技术漏洞和机会,帮助企业更好地把握市场需求和技术趋势,提高技术创新能力和水平。

第三,评估技术竞争态势和风险,辅助专利侵权检测和风险管理。通过对专利申请量、授权量、专利引用量、专利诉讼等信息的统计和分析,提升专利价值评估能力,评估不同技术领域的竞争态势和风险,发现潜在的专利侵权行为,为企业和投资者决策提供参考。

第四,优化知识产权战略和管理。通过对专利信息的可视化分析,可以更加深入地了解企业、科研机构等在知识产权方面的布局和竞争力度,帮助企业追踪竞争对手的专利情况,为优化知识产权战略和管理提供重要支持。

第五,推动国家技术创新和知识产权保护。专利可视化作为一种高效的技术分析手段,不仅可以帮助企业和科研机构提升技术创新能力和竞争力,而且可以在公共管理层面为推动国家技术创新和知识产权保护作出积极贡献。

专利可视化具有直观、高效、全面等特点,在技术创新、知识交流、价值评估和风险管理等方面都具有重要作用,为技术创新、知识产权保护和企业知识产权战略决策提供重要支持和参考。和一般的专利可视化稍有不同,专利决策可视化是指将大量专利数据以图形或图表的方式呈现,帮助企业或个人更好地分析和理解其专利信息,作出更明智的决策。专利可视化是把主要专利的相关信息呈现出来,而专利决策可视化则侧重于把决策过程中的重要决策依据呈现出来。这些可视化工具可以包括专利趋势图、专利地图、专利分类图,以及各种过滤器和搜索功能,使用户能够轻松找到他们需要的数据。

(2) 主要类别

按照制作工具来划分,专利可视化可以分为以下几类:

第一类为侧重专利描述统计,由专门数据库提供的专利可视化。专利数据通过图表、图形、地图等方式进行可视化呈现,以帮助人们更好地理解专利信息,作出更明智的决策。这种可视化技术可以用于专利搜索、竞争情报分析、产品设计和市场预测等领域。常见的专利决策可视化工具包括 PatSnap、Derwent Innovation、Thomson Innovation 等。

第二类为通用软件制作的专利可视化,如 WPS 表格工具、Excel 等。如借助 Excel 的基本数据处理和绘图功能,可为专利筛选与决策提供支持。

如图 7.12 所示,根据反映专利本身重要性的被引频次,以及偏技术范围和市场范围分析的战略经济相关性这两个维度,可以评价哪些专利既有技术层面的优势,又有商业可用性。

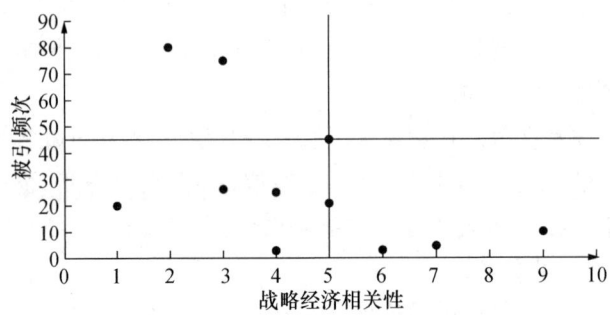

图 7.12　专利筛选辅助决策量表

实践中也可通过雷达图进行可视化处理,如图 7.13 所示的三项专利。通过比较可以看出,专利 2 可以保留;专利 1 部分指标较理想,但可以进一步根据企业实践情况进行分析和决策;专利 3 可出售或许可。可以从企业实际出发,评估专利的综合价值,由此决策是进一步开发,还是维持、出售或者许可等。

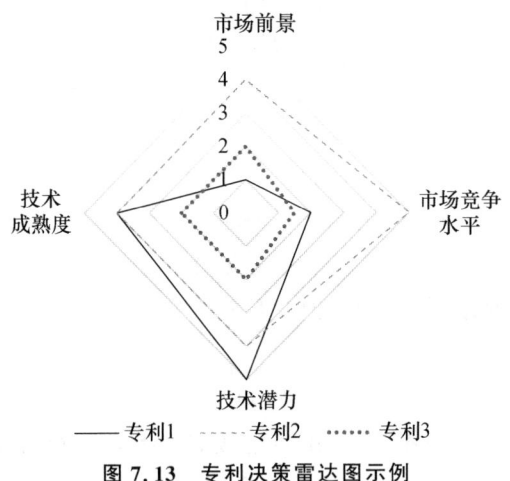

图 7.13　专利决策雷达图示例

第三类为统计及计量类软件的专利可视化。通用的统计软件包括 Eviews、SPSS、SAS 等,通常的分析方法可以从定性到定量、从单因素到多因素、从聚类分析到因子分析等。统计及计量类软件可呈现基于统计推断的可视化分析过程,分析更精细、更专业。如果说通用统计软件及 Excel 等精于做事实描述,那么基于统计的可视化软件则更专于统计推断。

4. 专利商业化决策

专利商业化是专利运营的话题。有了专利之后,如何最优化专利使用、发挥专利最大价值是专利运营需要考虑的问题。这里给出一个根据企业互补性资产充足程度和技术扩散速度两个维度来决策的框架。第一个维度是互补性资产充足程度。根据蒂斯的理论,专利技术的商业化及价值实现需要包括生产、销售等互补性资产。在实践中存在尽管创新技术的合法垄断地位为企业带来高额的创新利润,但由于缺乏战略性互补资产,企业仅凭自身的力量很难把专利成果有效地商业化,也无法实现其应有价值。因而,如果企业利用自身的资源完成研发并开展商业化活动的预期收益远小于预期获得的第二家生产公司支付的授权费时,企业的最优决策是选择以授权或出售的方式来获取技术租金。而当企业拥有强有力的商业化互补资产时,企业可以开展一体化专利实施行为。需要说明的是,由于互补性资产在专利商业化决策中发挥作用不同,各种互补性资产的重要性及作用机制也不尽相同。这里的"拥有"并不一定是企业自身占有某类资源和资产。"拥有"是可接近、能获得相关资源,不至于被"卡脖子"。比如所需要的人力资源,可以经由市场临时雇用,招聘相关生产及营销经理等。从互补性资源角度来看,我国技术储备充足,教育体系相对完整、发达,各类专业人力资源丰富,世界范围内绝大多数的技术可以在我国相对容易地实现技术转换与价值实现。

第二个维度是技术的扩散速度。不同技术的生命周期是不同的,本领域同行参与度、成果被专利化程度也不同。对于技术领先企业来说,同行参与度、成果被专利化程度也可理解为企业研究与开发的外部效应、溢出效应。现阶段,很少有技术是由一家企业独家垄断的,一旦技术公开,只要具有商业价值,同行、竞争对手等通常会跟随研发。因此,可以用技术本身的扩散速度来表征这类企业技术的扩散性。技术扩散的速度越快,表示在市场中企业研发技术被竞争对手模仿的速度就越快;反之,则被模仿得越慢。对于扩散速度较快的创新技术来说,由于技术在外部容易被竞争对手模仿,企业往往倾向于将技术内部化,比如以商业秘密形式保护,降低技术外溢的风险,这时一体化的企业技术商业化方式可能是企业的最优选择;而对于扩散速度相对较慢的技术来说,由于技术的模仿壁垒较高,或是技术价值没有被其他企业所重视,领先企业可在自己实施商业化活动的同时[1],将技术以许可证等形式授权于其他企业生产,获取许可收益。如表 7.7、表 7.8 所示。

---

[1] 贺伟、刘明霞:《企业 R&D 商业化能力研究》,载《中国工业经济》2006 年第 4 期。

表 7.7 专利商业化

	快	慢
强	自行实施	
弱	出售	许可

表 7.8 三类策略的比较

	自行实施	转让	许可
收益周期	长,要经历大量的前期准备工作和后期销售工作	短,技术出售后立刻能为组织带来经济收益	中等,同合作伙伴一同开发能够节约一定的时间
所需投入	高,需要投入大量资金建设配套的辅助设施	低,制造和营销费用基本由受让公司承担	中等,自己需要投入一定资源但可能不是全部
财务回报	高,创新技术的独有者地位为企业带来超额利润,风险也高	低,只能赚取转让费而失去了新产品的销售收入,风险低	中等,必须与合作伙伴一起分享销售利润

(三) 企业专利战略决策综合对策

企业专利工作专业性强,有效开展专利战略管理,对不同行业、不同领域和所处企业发展不同阶段的要求是不一样的。前文介绍的体系化管理、PDCA 循环、战略管理等是开展专利管理的常用方法。根据决策有效性的相关理论,企业对专利管理的有效性首先取决于是否对专利及其管理的重要性有足够的重视;其次取决于对专利管理、专利战略是否熟悉,对相关管理规律是否遵循,是否采用了必需的方法;最后取决于是否采取了必要的行动。综合各类企业专利管理实务经验,这里给出有效开展专利战略决策的一般思路:企业高度重视专利工作,遵循专利法律法规,从企业实际出发,适当前瞻性布局;遵循相关专利发生及运作规律,持续关注并辅之以必要的投资保障;建章立制,规范化管理与策略性管理兼具;风险防范与能力建构兼顾。在专利实践迭代中升级专利管理能力,形成正反馈;通过企业实践,不断提升专利战略管理能力,提升核心专利保有量。

第一,要合理确定企业专利战略管理的地位。战略决定方向,重视专利的保护及其管理工作对产品导向型企业非常必要,有条件的企业应设置专门的知识产权管理部门,统一负责和协调企业内部的专利工作,尽早制定知识产权战略,把企业专利工作纳入企业研发、生产、贸易、经营活动的全过程,将专利法律保护与企业法律风险防范体系建设有机结合起来。

第二,制定合理的专利战略,在实践中修正与完善。企业专利战略需要综合运用各种策略才能使企业有效地获得竞争优势。企业应当依据自身的技术研发能力和企业在竞争中所处的地位,制定适合企业实际情况和产业发展规律的专利战略,并依据企业及其环境的变化对企业专利战略进行适当的控制和调整。

第三,注重近期与远期的平衡。从管理实践来看,专利管理工作可以实现一部分当前利益,比如一些财务收益等,但总体上企业专利的储备与布局规避未来发展风险、建构未来企业竞争优势的相关性更加突出。因而企业要着眼未来发展场景,平衡好近期与远期收益。

第四,明确专利管理指导方针,为专利工作开展提供价值指导。为了保证专利战略的有效实施,企业还应制定明确的专利管理指导方针。如某企业制定的专利管理指导方针:"积极加强专利管理,企业专利要作为战略上重要的无形资产来管理;专利管理要构建全球化的结构;专利管理的内容和方向要以全球商业战略为导向;各部门间的沟通与合作是有效的专利管理的基础;注重高素质的专利专业人员的发展。"如前文所述,我国华为、小米等创新型企业都有较为清晰和完善的知识产权工作指导方针,并将其作为企业文化的一部分,融入企业价值观,为专利工作开展提供了发展的意义和价值指引。

第五,专利战略决策的政策适应性。企业专利战略不能脱离发展环境和宏观的大政方针,要因地制宜,适应企业市场化和国际化经营的现实需要,综合制定与实施。如为应对国际知识产权垄断及其挑战,具备条件的企业可以考虑加强专利的标准化及专利标准许可管理等。

第六,要考量企业在特定领域的意图,根据相关意图开展专利策略的制定与实施。企业可以根据自身的实际需要制定企业内部的专利保护规章制度,在专利申请管理方面,为有效地占领市场,要根据发展需要积极部署如"防卫型"和"储备型"等各类专利申请。要防止专利资产的浪费和流失以及来自企业内部员工的侵权损失。

第七,借助信息技术等,辅助决策。借助信息技术,可以使专利工作更规范有效(相关内容可参照本书第三章)。

第八,要培养高素质的专利人才队伍。这是落实企业专利战略重要的组织保证。

第四节 专利导航

一、专利导航的概念及内涵

国家知识产权局在《专利导航指南》中给出了一个定义:专利导航是在宏观决策、产业规划、企业经营和创新活动中,以专利数据为核心,深度融合各类数据资源,全景式分析区域发展定位、产业竞争格局、企业经营决策和技术创新方向,服务创新资源有效配置,提高决策精准度和科学性的新型专利信息应用模式。简言之,专利导航指基于专利信息数据库进行专利信息分析,对区域发展、产业竞争和企业经营进行合理规划。事实上,专利导航就像手机中的地图导航软件,有助力特定场景的决策和规划功能。在具体应用场景方面,国家知识产权局梳理形成了区域规划、产业规划、企业经营、研发活动、人才管理等五种应用场景及其工作方法。市场监管部门或知识产权公共服务部门推行的专利导航试图帮助重点产业或企业,结合自身发展实际和市场需求,借助知识产权大数据,明确产业、企业核心技术研发的具体方向、国内外同行业同类产品具体情况和创新最优路径,以及围绕核心技术规避风险的专利布局情况等(见图7.14)。专利导航是产业、企业寻求高质量发展最方便、最快捷的途径,也是产业、企业提高国际国内核心竞争力的重要手段。近年来专利导航在各地普遍受到了重视,特别是国家标准《专利导航指南》正式实施以来,该标准逐步由面向产业、企业、区域引导创新决策延伸到知识产权分析评议、区域布局等工作,应用愈加广泛。

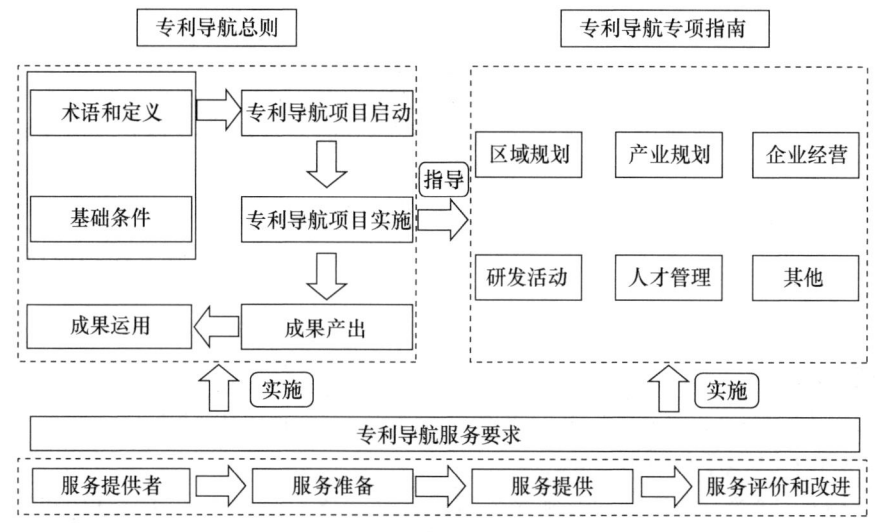

图 7.14 专利导航文本结构

借助于现代数据库技术的发展,各类专利数据相对完整地保存了世界各地的技术发明等相关资料。专利文献可以说是世界上反映科技发明成果和发展水平最迅速、最系统、最全面的信息资源,是科学技术竞争情报中最重要的信息来源。专利文献数量巨大,且每年都在迅速增加。如前文所述,专利信息是创新技术的重要信息来源,具有丰富的价值,"站在巨人的肩膀上开展研究"体现的就是专利信息包含的科技价值;与此同时,专利也蕴含了经济价值和法律价值,比如有利于了解技术、产品、市场情况,有利于做好预警、避免专利侵权纠纷等。

因此,专利信息分析有利于企业探寻专利信息背后的经济价值、法律价值和技术价值,为产业发展、企业专利布局等提供专业的技术支持和决策支持。

(一) 专利导航类型

在宏观决策、产业规划、企业经营和创新活动中,以专利数据为核心,深度融合各类数据资源,全景式分析区域发展定位、产业竞争格局、企业经营决策和技术创新方向,服务创新资源有效配置,提高决策精准度和科学性的新型专利信息应用模式。主要包括:区域规划类专利导航,支撑区域规划决策;产业规划类专利导航,支撑产业创新发展规划决策;企业经营类专利导航,支撑企业投资并购、上市、技术创新、产品开发等经营活动决策;研发活动类专利导航,支撑研发立项评价、辅助研发过程决策;人才管理类专利导航,支撑人才遴选、人才评价等人才管理决策。

(二) 专利导航项目基础条件

一是信息资源,包括世界知识产权组织规定的PCT最低文献量专利数据资源及相应的检索工具;与专利导航需求密切相关的产业、科技、教育、经济、法律、政策标准等信息资源;与专利导航需求密切相关的企业、高等学校和科研组织等信息资源。

二是人力资源,包括管理人员、信息采集人员、数据处理人员、专利导航分析人员、质量控制人员等。

二、专利导航的实施

(一) 导航项目启动

遵循项目管理的一般原理,专利导航项目的启动需要在总体目标指导下有序开展。专利导航工作可参照战略咨询的基础工作,进行组织设置与领导安排。通常需要确定项目负责人,对导航对象需求进行分析,完成项目团队组建。组建好的团队应在团队负责人带领下制定实施方案,并逐步展开工作。

(二) 专利导航项目的实施

专利导航项目实施一般包含信息采集、数据处理、专利导航分析等流程。根据专利导航分析需要,可重复进行信息采集、数据处理工作。

1. 信息采集

根据项目需求分析报告,开展有针对性的信息检索,采集相关信息。具体步骤包括:(1) 根据需求特点,选择专利数据库;(2) 确定技术分解表;(3) 制定检索策略,选取检索要素,构建检索式,根据检索初步结果适时调整检索策略;

(4) 对检索结果进行检索质量评估,达到预期查全率和查准率时,可以终止检索。①

以人工智能为例,它是研究、开发用于模拟、延伸和扩展人的智能的理论、方法、技术及应用系统的一门新的技术科学,包含的领域有机器人、语言识别、图像识别、自然语言处理和专家系统等。

2. 数据处理

根据专利导航分析的需要,将采集到的专利信息和非专利信息按照特定的格式进行数据整理,通过清洗、筛选、标引等方式对检索到的原始数据进行规范化处理,生成内容完整、形式规范的数据信息。具体步骤包括:(1) 数据去重去噪,去除原始数据中的噪声数据和重复数据;(2) 数据项规范化,对数据项的格式和/或内容进行规范化加工处理,使处理后的数据符合后续分析需求;(3) 数据标引,根据不同的专利导航分析目标,增加新的标识,以满足深度分析的目的。例如,对规范后的专利数据增加技术分解、技术功效等标识。

(三) 专利导航分析

如前所述,专利导航分析是基于规范的专利数据信息,挖掘数据间关联关系,进行描述统计或推断统计,针对特定需求建立专利导航分析模型,用适当的方法得出结论的分析过程。实践中专利导航分析常在区域布局、产业规划、企业经营、研发活动、人才管理等工作场景中有广阔的应用空间。国家知识产权局制定的专项专利导航指南提供了专利导航分析模型,企业可结合需求灵活适用。

(四) 成果产出与运用

专利导航的成功产出及交付通常可包括分析报告、数据集等。为保障专利导航的质量,在质量控制方面,需要导航成果应用时遵循融合性、系统性、可操作性等原则。导航成果应用需要基于专利导航完善相关发展规划,包括战略规划、产品规划、技术规划等。专利导航的运用离不开相关资源投入及保障,如围绕实施专利导航分析确定的专利运营方案及企业相关发展规划,配套投入相关人力、财务资源,完善知识产权管理流程与制度,加强管理能力建设和外部服务力量支撑,提供与相关发展规划和运营方案相匹配的资源保障。

(五) 产业规划类专利导航

产业规划类专利导航项目紧扣产业分析和专利分析两条主线,结合特定地区产业发展现状和发展愿景,将专利信息与产业现状、发展趋势、区域发展战略、政策环境、市场竞争等信息深度融合,进一步明确产业发展方向,找准区域产业

---

① 国家专利导航试点工程研究组:《专利导航的理论研究与实践探索》,载《专利代理》2020 年第 3 期。

定位,确定优化产业创新资源配置的具体路径。这类导航对地方政府、产业园区发展有积极作用。

在三个基本阶段产业分析的基础上,开展专利导航分析,揭示专利控制力与产业竞争格局关系,分析产业创新方向和重点,明晰区域产业发展定位,研判产业创新发展路径,形成制作专利导航分析图谱和编写产业规划的决策依据。

1. 专利发展方向导航

以全景模式揭示产业发展的整体趋势与基本方向。

首先,从技术发展、产品供需、企业地位和产业转移等不同角度论证产业链与专利布局的关联度。技术发展方面,重点分析技术发展的重要节点是否伴随相关专利布局,论证专利布局与技术发展的关联度。产品供需方面,分析产品更新换代与专利技术生命周期是否一致,论证专利布局与产品供需之间的关联度。企业地位方面,对比企业的产业地位与专利实力,论证企业的产业地位与专利实力地位匹配程度。产业转移方面,分析产业在全球空间上的转移趋势与各国的专利申请趋势是否一致,论证专利布局与产业转移之间的关系。

其次,以产业链与专利布局的关联度为基础,进一步从技术控制、产品控制及市场控制等角度论证全球产业竞争中专利控制力强弱程度,揭示专利控制力与产业竞争格局的关系。技术控制方面,分析发达国家或垄断企业在产业链各环节的专利分布情况,研究其对技术的控制力程度。产品控制方面,分析发达国家或垄断企业在产品链上的专利布局,研究其对产品链的控制力程度。市场控制方面,分析发达国家或垄断企业在价值链上的专利分布情况,研究其对市场的控制力程度等。

最后,以专利控制力为依据,预测产业结构调整方向、技术发展重点方向和市场需求热点方向,为产业发展指明道路。在前述数据资料基础上,借助一定模式,说明专利申请趋势热点方向,包括对比各技术方向的专利申请趋势、技术增长率变化趋势,分析技术研发热点方向;同时还要说明核心技术演进热点方向,梳理核心专利技术演进方向,分析技术研发重点方向;确定龙头企业研发热点方向。分析龙头企业专利布局热点变化方向及研发重点方向;确定协同创新热点方向,分析合作申请专利集中的领域可能是研发的热点、重点或难点;确定新进入者集中的热点方向,新进入者占比较高或者近年申请量占比较高的方向通常是技术研发的热点方向;确定专利运用的热点方向,专利诉讼、专利无效、专利许可转让等集中的方向通常是热点技术方向。

2. 区域产业发展定位

以近景模式聚焦产业在不同区域的基本定位与策略,包括以下几个方面:

(1) 产业结构定位、企业创新实力定位

产业结构定位和企业创新实力定位是确定企业主体在特定区域内发展方向和策略的基本前提。需要考察和分析的因素有：该区域内某产业链的优劣势；该区域内某产业链相关专利数量及核心专利占比；本企业拥有专利数量及与龙头企业对比情况。

(2) 科技与创新人才储备定位

人才是创新的重要因素。因此，企业必须考察该特定区域创新人才拥有量、本企业创新人才拥有量及创新人才产业链各技术环节分布情况。

(3) 技术创新能力定位

最后需要考察的是企业主体的技术创新能力定位，包括专利技术占全部技术比例、各专利维持年限以及近年专利申请活跃度。除此之外，还应检视企业的专利管理能力，包括专利运营实力定位、专利许可、转让、融资、诉讼及专利池构建等情况。

3. 产业发展路径导航

以远景模式指出区域产业创新发展具体路径，包括产业布局结构优化路径、企业整合培育引进路径、创新人才引进培养路径、技术创新引进提升路径、专利协同运用和市场运营路径。

4. 制定产业创新发展政策性文件

在专利导航分析成果基础上，结合产业发展目标和创新主体政策需求，进一步凝练提升，有效发挥专利导航对产业决策的支撑作用，研究制定专利导航产业创新发展政策性文件。

案例　AA 区专利导航咨询项目研究历程及报告

该项目立项后，在项目组负责人领导、统筹协调下，组建团队，定期召开项目推进工作会议，交流进展。经过讨论以及和 AA 区知识产权局等相关部门确认，进一步明确项目研究范围。主要工作过程大致分三个阶段。首先是调研阶段，以信息数据收集整理为主，开展相关研究工作，并实地走访调研 AA 区七大工业园区。在调研前拟定数据清单，并拟定调研计划。

其次是数据分析，基于数据对大纲内容进行调整。要求是采用尽可能最新的数据，尽量翔实准确，搜集思路以项目要求为依据；数据收集路径方面，参考现有基础数据，按照街道和区整体、工业园区，依据企业名单等进行多层次检索，力争获得全方位的专利数据。在成果呈现方面，简洁明了，采用图表等可视化数据分析结果，同时兼顾 AA 区规划建设的要求。

最后是撰写报告。报告包括对工作方案的评价,参考 AA 区的建议进行修改完善。

经过两个月的数据收集、调研、团队讨论与分析,最终制定了如下项目报告:

《AA 区专利导航项目报告》目录

一、AA 区产业结构现状与产业创新战略

(一) AA 区产业结构现状

(二) AA 区创新发展总体战略与具体策略

二、AA 区创新资源现状与专利资源现状及其分布

(一) AA 区创新支持政策文本分析

(二) AA 区创新资源分布现状与比较分析

(三) AA 区专利资源分布现状与比较分析

三、AA 区创新与专利的关联度和匹配度分析

(一) AA 区创新与专利关联程度分析

(二) AA 区专利数量与产业创新发展的相关性分析

四、AA 区重点产业创新发展与专利战略布局规划

(一) AA 区区域专利战略布局规划

(二) AA 区产业专利战略布局规划

五、AA 区专利引导产业创新发展的优化方案

(一) AA 区专利引导产业结构优化方案

(二) AA 区专利引导企业经营优化方案

(三) AA 区专利引导科技研发优化方案

(四) AA 区专利引导人才管理优化方案

(五) AA 区专利引导专业服务优化方案

六、配套政策及推进政策建议

(六) 企业经营类专利导航

企业经营类专利导航项目以专利导航分析为手段,以提升企业专利工作整体能力、总体竞争力为目标,以企业产品开发和专利运营为核心,整合专利导航、创新引领、产品开发和专利运营,推动专利融入企业商业运营,支撑企业创新发展,支撑企业投资并购、上市、技术创新、产品开发等经营活动决策。

运营类专利导航可帮助企业有效地利用专利信息,有利于企业缩短技术研发周期、节约科研经费,助力企业提高产品的研发效率,避免无效研发,控制成本;提高企业创新效率和水平,防范和规避企业知识产权风险,为企业竞争力提升提供必要的专利支撑,切实提升企业产品和技术含量,增强创新驱动发展能力;同时减少企业的侵权风险,帮助企业明确竞争对手专利情况和市场发展趋势等;为企业合理布局知识产权、促进高价值专利培育、明确知识产权管理思路和战略方向提供指引。

经营类专利导航离不开专利分类评级、聚焦核心技术、竞争对手分析、评估侵权风险等环节。如同一个专利战略咨询项目,首先要做企业发展现状分析,其次聚焦核心问题的主要方面,对相关技术和竞争对手情况进行分析,并评估相关风险。对相关技术进行分析时,离不开对总体趋势的风险、技术构成、技术活跃度、重点专利等的分析(见表7.9)。

表7.9 不同类型的企业经营专利导航情况

导航类型	概述	步骤与方法	输出
以投资并购对象遴选为目标的专利导航	以专利数据为基础,通过评价拟投资并购技术领域内技术拥有者的情况,从技术创新的角度为投资并购提供遴选目标对象的建议	这个部分可参照尽职调查的内容。(1)基于投资并购需求,确定专利检索的技术领域和地域范围,实施检索并进行数据处理;(2)筛选具有较高技术水平的专利申请人,可从技术创新能力、专利布局能力、专利运用能力等角度分析;(3)检索(2)所述具有较高技术水平的专利申请人的企业信息,并进行数据处理;(4)对(2)和(3)所述的信息进行关联分析,根据需求重复(1)—(3)步骤,确定拟投资并购对象	包括但不限于投资并购所属行业的基本情况、拟遴选企业的基本情况;可通过可视化形式展示拟遴选企业的基本情况;专利导航数据集
以投资并购对象评估为目标的专利导航	以专利数据为基础,通过评价投资并购对象的技术创新实力和专利侵权风险,为投资并购决策提供建议	(1)检索投资并购对象的背景信息,可包括投资并购对象的发展历程、人员规模、发展阶段、被投资或并购历史、主营产品的种类及市场占有率、营收状况,投资并购对象的主要竞争对手相关信息,以及投资并购对象核心研发人员的教育背景、工作经历、法律纠纷及相关舆情等信息;(2)检索投资并购对象及其主要竞争对手的专利信息、相关技术领域的专利信息等;(3)核查投资并购对象的专利权归属、专利权期限、专利权的法律状态、专利实施(如转让、许可、质押等)、专利涉诉等情况;(4)筛选投资并购对象的主营产品或技术对应的较高技术水平的专利或专利申请,评价其专利的权利稳定性或专利申请的授权前景,专利(或专利组合)对核心技术方案的保护程度;(5)评价投资并购对象的技术先进性和技术可替代性,可与现有技术进行对比分析;(6)评价投资并购对象的相关专利或专利申请所使用的技术方案的侵权风险	以投资并购对象评估为目标的专利导航分析报告,可包括投资并购对象的背景信息、专利信息、创新实力及风险等情况;专利导航数据集

(续表)

导航类型	概述	步骤与方法	输出
以技术引进为目标的专利导航	以专利数据为基础,通过与产业、市场等信息的关联分析,提出待引进技术的持有人、可引进的具体技术、引进策略、风险防范等建议	(1)对企业所属技术领域进行分解,检索相关专利信息及其他技术信息,分析该技术领域的发展重点、难点和热点主题;(2)将企业的技术研发战略和产品战略、企业当前技术储备情况,以及(1)所属技术领域的发展重点、难点和热点主题进行关联分析,寻找企业需引进的技术主题;(3)在(2)所述技术主题中,筛选满足技术引进需求的专利,可从专利技术方案所解决的技术问题及所达到的技术效果等角度分析;(4)分析(3)所述专利的稳定性、技术可替代性、技术实施依赖度等,提出可供选择的专利;(5)收集(4)所述专利的持有人相关信息,可包括发展历程、发展阶段、主营产品、技术结构、研发人员数量、营收状况、技术转让或许可历史、法律纠纷及相关舆情;(6)对(4)和(5)所述的信息进行关联分析,提出技术引进方式的建议,如技术许可、技术转让等	以技术引进为目标的专利导航分析报告,可包括拟引进技术主题的选择与论证、拟引进技术及持有人的基本情况等;专利导航数据集
以企业产品开发为目标的专利导航	以专利数据为基础,通过与产业、市场、政策等信息的关联分析,提出企业产品开发方向、技术研发路径及风险规避等建议	(1)收集企业所在行业的政策环境、市场环境及需求;(2)收集企业的背景信息,可包括企业的发展历程、发展阶段、主营产品的种类及市场占有率、营收状况、主要竞争对手相关信息等;(3)对企业所属技术领域进行分解,检索相关专利信息及其他技术相关信息;(4)将(1)(2)及(3)所述信息进行关联分析,提出企业可重点开发的产品(或产品组合)建议;(5)分析开发(4)所述产品(或产品组合)所需的技术,制定所需技术的获取策略,可包括自主开发、合作开发和技术引进等;(6)分析所需技术的专利信息,可通过技术功效矩阵分析等手段,为进行自主开发的技术主题提供研发路径、研发方案参考,并通过侵权分析等方式提供风险预警及规避建议;(7)提出产品开发所形成的技术成果的专利布局方案	以企业产品开发为目标的专利导航的输出一般包括:以产品开发为目标的专利导航分析报告,可包括行业环境、建议企业重点开发的产品(或产品组合)及开发策略等;专利导航数据集

(续表)

导航类型	概述	步骤与方法	输出
以技术合作开发为目标的专利导航	以专利数据为基础,通过与企业、高等学校及科研组织等相关信息的关联分析,提出技术合作主题、遴选技术合作对象等建议	(1) 对企业技术合作需求所对应的技术领域进行分解,检索相关专利,并进行数据处理;(2) 通过分析全球范围内具有较强专利控制力主体的相关活动,判断技术发展重点或热点主题,其中所述相关活动可包括协同创新、专利布局、专利运用和专利保护等情况;(3) 对各技术主题进行分析,可包括技术成熟度、技术路线、专利布局等,提出可进行合作开发的技术主题,获取专利申请人信息;(4) 筛选具有较高技术水平的专利申请人,可从技术创新能力、专利布局能力、专利运用能力等角度分析;(5) 收集(4)所述具有较高技术水平的专利申请人的背景信息,可包括发展历程、发展阶段、主营产品、技术结构、研发人员数量、营收状况、法律纠纷及相关舆情,主要研发人员的教育背景、工作经历、法律纠纷及相关舆情等;(6) 对(4)和(5)所述的信息进行关联分析,确定可进行技术合作开发的对象	以技术合作开发为目标的专利导航分析报告,可包括可合作开发技术主题的选择与论证、技术合作开发对象的基本情况等;专利导航数据集
以企业上市准备为目标的专利导航	以专利数据为基础,通过系统分析企业的专利及相关技术创新情况,评价创新实力,排查市场风险,为企业上市提供建议	(1) 收集企业的背景信息,可包括企业的发展历程、发展阶段、主营产品的种类及市场占有率、营收状况、与专利相关的合同、法律纠纷及相关舆情,企业主要研发人员的教育背景、工作经历、法律纠纷及相关舆情,主要竞争对手相关信息等;(2) 检索企业及其主要竞争对手的专利信息、相关技术领域的专利信息等;(3) 核查企业的专利权归属、专利权期限、专利权的法律状态、专利运用(如转让、许可、质押等)、专利涉诉等情况,确保企业招股说明书等文件中所披露内容与上述所核查信息的一致性;(4) 分析采购及供应合同中专利相关内容、人事合同中有关职务发明约定相关内容;(5) 分析企业主要研发人员任职前专利申请及权利归属等情况;(6) 评价企业专利的权利稳定性或专利申请的授权前景,专利(或专利组合)对核心技术方案的保护程度;(7) 评价企业的技术先进性和技术可替代性,可与现有技术进行对比分析;(8) 评价企业的相关专利或专利申请所使用的技术方案的侵权风险;(9) 综合评价分析上述情况,对企业的创新实力及所面对的风险情况进行初步判断,并制定风险应对策略	以企业上市准备为目标的专利导航分析报告,可包括企业背景信息、专利信息、创新实力、风险分析及应对策略建议;专利导航数据集

第八章 商标与品牌管理

　　企业商标、品牌在市场中扮演了信息传递、识别来源、累积商誉、统一商品质量并进行质量担保等多种角色,是企业发展必不可少的工具。商标管理、品牌经营是一个系统工程,企业不仅要设计出商标并申请专有权利,更要精心维护自有商标的价值,不断提升商标所承载的商誉,树立和维护特有的品牌,从而提高企业商品和服务的销售业绩。本章围绕企业如何开展商标注册、如何进行商标保护与预警、如何开展商标战略等问题,探讨商标设计与注册管理、运营及战略管理、保护与利用管理、驰名商标与集体商标管理等内容,意在更好发挥企业商标的最大价值,提升企业商标价值和品牌效益等。

第一节 商标管理总论

一、商标管理概述

（一）商标管理定义及其内涵

　　商标管理是为实现企业商标领域特定目标,围绕商标资源开展的配置、整合、协调的活动及过程。通常把在商标领域开展的管理统称为商标管理。商标管理内涵及外延非常丰富。

1. 商标管理是以法律为基础的专业性管理

　　商标管理以商标法为基础,是特殊的专业性管理。这要求商标管理遵循相关法律法规要求,在此基础上发挥管理的整合、协调功能,设计、布局企业自身的商标与商标组合,对商标相关资源进行配置与整合等。

2. 商标管理遵循管理的基本规律

　　管理是对组织资源进行整合以达到组织目标与责任的动态创造性过程,其本质是协调。商标权取得、商标资源增值和保值、商标权的保护等诸多方面都离不开商标管理。商标作为一种资源,在配置、整合过程中需要众多决策,涉及商标选择、商标运用、保护等众多领域,这些都是商标管理的具体表现。商标暗含正向显著性,这意味着在商标设计与注册时,要选择适宜、理想的商标。商标使用后需要促进商标意义的表达及其理念的传播,促进商标作用的发挥,创造好的商誉及声誉,此即商标的品牌管理。作为一种专业性管理活动,商标管理具有针对性和行动导向性。同时要遵循商标法和商标管理的运行规律,根据相关目标开展商标管理活动,如商标设计、商标取得等。此外,商标管理具体活动任务的达成、目标的实现等面临一定的不确定性,商标管理的投入和管理效果并非立竿见影,需要事前规划,统筹安排。

(二)商标管理的重要性

在市场竞争日趋激烈的今天,商标已远远超出了原本的标识和区分作用,而是一个带有全局性、根本性、关系企业生存发展的战略问题。作为企业产品的标记,商标凝聚着企业投入的大量资本、智慧和心血,是产品质量、信誉和知名度、社会责任的载体和信号。从功能上看,商标不仅区分商品来源和标识商品,更是在此基础上衍生出广告功能、质量保证功能、投资功能等符号表彰功能,在市场中发挥着商品来源标示作用、商品质量监督作用、商品选购指导作用、商品销售广告作用。一些高档用品商标所具有的声誉可以彰显使用者的身份和地位,此即商标的符号表彰功能。

企业通过商标管理首先可以进一步实现商标价值及品牌资产化。所谓价值实现主要就是通过许可、转让等方式,实现商业价值。现代市场中买方竞争激烈,商标已成为消费者的"购物向导"。商标可以说是企业开拓市场的"先锋",是企业走向国内外市场的"金护照"。企业拥有一个具有影响力的商标,意味着该企业的产品被市场和广大消费者所接受,企业能获得可持续竞争效益。其次,企业可通过商标管理实现业务自由化与竞争力提升。通过业务自由化,可以获得一定业务发展空间,不会因商标抢注、跨类保护等而无法开展相关业务。这种自由发展空间,不仅是当下业务发展需要,而且涉及企业未来发展空间问题。很多企业在市场获得成功之后,规模不断扩大,业务越来越多元化,产品类别更加宽泛,因此一个适宜的商标可助力其在市场上成功。最后,可以实现风险防范与风险控制。借助商标管理,可有效识别商标风险并对相关风险进行控制。

宏观来看,企业的品牌和声誉对区域经济有很大的外部性,知名商标与品牌能为一个区域整体的形象与声誉增色,所以商标与品牌管理不仅是企业层面问题,也是区域整体层面的声誉与发展问题。如某些跨国公司驰名商标可以成为城市的风景线,能消除外来投资者的陌生感并增进信任感。

(三)商标管理与商标法律的区别与联系

商标管理与商标法律属于不同的视角,必然带来不同的景观。以"什么是好商标?""好商标应该满足哪些条件?符合什么标准?"等问题的回答为例,在商标法领域,只要不侵权,有足够显著性即是合法的商标,能注册和使用就无所谓好与不好。但从商标管理、注册管理实践角度来看,这个问题要复杂得多,涉及大量管理方法的运用,如考虑文化因素及认知因素、商标的功能性与价值性等维度。商标管理实践中,商标显著性具有法律意义上显著性之外的内容。法律意义上显著性仅指标识与区分作用,即标识商品和服务与其他竞争者相互区分。但仔细分析各种驰名商标及其内涵,可以发现商标不仅是一般的标识,还有所表达的含义。综合各种商标实践应用可以看出,商标管理中的显著性是一种正向的显著性,其背后的形象、理念、价值观等在特定的文化背景下能被认可、推崇。二者处理相关问题的方法也不同。通常商标法强调商标的合法性。商标法作为调节市场经济中不同主体关于商标符号及关系的法律制度,追求市场公平竞争与秩序、利益分配的公平与正义。商标法的内隐主体是制度整体的建构者、调控者、维护者、修订者。商标管理作为一种协调活动,其内隐主体则是制度适应者和运用者。商标管理通常是从企业本位出发,企业利益至上,重视企业的价值、效益。比如一些企业商标注册中的"策略性"行为,不仅考虑侵权回避、风险防范,很多企业申请人还倾向于注册能"合理圈地"的非显著性商标,注册一些带有产品性质特点的弱显著性商标,如以原材料名称注册本领域商标的现象层出不穷。这些行为试图从公有领域中抢占对企业最有利的符号与标记,经由使用和广告宣传,形成第二含义,由此获得驰名状态。当然这些是在我国商标制度尚未完善背景下一些企业商标注册的"制度套利"。企业的这些商标行为与公共利益之间存在一定的矛盾,反映出商标法与商标管理的视角不同,诉求不同,所采用的方法也不同。尽管商标法与商标管理分属不同领域,但二者相辅相成,相互补充,相得益彰。

二、商标管理中一些理论视角

(一) 基本理论与依据

商标管理最基础的理论视角是商标法理论。在我国现行《商标法》中,商标被界定为一种标志。根据《商标法》第8条,任何能够将自然人、法人或者其他组织的商品与他人的商品区别开的标志,包括文字、图形、字母、数字、三维标志、颜色组合和声音等,以及上述要素的组合,均可以作为商标申请注册。商标本质上首先是一种符号,是经营者用于标识其提供的商品和服务并借以区别不同经营者提供的产品或服务的标志。所申请的标志只要不与在先合法取得的商标权利相冲突,且具有显著性,就可获得商标专用权。因此学界普遍认为商标显著性是商标法理论的基石,是统摄商标法的灵魂。其次,商标不仅是一种具有显著性的标志,还是一种特殊的结构体。商标承载的是商誉,体现了特定标识与特定商品之间的联系,包括但不限于特定标识。作为一种专门领域的管理,除了商标法、管理的一般理论和方法外,商标管理与声誉管理密切相关,是从战略层面对公司声誉进行全方位管理,实现持续和一定力度的传播,将公司的价值观、商业模式、产品和服务等及时和准确地传达给各方面的受众。

(二) 常用的理论视角

1. 资产观的视角

资产观是知识产权管理中的一个重要理论视角。顾名思义,资产观就是把企业知识产权视作知识产权财产的视角和方法,借用资产管理的办法来管理知识产权,比如知识产权的保值与增值等。基于资产观的视角的商标管理应遵循资产管理的规律,视商标为企业无形财产。

2. 信号理论

信息经济学中的信号理论(signal theory)对于解释商标作用及协同关系有积极作用。信号理论主要包括信号传递和信号甄别两个方面。所谓信号传递指通过可观察的行为传递商品及服务的价值或质量的确切信息,信号甄别指借助可信的信号判别与筛选信息。信号传递以生产商为主体,信号甄别则以信号接收方为主体。以由厂商及消费者构造的简易经济系统为例,卖方市场存在竞争者且信息不对称,消费者为获得真实情况需要一定成本,即信息交易成本。在这种背景下,当厂商不能直接传达其偏好或意图时,信号可以提供较大的帮助,促进交易的发生,让信号有效发出者可以实现潜在的交易收益。特别是经过长期的交易及互动关系,消费者会积累该商标所表达的信息。当某个商标通过持续交易及口碑传播,形成品牌甚至知名商标时,名牌商品向消费者传达的信号是:它是一种高质量的产品,应该比一般商品更贵、更物有所值。所以基于信号理论,商标是一种企业信息传递机制,向消费者传递包含产品服务类别、经营理念等产品和经营信息。多个商标持续发出信号有利于消费者形成关于特定品牌的一致信息,消费者在甄别时,会强化对某个信号的记忆,商标和品牌信号因而得以增强。商标可以通过发送信号降低消费者的搜索和交易成本,提高企业的营业额和市场价值。这种联系可以在后续开发阶段继续存在,如在品牌延伸战略中,企业为类似的新产品注册商标。对于外部利益相关者来说,初创企业的商标向潜在客户和风险投资家发出了有关质量和市场导向的重要信号,是品牌资产、下游能力和市场战略的衡量标准。因而信号理论可以解释为什么尽管存在信息不对称现象,但一些企业总能脱颖而出,成为行业的优胜者,商标和品牌的信息传递与甄别机制在其中发挥了重要作用。

3. 整合传播与商标协同

整合传播强调传播信息内在的一致性,以及各种信息之间的相互强化、相互配合。商标通过商品、服务的长期使用和信誉的维护,可以在消费者心中建立起形象。这就是商标通过长期使用获得的声誉。在信息经济充分发展的时代,商品、服务不再单纯被动地接受消费者的挑选,而更多地依赖于广告宣传以引起消费者的注意、刺激消费需求。商标通过广告宣传可以在消费者心中树立形象,由此获得声誉。

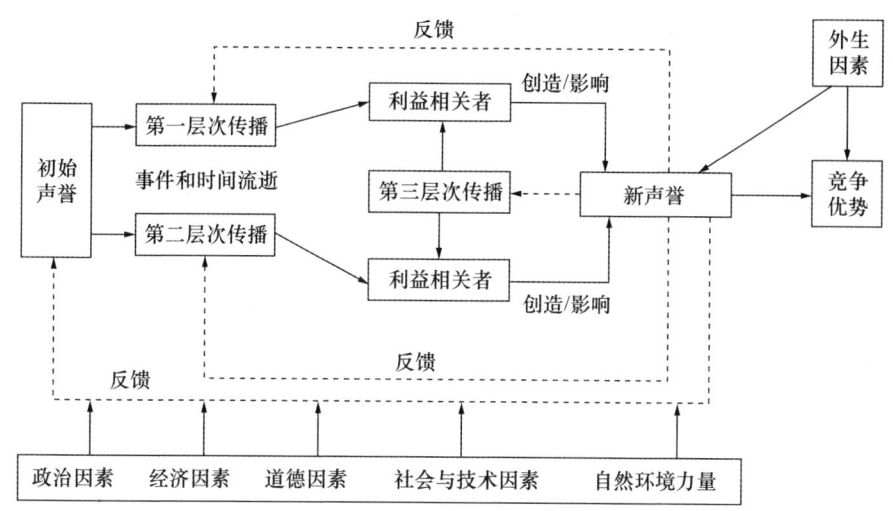

图 8.1　传播对商标品牌声誉影响的动态模型

4. 商标符号学

符号学有能指、所指和对象三个概念,学者们将其引入了商标法中。所谓能指即标志本身,所指即商品的出处和商誉,对象即所贴附的商品。符号之所以具有价值,是因为它能够传递信息,而商标这一符号之所以具有价值,是因为它能够向消费者传递商品或服务的质量和特征等信息。

由于商标的符号性特征,各国商标法中普遍有商标合理使用的权利限制条款。构成商标的绝大部分词汇与符号是公共财产,不能为私人占有。这是世界各国的共识。商标"只是指示商品系特定商人商品,用来保护商誉,防止他人将其商品作为商人商品出售。除与既存交易相关,否则不是财产"[①]。商标毕竟不是版权,商标法没有赋予权利人禁止他人使用单词或词汇的权利,而仅仅是为了保护商标所有人商誉而赋予其禁止权,禁止他人将其商品作为商标所有人商品销售。商标符号学因较好地把握了商标的本质,在商标法及商标管理领域具有较强的解释力。一些商标通过广告宣传加入美好意象,而这正是品牌外延所指向的品牌内涵。消费者见到这些商标可以在心中唤起美好的记忆。通过商品提

---

① United Drug Co. v. Theodore Rectanus Co., 248 U.S. 90, 97 (1918).

供者对声誉的价值注入，商标的符号结构悄然发生改变。原本作为符号"能指"部分的商标标志与其原本的"所指"部分结合在一起成为新的"能指"。而这一新的"能指"对应的"所指"是品质、身份、地位象征以及美化的意象。① 商标的"所指"部分具有符号学中"所指"的意义，即成为人们的一种心理印记。

当商标在相关消费者心目中建立了足够深的印记，商标的声誉可谓达到了驰名的状态。驰名商标强调商标被利益相关者知晓的程度，更像是一个定量的概念。而声誉商标则像是一个定性的概念。

综上所述，符号学理论可较好解释商标专有权的内涵，近年来逐渐成为商标研究领域的一种主流理论和方法。

5. 偏离理论与演化理论

偏离理论来自社会学。社会偏离的范围很广，比如违法犯罪行为是一种特殊的、最严重的社会偏离行为。评价判断偏离行为及偏离状态有多个维度，通常有社会评价维度、规范遵循维度等。偏离行为的社会评价维度建立在大多数人对该行为的"对—错""好—坏""正当—不正当"的评价基础上。判断偏离行为及偏离状态的规范遵守维度，是指判断特定行为对社会规范的遵守程度，可分为过分遵守、正常遵守、未能遵守等。按照遵守程度和评价维度可以进一步建立四格图，对特定行为进行评价定性等。大多数人的评价观点受阶层、地位和历史条件制约，有一定动态性，因而社会偏离行为具有相对性。偏离理论因有数学理论的支撑，在社会学等领域有广泛的应用，对解释商标声誉形成及演化机理有独到之处。以偏离理论解释商标，结合本体论思维方式，可以解释商业标识如何进入文化公有领域，理解商标的传承、百年老店、老字号等现象。

类似地，演化经济学理论在解释商标及其声誉的形成与发展方面有一定启发作用。按照演化经济学中的达尔文主义经典框架，商标的设计和使用是创造（变异）环节，消费者的使用、口碑传播以及权利人的投入等是互动使用（选择）；商标的驰名化、商标的续展等是消费者和权利人等共同的保留（维护与保护）行为。企业及消费者对商标的共同传播行为，是在顾客及利益相关者心中建立一个强劲品牌形象的过程，也是一个持续建构和演化的过程。

6. 商标系统论

商标一经使用，就承载了企业商品和服务信息。商标的本质是由商标使用主体、核定使用的商品或服务以及商标标志等多元要素相互联系而形成的一个结构体。事实上，这种认知与判断得到了系统科学相关原理的充分支撑。一方面，系统科学认为，一个研究对象只要被看作一个系统，就会具有它作为系统应

---

① 潘志成：《论商标声誉攀附行为与商标侵权行为的区别》，载《中国工商管理研究》2008年第2期。

该具有的一些基本的系统性质,其中包括整体性、稳定性、专有性以及信息反馈性。① 另一方面,"要素—结构—功能"是系统论中常用的分析框架,其中要素是事物的必要因素,结构是各要素的相互组织和配合,功能则是诸要素经过结构组合之后与环境相互联系所表现出来的属性或作用。要素、结构与功能三者的关系是辩证的,要素是基础和前提,结构是关键和核心;要素通过结构影响功能,功能是结构的表现并由结构决定,但也会促使结构变化,并影响要素质量。②

基于系统论、系统法学的观点,商标是由有形的商标标志、商标使用的商品或服务以及特定的商标使用主体等要素构成的一个体系性结构。在商标结构功能标准下,破坏商标结构体的使用行为如果损害或妨碍了商标功能的实现,则构成商标侵权。商标在生产、销售、消费等诸多环节和过程中形成了结构与功能体系,而识别商品来源功能仅仅是其中之一,更为重要的是品质保障及广告宣传功能。美国商标法学家托马斯·麦卡锡(Thomas McCarthy)教授认为,商标的构成可以分解成三个要素:(1) 有形的标记,即词语、名称、记号、图案或者其任何组合;(2) 使用的类型,即商品或服务的生产者或销售者对标记的实际使用;(3) 功能,即标示产品并使之区别于其他人所制造或销售的产品。③ 巴顿·毕比(Barton Beebe)教授也明确指出商标必须:(1) 采用一种"有形的符号"形式;(2) 被用于商业活动中指示商品或服务;(3) 能够"识别和区别"其指示物。④ 国内有学者指出,商标并非单独的符号标识本身,而应当是一个由符号标识、产品以及连接二者的内涵与符号标识之中的产源、信誉所构成的三位一体的结构关系体。⑤

基于一般系统理论,从构成上看,商标结构体是一个有限开放的体系,除了上述商标标志、核定使用的商品或服务以及商标使用主体要素外,商标结构体还包括其他影响商标结构功能的因素,比如销售渠道与场所等。从层次上看,商标结构体是一个双层系统,包括商标结构本质层,以及经由消费者的主客观认知的心理网络层。

基于复杂系统理论视角,商标声誉则是一个结构体不断形成和演化的过程。在此过程中,消费者发挥监督、选择作用。对于那些没有社会责任的企业,消费者往往会用脚投票,因此经演化,商标商誉是市场上客观存在的一种自我治理机制、自我约束与激励机制。消费者对生产优质产品的商家也会以重复购买或好

---

① 朴昌根:《系统学基础(修订版)》,上海辞书出版社 2005 年版,第 232—235 页。
② 坚毅:《要素-结构-功能——唯物辩证法范畴立体化之八》,载《学术研究》1999 年第 7 期。
③ J. Thomas McCarthy. *McCarthy on Trademarks and Unfair Competition*. Clark Boardman Callaghan,2002,pp. 123-230.
④ Barton Beebe. The Semiotic Analysis of Trademark Law. *UCLA Law Review*,621(51),2004,pp. 621-704.
⑤ 徐聪颖:《略论符号消费背景下商标功能的拓展》,载《河北法学》2010 年第 2 期。

的口碑传播加以回报,对信誉较差者,以拒绝购买、差评等为惩罚,此即商标所谓的"自我执行特征"。[1] 法律保护不能无视这种机制的作用与存在。如果不对商誉投资和商誉激励进行确认和保护,则不利于这种正向激励。

三、商标管理的内容和层次

(一) 商标管理的内容

从商标内涵来看,商标的显著性是一种正向的显著性,商标背后的形象、理念、价值观等在特定的文化背景下能被认可、推崇,至少能为主流价值观接受。由此,在商标设计及运营管理过程中,如何理解商标的显著性?如何看待商标的标识及区别功能?如何获得声誉?如何在商标使用过程中增加、注入文化因素?如何进行全球布局?如何提升商标美誉度、知名度?这些都是商标管理中不容回避的问题。

基于信号说的视角,商标是传递信号的一种对话机制。商标标识互相配合有助于实现信息传播,整合商标标识以提升品牌知名度是一些中小企业商标管理常用的策略。基于商标系统论与控制论观点,如何保障商标许可过程中商品质量的一致性并满足最低层次要求、如何实现母子公司共享商标及控制等问题是商标管理过程中,特别是一些拥有驰名商标的企业在商标战略管理中常遇到的问题。

从资产角度来看,商标管理内容围绕商标资产的创设、获得,商标权利的取得,商标的保值、增值等几个方面。权利取得,即商标符号的权利化,需要设计与注册管理,包括设计并注册有前景、反映公司独特性的商标。商标保护、商标风险防范等活动关乎商标保值,而商标声誉的管理、品牌运营有利于商标的增值。如企业品牌推广、品牌传播等有利于增加品牌效果,从而为商标增值。

(二) 商标管理的类别及层次

1. 商标管理的分类

根据管理的程序化程度、主体自主性程度,商标管理可分为商标法务管理、商标策略性管理。商标法务管理遵循相关法律要求,步骤包括提交相关文件、申请和续展注册、变更等,而商标策略性管理则意味着企业等主体自主的一些布局与安排。按照环节,商标管理可分为商标注册管理、商标保护管理、商标应用管理等。按照具体的管理行为,商标管理可分为商标注册管理、商标使用管理和商标印制管理等。按照商标是否已注册,商标管理分为注册商标使用管理和未注

---

[1] William M. Landes and Richard A. Posner(eds.). *The Economic Structure of Intellectual Property Law*. Harvard University Press, 2003, pp. 166-209.

册商标使用管理等。

2. 商标管理的层次性

从层次来看,商标管理可大致分为宏观层面和微观层面。宏观、行政层面的商标管理指国家有关主管机关依法对商标的注册、使用、转让等行为进行监督检查及调控等活动。微观层面的商标管理通常指企业为掌握其商标无形资产,对商标各个环节进行协调与布局,配合法律制度的规划、使用、运作,其目的是将商标转为有形资产,提升企业竞争力,并降低经营风险。微观层面的商标管理通常表现为企业为追求利润增长,对企业运营的目标、市场的策略、产品研发的规划、现行法律环境的配合等因素加以充分分析融合后,所建立起的一套商标管理体系与管理行为等。

四、商标管理的组织与实施

为适应市场竞争需要,企业要不断提高商标保护与管理意识,有效开展企业商标管理。根据我国一些企业的实践经验,企业的商标管理应纳入企业知识产权管理体系中,重视商标管理体制及机制建设,对其进行系统规划。商标管理的复杂度与企业规模、行业情况及企业发展阶段高度相关。一般来说,应根据企业发展总体战略采用相应的商标管理体制与机制。如产品种类多、相对规范成熟的企业,根据商标管理战略,要建立企业内部商标管理制度,设立企业内专业商标管理机构,重视商标管理体制的建设。而处在发展期的中小企业可参照这类大型企业的商标管理经验,寻找适合自己企业的商标管理之路。这里给出企业商标管理规范化的模式与工作内容。

(一)健全商标管理机构,全面负责商标保护与管理,责任落实到人

1. 多部门合作式的结构形态

该模式在企业知识产权管理部门统一领导下,由不同岗位相关人员共同协作完成,通常不设置专门的商标管理部,由商标管理工作人员负责商标日常事务和商标总体事务的协调。销售部门负责流通过程中的商标(含广告宣传、商标标识的委托印制等)管理。技术科制定与商标相关的产品质量标准、工艺操作规程。品质科负责商标产品出厂的检验工作。

2. 商标部门统一负责制

设立专门的商标管理部门,全局负责商标的布局、申请、开发与维护。其他部门凡是涉及商标使用和品牌建设工作的,都应与商标部门进行对接与确认,以实现公司品牌与商标工作的标准化。

(二) 主要工作内容

1. 商标战略制定

企业领导要对商标工作予以充分重视,统一领导或委托部门领导负责企业商标管理与决策。商标部门根据本企业参与国内和国际市场竞争的实际需要,定期提出本企业商标工作实施策略建议,全面推动本企业开展品牌创新过程中的管理工作,同时协助知识产权部门或主管负责人制订和实施年度商标工作计划,包括不断完善各项商标管理规章、督促和调整计划的实施,并作出每年的工作总结。

2. 商标基础管理工作

商标基础管理工作包括组织对本企业商标的设计、评估,办理各项商标的注册申请、变更登记等事宜,负责管理本企业的各项商标事务,配合企业知识产权顾问开展商标管理等。商标基础管理工作需要建立企业内部商标管理的各项规章制度,规范涉及商标问题的有关合同或协议的起草工作以及对外商标问题谈判等,对商标的使用、标识的印制、出入库以及商标档案的管理、废次商标的销毁等都要建立制度,按照相关程序办理。

3. 处理企业涉商标纠纷

对涉及本企业的商标纠纷进行了解并提出分析意见和处理建议,选择律师事务所并协助处理法律诉讼等事宜。

4. 向本企业各部门提供有关商标的法律咨询和组织培训

商标管理不仅仅是商标法务部门的工作,其他部门也应予以配合。这离不开商标法务与管理部门同其他部门的互动,包括向企业其他部门提供相关商标法律咨询和培训,如本企业商标正确使用注意事项、侵权监测办法等。

5. 监控商标侵权行为

对本企业在市场竞争中涉及的商标侵权进行调查,并及时提出对策、建议,协助本单位处理有关纠纷,向有关责任人追偿因其侵害行为造成的损失。

6. 重视企业商标档案管理,发挥商标档案作用

企业商标档案是企业在商标注册和使用过程中保存下来的有关文件材料。企业商标档案可作为企业经营管理过程中实际使用商标及要求侵权人赔偿损失时的证据,资料完整性和相关性一定程度上关系到商标能否得到有效的保护。收集并分类管理商标相关信息资料包括但不限于以下几个方面:设计过程、设计说明、设计日期、申请日期等商标注册相关的文件;商标使用于每个商品的营业成绩记录,用于宣传商标的广告投入等;全面的商标案件投诉材料、执法机关检查和处理情况。

7. 形成企业商标体系,增强企业商标的市场竞争力

企业商标体系是由企业若干个商标及其活动相互联系、相互影响而构成的企业总体商标的总称。企业商标体系的形成有利于增强企业商标意识,形成商品与商标有机结合的良性格局。当然,相关商标体系的建立首先需要拥有若干个注册商标,其次需要在使用布局中建立相互联系。

第二节 商标设计与注册管理

一、注册商标要素及商标设计

我国商标注册采取自愿注册主义,即只要不属于法律规定不能作为商标使用的标记,即使未经注册也能作为商标使用,只是法律对未注册商标的保护力度是很弱的。企业要长期经营一个商标,形成自有的品牌,首先应该申请商标注册。

我国《商标法》分别对未注册商标和注册商标的要素作出了规定。对于未注册商标,企业不得使用带有国徽、官方标志、政府间国际组织名称等要素的标识;不得使用带有民族歧视性或者有害社会主义道德风尚的标记;也不得使用县级以上行政区划的地名或外国知名地名作为商标。

对于注册商标而言,除了满足以上条件之外,商标还须具有显著性。此外,企业想要获得商标授权,其所申请的商标还不能损害他人的在先权益,比如不能未经授权将他人的版权作品作为商标使用,不能在相同或类似商品上注册与他人相同或类似的商标,不能注册与他人驰名商标相同或类似的商标等。

因此,绝对条件的审查包括:是否符合法定构成要素;是否具有显著性;是否符合公序良俗。相对条件的审查包括:是否存在在先相同、相近申请;是否与优先权申请案相冲突;是否与同申请日在先使用者相同或相近;是否与未超过一年的被撤销或注销商标相同或相近似。

只有当企业设计的商标符合上述法律要求,才有可能获得商标授权。

品牌定位决定品牌命名。商标的命名和设计要体现品牌理念和定位,并考虑法律、美学、消费者心理、市场等因素。商标命名和设计除要满足法律的显著性要求外,还要能够使消费者眼前一亮,更中意本企业的产品。要设计出一个响亮的商标,企业还应该掌握一些商标设计技巧。商标命名一定程度上需要创意思维,有学者总结出 VUI 模式,即变化(variation)、意想不到(unexpected)与印象深刻(impressive)三个维度。也有人把商标命名规则总结为准、奇、美、新、简、适、法等七个字,分别代表准确性、独特性、形式美感、时代性、单纯简洁、适应性、符合商标法法律要求。

(一)商标应简洁且富有深意

商标作为一种视觉信息传播符号,须寓意深刻、构思巧妙。一个好的商标能反映公司的理念、文化、历史，应该独具匠心，令人印象深刻，意在占领利益相关者心智空间，同时应易于识别和记忆，便于制作与应用。要达成上述设计目标，首先应使标识能准确、恰当地传达品牌及商品信息。这要求商标创意设计、构思应精益求精，设计者应全面理解标志所要表现的功能、用途和特点，表达具体的信息内容。在实践中，一些企业会委托专业机构进行市场调查，寻求最佳的表现形式，力图以独具匠心的形式传达标志的信息。

其次，要构思简单，易识别记忆。纵观国内外知名商标，其构成要素的文字部分都是较为精简易读的。在进行商标设计时，企业应简化商标图形的结构层次，舍繁求简，概括集中，强化形象特点，使商标图形具有单纯、简洁、明快、新颖、清晰的视觉美，加强人们的视觉记忆力。而对于文字标识，则宜选用简短易读的文字，最好是朗朗上口的词汇。

最后，商标要具有一定的视觉冲击力和凝聚力。通过凝练、浓缩的艺术形象，创造醒目突出的艺术特征。

(二) 商标应具有显著性

显著性是商标能顺利获得注册的前提条件之一。一般而言，商标对指定使用商品或服务的特征的叙述性越小，显著性就越强，商标就越能受到保护。按照显著性程度的高低，商标可以分为通用标识、暗示性商标、任意性商标和创造性商标。

通用标识是指商品的通用名称、图形型号等，其显著性程度最低。如果企业不能通过长期使用该通用标识产生第二含义的话，将无法获得商标注册。

暗示性商标是指以隐含比喻方式暗示商品或服务的形状、品质、功用或其他有关成分、性质、功能或目的，比如联想笔记本 ThinkPad 的商标就属于暗示性标志。由于暗示性商标是对指定商品或服务的隐晦描述，因此即便商标获准注册，企业也不能禁止他人为了描述商品或服务而使用该商标的行为。

任意性商标是指商标图样由现有的词汇或实物构成，但是该词汇或图样与所指定的商品或服务无关，比如苹果公司(Apple)的商标。

创造性商标指完全创制的一个商品或服务标识，比如比亚迪、海尔等的商标都是创造性商标。创造性商标的显著性最强，最不容易与其他商标混淆。因此从商标显著性角度考虑，企业在设计商标时应尽量选用创造性词汇，容易获得授权的同时也容易使消费者迅速将本企业商品与其他商品区分开来。同时，创造性词汇还能突出展示品牌的创意构思，这将有利于将来的品牌建设与维护工作。

(三) 迎合消费者心理

商标是企业品牌战略的一部分。企业在细分目标市场、确立品牌定位时需要摸清消费者的心理，在商标设计时也要做到迎合消费者的心理。

（四）适应品牌全球化战略

与技术更新换代快形成鲜明对比的是，商标是可传承的，许多知名商标都被使用了上百年，并且将继续被使用下去。一般而言，企业不会在发展过程中对自己的标识进行大幅修改，因为更换商标、重新建立品牌记忆的成本比较高昂，甚至难以计量。但实践中一些初创企业会有"全球化战略离我们还很遥远"的想法，在创业初期匆忙申请一个商标，经过几年企业成长期，有了全球化发展需求，可是原有主商标无论从发音还是美学角度来看，都不利于全球化。为适应企业发展战略，走向更广阔的市场，企业需要换标。企业想要长久发展品牌战略，就应该在商标设计之初树立国际化视野，做好全球范围内的在先障碍商标检索与排除工作，避免与在先商标近似，同时与驰名商标保持适当距离，为日后企业可能的全球化发展做好准备。

二、商标申请的国内途径

商标设计完成后，商标注册管理亦有相应策略。

（一）商标申请流程

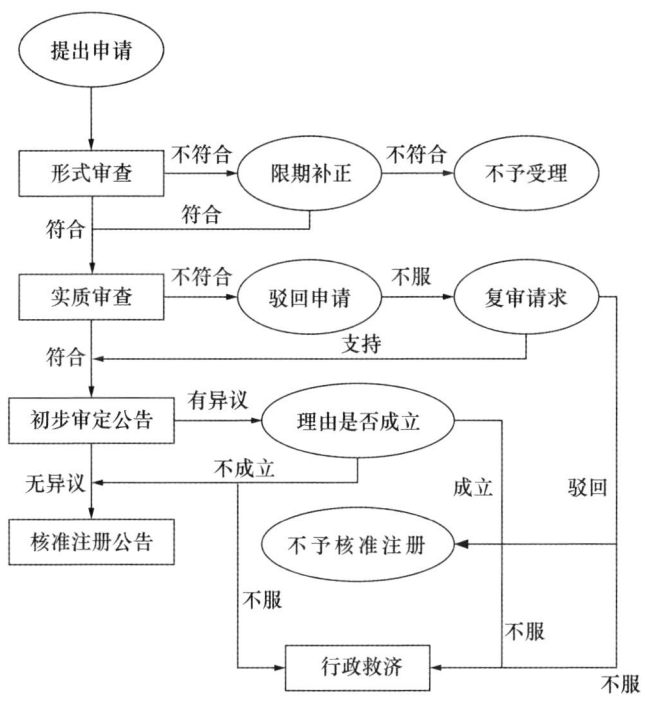

图 8.2 商标申请流程

1. 提出申请

商标申请人应当向国家知识产权局商标局（以下简称"商标局"）提交包括商标注册申请书、商标图样和有关证明文件在内的商标申请文件。

商标申请与专利申请相似，可以援引优先权，即商标在中国政府主办或者承认的国际展览会展出的商品上首次使用的，自该商品展出之日起六个月内，该商标的注册申请人可以享有优先权。商标注册申请人自其商标在巴黎公约成员国或者和中国有互惠条约的国家第一次提出商标注册申请之日起六个月内，又在中国就相同商品以同一商标提出商标注册申请的，企业也可以享有优先权。

2. 形式审查

商标申请提出后，商标局会对商标申请的形式要件进行审查，主要审查申请人的资格和申请程序是否满足规定、申请人提交的文件是否齐全、是否按时缴纳了必要的费用、是否符合"一份申请一件商标"的原则等。

3. 实质审查

商标局审查拟注册商标是否属于法律规定不能授权的范围，即是否满足《商标法》第9、10、11、12条的要求。

4. 初步审定公告

对于符合实质要件的商标，商标局予以初步审定公告。

5. 商标异议

在初步审定公告后，任何人都可以针对该商标向商标局提出异议，如果三个月内没有人提出异议，商标局将发布核准注册公告。

6. 救济措施

当事人对商标局作出的审查决定或者异议裁定不服的，可以向商标评审委员会申请复审。对商标评审委员会的复审决定不服，还可以向北京知识产权法院提起行政诉讼。

（二）商标申请策略

1. 提交申请前先进行商标检索

企业在商标申请之前最好先对拟注册商标进行初步检索，确定是否已经有企业在相同或近似领域注册了与企业拟注册商标相同或类似的商标。

如果已经有在先商标存在，企业就要决定是否一定要使用该商标设计方案。如果不是，则应当重新设计满足商标授权要求的方案。如果根据企业现状，使用拟注册商标能够带来更大效益的话，则可以考虑从在先注册人处受让该注册商标，或者对在先商标提出无效请求。

由此可见，在提交商标申请之前先对拟申请注册商标进行检索十分有意义。初步检索可以排除明显不能用于注册的商标，但是对于某些近似商标是否符合要求,还是要看商标审查机构的最终认定。

2. 全类注册的利弊

目前中国《商标法》对于普通商标的保护范围限于相同或类似商品或服务类别,即一个企业在某个类别的商品或服务上注册了某个商标,其他人在该类别或者相似类别上使用了与权利人相同或类似的商标就构成侵权。在此背景下,注册商标要做到"快""准""狠"。根据《类似商品和服务区分表》,商品和服务可分为 45 个大类。如果选准了类别,即使他人已在先注册了相同或近似商标,亦可在其他类别上注册成功。如果找不准类别,就下"狠"手,一次把 45 个大类都注册了,总会有注册成功的一类。但《商标法》同时又规定一个商标申请只能针对一个商品类别,如果企业要获得多个类别的保护,就要提出多份申请,这样一来,商标的申请费用和维持费用就会相应提高。另外,如果企业连续三年未能在主营的类别上使用注册商标,可能会面临注册商标遭到撤销的可能。因此,企业要权衡利弊,选择合适的商标策略。

3. 商标标志的储备注册与防御注册

对于一个商标而言,所指定的类别越多,能获得保护的范围就越广。除了扩大保护范围之外,企业也可以为了未来业务开发而储备商标。同时,为防止申请的商标不符合法律要求或他人提出恶意异议,以及为适应未来的多品牌战略,适应消费者喜新厌旧的心理,产品类型多样、有条件的企业可考虑预先注册一批商标,建立企业自己的商标库,实行商标储备策略。防御注册是指驰名商标所有者为了防止他人在不同类别的商品上使用其商标,而在非类似商品上将其商标分别注册,该种商标称为防御商标。

4. 商标注册后防止被撤销和无效

《商标法》第 49 条规定了商标权被撤销的几种情况:"商标注册人在使用注册商标的过程中,自行改变注册商标、注册人名义、地址或者其他注册事项的,由地方工商行政管理部门责令限期改正;期满不改正的,由商标局撤销其注册商标。注册商标成为其核定使用的商品的通用名称或者没有正当理由连续三年不使用的,任何单位或者个人可以向商标局申请撤销该注册商标……"因此,企业使用商标过程中最好不要更改其注册商标的原样。如需要改变字体与字形等,最好申请注册。企业如果改变注册人名义、地址或者其他注册事项,应及时向登记机关申请变更登记。商标权无效是指已经注册的商标,发生了导致商标权无效的事由,商标局根据职权宣告该注册商标无效,或者由商标评审委员会根据其他单位或者个人的请求宣告该注册商标无效的制度。其类型有违反禁止注册绝对理由的无效宣告和违反禁止注册相对理由的无效宣告。根据《商标法》第 44 条,已经注册的商标,有下列情形之一的,由商标局宣告该注册商标无效;其他单位或者个人可以请求商标评审委员会宣告该注册商标无效。

（1）不得作为商标使用的标志（与特定官方标志相同或近似；有民族歧视、欺骗公众的后果或有损害道德风尚等不良影响；使用了特定的中外地名）；

（2）不得作为商标注册的标志（标志不具有显著性）；

（3）不得作为立体商标申请注册的标志；

（4）以欺骗手段或者其他不正当手段取得注册的（申请方式违法）；

（5）商标代理机构申请注册除代理服务之外的其他商标（申请范围违法）；

（6）不以使用为目的的恶意抢注（申请目的违法）。

根据《商标法》第45条，已经注册的商标，违反《商标法》第13条第2款和第3款、第15条、第16条第1款、第30条、第31条、第32条规定的，自商标注册之日起5年内，在先权利人或者利害关系人可以请求商标评审委员会宣告该注册商标无效。对恶意注册的，驰名商标所有人不受5年的时间限制。具体包括以下情形：

（1）复制、摹仿或者翻译他人的驰名商标；

（2）代表人、代理人和其他关系人抢注；

（3）使用了误导公众的地理标志；

（4）与他人在同种或类似商品（服务）上已注册的或初步审定的商标相同或近似；

（5）申请在后或同一天申请但使用在后；

（6）损害了他人现有的在先权利以及以不正当手段抢先注册他人已经使用并有一定影响的商标。

商标获得注册并不意味着进入了保险箱，商标权还可能随时面临挑战。为避免这样的风险，企业在注册商标时一定要严格依照法律要求，遵循诚信原则，避免恶意注册，避免侵犯他人在先权利。

三、商标国外注册途径

若想在其他法域获得商标授权，企业可选择逐一各国注册、欧盟商标注册和马德里商标国际注册等渠道。逐一各国注册策略适用于注册国家较少或核心品牌注册，并可依据巴黎公约主张优先权；缺点是程序烦琐、成本高昂。欧盟商标注册费用低、保护程序集中、无基础注册要求。但范围仅限于欧盟国家，且有一国否定、全部否定的风险。而企业通过《马德里议定书》途径申请国外商标注册，可以大大简化商标国际注册程序。因此，马德里商标国际注册途径是商标国际申请的基本模式，对于企业来说，开发国外市场的需求尚不迫切，因此本节仅对马德里流程作简单介绍。

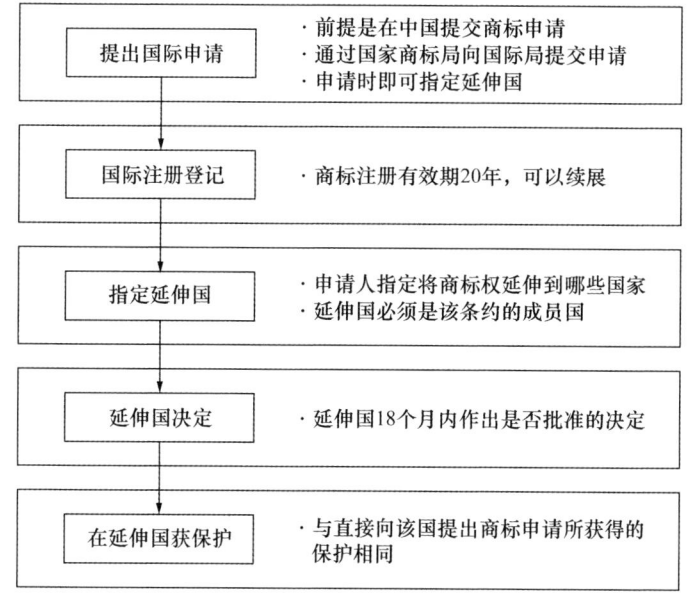

图 8.3 马德里商标国际注册流程

四、跨国公司商标注册管理

(一) 跨国公司商标注册管理案例

案例一,某世界五百强企业 B 是一家德国制药及化工跨国公司,该跨国公司是全球知名的药物及原材料生产商,生产面向消费者的药物等产品,对商标需求量大。该跨国公司对商标工作非常重视,商标管理在该公司占有重要位置。其商标服务部位于勒沃库森公司总部,负责全球范围各分支机构商标事务,其中有 20 多个专职雇员,包括法律顾问等。其商标管理工作主要集中在商标注册及商标维护、商标应用等几个方面,如可行性检索、商标申请、商标维权(异议、侵权诉讼)、监控、续展管理、商标许可、并购支持等。该公司在注册管理方面注重商标前瞻性储备。

案例二,美国一家知名跨国公司 G 位于新泽西州总部的商标部负责管理全球范围内的商标注册事务,各国家(地区)子公司法律顾问负责向商标部提出实质性建议。G 公司商标实行"统一性政策":当某拉丁字母商标在中国提出申请时,中国的商标顾问、G 公司法律部和相关的业务部门合作完成中文商标的命名、注册工作,共同探讨、创设/翻译该中文商标;在中国商标局作全面检索,G 公司商标部指令中国商标顾问申请该商标。近年来,G 公司利用其在中国的市场营销力,广泛开展商标(品牌)联合,即两个或以上企业(组织)通过某种方式合作,形成单个企业品牌所不具备的市场竞争力。G 公司与迪士尼公司合作推出迪士尼系列创可贴,深受儿童和青年消费者的喜爱。2008 年,G 公司通过赞助的方式获得北京奥运会的相关商标使用权,提升了产品市场竞争力。

(二)跨国公司商标注册管理特点

1. 集中管理

商标管理部门通常在跨国公司总部,实行集中管理。跨国公司商标注册实行集中管理主要是为了统一品牌的全球形象,让消费者确信标有该商标的产品在全球范围内都是一致的,确保企业商标在全球各地都能准确地指向与识别自己的产品或服务,彰显品质保障功能。

2. 主商标的谨慎使用

出于品牌形象维护与实际商业使用的需要,跨国公司的产品一般会涉及两个及以上商标的使用,通常是一个主商标搭配副商标,即把一个涵盖企业系列产品的商标作为主商标,另一个体现某一种产品特性的商标作为副商标。这样可以有效划分不同产品的功能、特点,也可避免品牌主商标因与某款商品形成过强的联系而沦落为该产品的通用名称。

3. 商标本土化策略

由于文化、风俗、传统的不同,世界各国消费者对商标的文字、图形及其组合会形成不同的认识。作为识别手段及宣传企业的工具,让消费者接受并喜爱是跨国公司商标管理工作的首要任务。跨国公司普遍重视商标文化,为此往往投入巨资,以最佳方式翻译商标,尽量使之与其产品或服务有较为直观的联系,并通过广告宣传等,为商标植入美好的文化内涵。

4. 子公司法务部门在母公司严密管控下开展工作

这个特点是集中管理特点的延伸。为保证集团公司在全球主要市场的统一策略与商标战略部署,母公司制定相对完备的商标管理体系,同时在世界各大洲及地区设有分部,严格实施和落实公司总部有关商标的管理与保护措施。在跨国公司的管理层职务序列中,商标事务执行官的地位往往比较高。

5. 商标的全球布局与在线监控

跨国公司商标实践中的业务范围和品牌管理范围通常涉及多个国家和地区,因此在进行商标设计与布局时,往往会立足全球视野,在各主要市场进行商标注册与维权监控,根据产品销售发展策略及时进行注册。与此同时,为保护相关品牌权益和商标权益,会对各主要国家和地区的商标侵权情况进行定期扫描与在线监控。

总的来说,跨国公司对商标管理非常重视,采取的注册及管控措施和方法适合其跨国经营的国际化战略。这些经验值得中国相关企业借鉴。

第三节　商标保护与预警体系

一、商标保护的依据和目标

(一) 私权救济与商誉保护

商标权人对其注册商标享有专用权,包括在核定使用的商品或服务上使用该商标、禁止他人未经许可在相同或类似商品或服务上使用相同或近似商标等权利。商标专用权具有排他性和财产性的私权属性。商标私权救济意指商标专用权受到侵害或者有被侵害之虞时,商标权人或其利害关系人通过一定的方式和程序来维护自己的合法权益、恢复被侵害的商标权利状态或预防商标权侵害发生的行为。如当商标未经许可用于商业用途,商标权人采取措施制止侵权行为并要求赔偿损失等。

一般认为,商标是商标符号和符号背后之意的综合体,包含特定商业标识与特定商品或服务之间的联系。与使用取得之商标权不同,注册取得之商标专用权并非法律保护之利益,而是法律所赋予的行为自由权。[①] 商标所承载的商誉,通过商标的实际使用而获得。特定商业标识与特定商品或服务相结合并真实地投入市场使用,企业商誉才会逐渐累积。因此保护商标就是为了保护商品生产者、服务提供者经过经营而积累起来的商誉,保护业已形成的商标秩序,而不仅仅是为了保护商业标识本身。

(二) 商标显著性及效能的维护与提升

效能通常指方法、手段或程序方面的正确性与效果方面的有利性,兼具效率与效果两个方面。商标效能指商标结构功能未受到侵害,正常发挥了商标应有作用的状态或功用,并能保持商标与商品良性互动、对商标商誉有利的状态。要实现商标权的效能,需要商标与商品结合,实际上是对商标与商品关系以及商誉的保护。这种合理有效的结合只能专属于商标权利人或得到其授权的制造商,任何其他个人或组织在不存在权利穷竭的情况下,不得擅自将商标与商品结合。上述观点是站在商标权人的角度对商标效能进行界定和运用。侵犯商标权的本质不仅仅是对物理标识的歪曲、篡改或者替换,更在于切断商标标识和生产商的联系,欺骗消费者使其发生混淆和误认,盗用商标权人诚实劳动所积累的商誉。在发达的市场经济背景下,很少有商标商品在首次销售后直接进入终端消费者的手中,而是经由不同类型销售商转售。在流通中可能会出现各种影响商标效

---

① 董美根:《英国商誉保护对我国商标专用权保护之借鉴》,载《知识产权》2017年第5期。

能的行为,这些行为不见得会造成混淆,但有可能存在不当利用商标商誉的行为,如商标丑化、弱化、寄生(即搭便车行为)等,仍然可能构成侵权,如旧货翻新再销售、重新包装、平行进口等,这就要求关注保护商标效能,对商标进行动态监测与保护,建立商品及商标监测系统、预警系统,确保市场流通的产品是商标法意义上的真品。

二、商标的使用与权益维护

(一)商标的使用

在商标保护过程中,商标的使用不容回避,这也是商标保护与管理重点关注的内容。商标的实际使用就是将特定商业标识与特定商品或服务建立联系,在消费者和利益相关者心理空间中建立印记,形成二者的关联。商标的实际使用也是商誉形成并逐步积累的途径。当特定商业标识与特定商品或服务相结合并真实地投入市场使用,该商业标识与相应的商品或服务才能建立起真实的联系,与之相关的商誉才能逐步积累和增加,商标从而成为商誉的载体。商标的使用有两层含义:一是偏广义、整体性的理解,即作为企业商标战略与策略的一部分,应如何正确使用商标,提升商标美誉度,形成驰名商标,作出有效占领市场的商业化安排;二是在操作及法律层面,作为商标专用权管理与保护的重要环节,如何使用商标才算是商标的有效使用和商标法意义上的使用,如何通过商标使用维护商标专用权的有效性。第二层含义对第一层含义有很强的指导意义。这里主要指商标使用的第二层含义。

我国现行《商标法》第 48 条规定:商标的使用是指将商标用于商品、商品包装或者容器以及商品交易文书上,或者将商标用于广告宣传、展览以及其他商业活动中,用于识别商品来源的行为。《商标法》第 48 条中所称的商标的使用,指明了实践中判定商标法意义上的使用的标准,商标首先必须在商业活动中使用;其次,该使用发挥了商品或服务的来源的标示和区分功能,能够使相关公众区分不同商品或服务的提供者,区别于指示性使用和描述性使用;最后,必须具备真实的使用意图,仅仅为了应付法律规定使用的义务、避免商标被撤销而进行的象征性、临时性的使用不能满足法律的要求。使用方式包括但不限于商业活动中的以下多种表现形式:对于有形商品,采用直接贴附、刻印或编织等方式将商标附着在包装、容器等之上,或在与商品销售有联系的交易文书上使用,如发票、服务协议、维修证明等。对于服务商标,直接使用于服务场所,包括招贴、菜单、价目表等相关物品上。常见的商标使用行为还包括将商标用于广告宣传、展览及其他商业活动,包括在广播、电视、互联网、报刊等媒体上做广告,在店堂装饰、户外海报、邮寄散发张贴的印刷宣传品等广告中使用,在商品服务促销活动中使用;在展览会上展示、提供、散发含有商标的商品、商品包装标签、商品照片、宣传资料等;或使用于和服务有联系的文件资料上。

(二) 商标的自我维护

1. 商标权人的义务

依据《商标法》的规定,注册商标权利人在获得商标注册后必须履行必要的义务,以维持商标的效力。这些义务具体包括:不得自行改变注册商标;不得自行改变注册商标的注册人名义、地址或者其他注册事项;不得自行转让注册商标;必须实际使用注册商标(连续三年不使用可能会被撤销);商标权人违反上述义务有可能会招致商标主管部门的处罚,甚至面临商标被撤销的可能。在实践中,商标标示的方式(如™与®的使用区别、使用规范和使用领域)等均是商标自我维护的内容。以商标标识为例,应遵循相关使用规范,不自行改变标识,并策略性地进行统筹安排。

未注册商标都可以用™进行标识。标识™表明权利人把该标志当作商标使用,请他人不要模仿,虽不受法律保护,但能起到一定警示作用。同时,对未核准注册的商标、暂时性使用的商标、无法取得注册的商标、自行改变的注册商标等打™标记,在实践中还可以起到商标证据效果。我国现行《商标法》赋予了在先使用人商标在先使用权,即在一定条件下基于其在先使用注册商标进行不侵权抗辩,并在原有范围内继续使用的权利。显然对某种标记使用™标记,一定程度上是在先使用的证据,同时还可针对在后注册商标瑕疵提出无效请求,从而使其失去注册商标的权利基础。一些显著性不高的商标虽未获得注册,但如果经过大量、广泛的使用和宣传,产生"第二含义",就能起到识别商品作用的客观效果,从而可弥补其先天显著性不足的弊端。在此背景下,该使用人可考虑重新申请注册该商标。此外,在可能的后续驳回复审甚至驳回复审行政诉讼中提交相应的使用证据,能够提升获准注册胜算率。如一些显著性不强的商标,经过长期使用,有可能被法院认定为未注册驰名商标,最终成功注册。

2. 管理自己的商标,积极应对商标争议

由于注册商标已经承载了企业的商业信誉,一旦商标遭到撤销,对企业意味着沉没成本和损失,因此面对商标争议问题时,企业必须采取积极的措施来应对,必要时需寻求专门从事商标实务的法律机构的帮助。商标虽然可以无限续展,但是每次续展的有效期只有十年,商标权人要管理好自己的商标资产,不能因未缴费、超时忘缴费而使商标丧失法律保护,进入公有领域。

3. 增强商标显著性

由于符号的有限性,许多企业所使用的商标往往不属于"固有显著性"标识,不具备天然的强显著性。此类弱显著性商标(包括本身具有一定的固有含义,但尚未获得注册的商标)于企业而言,通常极具挖掘潜力。这类商标的注册障碍源于其本身固有显著性并不强。但在一些情况下,企业如果持续投入,通过长期的市场经营,能够让消费者形成集体记忆,标识此时就具备指示商品来源的功能和作用,获得第二含义,从而具有较强的显著性特征,这时便可获得注册,甚至可能在个案中被认定为驰名商标。

三、积极防御商标侵权,制止商标淡化和退化

为保障商标效能,要防止三类不利于商标效能发挥的现象和行为发生。其一是商标专用权被侵害,其二是商标被淡化,其三是商标领域的不正当竞争行为。这些行为一旦发生就会给商标造成损害,企业应在各种商标管理活动中加以注意。

(一)积极防御商标侵权

商标专用权是商标权人在核定商品范围内控制或垄断性使用注册商标的权利。商标专用权客体是覆盖核定商品或服务范围内的注册商标。第三人未经许可在相同商品上使用相同商标时,就直接破坏了这种控制或垄断,破坏商标效能发挥,从而构成侵权。根据现行法律规定,侵犯商标专用权的情形主要有:

(1)擅自在同一种商品上使用相同商标、近似商标;

(2)擅自在类似商品上使用相同商标、近似商标;

(3)销售明知假冒注册商标的商品;

(4)伪造、擅自制造他人注册商标标识或者销售伪造、擅自制造的他人的注册商标标识;

(5)在同一种商品或者类似商品上,将与他人注册商标相同或者近似的文字、图形作为商品名称或者商品装潢使用,并足以造成误认的;

(6)故意为侵犯他人注册商标专用权行为提供仓储、运输、邮寄、隐匿等便利条件。

企业要重视商标保护,发现侵犯自己商标专用权的行为要依法及时制止,避免给自己的商标专用权造成损害。

(二)防止商标淡化

商标淡化是指商标的显著性被减弱或丧失的现象。企业在商标工作中要重视对自身商标权利、商标效能的保护与维护。对自己商标被丑化、弱化、退化、搭便车等行为保持高度警惕。在我国现行《商标法》中,对驰名商标的保护,除了适用混淆标准之外,还适用淡化标准。商标淡化标准有别于商标传统保护模式。商标淡化通常指未经注册人许可,将与驰名、著名商标相同或近似的商标,在其他不相同或者不类似的商品或服务上使用,从而减少或削弱该驰名、著名商标的识别性和显著性。美国《联邦商标淡化法》将"淡化"定义为著名商标识别商品或服务能力的减少,而不论是否存在混淆的可能或竞争关系。通常认为,商标淡化

的本质在于商标价值不知不觉地消失,因为一些表面无关、似乎不造成混淆的使用,实际上会破坏同初始商品或服务的自动联系,并最终损害商标的区别性和标识性,进而影响其商标效能。一般认为,商标淡化有三种形式:一是弱化造成的淡化。弱化是一个逐渐稀释和冲淡的过程,是一种典型的淡化形式。二是丑化造成的淡化,如在不卫生和有伤风化的背景下使用驰名、著名商标,或是将代表高品位、高质量的驰名、著名商标使用在普通商品上。三是退化造成的淡化。退化是淡化中相对严重的一种,退化一旦发生,商标将部分或彻底丧失识别性,不再具有区别功能。

商标淡化的原因主要包括:第一,权利人自身原因。作为商标申请的标识缺失固有显著性,加上使用疏忽或管理不当,导致商标沦为商品通用名称(如"优盘");对他人将自己商标作为产品名称置之不理,比如"Freon"(氟利昂)商标被用作制冷剂的通用名称,"Jeep"(吉普)被用作越野车的代名词。第二,第三人的不当行为。比如将他人已经注册的商标注册在不同类别商标或服务上,导致原商标与特定产品的联系程度被削弱;在相同或近似商品上使用或注册与他人相近似的商标,导致原商标的区别功能降低。

企业可以采取以下措施来防止商标被淡化:

第一,申请时选择显著性较强的商标。如前所述,与产品的特征联系越少、公知元素越少的独特商标,越不易被别人使用。

第二,进行联合商标和防御商标的注册保护。联合商标是指同一个企业在同一或类似商品上申请注册两个或两个以上近似商标,其中一个指定为主商标,与其他近似商标一起构成具有防卫性质的联合商标。例如,一些以动物形象为商标的权利人可以申请该动物不同姿势的近似图形商标,以防止别人在相同或类似的商品上使用、注册与其近似的商标。防御商标是指同一商标所有人把自己的商标同时注册在其他非同种或非类似商品上的商标,以阻止别人为借用自己的商誉而在其他商品上使用、注册与自己相同的商标。例如,"可口可乐"就在所有商品类别上都注册了防御商标。

第三,规范商标的使用,管理好自己的商标。规范使用商标,任何情形下使用商标均应加注"注册商标""®""™",使商标与商品名称、商品说明相区别。

第四,定期检阅商标公告,防止他人注册与自己商标相同或近似的商标。在众多淡化类型中,商标退化、通用化也是企业应该防止的现象,特别是对于行业中知名度高的一些商标,防止商标退化的商标管理工作尤为重要。商标退化是指在商标使用过程中,商标自身显著性的逐步退化乃至完全丧失。商标显著性退化或丧失将导致一个原为有效注册使用的商标演变为商品通用名称,从而进入公有领域,无法再为注册人专有使用。

为防止商标退化,企业应进行适当干预,如同时推出商标、商品名称与新产品,并积极宣示商标信息,积极干预商标名称的错误使用;在不同的产品上使用该商标,以免公众形成某一具体产品与某一特定标识的固有联系;制止字典的错误解释;以广告宣传等方式,引导公众正确使用商标;积极预防和制止把商标作为通用名称使用的侵权行为等。

四、制止"傍名牌"、商标仿冒等不正当竞争行为,保护企业商誉

一些商标经过厂商的用心经营,不断在市场中使用,获得了市场的青睐,拥有了一定的知名度和美誉度,积累了商誉。好的商誉是商标价值之所在。商标与商业商誉不可分,商标是商誉的象征或标签,是商誉的可视媒介。通过商标,商誉才可以被识别、买卖,为公众所知。商标也是收获商誉所产生利益的工具,保护商誉必然同时需要保护商标。在《商标法》中,商誉保护一直是商标保护的核心问题之一。制止损害商标和商品商誉的不正当竞争行为也是我国现行《反不正当竞争法》中所规制的内容之一。"攀附"他人商誉成为认定商标侵权与不正当竞争的关键因素。商誉也是商业标识案例中认定不正当竞争的关键因素,如法院认为:"经营者擅自将他人的企业名称或简称作为互联网竞价排名关键词,使公众产生混淆误认,利用他人的知名度和商誉,达到宣传推广自己的目的的,属于不正当竞争行为,应当予以禁止。"①

案例 "红日"遭"红日 E 家"模仿

广州市红日燃具有限公司(以下简称"红日公司")起诉称,"红日"字号和"红日"商标在厨电行业享有较高知名度。广东睿尚电器股份有限公司(以下简称"睿尚公司")使用与"红日"字号近似的"红日 E 家"商标,并利用红日公司的定牌生产厂家和经销渠道进行生产销售等行为,构成不正当竞争或商标侵权,其他被告构成共同侵权。红日公司据此请求判令各被告停止使用第 5920931 号注册商标及其变体"红日 E 家"和"RSE+红日 E 家",以及赔偿经济损失 5000 万元等。

广州知识产权法院经审理认为,本案涉及字号与商标权之间的权利冲突,而权利冲突的处理原则为保护在先权利、诚实信用、公平竞争。睿尚公司明知在先"红日"字号的知名度,仍然选择使用与红日公司字号近似的商标,并实施了一系列混淆行为,主观上具有攀附他人知名度的恶意,客观上容易导致相关公众误

---

① 《指导案例 29 号:天津中国青年旅行社诉天津国青国际旅行社擅自使用他人企业名称纠纷案》,载最高人民法院网站 2015 年 2 月 9 日,https://www.court.gov.cn/shenpan/xiangqing/13345.html#:~:text=%E5%A4%A9%E6%B4%A5%E5%B8%82%E9%AB%98%E7%BA%A7%E4%BA%BA%E6%B0%91%E6%B3%95,2024 年 9 月 13 日访问。

认,其行为有违诚信原则和商业道德,损害了红日公司和消费者的合法权益,构成不正当竞争。其余被告构成共同侵权。

赔偿方面,考虑到红日公司为消除不正当竞争带来的商誉受损等不良影响而投入的广告支出等侵权直接损失,及睿尚公司的侵权恶意、侵权人规模等因素,参考红日公司主张的5000万元经济损失请求,最终予以全额支持,判决被告睿尚公司赔偿原告红日公司经济损失5000万元及合理维权费用45万元。

一审判决后,睿尚公司等被告提起上诉,广东省高级人民法院终审判决驳回上诉,维持原判。

"傍名牌"、商标仿冒等搭知名商标品牌与声誉便车的行为,如有攀附他人知名度的恶意,客观上容易导致相关公众误认,其行为有违诚信原则和商业道德,损害知名商标权利人权益和消费者的合法权益,构成不正当竞争。企业应积极预防和制止此类不正当竞争行为。"傍名牌"是一种通俗的说法,有多种表现形式,其中一类是将别人知名的商标登记为自己的企业字号,混淆公司名称与品牌名,误导消费者,试图使消费者误以为著名的品牌就是该公司生产的,从而扩大销路获取利润。除此之外,还有在相同或近似商品上使用与在先知名品牌近似的商标,这些近似商标通常仅对在先商标进行了一些细微的改变,商标的文字构成、排列组合等都十分相近,消费者一般难以分辨,将其误认为是某在先知名商标,此类行为被称为商标仿冒,即利用他人商标的知名度,不当地取得某种竞争优势。还有一类常见的仿冒行为是仿冒商品装潢,如仿冒产品内外包装的颜色、图案、排列组合以及商标名称使用的字体等均与在先知名商品高度近似,就极易导致购买者误认。该类行为构成不正当竞争,应责令停止,没收违法所得,并处以罚款等。我国《反不正当竞争法》第6条规定了几类引人误认为是他人商品或者与他人存在特定关系的行为:

(1) 擅自使用与他人有一定影响的商品名称、包装、装潢等相同或者近似的标识;

(2) 擅自使用他人有一定影响的企业名称(包括简称、字号等)、社会组织名称(包括简称等)、姓名(包括笔名、艺名、译名等);

(3) 擅自使用他人有一定影响的域名主体部分、网站名称、网页等;

(4) 其他足以引人误认为是他人商品或者与他人存在特定关系的混淆行为。

我国《反不正当竞争法》禁止仿冒混淆行为的条款,将上述商业标识纳入保护范围,反映出法律除了对商标本身加以保护之外,也延伸保护其他与商标类似的商业标识。加强对有关商业标识的保护,也是加强对企业商标及商誉保护的应有之义。为防止企业运行过程中上述不正当竞争行为对企业商标和声誉造成危害,除了要在发现侵权行为时积极寻求救济外,更重要的是建立企业的监测系统,积极地预防和制止侵权行为和不正当竞争行为的发生。对企业不正当行为要采取正确的方法进行处理。这里从理性、程序、交易几个层面来进行分析。

在理性层面,要正确判断是否为商标领域的不正当竞争,因此要对不正当竞争的性质、内涵、危害等有充分的认识。一般认为,我国《反不正当竞争法》规定了七类类型化的不正当竞争行为,其中第6条的标识类混淆、第8条的误导性陈述、第11条的损害商业信誉与商品声誉、第12条的利用网络技术实施不正当竞争等与商标的不正当竞争有关。对于一些新兴的"非类型化的不正当竞争"行为是否具有可责性的判断,则主要依据第2条的诚信原则和商业道德来展开。构成不正当竞争的要件有:行为主体为经营者、存在不正当竞争行为、损害其他经营者的合法权益、行为主体存在主观过错。一行为若同时满足以上几个要件,即构成不正当竞争。

在程序层面,对于这类行为,企业要积极作为,通过一定的程序进行干预,预防和制止侵权行为和不正当竞争行为。可采取如下措施与干预:一是事前警告,沟通协商。通过行业协会或熟悉的中间人士传话,或本公司律师直接与有不正当竞争行为嫌疑的企业组织进行沟通。二是事中证据收集。通过专业的侵权调查和证据公证保全等,及时固定侵权线索和侵权行为,为之后的维权工作做准备。三是事后救济。事后救济有多种途径:(1) 提起民事诉讼以获得救济。在发现其他企业实施了对本企业商标和声誉不正当竞争行为时,及时向人民法院提起诉讼,要求人民法院判令其停止不正当竞争行为,并对其行为给本企业所造成的损失予以赔偿。对侵权事实明显的"傍名牌"行为,需要企业配合法院证据保全,向法院申请律师调查令、诉前或诉中禁令,及时有效地制止侵权。《民法典》第1185条规定,故意侵害他人知识产权,情节严重的,被侵权人有权请求相应的惩罚性赔偿。(2) 向有管理权限的行政机关举报。请求相关机关启动行政执法程序,对有关企业予以相应的行政干预与处罚。(3) 如该企业的行为已构成犯罪,可向司法机关举报,并请求司法机关对其犯罪行为予以刑事制裁。

在交易层面,交易体现为最终结果,或是和各种利益相关者达成的交易形成的结果,或是企业经过努力后和企业自身达成的交易,比如达到满意标准的有效制止"傍名牌"、企业声誉有效保护、商标管理体系化提升、形成专业能力等。

五、商标保护预警体系

建立完善的预警机制,及早发现商标侵权风险,是商标保护与管理的规范化、体系化管理重点。商标侵权监测预警机制是品牌商、商标权利人自己或者通过营销渠道、代理机构进行定期检索,及时发现自己特定的商标所受到的侵权风险或效能减损风险,以便及时采取必要措施进行保护与补救的管理活动或过程。

侵权预警通过一定的组织结构、营销网络开展实时的信息收集及分析,反馈到法务部门和决策部门,以便及时采取相关措施。

有完备监测预警系统的企业通常能第一时间发现自己的商标被其他公司注册、搭便车等。如果是被其他公司抢注,可以及时在异议期内就质疑其注册,避免后续耗时耗力耗财的诉讼纠纷。近年来,我国企业商标保护意识和注册意识显著提升,但在开展成体系的商标管理方面还有不足,如预警体系常常被一些企业忽略。

(一)企业商标保护预警体系组织结构

预警监测工作需要有专门的组织开展实施。外包给专门的知识产权服务公司固然是一个临时的救急办法,但该工作需要长期进行,细致开展。根据公司营业所在地区和行业的假冒伪劣情况,一个可行的办法是设置相应的知识产权管理或法务部门专门负责,在领导及组织管理、任务配置和协调方面进行统筹。

第一,在权利人所在企业集团或本部层面,应有相应的知识产权管理或法务部门,如应明确知识产权管理部门在本公司知识产权预警机制中的工作任务和职责,提供工作条件,保障知识产权工作人员应有的权利,支持他们参加知识产权及其相关业务的培训、交流等活动。

第二,利用企业营销网络开展部分预警工作。现代市场经济分工精细,商品从生产到消费市场往往要经过众多流通环节,物流及信息流相对复杂,比如很多环节是外部经销商负责,有的经由互联网环节,甚至经由外包,有多级供应商和特别的分销渠道等。借助终端网络、渠道销售商等收集商品被侵权或搭便车的情形是一种可行的办法。

组织结构设置方面,可以借鉴一些跨国公司的相关经验。在早期市场不成熟背景下,为防止假冒伪劣产品对终端消费品正品的严重冲击,一些跨国公司在华子公司成立了安保部,专门对假冒和侵犯商标专用权的行为进行固定、取证、提起诉讼等。

案例　Q公司商标保护与预警管理

某知名跨国公司(以下简称"Q公司")是生产外用医用品、日用化工品的国际知名跨国公司,其在华分公司、总公司对打假维权工作高度重视,在其全球安保部统一领导下,面对当时严峻的假冒仿冒形势,于2000年设立中国区知识产权办公室,负责Q公司在华品牌保护工作。该部门由专业法律人才构成,保持在七名左右。Q公司根据中国法律制度确立了商标权立体保护战略:行政保护与司法保护结合,以刑事打击为重点,行政查处为主要手段,形成结合海关保护、民事诉讼的商标立体保护战略。坚持既打"点"又扫"面",重点打"源头"的工作思路和"以人找案"与"以案找人"相结合的工作模式,对假货投诉实行"零容忍",始终保持高压打假态势。同时与中国外商投资企业协会优质品牌保护工作委员会和中国品牌企业联合打假维权协作网及成员加强信息交流、优势互补,全力支持、配合执法机关,联手打击制假售假不法分子。该公司经过多年的运作,在打击假冒伪劣方面成效显著。该公司还构建了规范的管理制度和完善的内部工作流程,如建立了内部办案操作流程、信息报告处理分析汇总工作流程、销售参与打假工作流程、工作月报、重大行动一案一报制度;设立了24小时打假举报有奖热线电话,并完善了与客户服务热线的有效衔接;发布假冒信息报告处理表,对市场部、销售部、客户服务部等反映的每条假冒信息都有处理意见和结果反馈;广开外部信息来源渠道,不限定合作伙伴,外部信息一经核实,即指定专人负责跟进,并全程参与投诉、查处行动。经过多年的实际运行,该公司有效遏制了假冒仿造的势头,有力保障了企业正常经营与品牌推广工作。

(二)预警体系工作开展

1. 重点监控领域

商标预警首先要重点监控商标公告;其次要监控市场行为,特别是竞争对手的竞争行为,或者有潜在竞争关系的对手的竞争行为;最后,要进行定期和不定期的专业展会扫描,以便对造假者进行观察、识别、早期分析、跟踪和预警。

2. 协同开展

预警体系往往和专利侵权等工作协同开展。商标是相对容易侵权的领域,发生频率高,因此商标预警是企业预警体系的工作重点。

(三)利用区域商标预警体系的便利

为商标申请注册、运用与保护营造良好的氛围,严厉打击"傍名牌"等行为,需要全社会共同发挥作用,构筑起一道"篱笆墙",这不仅仅是企业、个人的单独行为,更需要地方政府积极作为,各方共同作用,形成合力,构建商标保护与治理体系。近年来,我国各地政府为提高公共服务能力,纷纷建立区域商标预警体系,定期对本辖区一些企业的商标情况进行检索与预警,服务本辖区的企业。辖区内的企业商标权人可以利用好区域商标预警体系的便利,及时发现自己的商标所受到的侵权风险,以便尽快采取措施。

(四)善用法律武器维护企业利益

对于一些商标侵权行为及恶意抢注行为,企业应启动法律程序来维护自己的利益,具体以商标诉讼或谈判的方式开展。在证据固定的情况下,企业应综合考虑侵权情况、自身实力及侵权对象的特点等,开展有效诉讼或谈判等,达到保护与商业化的目标。首先要确立诉讼目标,精准定位诉讼对象,可以是制造商、销售商，也可以是二者同时起诉。商标诉讼可以有多重目标，比如增加许可收入、阻遏竞争对手、扩大广告宣传效果等。其次要有合理的诉讼理由，以商标侵权和不正当竞争为由进行诉讼。最后要选好诉讼时机、诉讼地点，采取对自己最有利的行动方案。

第四节　商标运营管理

一、真品与商标效能

真品与商标效能天然联系在一起。随着现代市场经济的深入和商业的发达，社会化大生产分工精细化程度高，很多商品在首次销售后未必直接进入终端消费者手中，而是经由不同类型销售商转售。在商品流通过程中，如旧货翻新再销售、刮码、正品分装、重新包装、平行进口等商业场景中，会出现各种可能影响商标效能的行为，这些行为会导致商品脱离企业控制。如在商品流通环节，会出现商品质量受损，对消费者来说不一定会混淆误认，但不是企业严格意义上的真品的情形。真品问题对企业来说，既是一个保护的话题，也是一个运营管理的话题，涉及企业商务模式设计及后续提升商标声誉等问题。

（一）商标法意义上的真品

"正品""货真价实"等都是描述真品的常用词汇。对真品的讨论源于流通环节中的多种因素带来的产品权利状态及商品与商标关系的改变。在商品流通过程中，产品脱离了企业的管控，企业所销售的知名品牌可能被不当利用和处理，如被重新包装或被私自许可等，在此情况下消费者购买的商品可能不是本企业的真品，甚至可能为假冒伪劣产品所干扰。此类销售行为难免不会给企业品牌和商誉带来负面影响。商标法意义上的真品指的是经商标权人同意生产、投入流通，且在流通环节依旧处于商标权人控制之下的商标商品。真品指示的是一种状态，即未被侵权、真实受控的产品，体现了商品权利人的意志，或者在受控基础上，保持原有商品与商标应有的良性关系。真品状态蕴含着特定商品与特定商标之间的良性互动关系。这种关系是商标法要保护的对象，也是市场秩序的体现。商标结构具有完整性，体现为商标权人将商标贴附在商品上，以维持商品质量的同一和稳定，进而建立起消费者对其商标与商品之间特定指代关系的认知网络，累积商业信誉。商标权人对商标结构的上述控制范围包括从商品生产、商品流通到商品使用的整个过程。真品意味着商标结构体没有被破坏，保持相对稳定性。

（二）易出现真品纠纷的领域

1. 委托加工领域

在委托加工领域，可能会为未经商标权人许可，受托人擅自将其生产的尚未在市场上流通的商品投入市场。该类未经许可提前流通的行为不仅违反了民法上的诚信原则，违背了商标权人的自由意志，而且与之相关的提早上市行为使得商标权人丧失了对该批被提前上市商品的控制，极有可能损害商标权人的利益。另外，他人未经商标权人许可，将商标权人未上市的贴附商标的商品投入市场亦构成对质量保障功能的损害。未经商标权人的授权与认可，即代表商标权人未对该批产品进行质量把关，产品极有可能出现质量不达标的情况，或是与该品牌其他产品的质量水平不一致。消费者在此情形下购买到同一品牌品质不一的产品，也会对该商标质量产生怀疑。

2. 被授权许可使用商标的一方超出授权范围使用商标的行为

违反与授权方约定的数量、时间或者商品类别而生产贴附有授权方商标的商品，超出许可范围使用商标构成违约。对于超出许可范围使用商标的行为，似乎在外观上与纯粹未经许可擅自使用他人商标的行为有所区别。对于超出范围销售的部分，尽管其质量、原料、工艺、实际生产商都与正常许可销售商品并无区别，但无疑也构成商标侵权。商标不仅仅是商业标识本身，而且包含特定商业标识与特定商品或服务之间的联系。违反与授权方约定的数量、时间或者商品类别而使用授权方商标的行为，在超出的数量、时间或者商品类别上所生产的商品将产品与商标进行了结合，实际上虚构了其与商品所指示的来源的关系，这种虚构的关系脱离了商标权利人、商标授权许可使用人对其质量稳定性、产品真假等的监管与控制。被许可方此时销售非真品，可以说是盗用和利用了商标权人的商誉，因而侵犯商标专用权。

3. 商标权用尽原则的例外情形

商品流通环节商标权用尽原则的适用应有一些前提条件，如商标标志没有发生变化、商品本身没有发生变化等。若商品仍然在流通，但商标商品本身或其包装、标志等发生了一些改变，不同于商标商品的惯有状态，则极可能打破消费者对本商品的固有认知，树立商品不良印象，这种变化显然对商标商誉不利，此时商标权用尽原则就不能适用，即权利用尽例外原则。商品的后续流通行为存在侵害商标权的情形，譬如后续销售的商品的质量发生变化，有害商标的声誉时，则应当对其作出规制。此时，即便该商品来源于商标权人，也不能认定为商标法意义上的真品，因其质量已脱离商标权人的控制。

4. 平行进口领域

平行进口是指一国的进口商未经在该国享有知识产权的权利人的授权，将由权利人自己或经权利人同意在其他国家或地区已合法投放至市场的产品，进口至该国的行为。尽管平行进口的产品,也是经权利人授权合法生产的,但由于各企业的国际品牌战略需要,可能对不同国家采用不同的质量标准和定价策略。平行进口的产品很可能在商标标识方式、包装以及产品质量上与进口地真品存在差异。若企业任其流通而不加以限制,则可能使进口地的消费者产生识别的困难,不利于建立稳定、统一的品牌形象。

(三) 真品与商标效能维护

真品问题与商标效能问题突出商标与商品、商标与生产商的关联。事实上,在商标形成及商誉形成演化过程中,商品与商标二者一直有一种内在的互动关系,消费者对商品质量、性能等的感受会投射到商标上。企业为销售真品,增强自身信誉和声誉,要重视企业真品和商标效能问题。在商标管理层面,首先要有声誉与商誉导向的管理意识,重视企业商品的真品问题。企业在生产规划过程中,就应该采取相应的防伪、防篡改措施,并积极向消费者宣传真品的鉴定与识别,避免消费者误购非真品。其次要对企业商品动态进行监测,建立必要的专门机制,实施必要的干预。如成立流通产品监测小组,实时监测和调查本企业产品在流通中的实际情况,重点关注可能改变商品质量、商品商标的行为,并进行及时的收集与干预,如对于残次品要建立回收、处理机制,进行及时收集与干预,尽早地让非真品在市场上停止流通,尤其不能让其在重点销售地区流通。在流通环节,需要制止不当重新包装、分装等影响商标质量保障功能的行为,为此,需要企业商标管理和声誉管理结合,建设有声誉导向的内在制度。最后要建立商品及商标监测系统,构建商标与商品的预警系统,及时发现并采取一定的措施,制止搭便车行为和对企业商誉不利的行为,保护企业商标商誉不受侵犯。

(四) 防范流通领域不当的连带使用

1. 连带使用概念及类型

商标连带使用指在商业活动中,使用者为了说明有关的真实信息,在产品或服务中使用他人商标的行为,如汽车、电脑专营专修等,必须使用他人商标才能表明自己的商品或服务。如果使用他人商标文字或图形是为了说明自己提供的商品或服务能够与使用该商标的商品或服务配套,即指示自己商品或服务的用途和服务对象,而非为了让消费者误认为自己提供的商品与服务来源于商标权人或者两者之间存在某种联系,则这种使用不构成商标侵权。在实践中,一些企业希望别人突出使用其商标,特别是那些原材料、零部件企业。这些企业因具有独特功能和属性,不介意其商标被其他企业连带使用,这种连带使用通常可实现双赢的效果,在不会导致混淆的情况下,能宣传自己的品牌,同时给予竞争过程中的各方在市场上崭露头角的平等机会。

2. 商标连带使用边界

正品销售商合理使用正品商标的边界界定应当坚持利益平衡的基本原则,

坚持必要性和适度性原则,避免因过度使用而对商标权人造成不利影响或者利益损害。确有必要使用权利人商标且在适度范围内使用才属于正当的指示性使用,否则就可能对商标权人产生实质性不利影响。例如,正品销售商在其商场的电梯、楼层介绍、宣传册等适度使用他人商标的行为属于向消费者说明商品的范畴,符合商业惯例,这种是必要的、合理的。但在店面招牌中使用他人商标则有可能超出必要和适度的范围,导致消费者认为销售商和商标权人存在一定的关联。如果出现下面的行为,应认定为不符合商业惯例,权利人应当采取必要的措施进行制止:首先,使用商标的行为给人留下销售者与商标权人存在商业上的联系的印象,让消费者误认为权利人赞助了该销售企业,即所谓"赞助混淆";其次,商业单位使用商标而获得不正当的利益且影响到商标的价值;再次,因使用商标诋毁商标的声誉或使其声誉受损;最后,将商标用于模仿或复制的产品上,而该产品不是商标权人的产品。总体来说,连带使用行为应该遵循使用不应导致混淆、使用方式应审慎合理、主观善意等原则。

二、商标许可管理

(一)商标许可决策

商标许可或特许经营决策是企业重要的经营决策类型,企业可基于发展总体战略,从人际、商业、法律等不同方面考虑是否要许可并进行相应的安排。从商业角度来看,商标许可是在知识产权体系下的企业联合或合作,虽然被许可人是独立的个体,但是统一的商标使用许可关系的主体是一个利益共同体或经营共同体。因此,无论对于商标许可人还是被许可人,进入这样的共同体都必须慎重决策。商标许可或特许经营决策的流程如图 8.4 所示。

商标许可如处理不当,可能给商标权利人带来很多不良后果。因此,审慎决策非常重要。

(二)企业商标许可管理要点

商标许可成功的判断标准是:商标许可与商标所有人的商业战略相吻合,商标的市场影响力因商标许可得到提升和扩张。许可他人在不同的产品上使用自己的品牌时,应当注意以下几点:

(1)许可商品应当反映品牌所代表的价值。如果不能反映商标代表的核心价值,那么被许可人的商业投入就不能为商标增辉。

(2)许可产品档次要与主商标代表的品质相适应。如果仅仅是便宜产品的高价版,可能会影响主商标的商誉。

(3)许可产品的消费者群体与主商标类似,被许可产品的消费者应当是商标所有人的目标消费群体。

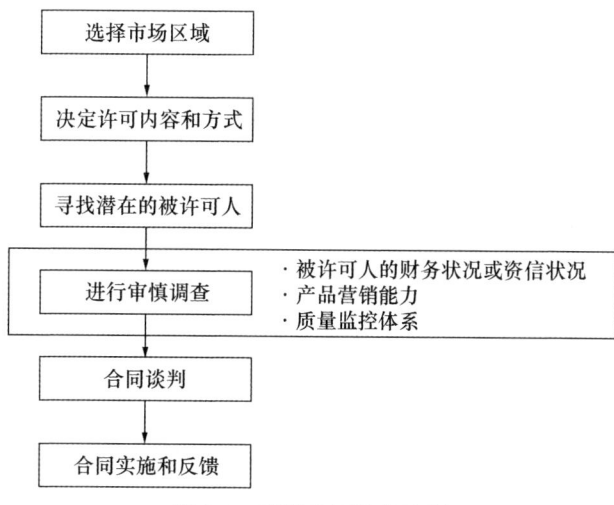

图 8.4 商标许可决策流程

（4）许可产品的销售渠道符合商标的主要销售渠道或者对于该品牌扩张或提升具有战略意义。

（5）被许可人可资依赖的程度和市场能力是所有商标许可成功的关键因素。

（三）商标许可使用管理与监管

我国现行商标许可制度中，商标使用许可包括独占使用许可、排他使用许可、普通使用许可等三种类型。其中，商标独占使用许可是指商标注册人在约定的期间、地域以约定的方式，将该注册商标仅许可一个被许可人使用，商标注册人依约定不得使用该注册商标；排他使用许可是指商标注册人在约定的期间、地域以约定的方式，将该注册商标仅许可一个被许可人使用，商标注册人依约定可以使用该注册商标，但不得另行许可他人使用该注册商标；普通使用许可，是指商标注册人在约定的期间、地域和以约定的方式，许可他人使用其注册商标，并可自行使用该注册商标和许可他人使用其注册商标。同时，根据《商标法》，我国对注册商标的许可行为实行备案管理制度，也即商标许可他人使用注册商标的，许可人应当自商标使用许可合同签订之日起 3 个月内将合同副本报送商标局备案。

近年来，理论界对商标权人承担更高质量监督义务的呼声越来越高。为维护消费者和公众的利益，商标许可人承担一定的商品质量监督义务是必不可少的。如果商标许可人违反了商品监督义务，则应对商标权的损害承担一定的法律责任，甚至要承担一定侵权责任等。尽管实践中相关案例还不多，但这对权利人管理许可提出了更高要求，无论是为了商标的保值增值，还是为了保证每一个商标与贴附产品之间的质量一致性与稳定性,商标许可人既要用好自己商品质量监督管理活动的权利,又要承担相关义务。

第五节 商标战略管理

一、商标战略管理

商标战略是指基于商标制度,根据商标资源特定情况对企业商标活动进行的前瞻性布局与谋划,通过资源配置及其他策略性商标活动,试图获取、加强和使用商标权,进而提升企业竞争力的活动或过程。商标实践中,商标管理常常指代程序性的商标注册、维护、保护等常规的商标法务管理,而商标战略通常和品牌管理、品牌战略联系在一起。因而商标战略也指企业为保护自己的商标、提升品牌价值和市场竞争力而采取的一系列策略和行动。商标可作为不同类型企业的重要战略工具。根据资源竞争优势理论,商标具有四种性质:异质性、事后竞争限制、不完全流动性和事前竞争限制。这些都是企业战略资源应具有的特点。[1] 商标本身是企业的战略资源,对企业有非常重要的意义。商标战略可以进一步分为专有战略、进攻战略、防御战略和杠杆战略。每个细分策略涉及商标活动的三个主要领域:权利、许可和诉讼。[2]

(一)商标战略管理的维度及影响因素

1. 主要活动

商标战略受到许多因素的影响,如国际或国内宏观环境、行业结构和企业的微观特征,表现出一定的异质性。对企业商标活动进行观察,可以归纳出商标战略的一般活动,包括一套资源分配决策和商标决策的基本逻辑,主要发生在四个广泛且相互依存的活动领域:权利、许可、诉讼和品牌化运营。

(1)商标权利

商标权利是指为获取、更新和维护商标权而采取的所有行动,也包括从市场上购买他人的商标。几乎所有类型的组织,无论规模大小,都使用商标来发展、支持、促进和巩固其品牌的知名度和声誉。一般来说,只有当商标的预期价值超过注册或维护成本时,才应注册或更新商标。然而实际上,商标是识别和区分不同商业实体的基本手段,也是企业参与市场活动的先决条件。此外,获得商标比

---

[1] Margaret A. Peteraf. The Cornerstone of Competitive Advantage:A Resource-Based View. *Strategic Management Journal*,14(3),1993,pp.179-191.

[2] Yougen Cao and Shengce Ren, and Mei Du. Strategic Trademark Management:A Systematic Literature Review and Prospects for Future Research. *Journal of Brand Management*,29,2022,pp.435-453.

获得专利更方便、经济。

(2) 商标许可

通常被许可商标具有良好的市场声誉和消费者基础,涉及共享商标使用权,可以为商标许可人和被许可人带来利益和优势。商标许可人可以获得商标使用费,从而增加收入。被许可人可以避免开发新品牌所需的时间和精力,从而节省成本;还可以利用许可方商标的良好声誉进入新市场,加快新产品的推出。与此同时,商标许可人必须控制许可产品或服务的质量,以避免损害其企业品牌。

(3) 商标诉讼

商标诉讼涉及通过使用或威胁使用法律行动保护品牌,以防止侵权人使用商标或注册类似商标。常见的商标侵权类型包括反向假冒、灰色市场销售、品牌盗用、品牌模仿、虚假广告、跨行业品牌盗用和跨行业模仿等。此类侵权行为可能会给权利人带来严重后果。因此,为有效保护商标权益,企业应监控市场是否存在潜在侵权行为,并在确定威胁后采取法律行动。一旦提起诉讼,鉴于诉讼费用高昂,企业可根据情况与另一方和解。

(4) 商标品牌化运营

在建立和保护商标权益基础上,商标品牌化运营是商标增值的重要环节和工作内容。通过广告、市场推广和公关活动可以提升品牌知名度和认可度,增加美誉度,同时在必要情况下,进行品牌扩张和多元化,利用已有的品牌价值和市场认知度,进入新的市场或推出新的产品线,实现商业机会增加和收益增长。该类型策略性活动和品牌管理、品牌战略高度关联,是在申请商标、商标权益保护基础上对商标的进一步运用与拓展,比如跨界合作和授权、国际化和全球市场拓展等。

2. 商标战略管理影响因素

商标战略形成和实施的先决条件应与企业的经营环境密切相关。它受到不同商业环境的制约,例如法律制度、行业惯例和公司特点等。企业的商标战略和管理必须考虑这些因素。这里把相关因素分为宏观因素、中观因素和微观因素等三类。其中,宏观因素即经济发展水平,代表国家或地区发展的程度。市场成熟度高、经济水平高的国家或地区拥有相对广泛的第三产业,这极大增加了商标活动的丰富性。中观因素主要是行业特征。无论是低技术产业、服务业、知识密集型产业,还是创意和文化产业,商标战略均是这些行业企业战略的共同和重要组成部分。微观因素就是企业层面的因素,如资源能力和管理特征、领导者偏好等,直接影响企业商标战略和管理。资源的丰富程度决定了企业可以采取哪些商标战略。例如,中小企业核心产品或服务更倾向于商标与商号相同。

(二)商标战略管理的目标

商标战略管理的最终目标是将商标权所赋予的竞争优势转化为企业绩效。这种努力主要体现在对企业生存机会、市场价值、盈利能力和生产率的影响上。

1. 增加企业的生存机会

商标申请可以帮助初创企业获得更多的风险资本投资,以进入并参与市场运营。一家公司不管成立时间长短,当它拥有高价值品牌时,商标许可可以帮助它获得进入新市场所需的补充外部资产。增加生存机会的另一种方法是通过商标申请使产品组合多样化,这可以对冲特定市场需求冲击的风险,并从营销活动的规模经济中获益。此外,商标会延迟公司退出市场或提高其收购预期。当多元化的产品组合包含大量商标时,公司通过解散进行退出的趋势会延迟,通过被收购的退出趋势也会加快。后一种效应可能表明,竞争对手将此类公司视为理想的收购目标。这是因为知名商标作为优质无形资产,可以帮助收购方实现收购目标,如实现规模经济、市场份额扩大和提高风险抵御能力等。

2. 提高企业的市场价值

与商标相关的指标,如数量、宽度、竞争地位、类型和反对意见的数量,包含关于企业未来基本面的信息。因此,商标可以向潜在投资者传达有价值的信号,特别是在高度不确定性和信息不对称的情况下。作为创业质量的衡量标准,商标是企业市场价值的重要贡献者。拥有更多商标和更广泛商标组合的公司,以及更积极保护商标资产的公司,通常会获得更高的财务评估。与此同时,金融市场只关注与品牌发展相关的品牌战略,但品牌现代化和品牌延伸战略可以提高公司的价值。此外,独家商标权还鼓励企业投资于质量和声誉,以通过广告效果提高其市场价值。

3. 提高企业盈利能力

企业的商标活动可以通过三种方式提高盈利能力。首先,通过将产品与竞争对手的产品区分开来,企业可以提高品牌忠诚度,并在特定条件下向客户收取产品或服务的溢价。其次,商标活动可能影响市场竞争机制;也就是说,商标活动经常被用来制造进入壁垒,导致更高的行业集中度。在集中度较高的行业中,已成立的公司将持续串通,最明显的表现是价格串通和异常利润。最后,如果商标与新产品开发之间的假定联系成立,商标可以用来衡量竞争对公司成本和利润效率的影响。这是因为人们普遍认为,这种竞争体系有利于不断修订生产方法,从而提高企业的整体绩效。

4. 提高企业生产率

商标战略管理的另一个经济回报是提高企业要素生产率。将商标与全要素生产率联系起来主要是基于商标刺激消费者需求的能力。也就是说,企业通过不同的方式应对需求增长,包括选择消耗部分剩余产能,从而提高运营效率,促进全要素生产率的增长或者增加投入,从而加大生产规模,并对规模回报产生相应的影响,或者采用不同的生产技术,从而生产出相同(或更低)投入水平的更多产品。商标已被证明是创新的宝贵指标。商标强度对公司净产出有积极影响,可以为创新企业带来更高的全要素生产率。

(三)战略商标管理

正如本书第四章战略知识产权管理部分所言,从战略角度开展知识产权相关研究是知识产权管理研究中的前沿课题,近年来受到理论界的重视。战略商标管理(STMM)是企业为实现整体目标,更好发挥商标作用所采取和进行的一系列有计划、具有战略性意义的商标部署和管理行为。战略商标管理以商标战略为基础,涉及企业在实施商标战略时如何管理与商标相关的选择和行动以及其他重要考虑因素。概括而言,战略商标管理是知识产权管理中的高级形态,基于战略知识产权管理的思想,强调商标战略与商业战略融合与耦合、引领作用,能有效对其他类型知识产权进行协同化和一体化管理的策略。这种融合与耦合对企业商业战略的实施有积极作用,表现在商标管理实践中的不同方面。

商标管理具有元管理特点。所谓元管理,即对各种管理行为进行管理之意。商标管理考虑企业整体的形象、特质、品牌等,不仅关注整体,而且落地到重要企业行为、产品与服务、企业文化,重视利益相关者对企业商标及商标行为的心理反应等。商标管理本身可以说有高阶管理之意,与战略管理天然联系在一起,是企业战略管理的一部分。商标管理,特别是商标战略管理,突出战略性这个维度。商标与企业的深度融合与耦合,考虑商标布局、商标间的协同、商标与商品的匹配、产品及企业理念与文化的传递等,试图通过各种机制融入常规管理的各个模块或环节中。这些都需要战略前瞻性、通盘考虑与安排。战略商标管理的角度与常规管理有所不同。战略商标管理不仅关注企业各种行为对总体声誉、总体竞争力是否有贡献,着眼于更长远、更持久的影响,重视工具理性和价值理性,而且还基于相关理论,进一步突出商标管理的战略性,意图增强商标战略的有效性、商标管理与战略的融合与耦合性。

二、商标战略管理的内容

商标战略涉及了解企业在实施商标战略时如何管理与商标相关的选择和行动以及其他重要考虑因素。

(一)商标生命周期管理

每个商标都有自己的生命周期,一般来说,包括申请、撤销、注册和发布、维护、续展和放弃等阶段。商标生命周期受到企业特征和商标特征等多种因素的影响。商标的使用寿命、相关产品类别的数量都会增加商标延期的可能性。具有强烈创新精神的企业往往较早更新商标,而较老的企业更有可能延长其商标。企业根据影响商标价值的因素,根据企业总体发展战略决定生命周期的管理活动。如商标法特征、商标年龄、宽度(母商标—子商标、商标扩展)、类型和获得的不可识别性等因素会倾向于延长或中止商标生命周期。

(二) 商标布局与商标间的关系管理

尽管根据现行《商标法》之规定,在注册申请环节,商标授权部门仅授予具有显著性的标识以商标专用权,显著性弱的商标难以注册。标识本身与指定使用商品或服务的特征的叙述性关联越小,越能作为商标受到保护。在汉语背景下,一些商标能传递出一定的美好意蕴,因此标识的内涵意蕴表达及合理搭配是在品牌设计与商标评估中不容忽视的环节,比如图形商标与文字商标组合与搭配,进而实现多重保护。同时,公司级的商标架构与产品级的商标布局之有效匹配也非常重要。按照企业商标生命周期管理的相关规律,企业需要根据自身产品或业务的需求,对公司商标进行定位和分级,以适应不同发展阶段的需要,实现商标间内涵与意蕴的内在一致性,形成公司的整体商标架构和谐与组合优化。特别是对产品级商标和公司品牌级的商标,应采取不同的布局策略,既要保持各商标之间的内在一致性,又要根据标识定位进行区别对待。如对于主品牌商标,可以考虑全球多类别布局;而子品牌商标则要考虑维护成本及商标效能维护效率,因此只需要在重要市场(如知识产权发达国家)进行多类别布局;辅商标由于其重要性没有主品牌和子品牌高,其注册原则应为"够用即可",即尝试单类别布局,再根据市场反映情况锚定那些有价值、有潜力的商标进行重点培育。公司在推出一款新产品或业务时,为保障商标间声誉与美誉度的共享和自然延伸,该款产品或服务的商标在内涵及定位上应与公司整体商标架构相和谐。

对于相关商标的管理,理想的状态是这些商标组合并不是松散的,而是由旨在保护公司品牌的复杂结构组成,可能会扩展到多个产品、产品类别和服务。特别是在品牌延伸环节,需要根据不断变化的环境调整品牌形象或更改商标以避免不必要的关联。如应考虑母品牌的独立性、安全性,防止品牌延伸之后对母品牌不必要或过多的侵占,从而避免带来相应的风险。企业可以通过延伸战略将品牌转移到其他基于既定品牌的产品或市场来寻求溢出效应。这些溢出效应导致消费者将他们的经验集中在同一品牌的产品上,并有潜力提高产品的市场地位和新产品的成功率。

(三) 商标管理嵌入和风险控制

在这方面,发达国家大型跨国集团公司的商标管理经验非常值得我们借鉴。

一些大型集团公司的商标管理与风险控制嵌入公司经营发展的全流程,如研发、采购、生产设计、物流、市场、销售等众多环节。同时,一些企业比较注重公司级别商标架构与产品级别商标布局相结合,主动研究竞争对手的商标布局情况,借助于绘制商标地图等方式,挖掘、识别出竞争对手商标布局模式,由此预测其未来商标布局和业务走向,为相关战略决策提供支持。

(四)商标与其他知识产权的一体化管理策略

商标与其他类型的知识产权互补使用,可形成一种一体化保护局面。一体化策略旨在编织一张缜密有序、疏而不漏的知识产权保护与利用网。其中商标是纲,其他知识产权是目。商标与其他知识产权相比可发挥统摄与枢纽作用,处于更为重要的地位。只有通过商标这根红线,同一企业或同一品牌之下的产品及所包含的知识产权才能贯穿成一个整体,确保企业收益最大化。企业知识产权一体化管理最常见的形式是推动商标和专利之间的互动互补。这也可理解为企业成长的商标统领型策略,即商标作为品牌的载体,承接其他知识产权带来的消费者认知,其中,商标内涵不断被强化,发挥其内在成长性及动态发展性优势。比如海尔的技术创新持续进行,产品的专利及创新性不断提高,将技术、外观设计专利等充实到品牌发展中,对抗消费者的遗忘曲线。海尔商标因此长盛不衰。同样,商业秘密、著作权、实用新型等均是企业创新战略的内在构成部分,通过商标与其他权利的联合,获得持续的创新收益。在化工业、制药业等行业内,专利、商标和广告的结合已经成为一种成熟营销手段。如在创新的早期阶段,专利为企业在技术轨道上的定位提供了丰富的信息。然而,公众对于创新价值链的后期(商业化)阶段知之甚少。此时,创新企业可以转向商标权的布局,商标的使用标志着其创新进入市场。商标还可以帮助公司在专利到期后扩大其在行业中的市场主导地位。商标和专利之间互动关系的具体表现取决于行业特征。在化学和制药领域商业实践中,广告将商标与专利二者紧密地联系起来;知名品牌商标所具有的公众印象又能让新专利迅速地获得市场认可,加速公司专利权获得收益的进程。

商标和版权之间也存在类似的互补关系。如迪士尼积极以商标战略应对"米老鼠"版权危机。2024年1月1日起,"米老鼠"版权走向公有领域,任何人都可以复制、发行和公开表演或展示《汽船威利》的部分或全部版权内容。迪士尼公司早已在"米老鼠"身上完成了45类商标全类目注册,只需进行商标续展,"米老鼠"将无期限地受到商标法保护。这种将其他知识产权和商标权配套结合的战略非常成功,具有一定参考价值。

三、争创驰名商标战略

(一) 驰名商标商业价值

驰名商标是指广为知晓并享有较高声誉的商标。驰名商标并非大企业的"专利",实践中不乏大型企业由于不重视知识产权管理,因而始终没有建立起一个广为人知的商标的现象。反倒是一些有远见、有抱负的中小企业,对知识产权有足够认知,通过扎扎实实的积累,逐渐培养起了被消费者广泛认同的优秀品牌。

在中国,法律对驰名商标的保护力度要比对普通商标的保护力度更强。对于普通商标而言,只有在相同或近似类别的商品或服务上使用与商标权人的相同或类似的商标才会构成侵权。而驰名商标权利人可以禁止他人在任何类别商品或服务上使用与自有商标相同或类似的商标。

 案例 家喻户晓的"好想你"枣

好想你健康食品股份有限公司(以下简称"好想你公司")是一家总部位于河南省郑州市、子公司遍布全国主要红枣产地的民营企业。人们可能无法想象,这个拥有 5 家全资子公司和 2 家非控股子公司,生产和销售网点遍及全国 278 个城市的大型企业集团,在成立之初只是郑州市新郑县的一个小食品加工厂。

好想你公司在其发展过程中非常重视知识产权工作。一方面,好想你公司不断利用知识产权增强企业核心竞争力,通过技术创新,申请各种专利丰富品牌内涵,形成富有特色的品牌形象。另一方面,好想你公司为"好想你"商标与同城同行业的另外一家企业的争夺经历了 8 年 30 多场商标诉讼,赢得商标专用权的同时也提升了企业的知名度。

经过多年的品牌经营,好想你公司的红枣品牌"好想你"终于在 2010 年 10 月被国家工商总局商标局认定为"中国驰名商标"。

好想你公司成功的例子展现了这样一个事实:企业的规模、实力并不是限制品牌发展的唯一因素。只要树立正确的品牌意识,努力在经营活动中提升品牌知名度与信赖度,企业完全可以建立起自己的驰名商标。

(二) 驰名商标获得路径

中国商标法律、法规对驰名商标的保护远远超过普通的注册商标和未注册商标。《商标法》第 13 条规定:"就相同或者类似商品申请注册的商标是复制、摹仿或者翻译他人未在中国注册的驰名商标,容易导致混淆的,不予注册并禁止使用。就不相同或者不相类似商品申请注册的商标是复制、摹仿或者翻译他人已经在中国注册的驰名商标,误导公众,致使该驰名商标注册人的利益可能受到损害的,不予注册并禁止使用。"第45条规定:"已经注册的商标,违反本法第十三条第二款和第三款、第十五条、第十六条第一款、第三十条、第三十一条、第三十二条规定的,自商标注册之日起五年内,在先权利人或者利害关系人可以请求商标评审委员会宣告该注册商标无效。对恶意注册的,驰名商标所有人不受五年的时间限制。"

驰名商标可以通过两种途径进行认定,一种是行政认定,即通过商标局进行认定,另一种是司法途径,也就是通过法院的异议纠纷案件进行认定。其中,行政认定驰名商标的主体是商标局和商标评审委员会,司法认定驰名商标的主体为人民法院。无论通过哪种途径进行认定,都要求企业达到一定的条件和资质。中国法律规定,在判断是否构成驰名商标时需要综合考虑如下因素:相关公众对该商标的知晓程度;该商标使用的持续时间;该商标的宣传工作持续的时间、程度和地理范围;该商标作为驰名商标受保护的记录;该商标驰名的其他因素。这些因素可通过每年的销售额、广告的投入以及商标的使用情况及荣誉等指标加以表征,只有相关指标达到一定的水准,才有资质进行驰名商标的认定。

(三)驰名商标争创策略

创建企业驰名商标是一项系统工程,需要在从企业总体战略管理到法务管理等不同层次的综合管理工作中,持续推进,而非一日之功。

1. 战略重视

驰名商标是企业综合实力象征,既是企业的硬实力,也蕴含了企业的软实力。企业发展的品牌化、市场化经营战略可形成对驰名商标建设工作的有力支撑。企业通过专注于产品的生产,为用户提供专业服务,不断优化管理措施,实现技术水平、产品质量、生产能力全国领先,以技术优势、品牌优势、管理优势和规模优势为驰名商标创建提供坚实支撑。对中国大部分企业来说,实施对标管理是有效的策略与办法。通过对标先进企业,取人之长,补己之短,可以促进自身工作的不断进步,全面提升企业核心竞争力,不断优化企业的管理模式,实现企业的流程再造。

2. 创新推动,以质取胜

质量是企业生存和发展的根本,在严酷的市场经济环境下,过硬的产品质量、口碑良好的品牌,是企业实现战略性目标和占领市场高地的重要手段。企业只有坚持以质取胜,打造企业产品与服务质量,以质量求生存,以质量求发展,向质量要效益,才会赢得竞争的先机,过硬的产品质量、良好的全程服务和信誉保证是企业品牌走向成功的关键。企业应不断完善质量管理体系,提高质量工作水平,使质量管理更加规范。

3. 体系化与规范化的商标保护与管理

创造驰名商标是一个系统工程,需要有组织保障,同时应建立对商标与品牌进行管理的规范制度与流程,形成企业内部人人都重视品牌、重视企业声誉的氛围。此外,需要专业化的商标管理,防止商标淡化,加强风险防范,还需要整合企业内外各种力量,协同推进。概括而言,应形成有规范、有制度的商标保护与发展体系。

4. 重视品牌整合营销,增加企业商标的知名度及美誉度

传播是品牌力塑造的主要途径。品牌传播是企业满足消费者需要、培养消费者忠诚度的有效手段。品牌整合营销是指把品牌等与企业的所有接触点作为信息传达渠道,以直接影响消费者的购买行为为目标,从消费者出发,运用所有手段有力传播品牌的过程,具有目标性、互动交流性、统一性、连续性、动态性特点。具体方法包括广告、公关、促销、事件营销、关系营销、企业领导魅力等众多形式,灵活多元,使客户形成对企业品牌和产品的认知,并不断增加企业品牌的美誉度。

近年来,越来越多的企业经过用心经营,克服物质资源有限的困境,充分利用中国保护驰名商标法律制度,争创驰名商标,培育出一批自主高价值品牌。企业经营者在明确了产品的市场定位之后,在产品的质量、功能、价格上下功夫,经过一段时间的悉心耕耘,商标的知名度和信赖度就会逐渐上升,驰名商标离企业也就不再遥远。

第六节 多主体商标及其管理

在商标体系中还存在几类特殊的商标,即多个主体共同使用的商标,包括地理标志、证明商标和集体商标。企业可以利用这样的制度,服务市场需要。

一、地理标志、证明商标和集体商标

(一)地理标志

地理标志是指标示某商品来源于某地区,该商品的特定质量、信誉或者其他特征主要由该地区的自然因素或者人文因素所决定的标志。通俗地说,地理标志即某货物的一种特殊的原产地证明。比如,农产品就具有源于其产地的品质,并且受当地特定因素的影响,如气候、土壤等。通常来说,地理标志属于描述性标记,不具有识别不同企业之商品或服务的显著性,因此在实践中,地理标志如要作为商标使用,有一些限制。许多国家的商标法都明确规定地理名称不得作

为商标受到保护,并可以作为商标侵权的抗辩。实践中,应当取决于公众是否会认为该地理标志表明了商品来源与商标之间的关系,在个案基础上予以认定。作为商标使用的地理标志不得使公众对商品或服务的产地、品质或其他特征发生误认或混淆。地理标志的基本特征有:(1)标明了商品或服务的真实来源(即原产地的地理位置);(2)该商品或服务具有独特品质、声誉或其他特点;(3)该品质或特点本质上可归因于其特殊的地理来源。地理标志在中国通常以证明商标或集体商标形式受到保护。

（二）证明商标

证明商标是指由对某种商品或者服务具有监督能力的组织所控制,而由该组织以外的单位或者个人使用于其商品或者服务,用以证明该商品或者服务的原产地、原料、制造方法、质量或者其他特定品质的标志。

证明商标的特点有:(1)注册人(某个具有监督能力的组织)不使用,由符合条件的主体使用;(2)只要企业提供的商品或服务符合特定的品质并向注册人申请即可使用;(3)用以证明商品或服务本身出自某原产地,或具有某种特定品质的标志;(4)注册、使用、管理的规则统一公开,接受社会各界监督。

证明商标所证明的内容种类很多,包括质量、准确度、商品原产地、服务来源地、材料或制造方式等。如纯羊毛标志(WOOLMARK),即证明商品是用100%羊毛制成的。地理标志可以作为证明商标申请注册。例如,云南省普洱茶协会于2007年7月1日起,正式启用"普洱茶地理标志证明商标",对普洱茶的原产地作了严格的界定,凡是不符合《普洱茶综合标准》的茶叶,都不能使用该地理标志证明商标。借助地理标志,云南普洱茶产业进入了一个正本清源、依托品牌、有序经营、健康发展的阶段。

（三）集体商标

集体商标是指以团体、协会或者其他组织名义注册,供该组织成员在商事活动中使用,以表明使用者在该组织中的成员资格的标志。

集体商标的特点是:(1)必须以组织、团体或协会名义申请;(2)由组织成员共有、共用(使用商标得先成为组织成员);(3)注册、使用、管理的规则统一公开,接受社会各界监督。

（四）地理标志证明商标和地理标志集体商标的区别

地理标志是一种特殊形式的集体商标,该集体成员的商品或服务来源于特定地域。地理标志可以作为证明商标或集体商标申请注册,均可以用来保证特定产品或服务来自指定区域、地域、地点,具有特定品质、特征、信誉。但是,二者具有不同运行机制,存在一些差别(见表8.1)。

表 8.1 地理标志作为证明商标和集体商标的不同

	证明商标	集体商标
注册主体	具有检测、监督能力的机构	有识别、监督能力的工、农、商业团体、协会或其他组织
表示的侧重点	侧重表明来自哪个指定区域、地域、地点	更突出表明商品或服务来自哪个集体,商标使用人与集体的从属关系
使用主体	经过特定组织认证、符合特定条件的商品或服务提供者(注册人除外)	商标注册人的所属成员均可以使用该商标

二、多主体商标的管理要点

（一）地理标志的管理要点

许多地理标志已获得富有价值的声誉,企业如果认为产品与生产的地理区域之间有明确联系,可以申请取得证明商标或加入某集体组织,借助特定地理标志宣传和推销自己的产品。企业可以通过两种途径获得地理标志:一是向特定的机构申请地理标志证明商标;二是加入特定的组织,作为特定组织成员享有地理标志集体商标。地理标志的使用并不限于农产品。地理标志还可以突出显示因原产地人文因素(如特殊的创造技能和传统)而致使产品具有的独特品质,比如景德镇瓷器、洛阳唐三彩等。原产地可以是一个村庄或城镇,也可以是因长期使用而形成的表示特定地理区域的名称。

（二）证明商标的管理要点

对于生产农产品或其原材料来源于农产品的商品的企业来讲,地理标志证明商标是走向世界的法宝。各国对地理标志证明商标都给予了高度重视,将之作为能使特定商品在国际市场取得竞争优势的工具。比如,中国的茶叶在国外市场享有很高的声誉,能够取得相关的地理标志证明商标对企业的境外销售将大有裨益。"企业品牌＋证明商标(地理标志)"被认为是企业进入市场和开拓市场的有效途径;企业可以在证明商标的统领下,创建和建设品牌。证明商标的使用离不开自己的品牌,这是因为证明商标的区别功能指向的是产品的特点、品质,并不直接指向商品的生产者或服务的提供者。对消费者来说,认识证明商标,只是为了对商品的品质或来源进行辨认,不会也不能据此区别不同的生产者或服务提供者。证明商标还可以证明产品符合某些规定的标准,从而向消费者表明,它们的产品已经过被认为有资格为产品作出证明的组织的检查,并符合要求。这也可以帮助公司进行产品营销和提高在消费者心目中的形象。证明商标是开放的,只要其经营的商品和服务达到管理规则规定的特定品质,就可以申请使用证明商标。

（三）集体商标的管理要点

集体商标也可以作为企业可利用的制度工具。集体商标的使用（通过企业间的合作或联系）可以使企业成员享受基于企业所生产的产品或提供的服务等共同来源或其他共同特点的声誉。集体商标制度给了企业联合打造市场的机会。生产相同和相似产品的企业可以联合起来，成立一个协会或商会，申请集体商标，集合集体力量，共同打造某个集体商标，共享其商誉。创建一个集体商标不仅有助于这些产品在国内（有时也在国际上）进行销售，而且还为当地厂家之间开展合作提供框架，能帮助它们克服其因规模小和各自为政而在市场上遇到的一些挑战。

在一件商品上，企业既可以标示集体商标，也可以标示企业自己的商标。这让企业能在将自己的产品区别于竞争对手的产品的同时，也可以受益于集体商标带来的消费者对产品或服务的信心。集体商标必须由集体组织注册，注册人有责任确保其成员符合一定标准（这些标准通常在关于集体商标的使用条例中规定）。集体商标的注册人通常为工商业团体、协会和其他集体组织。企业协会即有资格注册集体商标，因此可以联手特定地区的企业，注册集体商标，提高成员企业的产品知名度。

第九章　著作权管理

著作权因其独有的性质在企业知识产权管理中扮演着重要的角色。对一些文化产业及以创意见长的企业来说,著作权更是核心资产。著作权管理逐渐成为企业管理的核心内容。企业管理者对著作权和著作权管理的内涵应有基本了解,重视在经营活动中应用和保护著作权,同时避免在经营过程中侵犯他人的著作权。围绕如何培育、保护自有的版权/创意资源,如何规避侵犯他人的版权,如何利用自有的版权资源以及付出最低成本地利用他人的版权资源为企业创造最大价值等相关内容,本章给出一些思路和办法。

第一节　著作权管理概述

一、何谓著作权

(一) 著作权法保护的对象

著作权,又称版权,是指文学、艺术和科学作品的作者及其他相关主体依法对作品及相关客体所享有的各项专有权利。著作权法通过赋予作者利用作品的排他性权利,来保护作者的精神利益,同时获得相应的经济回报,以激励人们创作出新的文学艺术作品。著作权客体为作品,我国著作权法保护的作品范围如表9.1所示。

表9.1　我国著作权法保护的作品种类

名称	表现形式
文字作品	小说、诗词、散文、论文等以文字形式表现的作品
口述作品	即兴的演说、授课、法庭辩论等以口头语言形式表现的作品
音乐作品	歌曲、交响乐等能够演唱或者演奏的带词或者不带词的作品
戏剧作品	话剧、歌剧、地方戏等供舞台演出的作品
曲艺作品	相声、快书、大鼓、评书等以说唱为主要表演形式的作品
舞蹈作品	通过连续的动作、姿势、表情等表现思想情感的作品

(续表)

名称	包含内容
杂技艺术作品	杂技、魔术、马戏等通过形体动作和技巧表现的作品
美术作品	绘画、书法、雕塑等以线条、色彩或者其他方式构成的有审美意义的平面或者立体的造型艺术作品
建筑作品	以建筑物或者构筑物形式表现的有审美意义的作品
摄影作品	借助器械在感光材料或者其他介质上记录客观物体形象的艺术作品
视听作品	由一系列有伴音或者无伴音的画面组成,并且借助适当装置放映或者以其他方式传播的作品①
图形作品	为施工、生产绘制的工程设计图、产品设计图,以及反映地理现象、说明事物原理或者结构的地图、示意图等作品
模型作品	为展示、试验或者观测等用途,根据物体的形状和结构,按照一定比例制成的立体作品
计算机软件	计算机系统中的程序及其文档
其他作品	符合作品特征的其他智力成果

(二)著作权人享有的权利

著作权可以分为人身权和财产权两部分。除发表权外,著作人身权没有期限限制,自作品创作完成即告产生,并将永远存续。而著作财产权及发表权的保护期限为作者有生之年及其死后50年。著作人身权与作者的关系密不可分,不可转让,且不因权利人的死亡而消灭。著作人身权主要是用来保护作者的人格利益或精神利益。著作财产权则是赋予作者排他地利用作品并获得经济利益的权利,它确立了著作权的基本秩序,即未经作者许可或授权,不得以特定的方式使用其创作的作品。作为财产权的一种,著作财产权可以转让、许可和继承。作者据此也能够控制作品的复制、传播、改编等对作品的再利用行为。作品的传播人在制作、传播作品的过程中也付出了一定的智力劳动。为了保护他们在此过程中付出的劳动,法律也赋予了传播者一定的权利——邻接权。

(三)著作权的特征

著作权与其他知识产权相比有其独有的特征。

---

① 《中华人民共和国著作权法实施条例》第4条对"视听作品"的前身"电影作品和以类似摄制电影的方法创作的作品"规定了"摄制在一定介质上"的要求。

1. 著作权的自动取得性

与专利权、商标权不同的是,著作权自创作完成时便自动产生,不需要向专门机构申请授权。这意味着,只要作者完成了作品的创作,即使该作品尚未发表,作者也享有对该作品的著作权,对作品的公开(如上传到自己的博客)也不意味着著作权的丧失。除非有法定免责事由,否则任何未经许可对受到著作权保护的创作成果的使用都将构成侵权。

2. 著作权客体的多样性

著作权旨在保护人们独创性的表达。原则上只要是作者独立创作的具有智力创造性的作品,无论长短和形式,都将受到著作权法保护。因此,一个标语、一个图形设计、一个美术字体等,不管以什么载体表现在公众面前(纸质、墙壁、数字或网页的方式等),都可能受著作权保护。由于著作权保护客体的多样性和保护范围的广泛性,企业在广告、宣传等经营过程中很可能面临侵权的风险。除非所使用的内容明确处于公有领域,否则都应当事先获得著作权人的授权。

3. 著作权内容的广泛性

著作权法赋予著作权人对作品使用、控制的权利范围非常广,明确规定了四种人身权利、十二种经济权利以及多项邻接权(见表9.2),且每项专有权利控制着多种具体的实施行为。以著作权法规定的复制权为例,其不仅禁止未经授权的印刷、复印、电子拷贝等常见的复制行为,还禁止从平面到立体或从立体到平面的复制,如擅自将雕塑家的雕塑作品临摹成油画,并将其用作经营性宣传图片的行为构成侵权。在缺乏法定抗辩事由如"合理使用"和"法定许可"的情况下,任何未经授权而实施的受专有权控制的行为均构成侵权。

表9.2 著作权法赋予著作权人及传播者的权利

类型		权利	权利内容	示例
著作权	人身权	发表权	决定作品是否公之于众的权利	未经许可将他人未公开的作品予以出版构成对发表权的侵犯
		署名权	表明作者身份,在作品上署名的权利	未经许可在他人作品上署上自己的姓名构成对署名权的侵犯
		修改权	修改或者授权他人修改作品的权利	未经许可对他人作品进行修改并向公众提供的行为构成对修改权的侵犯
		保护作品完整权	保护作品不受歪曲、篡改的权利	未经许可歪曲篡改原作品的行为构成对保护作品完整权的侵犯

(续表)

类型		权利	权利内容	示例
著作权	财产权	复制权	以印刷、复印、拓印、录音、录像、翻录、翻拍、数字化等方式将作品制作一份或者多份的权利	未经许可翻印他人小说的行为构成对复制权的侵犯
		发行权	以出售或者赠与方式向公众提供作品的原件或者复制件的权利	未经许可首次公开销售唱片的行为构成对发行权的侵犯①
		出租权	有偿许可他人临时使用视听作品、计算机软件的原件或者复制件的权利,计算机软件不是出租的主要标的的除外	未经许可有偿将计算机软件出租给他人的行为构成对出租权的侵犯
		展览权	公开陈列美术作品、摄影作品的原件或者复制件的权利	未经许可公开展览他人画作的行为构成对展览权的侵犯
		表演权	公开表演作品,以及用各种手段公开播送作品的表演的权利	未经许可在商场内播放唱片音乐的行为构成对表演权的侵犯
		放映权	通过放映机、幻灯机等技术设备公开再现美术、摄影、视听作品等的权利	未经许可公开放映电影作品的行为构成对放映权的侵犯
		广播权	以有线或者无线方式公开传播或广播作品,以及通过扩音器或者其他传送符号、声音、图像的类似工具向公众传播广播作品的权利	未经许可在商场内公开传送接收到的广播节目的行为构成对广播权的侵犯
		信息网络传播权	以有线或者无线方式向公众提供作品,使公众可以在其个人选定的时间和地点获得作品的权利	未经许可上传电影供公众在其个人选定的时间和地点观看的行为构成对信息网络传播权的侵犯
		摄制权	以摄制视听作品的方法将作品固定在载体上的权利	未经许可将一部小说拍成电影的行为构成对摄制权的侵犯
		改编权	改变作品,创作出具有独创性的新作品的权利	未经许可将一部小说改编成漫画的行为构成对改编权的侵犯
		翻译权	将作品从一种语言文字转换成另一种语言文字的权利	未经许可将外文小说翻译成中文的行为构成对翻译权的侵犯
		汇编权	将作品或者作品的片段通过选择或者编排,汇集成新作品的权利	未经许可选择多篇散文,并编成散文集的行为可能构成对汇编权的侵犯
		其他权利	法律未明确列举,但应当由著作权人享有的其他权利	/

---

① 发行权受到"发行权用尽"原则的限制,即作品原件和复印件经著作权人许可,或依法律规定首次销售或赠与之后,著作权人就无权控制该原件或特定复制件所有权的再次转让。

(续表)

类型	权利	权利内容	示例
邻接权	出版者权	出版者对其出版的图书、期刊的版面和外观装饰所作的设计享有专有使用权	未经许可盗用图书版式的行为构成对出版者权的侵犯
	表演者权	表演者对其表演活动享有的权利包括：表明身份权、保护表演形象不受歪曲权、禁止他人从现场直播和公开传送其现场表演的权利、复制权、发行权和信息网络传播权	未经许可录制他人的表演予以传播的行为构成对表演者权的侵犯
	录制者权	录制者对其制作的录音制品、录像制品享有的权利，包括复制权、发行权、出租权和信息网络传播权	未经许可销售盗版唱片的行为构成对录制者权的侵犯
	广播组织权	广播电视组织（广播电台和电视台）对其播放的广播、电视信号享有的权利，包括转播权、复制权和信息网络传播权	未经许可转播其他电视台的节目的行为构成对广播组织权的侵犯

作为知识产权，著作权与物权相比也有重要的区别。购买人购入他人受著作权法保护的作品时，一般仅享有特定作品复制件或原件（承载作品的介质）的物权，但并不当然取得著作权。因而，作品载体的所有权人虽然可以自己或借给别人以欣赏、阅读等方式使用作品，但任何人未经著作权人许可仍然不可以进行复制、发行、播放等受著作权控制的行为。把握著作权的这一特点，对于企业避免侵犯他人著作权尤为重要。

 案例 "茅盾手稿"著作权纠纷案

茅盾先生于 1958 年将其用毛笔书写创作的一篇评论文章《谈最近的短篇小说》向杂志社投稿，该篇文章的文字内容发表于《人民文学》1958 年第 6 期。后手稿原件被张晖持有。2013 年 11 月 13 日，张晖委托南京经典拍卖有限公司（以下简称"经典拍卖公司"）拍卖多件物品，其中包括涉案手稿。2013 年 12 月 30 日，经典拍卖公司通过数码相机拍照上传了涉案手稿的高清数码照片，在其公司网站和微博上对手稿以图文结合的方式进行了宣传介绍。公众在浏览经典拍卖公司网站时，可以看到涉案手稿的全貌，也可以通过网页的放大镜功能观察到每页手稿的局部细节。预展过程中，经典拍卖公司展示了涉案作品原件，也向观展者提供了印有涉案拍品的宣传册。2014 年 1 月 5 日，涉案手稿在经典拍卖公司 2013 季秋拍中国书画专场进行拍卖，案外人以 1050 万元的价格竞得涉案手稿。但因此后竞买人未付款导致拍卖未成交，涉案手稿原件仍由张晖持有。

拍卖结束后,经典拍卖公司仍在互联网上持续展示涉案手稿,直至 2017 年 6 月才将其删除。沈韦宁、沈丹燕、沈迈衡系茅盾先生的合法继承人,其认为张晖和经典拍卖公司的上述行为侵害了涉案手稿的著作权,故诉至法院。一审法院判决经典拍卖公司停止侵害涉案手稿信息网络传播权的行为并赔偿沈韦宁、沈丹燕、沈迈衡经济损失 10 万元。沈韦宁、沈丹燕、沈迈衡不服一审判决,提起上诉。二审法院认为,涉案手稿既是文字作品也是美术作品,张晖系涉案手稿的合法所有权人,有权选择以拍卖的方式处分自己的合法财产,张晖的行为没有侵害涉案手稿的著作权。但经典拍卖公司侵害了涉案手稿的美术作品发表权、复制权和信息网络传播权,应当承担停止侵害、赔礼道歉和赔偿损失的侵权责任。二审法院遂判决经典拍卖公司向沈韦宁、沈丹燕、沈迈衡公开赔礼道歉并赔偿经济损失 10 万元。

资料来源:江苏省南京市中级人民法院(2017)苏 01 民终 8048 号民事判决书。

二、企业著作权管理

宏观层面的著作权管理是指国家对版权事宜开展的专业性行政管理,由国家版权局负责,其职能包括版权的取得、转让、使用以及处理版权纠纷、提供版权情报、交涉涉外版权事务等。微观层面的著作权管理则主要指企业根据法律法规及企业需要,对企业版权的创造、保护、运用等进行的专业性、综合性协调活动及其过程。这里主要介绍微观层面的企业著作权管理。

(一)著作权管理和保护的必要性

随着知识经济和市场经济的深入,作品的广泛性、渗透性使得著作权逐渐成为企业经营管理过程中有价值的资产与竞争武器。在早期著作权制度建设中,法学理论普遍认为,作品的价值在于满足人们的审美需求,与产业活动无关或关系不大。然而,进入 20 世纪以来,作品的外延不断扩大,涵盖软件、时尚等具有特定功能并可广泛应用于产业领域的对象。与此同时,越来越多的作品被商业化运作,版权的经济价值、商业价值被不断挖掘,以至于版权贸易成为国家层面重要的经济门类。随着作品向商业领域、产业领域渗透,如在玩具、时尚、家具等产业中,著作权发挥作用的空间越来越广阔。创意的保护与开发等涉著作权问题在企业知识产权管理中逐渐成为绕不过去的话题。

 案例　武松打虎案

1954 年,画家刘某某创作了组画《武松打虎》。1980 年,山东景阳岗酒厂对刘某某组画中的第 11 幅进行修改后,作为装饰用在其生产的白酒酒瓶上。之后,该厂又于1989年将该图案向商标局申请商标注册并被核准。1996年,画家刘某某的继承人裴某、刘某发现上述情况后,认为景阳岗酒厂侵害了刘某某的著作权,将后者诉至法院,请求判令被告停止侵害,赔礼道歉,消除影响,赔偿经济损失50万元。

北京市海淀区人民法院经审理认为,绘画作品《武松打虎》系刘某某于1954年独立创作完成,其著作权为刘某某享有。1980年被告未经刘某某许可,擅自将《武松打虎》绘画进行修改后,在其生产的景阳岗系列白酒的瓶贴和外包装装潢中使用,属于侵权行为。刘某某去世后,其著作权中的使用权和获得报酬权应由其继承人继承。因此,原告作为刘某某的第一顺序法定继承人,为保护被继承人刘某某对其作品享有的署名权、修改权、保护作品完整权和维护其依法继承被继承人的著作权中的使用权和获得报酬权,要求被告停止侵害,消除影响,赔偿损失理由正当,应予以支持。最终判决:景阳岗酒厂停止在其生产的白酒瓶贴和外包装装潢中使用绘画作品《武松打虎》,向原告赔礼道歉,消除影响,赔偿原告经济损失20万元,支付原告因诉讼支出的合理费用1万元。

在本案中,被告擅自修改使用他人的作品,改变了作者的创作意图,属于歪曲、篡改他人作品,破坏了作品的完整性。同时,也侵害了作者对其作品依法享有的使用权和获得报酬权。另被告在使用刘某某的作品时,未为刘某某署名,侵害了刘某某的署名权。本案判决作出后不久,1997年2月,国家工商行政管理总局商标评审委员会作出终局裁定认为,山东景阳岗酒厂以"武松打虎"图注册为商标,侵害了版权人的在先版权,决定撤销其"武松打虎"图注册商标。

资料来源:北京市海淀区人民法院(1996)海知初字第29号民事判决书。

尽管大多数非媒体企业并不依赖作品来生存,但著作权管理的价值因企业业务差异有所不同,这并不意味着企业在经营活动中根本没有著作权存在或者不需要运用著作权。作品具有极广泛的应用场景,每个企业或多或少都会涉及作品的使用,都会享有一定的著作权。著作权是企业可利用的一种无形资产,如何保护和利用自己的作品、防止他人侵权,也是每个企业知识产权管理的重要内容。同时也由于著作权保护的渗透性、广泛性,任何一个企业都应当谨慎使用他人的作品,避免侵犯他人享有的著作权。因而,企业应当将著作权管理纳入其知识产权管理体系之中。

对于提供文创、设计服务或以著作权作品为核心业务的企业以及计算机软件公司等,著作权管理的重要性自不待言,尤其是在互联网新经济时代,网络著作权纠纷日益增多。这类以内容服务为生命线的企业,版权是其核心资产,版权的产生确权、登记、许可、维护、侵权纠纷的处理都需要管理与协调,这也对著作权管理提出了更高要求。未来的著作权管理将变得更加复杂和专业。

（二）企业著作权管理的作用

一般来说，企业做好著作权管理，首先需防止他人侵犯企业的著作权，维护企业的合法权益。其次，在企业的科研开发及生产经营活动中，要提高著作权意识，避免侵犯他人的著作权，做好著作权侵权风险防范，如在涉侵权案件中，提供明确合法的来源，进行有效抗辩。最后，做好著作权经营管理工作，可为企业带来增加显性资产和降低风险的双重收益。随着版权产业在国民经济中所占比重越来越大，著作权中蕴藏着越来越多的财富。著作权作为企业重要的无形资产保护形式，可以为企业带来巨大的收益。

第一，保护和利用好自己的作品。企业在日常运作过程中会产生许多与著作权相关的问题，如对档案材料的保管、对作品著作权权利归属的处理、对作品的开发利用、著作权的登记以及是否加入特定的著作权管理组织等。企业要针对这些问题建立适当的管理机制，使企业内部的著作权管理更加制度化、体系化。

第二，规避和防止侵犯他人著作权。对于普通企业来讲，著作权管理的主要任务是避免经营活动中的有关行为侵犯他人的著作权。例如，打广告的时候不慎使用了他人享有的受著作权保护的音乐作品。

第三，将著作权与技术战略、商标战略相结合，可更好地完善对企业所拥有的其他智力资产的管理及保护。

三、企业著作权管理的基本内容

（一）著作权管理的主要内容

著作权管理的基本内容主要包括两个方面：一方面是基于作为管理对象的作品衍生而出的，从内容创造到价值萃取等的管理，涵盖企业著作权的归属、著作权合同管理、著作权纠纷管理以及计算机软件和网络著作权的管理等。另一方面是对持续开展组织管理所需要的程序和规章制度方面的管理，包括制定和完善版权规章制度、进行版权确认和登记、支持版权交易和融资、维护权益并应对侵权纠纷，还有培训、绩效考核、宣传解释法律法规，以及文档资料归档和协调各部门的版权管理工作等。

（二）部分环节管理内容

在实践中，企业可能忽视著作权档案及材料存管、职务作品著作权的归属和利用规则制定等，致使自身作品难以得到有效保护，存在著作权侵权风险。这里结合实务中著作权登记、著作权合同管理等事项，对部分著作权管理内容进行简要介绍。

1. 档案及材料存管

企业应当尽可能保管好在生产经营过程中形成的文件、资料和信息。企业对文件、资料的存管应当是全方位的，不管这些文件、资料是技术文件还是经营文件，甚至是对事实的记录，也不管它们是否属于作品，企业都应当妥善加以保管。存管时应标明隶属部门、草拟人（设计人）、时间等要素。这种保管除了具有档案价值外，还拥有知识产权的价值。

(1) 作为保护企业无形财产的一种手段

企业的无形资产并没有清晰的边界，专利和商标只是其中的一部分，并不能完全外化企业的全部价值信息。商业秘密也只是有价值信息的一部分，许多有价值的信息无法受到知识产权的保护。不同于其他知识产权类别，著作权的保护门槛相对较低，并且对已经公开的作品也给予保护。因此，著作权可以作为一种保护有价值信息资料的手段。比如，符合独创性标准的技术手册、设计图除了可以作为技术信息受到保护外，也可以作为作品受到保护。

由于著作权采用自动保护原则，其权利人的确认往往存在争议。企业如果缺失日常管理，不能确定创作人、创作时间，就很难利用著作权法保护自己的合法权益。

(2) 权属证明的便利性

想要主张他人侵犯了自己的著作权，首先要证明自己拥有该著作权。对抗他人侵权主张时也可主张自己独立创作了某件作品，以此作为抗辩理由。由于未能管理好开发过程中形成的文档资料或者未能明确对作品权利的归属，以至于不能提出有效的证据支持自己主张的情况在现实中时有发生。这会导致作者处于十分被动的地位，给企业造成很大的损失。

档案保存的法律意义主要体现在以下两个方面：

其一，被诉时证明该作品源自企业自行创作或者企业的创作早于原告。在庭审中，举证是法官判定事实的关键。当事人若不能证明自己所提出的观点，往往要承担不利于自身的后果，所以保存档案在对抗他人因著作权侵权或权利归属等事由所提起的指控时就显得尤为重要。

其二，企业主动维权时证明自己是权利人。对于自己创造的作品，企业应该保存创作作品的相关材料，以便在必要的时候能提供充分证明自己权利的第一手资料，从而达到保护自身权益的目的。

 案例　谁是"麒麟图"的作者

四川大行宏业房地产开发有限公司（以下简称"大行公司"）在其开发的房地产项目锦宏骏苑以及在《成都商报》的房地产广告上使用了一幅"麒麟图"。成都众成广告有限公司（以下简称"众成公司"）以自己是"麒麟图"的作者，大行公司的行为侵犯了其对"麒麟图"享有的著作权为由,向四川省成都市中级人民法院提起诉讼。

诉讼中,众成公司提供的"麒麟图"的电子文档不能证明其绘制完成的时间早于大行公司、锦宏家族物业管理公司被控侵权行为发生的时间。另外,众成公司提供的两份广告上的字样也不能证明其在"麒麟图"上有署名的行为。众成公司不能证明自己的作者身份,因此,法院判决驳回其诉讼请求。

证据是法院判决的依据。企业应该在作品创作及使用的过程中充分保存能证明权利归属的相关资料,以免在受到他人侵权时不能维护自身的权利。

资料来源:四川省高级人民法院(2005)川民终字第495号民事判决书。

2. 明确职务作品著作权的归属和利用规则

一般而言,作品的创作者即作品的著作权人。即使是员工在职期间创作的作品,企业也并不当然地取得著作权。在这一点上,著作权法对作品归属的规定和专利法对技术成果归属的规定有所不同。

著作权法将职务作品分为特殊职务作品和一般职务作品。只有特殊职务作品的著作权才属于单位(企业和其他组织)所有。而一般职务作品的著作权由作者享有,但法人或者非法人组织有权在其业务范围内优先使用。这意味着,除特殊职务作品之外,企业雇员为完成单位的工作任务所创作的作品,即使属于工作任务的性质和范畴,其著作权也属于雇员,而不属于企业。

法律将一般职务作品的著作权赋予了雇员个人,主要是由于这类职务创作是雇员个人意志和思想表达的结果,具有强烈的人身性。但是,为平衡单位的利益,法律赋予了单位优先使用的权利,单位可以以此获得作品利用的商业价值。作品完成两年内,未经单位同意,作者不得许可第三人以与单位相同的使用方式使用该作品。

尽管企业不能改变著作权法确立的基本原则,但是,企业还是可以利用各种制度、政策、协议(包括雇佣合同),确立以下规则:

(1) 两类职务作品的划分,明确企业对哪些职务作品享有著作权。

(2) 对于一般职务作品,规定企业行使优先使用权的制度;明确员工在企业内不得自行使用;以及自己使用或许可他人使用时,企业与创作员工之间利益的分配比例。

(3) 企业对职务作品创作的激励措施。通过一定的制度安排,使企业在合理范围内尽可能多地分享员工智力劳动成果带来的收益。

3. 通过合同明确委托作品的著作权归属

委托创作在现实中是极为普遍的现象。著作权法允许当事人对委托创作作品的归属作出约定,企业可以据此利用委托创作制度积累自己的作品资源。

《著作权法》规定,委托作品的著作权归属可以由合同约定;合同未作明确约定或者没有订立合同的,著作权属于受托人,所谓"有约定从约定,无约定从法定"。企业在签署委托创作合同时,可以通过合同条款明确约定创作作品的著作权归委托人,也即企业自己。法律也并不限制企业与雇员之间的委托创作,因此,企业不仅可以委托外人,也可以委托员工创作作品,并通过签订合同的方式将权利的归属予以明确,从而尽可能减少争议,避免侵权。委托创作合同要点如下:

(1) 项目界定

委托创作的作品是委托创作的合同标的。虽然受托人是独立创作的,但是它毕竟是为委托人而创作,委托人应对作品想表达的思想、目的、内容、范围、效果等作出清晰的描述,以免之后双方对作品是否符合要求产生争议。

(2) 成果的归属和使用

可明确约定创作成果的著作权归委托人所有,同时应在合同中对委托作品的使用方式、时间和地域范围作出明确的约定。

(3) 费用和报酬

委托创作的对价可以分别以费用和报酬的形式支付,也可以笼统地支付报酬。委托创作合同要对是否给付创作费用及其他金额、支付方式作出明确的约定。同样,委托创作的报酬金额和支付方式也应当加以明确。报酬支付既可以是固定的,也可以与之后的利用效益挂钩。但无论以何种方式支付,双方当事人均应当在合同中作出具体明确的约定。

(4) 期限或交付创作成果的时间和违约责任

履行期限在委托创作合同中也是必不可少的要素,应在合同中予以明确。另外,需要明确约定受托人迟延交付委托作品或经延期后仍未能提交时所应当承担的违约责任(如全额或部分返还甲方已支付的创作酬金),也可以将其作为委托人解除合同的条件。

(5) 委托创作行为的履行及其瑕疵担保责任

委托合同通常会限定由受托方亲自完成创作,不得转委托他人完成(单位作为受托人,只能委托特定人或创作团队完成);受托方应当保证完成之创作是依法独立创作的,不存在抄袭、侵权等情形。由于受托方作品侵犯他人知识产权而给委托方带来经济损失的,应由受托方赔偿。

(6) 成果交付验收

作品的创作不同于其他加工承揽,缺乏客观标准对其加以约束。委托人应在作品交付后的合理期限内履行对作品的检验并提出修改意见,以使受托人能够及时按照创作要求完成合格的作品,从而最大限度地保证合同目的的实现。在合同中最好约定委托人对作品合格与否作出确认的时限;如果期限已过而没有确认,在委托方实际使用或允许他人使用后,交付的作品也应当视为已经合格。

(7) 成果修改、后续利用等约定

(8) 杂项条款

合同中常见的争议解决条款、合同文本和合同生效日等。

4. 著作权登记

依据我国法律,作品自创作完成时取得著作权,不需要进行登记。但是,登记对于判断作品归属等问题具有重要意义。我国建立了著作权行政管理部门备案制度,由当事人自愿选择著作权登记。登记对于著作权人的意义在于:

(1) 明确著作权权利归属

著作权证书是作者享有著作权的初步证据,具有公信力。若有纠纷发生,只要向人民法院或者著作权行政管理部门提交著作权登记证书,就能作为当事人享有著作权或与著作权有关的权利的证据,除非对方能提供充分的证据予以推翻,否则推定著作权证书的登记主体为作品的作者。

(2) 有利于交易进行

取得证书的著作权更容易得到交易方的信任,这对企业的交易活动非常有帮助。著作权登记适合于软件、美术作品等。我国存在专门规范软件登记的《计算机软件著作权登记办法》。计算机软件的登记不仅有利于对计算机软件的保

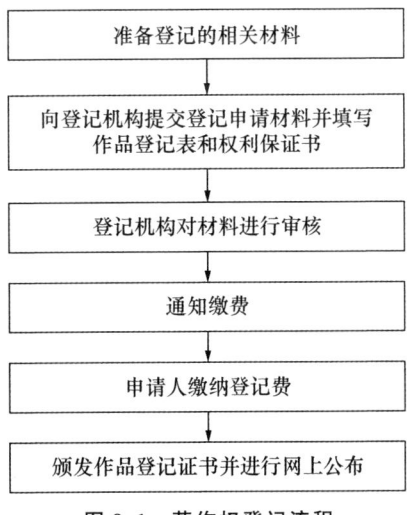

图 9.1 著作权登记流程

护和利用,也有利于其作为一种技术出资入股。

企业应该充分结合自己的实际情况决定是否对相关作品采取登记措施。

第二节 著作权风险防范管理

由于著作权自作品创作完成自动产生,加上著作权具有保护范围广、保护门槛较低等特点,因此企业在经营过程中经常面临着著作权侵权风险。

一、企业面临的著作权风险及其防范

(一) 构成著作权侵权的行为

著作权控制了对作品的特定使用行为。未经著作权人或者相关权利人的许可,在缺乏法定抗辩事由的情况下,擅自实施受著作权控制的行为即构成侵权,如没有相关意识或防范措施,企业在经营活动中可能不经意地侵犯他人著作权。比如,产品说明书、销售图表或简易图表这样的作品,尽管它们的独创性不高,但仍受到著作权法保护。如果未经授权擅自使用这些作品,很可能构成著作权侵权行为。以下是企业可能侵犯他人著作权的常见情形:

(1) 擅自将他人的美术作品或摄影作品用于商品包装的行为可能侵犯著作权人的复制、发行权;

(2) 企业在设备中下载、安装盗版软件的行为属于非法复制作品的行为;

(3) 将他人设计的商标图案稍加修改后用于自己的注册商标可能会侵犯著作权人的复制权、修改权以及署名权等;

(4) 未经许可将他人的美术作品或摄影作品用于自己的宣传海报,可能会侵犯作者的展览权及署名权;若将上述宣传海报置于自己的网站或网页中,还可能构成对作品信息网络传播权的侵犯;

(5) 在会展、餐厅等公共场合播放音乐或者视频,如果没有经过著作权人授权,将构成对作品表演权或放映权的侵犯;

(6) 将他人的音乐作品或者影视作品用于自己的广告中,并通过电视或电台播出,将侵犯作品权利人的广播权。

除了上述典型情况外,任何对他人作品的不当使用也有可能构成对作品权利人著作权的侵犯。因此,企业在利用作品前,应先通过获得许可等合法手段取得作品的相应权利。不仅直接实施上述行为的人可能构成侵权,而且帮助他人实施侵权的行为人也可能构成侵权,即间接侵权。比如,某人明知某商贩销售盗版游戏光盘却仍然为其提供商铺租用的行为就是一种间接侵权的行为,也需要承担相应的法律责任。

(二) 防范著作权风险的措施

无论从事何种行业,企业不可能不使用文字、图片、音像资料。而在使用这些资料的过程中,就有潜在的著作权侵权风险。为此,企业在经营过程中要采取以下措施:

(1) 产品的外观设计一定要具有独创性,既要防止侵犯他人著作权,又要通过申请外观设计专利或著作权登记的方式保护自己的权利。

(2) 产品售前的广告、产品说明、销售手册等的编制不要随意使用他人商标、图片、产品介绍等。在任何营销决策、广告用语、宣传品发布前都要进行必要的审慎调查。

(3) 妥善保存文档,尤其是属于作品范畴、受著作权法保护的文档,以此对抗可能的侵权讼争。

(4) 利用合同事先清晰界定著作权的归属和侵权责任的承担,以减少不必要的侵权风险。

(5) 在企业网站中发布著作权政策从而对用户行为作出规范。建立著作权争议投诉渠道,对合理的侵权通知积极采取删除或断开链接等措施,减少网络侵权风险。

二、企业经营活动中著作权侵权防范

(一) 设计商标时的注意事项

1. 将作品作为商标使用应谨防侵犯他人的在先权利

企业的商标往往源于具有独创性的美术作品,而该作品在成为商标之前可能已经由他人取得了著作权。在先著作权人一旦发现他人将自己的作品或者与自己作品构成实质性近似的作品作为商标标志申请注册商标,可以在相应期限内提起异议或者无效宣告,以阻却相关标志获得注册或者使相关注册商标无效。同时,著作权人还可以提起著作权侵权之诉,以从商标使用人处获得损害赔偿。此外,如果著作权人是作者本人,还可以通过民事诉讼要求侵权人以赔礼道歉等方式补偿其所受到的著作人身权方面的损害。

商标申请人应摒弃搭便车的心理,最好选择自行设计或者委托他人设计商标标志。因为一旦"翻车",可能将不得不放弃已经使用了一段时间、包含自身心血、承载了自身商誉的商标,甚至还可能需要支付巨额赔偿,得不偿失。如果选择自行设计,切记保留好作品底稿等创作证据,条件允许还应在设计完成后尽快进行著作权登记。如果选择委托他人设计,则应注意在委托协议中约定好作品的著作权权属,并要求受托人对相应成果作出权利瑕疵担保,对可能存在的权属纠纷进行规避。企业未经许可擅自使用他人作品,容易引发权利纠纷,尤其是著作权纠纷。实践中经常遇到一些企业在看到某一符合其要求的作品时,未经著作权人同意就将作品直接用作或者对其稍加修改后的改编作品用作自己的商标或商品装潢。这些其实都是侵犯他人在先权利的行为。

以一件美术作品为例,它在成为商标之前,只是一件具有艺术价值的作品,而当它成为商标之后,尤其形成市场认知度之后,就具有很大的商业价值。此时,如果作者索赔的话,企业要支付比在使用前取得许可更多的费用。与其等待著作权人以侵权之诉为事机,索要高额的赔偿金,不如事先获得作品使用许可。因此,对商标的使用应谨防侵犯他人的在先权利,使用他人的作品作为商标前,一定要事先取得著作权人等作品权利人的许可。

案例　葫芦兄弟案

《葫芦兄弟》是上海美术电影制片厂有限公司于1986年原创的系列剪纸动画片,其塑造的"葫芦兄弟"形象在社会公众中享有极高知名度。上海美术电影制片厂享有《葫芦兄弟》系列动画片及动画片中人物涉及的美术作品的著作权。石家庄葫芦娃食品有限公司的法定代表人经受让成为"葫芦娃形象和文字"组合商标的商标专用权人,并授权石家庄葫芦娃食品有限公司在相关网站上发布大量带有"葫芦娃"动画形象的加盟信息及大量标识有上述商标的多款产品宣传图。此外,石家庄葫芦娃食品公司还在相关网页发布文章,声称其同知名卡通形象葫芦娃签订了长期战略合作协议,成为相关类别国内唯一授权商。

上海美术电影制片厂有限公司将石家庄葫芦娃食品有限公司诉至法院,法院经审理认为涉案作品"葫芦娃"的创作完成及发表时间,早于葫芦娃形象的注册商标申请日,且知名度极高,可认定构成在先权利。石家庄葫芦娃食品有限公司虽然持有注册商标,但该权利的取得实质上违反了诚实信用原则,即使形式上具有合法性,也不能阻却在先权利人的合法权益。石家庄葫芦娃食品有限公司在明知他人具有极高知名度的在先作品的情形下,未持审慎态度,将与之构成实质性相似的形象作为商业标识使用,不具有正当性,构成著作权侵权。法院最终判令石家庄葫芦娃食品有限公司立即停止侵害《葫芦兄弟》美术作品的相关行为,并赔偿上海美术电影制片厂有限公司经济损失20万元及合理开支2500元。

资料来源:上海知识产权法院(2021)沪73民终62号民事判决书。

2. "街招"征集商标图案引出的版权纠纷

企业常常以"街招"的方式向社会公众征集商标创意,然后从中挑选最满意的作为自己的商标,并且对该作品作者提供奖励。对于"街招"商标的一系列行为,可以将其视为一个委托创造商标的合同。根据《著作权法》的规定,委托创作的作品如果没有约定,则著作权属于受托人,委托人可以在委托目的范围内使用该作品。"街招"商标的目的明显是将获选作品作为商标使用,因此,企业是可以将"街招"的作品拿来作为注册商标的。然而,由于没有明确约定著作权归属,因此该作品的著作权仍然归属于作品的作者,企业将"街招"获得的作品用于商标以外的其他地方仍有侵犯他人著作权的风险。

(二) 广告宣传及产品说明的注意事项

1. 未经许可在广告中使用他人的作品是著作权侵权行为

商业广告是对商品或服务信息的一种具有艺术性和创造性的表达。广告在企业发展、扩大销售以及树立形象、积累信誉等方面都起着非常大的作用。广告中所包含的元素很多,包括文字作品(如广告语)、美术作品、摄影作品(如宣传海报)、音乐作品以及影视、录像制品等。未经许可在广告中使用他人受著作权保护的作品是侵犯著作权的行为。

以广告语为例,著作权法中与广告语相对应的是文字作品。有人认为广告语过于简短,难以称为作品,因此不受著作权法保护。但是著作权法保护的作品通常不以长短计算,而是要看该作品是否符合著作权的独创性要求。因此,若在广告中使用现代诗或引用他人作品中的语段,仍要取得创作者的许可,否则将构成侵权。

 案例 "椰林海滩"广告要素侵权案

原告谢某以蓝天、白云、椰树、海滩为题材拍摄了一组摄影作品"椰林海滩"。被告某保险公司未经许可将其中的两张照片用于宣传广告中。谢某以侵犯著作权为由将该保险公司以及设计该广告的广告公司一起告上法庭。

经审理,法院认为被告广告公司未经原告许可擅自使用原告作品,侵犯了原告的署名权、复制权及获得报酬权,被告保险公司由于对广告侵权不知情,主观上不存在过错,但是由于其作为广告主,对该广告未尽相应的审查责任,因此应与广告公司承担连带赔偿责任,并停止使用侵权广告。企业在广告中使用作品一定要取得作品著作权人的许可,对委托制作的广告应对涉及作品的著作权来源做合理的审查,否则若作品侵权,企业即使无侵权故意也仍有可能需要承担连带赔偿责任。

资料来源:海南省海口市中级人民法院(2002)海中法民终字第103号民事判决书。

2. 取得了委托作品的所有权并不意味着取得了作品的著作权

企业在对他人作品进行商业化利用,如将募集的广告词用于商标注册或将美术作品用于产品包装时,首先要明确是否已经取得了作品的著作权。对于委托他人创造的设计,有的企业以为只要获得了设计作品原件或者支付了设计费便可以任意使用该作品了,其实不然。

作品的所有权不等于作品的著作权。除了美术作品和摄影作品的展览权随着作品所有权的转移而转移之外,作品的其他著作权均独立于作品的所有权而存在。比如,企业获得了某画家赠送的一幅美术作品并不意味着该作品的著作权(除展览权以外)就归属于企业。如要对该作品进行商业利用,如将作品申请为商标,仍要经过画家同意,取得其授权。又如,企业向作品创作者支付了使用费,取得作品在某一范围内的使用权,那么,企业就只能在该范围内使用作品。若想在其他范围使用该作品就必须再次取得授权,否则即构成侵权。所以,当事人对作品的著作权使用范围和权利归属一定要进行详细约定。现实生活中有些企业就是因为忽视了事先对作品权利的约定而遭受了巨大的损失。

 案例　委托作品的"使用范围"

重庆某火锅店委托王某为其写了一幅"重庆奇火锅"的书法作品作为招牌,向其支付了报酬后取得了作品的所有权。一年后王某发现该火锅店除了将该作品用作店名外,还将其注册为商标并在报纸广告、商业招牌、互联网及餐巾纸上使用,作者遂以侵犯著作权为由向法院提起诉讼。由于火锅店对该作品的收据上只载明将作品用作招牌的收款事由,即是委托作品。委托方可以在委托目的内使用该作品,但是由于火锅店既没有通过合同取得该作品的著作权,也没有明确规定作品的使用方式及范围。因此,法院认为本案书法作品的著作权属于王某,该火锅店除了用作招牌以外,对该书法作品的其他使用方式属于未经作者同意将其作品擅自用于商业性使用,侵犯了王某对该作品的复制、发行、信息网络传播等权利,应承担停止侵权、赔偿损失的责任。取得作品原件的所有权并不意味着当然地享有了作品的著作权。企业对作品的使用一定要取得著作权人的授权,并且企业对作品的利用不能超出合同约定的范围,否则仍然构成侵权。

资料来源:重庆市高级人民法院(2005)渝高法民终字第41号民事判决书。

3. 企业网站不得照搬他人版面设计

在互联网技术如此发达的今天,建立公司网站或主页是企业进行宣传的一种方式。美观大方的网页容易给客户留下良好的印象,从而提高企业的知名度,强化企业的形象和品牌优势。网页的版面设计如果在色彩选择、图标、动画、声音的设置等方面体现了独创性,则网页整体设计可以根据著作权法获得相应的法律保护。因此,企业建立自己的网站时不能直接照搬他人的网页版面设计,否则可能构成对他人网页著作权的侵犯。

案例 网页著作权纠纷

原告上海帕某洛文化用品公司成立于2003年6月,是一家从事书写工具设计、生产和销售的企业。其于2010年3月与一家科技公司签订网站建设协议,并约定网站版权归上海帕某洛文化用品有限公司所有。2010年4月,其与设计公司确定了网站的设计风格:首页以暗红色为背景,添加白色星光动态效果,伴有铜铃魔法音,并添加背景音乐。

此后,上海帕某洛文化有限公司发现上海某想文化用品有限公司与上海欧某文化用品有限公司运营的网站与自己的网站在细节上高度雷同,在格局、功能上也非常相似,因此以二被告侵犯著作权为由向法院提起诉讼。

法院经过审理认为,网页是用超文本标记语言文书的基本文档,以数字化形式存储于计算机的存储设备中,通过网络浏览器以文字、图像、声音及其组合等多媒体效果展现在计算机的输出设备中,并能够以多种形式被复制。虽然上海帕某洛文化有限公司所用的色彩、文字、产品展示方式、星星闪烁的动画效果就单个元素来看或来自公有领域,但网页的设计者将上述各元素以数字化的方式进行特定的组合而非简单排列,给人以视觉上的美感,其对颜色、内容的选择及布局编排体现了独特构思,具有独创性和可复制性,构成著作权法上所称的作品。两被告公司的首页页面虽然在细节上与原告网站首页页面存在差异,但无论背景色彩、网页排版抑或各板块比例布局、产品展示的位置方式等均与原告网站首页页面的表达方式基本相同,构成实质性相似,并最终认定两被告构成侵权。

著作权广泛存在于人们的生活之中,企业在使用任何可能构成作品的智力成果前,都需要进行谨慎的判断,判断实施这种行为是否会侵犯他人的权利。另外,企业还应当有更强的创新意识,不能简单抄袭他人的东西,而是要形成企业独有的一套经营模式和识别体系。

资料来源:上海市闵行区人民法院(2014)闵民三(知)初字第154号民事判决书。

4. 产品说明书也可能受到著作权法的保护

产品说明书是对产品信息及其使用方式的描述。其内容的表达、版式的设计以及文字的修饰组合等方面若体现了一定的独创性,也可构成作品,受到著作权法的保护。因此,照抄他人产品说明书内容的行为可能构成对被抄袭产品说明书著作权的侵犯。

案例 产品说明书也是作品

经授权,杭州某泵业技术有限公司自 2004 年起在中国境内享有 EDUR 多相流泵产品说明书除人身权外的著作权,包括但不限于展示、使用、翻译、改编涉案产品说明书,有权以自己名义就任何第三方未经授权使用或涉嫌未经授权使用涉案产品说明书以及其中任何照片、图形、表格、文字等行为采取任何形式的法律行为。说明书中包含文字介绍、产品外观图、简易图、性能数据图、特性曲性图以及 LBU 系列产品的装配图和部件清单等内容。

上海某泵业有限公司于 2015 年 1 月 30 日以"多相流反应器"为名分别向国家知识产权局申请发明专利和实用新型专利各一项,专利申请说明书中使用的文字及图形与涉案产品说明书的相应内容表达基本相同。此外,上海某泵业有限公司在其网站中进行产品宣传时使用了与杭州某泵业技术有限公司产品说明书相同的图表以及色带。

杭州某泵业技术有限公司向法院起诉称:上海某泵业有限公司专利申请书、公司网站等使用涉案产品说明书的文字和图片内容,侵害了其享有的著作权,同时构成不正当竞争,请求法院判令上海某泵业有限公司停止侵害著作权和不正当竞争行为,并刊登声明,消除影响,赔礼道歉,赔偿经济损失及合理开支。

法院经审理认为涉案产品说明书主要有文字和图形两类表达方式。即使涉案产品说明书中涉及的技术是公知技术,也不妨碍该项技术及其产品的说明表达得到著作权法的保护。涉案产品说明书中的文字内容从其结构安排和具体语言表达来看,已经符合著作权法关于独创性的要求,应认定为文字作品。同理,色带及封面图片是以线条、色彩或者其他方式构成的有审美意义的平面造型,构成美术作品,简易图、性能数据图、特性曲线图、LBU 系列产品的专配图等为说明原理和产品结构的图表构成图形作品。上海某泵业有限公司未经许可对说明书内容的使用构成著作权侵权。

资料来源:上海知识产权法院(2018)沪 73 民终 337 号民事判决书。

总之,在广告宣传中,企业如果没有版权意识,常常会无意中侵犯他人的著作权。因此,与著作权权利人通过合同约定权利归属及使用方式、进行必要的审查都是预防侵权纠纷的有效手段。当然,如果是自己创作的,妥善保存相关作品底稿、原件、认证机构出具的证明、取得权利的合同等同样十分必要。

(三) 使用外观设计及产品包装的注意事项

1. 外观设计不能侵犯他人著作权

企业在进行产品外观设计时往往会采用许多现有的素材,比如著名书画家的字画或是广为人知的漫画形象等。在设计中对素材的采用是允许的,但是如果采用的素材是他人享有著作权的作品,则首先应该取得著作权人的许可。未经允许抄袭他人作品的行为,是侵犯著作权的行为。此时,即便设计的产品外观被授予了外观设计专利权,还是会因为侵犯他人在先著作权而被宣告无效。

另外,如上文所述,如果真的是自己原创的作品,要注意保留设计图纸等证据材料。这样一来即便有人起诉侵权,企业也可以以此抗辩。

案例　外观设计专利权不得对抗"在先权利"

被告上海某食品包装公司在为某月饼公司的月饼礼盒设计包装时,未经原告郑某同意使用了其设计的 11 款礼盒图案,并且取得了月饼礼盒包装的外观设计权。郑某发现后,向法院提起著作权侵权之诉。法院认为,原告郑某提供了创造 11 款礼盒图案的翔实证据。该 11 款图案应作为美术作品予以保护。虽然食品包装公司享有月饼礼盒的外观设计权利,但该权利不得对抗在先美术作品的著作权。因此,食品包装公司擅自使用郑某作品的行为构成侵权。另外,月饼公司销售的月饼的包装盒是由食品包装公司设计的侵权制品。因此,月饼公司应当停止销售。产品包装的外观设计专利权不得对抗他人在先的著作权,即便企业获得了外观设计专利授权,仍然不能在商品上使用带有他人作品的包装,否则将构成著作权侵权。

资料来源:上海市第二中级人民法院(2002)沪二中民五(知)终字第 5 号民事判决书。

2. 包含商标的包装设计仍受著作权法保护

企业在委托他人设计、生产产品包装时,应该通过合同等手段取得委托设计包装的著作权,否则合作过程中容易引起纠纷,甚至因侵犯他人著作权而承担相应法律责任。在实践中,他人为企业设计的包装尽管使用了企业的商标,但是只要对商标的借鉴在一个合理程度范围内,并且总体设计具有一定的独创性,则该设计受著作权法保护。因而不能认为因为包装设计中有本公司商标就无法律风险。

案例　"红花"的产品包装纠纷

被告广东某公司长期与原告某印刷公司合作,由印刷公司为其设计并印制

"红花"系列产品包装。几年后,被告对原告提供的包装质量提出质疑并自行终止与原告的业务关系,改与另一家印刷公司合作,并继续生产和使用相同系列的产品包装。据此,原告以其著作权受侵害为由将原委托方告上法庭。被告广东某公司辩称,其在与原告合作以前便已将"红花"商标的主要图案、中文字及拼音注册为商标,而原告在诉讼中提及的系列包装均包含上述图案、文字和商标,因此原告对涉案包装不享有著作权。

法院经过庭审认为,原告设计的包装虽然与被告注册的商标在某些设计元素上有一定的相似性,但二者在整体设计及色彩运用上存在较大区别,因此认定其具有独创性,受著作权法保护,被告的行为侵犯原告的著作权。本案对企业的教训是,在与他人合作为自身产品设计制造包装时,应及时订立产品包装设计的著作权转让合同或在委托他人设计包装时通过合同明确约定著作权归属委托人,取得设计图样的著作权,这样,在终止合作时才不会受他人著作权的约束,也能更好地保证自身商品外观的延续性。

(四)使用计算机软件的注意事项

1. 企业应使用正版软件

企业在营业行为中使用的软件应通过合法途径取得,使用盗版软件构成对他人著作权的侵权,需要承担赔偿责任。

 案例 使用"盗版软件"遭到诉讼

原告某系统股份有限公司系产品生命周期管理软件的提供商,对涉案软件CATIA V5依法享有著作权。被告某汽车技术服务有限公司成立于2016年7月,是国家级高技术产业电动汽车示范企业。2017年,原告发现被告未经许可,擅自在其经营场所内的相关计算机上,非法复制、安装并使用了原告依法享有著作权的CATIA计算机软件。原告就被告侵权行为向上海市市场行政执法大队投诉,同年4月18日文化执法总队对被告经营场所的计算机进行现场检查,发现了未经原告授权许可的CATIA软件三套。

此后原告与被告对侵权行为达成了和解协议,被告同意正版化采购三套原告计算机软件,但被告并未按约履行。原告将被告诉至法院,请求判令被告立即停止侵权、赔偿原告经济损失并承担原告为制止涉案侵权行为而支出的律师费等合理费用。

法院经审理后认为,原告对涉案软件已享有的著作权应受中国法律保护。根据《著作权法》的相关规定,未经许可,对软件进行复制并使用的行为是对软件著作权的侵犯。本案中,被告未经原告许可,在其经营场所内的计算机上安装了涉案软件,侵害了原告对涉案软件享有的复制权,依法应当承担停止侵权、赔偿损失等民事责任,最终判令被告停止侵害 CATIA V5 系列计算机软件著作权的行为,赔偿原告经济损失 849000 元及律师费 80000 元。

此外应当注意的是,事后的补救行为如删除侵权软件等仍不能免除侵权赔偿责任,企业为了避免涉诉的可能,还是要尽量选用合法授权的软件。

资料来源:上海市高级人民法院(2018)沪民终 511 号民事判决书。

2. 不应未经授权在销售的计算机中预装软件

计算机销售商在机器中预装软件增加了其销售的计算机的功能,降低消费者获取这些软件的成本,增强了产品对消费者的吸引力,但是该行为却有可能构成对计算机软件作品的侵权。其原因是,在销售的计算机上安装的软件虽然通常是免费的,但客观上增强了计算机销售者的市场竞争力,仍应视为一种营利性商业行为。因此,未经软件著作权人许可,擅自预装他人软件并随机赠送的行为构成对计算机软件著作权的侵犯。企业在销售计算机时不应自作聪明,以附带安装软件或拷贝影视作品为卖点,使得原来合法的销售行为构成对他人著作权的侵犯,引来麻烦。

第三节 著作权保护与运用策略

随着社会的发展,版权的商业色彩也日渐突出,优秀的版权作品在经过商业化利用后往往也会产生相当巨大的商业潜质。很多为大家所熟知的商业形象,如"海尔兄弟""麦当劳"等,都是极具艺术价值又包含很高商业价值的作品。如何创造、保护并有效运用知识产权,以及如何发挥版权的作用,是著作权管理的基本问题。

一、著作权保护与运用基本策略

和专利、商标等知识产权管理策略一样,全流程管理、全要素管理可以作为著作权保护与运用的基本策略。这里根据实践中常用的企业管理经验将著作权管理归纳为内容与资源管理、权利与流程管理、价值与财务管理、体系化管理。其中,内容与资源管理是著作权的源头,所谓"巧妇难为无米之炊";权利与流程管理是确保各类著作权客体成为权利并受到保护;价值与财务管理则主要体现了对著作权的运用和转换,是实现价值的环节的综合;体系化管理是企业通过有组织、有规范的管理,持续开展实现版权管理的各项目标,是其他管理的组织保障与支撑条件。

(一)内容与资源管理

对版权源头开展的内容与资源管理,对持续创作及规范化生产有积极作用。

在创作过程中，提供必要的著作权检索，包括创作前著作权检索和作品创作过程中及完成后的跟踪检索。在创作完成后期，对作品进行鉴定验收时应制作著作权检索报告。大型创作项目应采纳类似项目管理的思路，制订并实施作品创作计划，同时对涉及作品创作人员的相关活动进行规范，对企业活动中形成的与著作权相关的档案予以管理，对作品作出评价和评估等。对一些投入比较大、周期较长的创作，特别是企业内部自行创作的相关作品，规范创作过程很有必要。比如一些创意设计企业在客户委托合同签订之后，由分管领导向创作人员签发"著作权创作任务书"，签订创作保密协议，要求在创作活动中严格保密，创作成功后将创作过程中有关的中间成果与材料，包括收集的全部资料，连同创作草图、摄影作品的底片、定稿、半成品、成品等以及最终成果整理成专门档案交由企业版权管理部门保存。

（二）权利与流程管理

从作品到权利，中间涉及必要的法定程序，还有一些合同规范文本等。著作权归属、保密责任等都是法务管理中常见的内容。比如为了更好地维护企业的利益，在企业委托他人创作作品时，应当在委托合同中明确约定著作权归属于本企业。该类管理内容还包括涉及计算机软件作品的备案登记、著作权保护、著作权风险防范，以及著作权侵权监视、著作权诉讼等。在相关实践中，著作权合同管理常用的管理模式包括通过合同约定作品归属与权利归属，并明确约定保密责任和违约责任、风险承担等。如企业通过招标的形式寻求作品创作者，以广告宣传的形式对外发布相关信息和要求，应明确中标的科研单位（或个人）与企业之间的权利义务、作品的权利归属、违约责任以及风险承担等。

（三）价值与财务管理

作为有价值的、受法律保护的作品，如何充分发挥其商业价值、实现财务收益是著作权管理的另外一个维度。价值管理与财务管理包含作品转让、许可贸易、运用实施、作品作价投资、著作权质押等。在价值管理环节，如何实现版权价值增值是一个重要话题。这里列举两种策略：一种是版权资产库与组合策略，另一种是二次开发与渠道管理策略。

1. 版权资产库与组合策略

搭建企业的版权资产库可有效扩大版权资产的价值。这需要了解企业目前所拥有的版权资产，包括自有版权及外部授权，构建类似于数据库的企业版权资产库。特别是在企业拥有庞大的作品量的情况下，为有效利用版权价值，需要企业了解作品的登记确权、渠道授权、侵权和保护等情况，并且能在需要时查看相应的数据和下载相应的文件。这也是开展版权资产管理的基础。

2. 二次开发与渠道管理策略

作品价值增值的另外一个路径和策略是渠道管理。对有一定影响力的作品,通过授权渠道进行分发、改编等,以不同媒介再现。将作品以不同方式呈现是扩大版权影响力的重要方式,可以更有效地实现版权价值,增加企业营收。渠道管理也有借助于渠道合作方的能力和资源放大作品的价值之意,当然企业如具备能力,亦可自行开发。

(四) 体系化管理

树立正确的版权保护与经营理念,建立完善的版权管理体系,是开展著作权管理的关键。一般来说,对具备条件的企业,可借鉴本书第三章的体系化管理思路,建立由版权理念、机构、规则、系统、团队构成的版权管理体系。在版权理念方面,对以内容见长的文化创意企业来说,版权和人力资源、财务等一样,同为企业战略资源,版权资产逐渐成为核心资产。对大型平台企业来说,未来是内容库与版权库的竞争,以资产视角、战略角度看待版权的理念越来越符合知识经济发展的实际,树立版权及版权管理理念是企业体系化管理的重要环节和应有之义。在机构和程序方面,企业可以建立专门机构,或指定一名或多名员工负责版权管理工作,同时应有高级主管人员负责和领导版权管理工作。当然,版权管理并非仅仅由版权管理部门负责,与版权相关的部门比如研发、营销等部门也应承担。

二、联合保护策略

商标权、专利权、著作权以及商业秘密等权利虽然自成体系,但是在很多情况下也会出现权利的复合。比如,绝大多数的外观设计专利及其基础设计都可以归入著作权法的保护范围,同样,很多商标设计图样也可以归入著作权法保护的范畴。在这种有多重权利保护的情况下,企业可以结合各项权利的优缺点以及外部环境的要求,选择最有利的方式来保护智力成果。

(一) 著作权与商标权的联合策略

许多商标在具有商业价值的同时往往也有很高的艺术价值。商标法和著作权法的保护各有重点,企业可以通过商标注册取得商标法的庇护,同时也可以借助商标图样产生的著作权来保护商标法保护不到的地方,将两者结合,可达到对其商标标识的最大化保护。

大多数商标都是具有独创性的美术作品。商标注册后,权利人可以根据商标法的规定禁止他人未经许可在相同或者类似的产品上使用与注册商标相同或相近的图案或文字作为商标。只有经注册的驰名商标才可以将禁止范围扩大到其他领域的商品或服务上。

然而,作为受著作权保护的客体,只要不构成合理使用,作品的权利人可以禁止他人在未经许可的情况下以任何方式使用该作品,其范围远广于商标权的保护范围。因此,企业应该通过确认职务作品性质、签订委托创作合同等方式尽可能获取自身商标作品的著作权,必要时还可以进行著作权登记,通过登记程序强化著作权的保护力,从而利用著作权保护商标权保护不到的范围。

(二)著作权与专利权的联合策略

著作权与专利权的结合主要涉及对外观设计和实用艺术品的双重保护。

专利法所称的外观设计是指对产品的形状、图案、色彩或者其结合作出的富有美感并适于工业上应用的新设计。然而,好的外观设计已经远远超出了专利法对美感的要求,达到了较高的艺术水平,从而满足了著作权法中对实用艺术品的要求。所以,对于既具有实用价值又具有审美意义的产品而言,法律给予其著作权和专利权的双重保护。因此,企业可以根据具体情况,充分发挥市场机制的功能,对外观设计专利等实用艺术作品进行版权加专利的双重保护。

对于具有独创性和美观性的外观设计,首先应该加强版权保护,必要时可以进行著作权登记。版权产生于作品完成之日,无须经过登记核准;另外,自然人享有的发表权及财产权利的保护期为作者的有生之年加上死后的 50 年。因此,著作权容易获取以及保护期长的特点可以给予作品长久的不间断的法律保护。再者,著作权保护还可以对专利产品的保护起到补充作用。比如,在权利人未能及时申请外观设计专利的情况下,如果发生侵权或其他纠纷,权利人可以依据著作权法来对作品进行保护,维护自己的合法权益。

当然,著作权保护也有其不足之处。由于著作权的独创性要求相比专利权的实质性要求更低一些,并且不排斥他人独立创作相同或类似作品的行为,保护力度较弱。而专利保护模式门槛高,专有性程度也比较高,可以禁止他人实施与企业外观设计相同或者类似的设计方案,保护力度较强。所以,对于需要大批量生产的产品,仍需要采取外观设计专利的保护模式。相应地,专利保护模式的缺点在于需要支付一定的成本;外观设计专利的保护期较短,仅为 15 年。

总之,企业对于既包含实用功能又包含艺术美感的产品,如果主要看中其图案的艺术价值,可以先对该著作权进行登记。反之,若比较重视产品的实用性,则应当申请专利保护。当然也可以采取双重保护的模式。现实生活中的很多案例都证明了将著作权与专利相结合可以更好地保护作品权利。

 案例 "实用艺术品"的双重保护

原告某格公司就被告某某玩具公司生产的 53 种玩具积木侵犯其对实用艺术作品的著作权为由,向法院提起诉讼。经过庭审,一审法院认为 53 款玩具积木中的 3 款不具独创性和艺术性,17 款独创性低,其余的则符合实用艺术品的构成要件,应受法律保护。另外,法院认为,中国法律并不排除对外国人的实用艺术作品著作权和专利权的双重保护。因此,某格公司就其实用艺术作品虽然只申请了中国外观设计专利,但并不妨碍其同时或继续得到著作权法的保护。也就是说中国法律承认,对于实用艺术品而言,获得外观设计专利授权的同时还能够受到著作权法的保护。本案是著作权对外观设计专利的补充保护在司法实践中的典型印证。企业要管理好自有的智力成果,就必须调动其所有能够调动的资源,使得企业在现行法律框架下能够获得更加充分的保护。

资料来源:北京市高级人民法院(2002)高民终字第 279 号民事判决书。

(三)著作权与商业秘密的联合策略

著作权对商业秘密的保护也能起到一定的补充作用。企业在与他人合作时,对方若违约泄露了应该保密的材料,在不能证明这些材料构成商业秘密时,也可以依据著作权法来维护企业合法权益。

 案例　著作权对商业秘密的"补充保护"

原告青岛某塔公司系外商独资企业,其经营范围为生产、开发纺织印染助剂。被告某福公司主要从事氧漂助剂加工、销售以及批发、零售化工材料。某塔公司产品之一为氧漂助剂 197,认为该产品配方为德国 ROTTA 公司授权许可的技术秘密。另外,某塔公司还就该产品的使用编写了《快速氧漂工艺》《氧漂特效助剂 197》产品介绍以及《无烧碱氧漂工艺的经济分析》等文章。

2004 年某塔公司发现某福公司送给客户的产品介绍《快速氧漂工艺》与某塔公司编写的《快速氧漂工艺》除了产品名称不同、落款不同外,其他内容完全一致;《氧漂多功能特效助剂 168》一文与某塔公司编写的《氧漂特效助剂 197》产品介绍除个别词语、表述方法不同外,其他内容完全一致。因此,某塔公司向人民法院提起商业秘密侵权和著作权侵权两项诉讼请求。

关于某塔公司提出的某福公司侵犯其商业秘密的诉讼请求,法院认为,由于某塔公司不能证明其对该商业秘密具有利害关系,因此驳回该诉讼请求。而关于某塔公司提出的某福公司侵犯其著作权的诉讼请求,法院经过审查认为,某福公司向其他公司发送的《快速氧漂工艺》《氧漂多功能特效助剂 168》与某塔公司作品相比,除产品名称、落款以及个别词语存在不同外,其他部分基本一致。某福公司该行为构成对某塔公司作品的抄袭,侵犯了某塔公司的著作权,依法应当承担停止侵权、赔偿损失的民事责任。在商业秘密得不到保护的时候,著作权可以提供有效的补充保护。本案中某塔公司积极的维权意识以及多项权利共同主张的做法是非常值得肯定的。

资料来源:山东省高级人民法院(2005)鲁民三终字第 13 号民事判决书。

随着侵权手段的多样化,企业可以将著作权保护与商标权、专利权、商业秘密等权利相结合,发挥著作权保护的优势,实现互补,从而使企业的智力资产处于更加安全的状态。我国《专利法》《商标法》都规定,在授予外观设计专利权和商标权的时候,不得与他人的在先权利相冲突,所以在取得著作权的基础上再获取专利权或者商标权,可以防止他人未经许可将自己的作品与其制造的产品相结合去申请专利或商标的"搭便车"行为。

第四节 文化创意知识产权保护与管理

文化创意产业与知识产权保护关系密切,英国学者约翰·霍金斯(John Howkins)认为版权、专利、商标和设计四个部门共同构建了创意产业和创意经济。理论界也普遍认同文创产业发展与知识产权保护存在着较高的契合度:文创产品是具有创新性的智力成果,文创产业发展离不开知识产权保护制度等。[①] 在实践中,一些文化创意借助于以版权法为主导的知识产权法律机制得到了较好的保护,有力促进了文化产业发展。然而,现有理论研究和实践似乎有忽视知识产权保护机制局限性的倾向,往往把文化创意的保护与文化创意的知识产权法律保护等同起来,如表现为习惯性地援引著作权法等知识产权法进行维权成为很多企业或者个人的当然选择,而结果却很难奏效。本节着重分析文化创意保护中知识产权机制的局限性,探究局限性表现、机理及产生根源,并依据相关理论,给出相应突破进路与解决办法,希冀促进文化创意领域的健康快速发展。

一、文化创意知识产权保护机制局限性及突破进路

文化创意知识产权保护机制的局限性可分为两类:一类是因知识产权法中的"客体法定""思想/表达二分法"等法律体系自身的特点与属性导致的内在局限性;另一类是对创意强保护而导致的外部局限性。两种局限性揭示了知识产权机制对文化创意保护的不足。基于知识产权法、公共管理等学科相关理论,本节分析了宏微观不同层次的突破思路及相关机理。多元进路包括:微观层面的创意产品化、技术化、模块化保护;宏观法律及政策层面的法律制度变革与优化,将新兴创意客体及时纳入现行知识产权法保护客体范畴,发挥法律保护的主导作用,推动专业性的创意自治与行业自治等,弥补现有法律保护的不足。

[①] 陈波:《文化产业发展与知识产权保护的契合性》,载《郑州轻工业学院学报(社会科学版)》2013年第4期。

（一）知识产权保护机制的局限性类型、表现及原因

知识产权保护机制在一些情况下，可以对文化创意进行保护，但该种机制远非完善与强大，很多类型的文化创意被侵权时并不能得到知识产权法的有效救济，无法或很难得到保护。排除掉一些纯粹"点子"等思想层面的创意外，即便是一些有价值的创意也并非一定能得到知识产权法的保护。在另一些情况下，如果对相关创意保护过度，反而容易出现创意主体之间合作难以促成、公共领域相关知识欠缺等不利于整体发展的情况。这些不利局面出现的原因即知识产权保护机制的局限性。根据局限产生的原因及影响后果，本节把知识产权保护机制局限性分为两个大类。一类是因创意自身特征以及知识产权立法及法律运行特点所呈现出的制度天然固有的限制。如知识产权法中的"客体法定""思想/表达二分法"等法律体系自身属性决定了知识产权机制对文化创意保护具有一定的内在局限性。另一类则是由于过度强调知识产权保护而导致的局限性，比如强保护情景下的不利的"外部性"，借鉴经济学的外部性概念，称之为"外部性局限"。两种局限显示了知识产权机制对文化创意保护的有限及不足。从保护程度来看，第一类局限体现为保护不足，或事实上的难以保护。该类保护在实践中体现较为明显。第二类局限表现为过度保护或过于重视知识产权，可能导致合作方面的障碍或不利。

1. 知识产权保护机制的第一类局限表现及原因

第一，著作权保护中只保护表达，不保护思想的"思想/表达二分法"原则决定了对一类创意不能给予著作权法的保护。

实践中，一些点子、创意因停留在思想层面，缺少具体表达，无法适用知识产权法进行保护。以著作权法为例，要得到著作权法的保护需满足一定条件，一些仅仅停留在功能性层面而非创造性层面的创意设计，诸如民间的很多传统饮食服务、烹饪技巧、制作工艺等方面的有限改进，因不属于著作权法要求的具有独创性的表达，而仅仅是功能层面的改进，都不能得到著作权法的保护。还有一些文化创意因独创性程度不够，虽然有较高艺术价值，但包含了大量已不受版权法保护的公共因素，如利用京剧造型等，也得不到著作权法的保护。

第二，由于知识产权法中知识产权客体法定，很多创意产品因不符合客体法定的要求，无法适用知识产权法进行保护。

所谓知识产权的法定性又被称为法律确认性，是指"知识产权客体的种类只有经过成文法的确认和认可，才能成为知识产权法律关系的客体，成为知识产权法的保护对象"[①]（具体内涵参见本书第一章相关内容）。知识产权客体法定是

[①] 韩志红、付大学：《析对知识产权客体法律确认性的适度突破——变"法律确认"为"法律确认和法官确认"》，载《法学论坛》2005年第3期。

世界范围内知识产权保护制度的一个普遍共识性规律。尽管由于法律传统、法律理念、立法技术等方面的原因,英美法系国家和大陆法系国家在法典化方面存在差别,但在知识产权问题上却无一例外都采取单行制定法的形式予以保护,包括奉行判例法传统的英美法系国家也遵循这一规则,如以美国与澳大利亚为例,其客体法定甚至上升到宪法层面,以宪法的规定为标准。美国《宪法》的第1条第8项为"版权与专利条款",这是国会制定版权法和专利法的依据。澳大利亚《宪法》第51条第18项规定联邦议会有权制定版权、发明和设计专利权、商标有关法律。澳大利亚高等法院在1908年的联合商标案(Union Label case)中确认,国会1905年颁布的《商标法案》第7部分规定的标识因不符合《宪法》中商标的含义而无效。其首席大法官清楚说明除非宪法明文规定,议会无权自行创设新的知识产权。[①]

知识产权客体法定是由知识的本质特征所决定的,由此给创意的保护带来了一定的局限性。对于文化创意,权利人往往会寻求知识产权的保护,但知识产权的客体法定原则决定了其对文化创意产业新兴的智力成果无法提供救济,这无疑不利于新的创意继续产生。目前纳入知识产权保护的创意仅仅是那些已经作品化、技术化、高创造性的,且仅止于作品、商标、技术、图形外观设计、实用新型等具体有限的形态。然而创意产业发展迅速,新的智力成果层出不穷,诸如商业方法、节目模式等经济价值颇高的创意无法纳入知识产权法的保护范围。知识产权客体法定的局限性说明仅仅依靠知识产权法一个法律体系还不足以保护文化产业的创意内容。为了避免文化创意产业出现公地悲剧,需要探索知识产权法外的制度去保护文化创意。

2. 知识产权保护机制的第二类局限表现及原因

与知识产权机制自身特点导致一些创意难以得到保护带来的不利不同,知识产权机制的第二类局限性体现为相关创意即使能够获得保护,但如果过度强调知识产权保护,也会造成合作不成或公共领域智力成果增长缓慢等若干困境。

第一,知识产权强保护导致一些难以调和的悖论出现,加剧文化创意产业利益相关方的冲突。

如同在工业等领域表现一样,过于强调知识产权保护,会出现信息披露悖论、反公地悲剧以及价值悖论等。[②] 在文化创意领域,过度的知识产权保护也将加剧文化创意产业不同利益方的冲突。这里以一个简单的模式为例来说明,文化产业中三个基本的利益相关方,即企业、个人和创意社群(creative communi-

---

[①] Robert French. A Public Law Perspective on Intellectual Property. *The Journal of World Intellectual Property*, 17, 2014, pp.61-80.

[②] 黄国群:《开放式创新中知识产权协同管理困境探究》,载《技术经济与管理研究》2014年第10期。

ties)共同构成了主要创意阶层。此三者对于驱动创意产业都同等重要,彼此间却都有利益冲突。信息披露困境要求实行严格的私人占有制度,如强调专有权的知识产权制度,其目的在于对创新成果进行保护,激发私人向社会贡献信息和知识。在互联网这个大部分智力成果都被数字化并在网络上传播的时代,如果没有知识产权,人们都可以免费使用创意,那么就没有谁再愿意将创意向公众披露。故而在此背景下,创意产业的企业和个人创作者都会寻求严格的知识产权保护来提高知识占有程度。然而,过于严密的知识产权保护却又会阻碍权利人之间的合作,从而阻碍公共利益的有效实现,导致"反公地悲剧"。正如凯尔德·劳尔森(Keld Laursen)和阿蒙·萨尔特(Ammon Salter)指出的那样,如果企业过多强调对知识的保护,就会导致保护近视症[1],即企业禁锢于所有权中,狭隘地寄希望于知识产权来保障其从创新中获利,而忽视了对外部资源与支持的整合。

创意的产生需要个人及其所在的文化社会环境,以及尽可能多样化的社会组织中进行相互交流。创意产生的过程是各个主体相互影响的过程,很少有哪一个创意产业的创新只依靠企业或者只依靠才能出众的个体。[2] 只有通过这种复杂的互动过程,已经存在的想法和信息才能被丰富并结合成全新的创意。企业的作用主要在于组织大规模的生产销售,将新的创意推向市场。但企业却不能只靠自己提供足够多的创意。因为创意的孵化需要时间与成本,而企业的时间和成本都是有限的。对于个人也是如此,某些有才能与天赋的个人并不总是能够被很好地理解,或者他们刚开始很难向其他人说明他们的活动具有价值并说服他人。这也是创意发展过程的第一步往往漫长而复杂的原因。不同于企业和个人,创意社群十分仰赖公共领域的存在和各个权利人的合作。创意社群的繁荣和发展要求削弱知识产权保护,希望把更多现有的智力成果纳入公有领域,以便能够更为容易地利用和重新结合现存的智力成果,为新的创意提供源源不断的材料。这就形成了不同利益相关方的利益冲突。正如苏力教授在对《红色娘子军》著作权的评议中指出的,芭蕾舞剧的特点是产权的高度碎片化,如简单套用个人产权/著作权制度,将导致财产无法被有效使用的"反公地悲剧"。[3] 过于强调知识产权保护将会导致公有领域创意空间被极度压缩,甚至浇灭"创意的火花"。

---

[1] Keld Laursen and Ammon Salter. Open for Innovation: The Role of Openness in Explaining Innovation Performance Among U. K. Manufacturing Firms. *Strategic Management Journal*, 27(2), 2006, pp. 131-150.

[2] Laurent Bach, Patrick Cohendet, Julien Pénin, and Laurent Simon. Creative Industries and the IPR Dilemma Between Appropriation and Creation: Some Insights from the Video game and Music Industries. *Management International*, 14(3), 2010, pp. 59-72.

[3] 苏力:《昔日"琼花",今日"秋菊"——关于芭蕾舞剧〈红色娘子军〉产权争议的一个法理分析》,载《学术月刊》2018年第7期。

第二,过度强调知识产权保护导致文化创意产业利益相关方的合作意愿降低,一些必要的合作难以开展,或合作后因创意价值归属难以确认等易出现纠纷。

创意的价值发挥离不开文化产品的传播与使用,在这个过程中因受到市场环境等多要素影响,创意的最终价值会呈现出很大不确定性,由此主要合作方对创意贡献所产生的价值在事前难以确认,比如电影领域的"二次获酬权"问题、如何克服在事前通过合同约定的方式难以体现出创意者真实贡献的大小的弊端等,一直以来在法律界饱受争议。创意产业价值的创造离不开具有社会属性和经济属性的创造者,如果过分强调知识产权会导致参与者因过分在意知识产权而难以达成共识性协议,或因成本过高导致合作不顺、难以开展深度或长期的合作,不利于更多创意的产生与价值的创造。

(二)知识产权保护机制局限性突破思路与机理

知识产权保护既是宏观层面法律问题、政策问题,也是微观层面企业经济行为与法律行为问题。为应对这种局限性,一是需要法律层面的改进与完善,比如在立法与司法层面,优化现行知识产权法律制度,使得相关制度符合国家总体发展阶段的实际需要,满足社会经济发展需要,体现公平正义。二是在政策层面,作为制度的一部分,公共政策可弥补现行法律的不足。三是微观主体层面的应对。除此之外,本节借鉴连接微观和宏观的 PFI 理论作为分析的依据和参照。该理论探讨如何在创新中获利并独占创新收益,可以用来解释和预测创新者为什么及何时会从他们的创新中产生持续的利润,以及他们何时容易受到后进入者的策略性行为的影响。PFI 从整体层面把战略和组织创新与产业特征、行业特点及法律制度背景等连接起来,起到了多个领域的枢纽作用,引发了对企业战略、创新和占有性等法律背景之间联系的更深层次的探索。在 PFI 理论中,蒂斯的独占性机制是指创新者保护其创新的能力,包括专利、版权和商业秘密等知识产权法律保护机制和技术特性等。

基于以上理论视角,为突破各种困境,本节提出从微观企业层面的策略到宏观层面法律制度变革的综合性应对之策。

1. 立法与司法层面的优化与完善

知识产权法律与其他部门法律的不同,对社会经济整体的发展、创新等的影响比较直接,影响范围也比较大,唯有经由不断优化完善,方能适应社会发展的需要,发挥规范、调节、激励与引导作用。事实上随着中国社会经济的发展,现有知识产权制度在不断完善与发展之中,可以说是调整频率最快的部门法律,能纳入现有知识产权法中认定的客体逐渐增多。

2. 推动专业性的创意自治,发挥专业组织的第三方治理作用,弥补不足

所谓创意自治,是指发挥本领域专业人士的作用,遵循本领域惯例与特定的

发展规律,经由专门机构的同行评价和仲裁,达到本领域游戏规则自定和行业内部纠纷化解机制,弥补现有机制难以保护、激励不足的弊端,实现对业内专业人士创意的激励与保护。专业性的机构扮演专家、内部人角色,能对创意的贡献进行相对客观公平公正的评价。如此方可发挥专业结构推动的行业自治作用,实现行业内生态内的自治,有效避免外部人员因不了解本领域特殊情况而阻碍本行业的发展。以法国为例,针对职务发明现有法律保护不足、发明者贡献难以评价等弊端,法国建立了行业自治性的仲裁委员机构——法国国家雇员发明和解委员会(CNIS),充分发挥了本领域专业人士的作用。和解委员会或大审法院会自受理之日起6个月内提出一个和解建议,该和解建议具有相当高程度的法律效力,《法国知识产权法典》第611-7、615-21条对此有专门介绍。在具体案例中,CNIS会考虑所有提供给它的材料,尤其是由雇主及雇员提供的材料,并根据双方的独特贡献及发明的工商业效用,计算合理的价金归属。再比如美国好莱坞的行业工会在电影领域作者、导演、编剧创意内容贡献的定性及归属问题上,充分发挥了行业创意自治机制的作用。如美国全美作家公会下属的西部作家公会对好莱坞地区编剧的创意内容进行判定,美国导演公会对导演的创意内容进行判定。[①] 该种模式通过工会专业团队及行业工会下设的仲裁机构,对纠纷中涉及的知识产权原始归属认定,对包括创意人的权利人地位、贡献大小等问题作出裁决,为纠纷化解提供专业、高效、公正的救济方式。

3. 独占性机制内生化、策略化

现代PFI理论的发展与不断修正,开放式创新、开放版权以及创意众包等现象都验证了创意获利中的独占性机制并非一成不变,它可以内生为企业的战略举措,如文化企业通过共享知识和技术、开放版权、弱化对创意的独占,降低文化资源的获取障碍,整合分散的创意资源以加快创意产生。与此同时,建立文化创意生态的自创生机制,营造宽松的创意氛围对一类创意企业如平台型文化创意企业总体是有利的,比起强有力的知识产权保护机制,这些企业在现有制度背景下,充分发挥已有制度作用的同时,还会通过策划性的合作、版权共享等实现总体创意获利。

4. 借助于互联网等技术创新,促进知识的分享与交流,改变传统的占有模式

互联网等现代科技加速了知识的流通,从而促进了创意产业的发展,缩短了其更新周期。借助于网络技术等现代技术创新,商业模式创新可在一定程度上化解现有知识产权保护制度带来的局限性张力。如知识共享许可协议(Creative Commons Licenses)是促成三者合作互惠互利的一种重要方式,知识共享许可

---

① 美国西部(编剧)公会(Writers Guild of America, West),是由包括银屏公会(Screen Writers Guild)在内的五个代表作者利益的组织于1954年合并而成的代表电影、电视、广播和新媒体作者的行业公会。

协议是一种版权许可授权机制,它既不同于传统的著作权"保留所有权利"模式,也并非完全属于"不保留任何权利"的公有领域。知识共享许可协议介于二者之间的灰色地带,试图保持一定的弹性,使得创作者可以"保留部分权利",供著作权人自由选择权利保留的方式,使用者也能明确权利的边界自由合法地使用作品。通过这种方式使得著作权人的利益得到一定保护,使用者又能合法使用、分享和传播,二者的利益得以平衡。现在数以百万计的网页都在使用知识共享许可协议,诸如 1994 年沃德·坎宁安(Ward Cunningham)发明的协作式网页——维基百科。它通过协作产生文档集合,使用者可以便捷地创建、增删或修改其中的文字内容。这种共享方式鼓励人们准许他人合法地使用和改进自己的图像、文本或音乐,而无须额外许可。除此之外类似掘客、轻博客、豆瓣、知乎这样的社交评论网站使得数以亿计的普通人可以将自己的创意和资源与别人分享。除了上述的知识共享许可协议,还有许多其他旨在促进知识分享与交流的协议,像 GNU 自由文档许可协议、GNU 通用公共许可协议、自由艺术许可协议等。要解决前述的知识产权强保护的悖论,可行的解决办法不是"堵"而是"疏"。

(三)突破文化创意知识产权保护机制局限的多元进路

1. 制度层面的改进机制

(1)立法层面的改进

① 对第一类局限的克服与改进策略

知识产权法是修改比较频繁的法律,随着科技的发展与进步,创意产业不断涌现新型的智力成果。经过一段时间的观察,立法者如发现对于某些类型的创意成果的保护,知识产权机制是最为有效的,那么就应当及时修改旧法或者用新的单行法将这一创意成果纳入知识产权法定客体范围,或者对某一知识产权的权利内容进行相应的扩充。譬如 2001 年颁布的《计算机软件保护条例》便是对计算机软件这一迅速发展的新兴智力成果保护需求的回应。该条例为计算机软件行业日后的发展起到了至关重要的作用。但是立法的修改无疑要经过烦琐的程序,历时较长。有学者主张"立法者可通过法律的授权,给行政和司法机关留下可活动的适当空间"[①]。譬如《著作权法》第 3 条第 1 款第 9 项即是授权法律或行政法规可以规定《著作权法》尚未规定的其他作品类型;或者可"采取概括式和列举式相结合的立法方式,保证司法者遇到新问题时,在法定主义原则的指导下,通过法律解释解决新问题"[②]。如《著作权法》第 10 条第 1 款除了明确规定了著作权人的十六项人身权与财产权,还通过第 17 项"应当由著作权人享有的其

---

① 郑胜利:《论知识产权法定主义》,载《中国法学》2006 年第 3 期。
② 李扬:《知识产权法定主义及其适用——兼与梁慧星、易继明教授商榷》,载《法学研究》2002 年第 2 期。

他权利"给了司法机关解释适用的空间。

② 对第二类局限的克服与改进

在立法层面借鉴国外相关经验,发挥专业团队的作用,在法律层面肯定专业机构特别是行业协会或其指定的专门机构的法律地位,认可其和解机制的合法性,对和解程序等解决机制予以支持。行业协会的专业自治作用,依托其代表行业的组织的地位,以汇聚行业内所具有特别的专门知识和专业技能为基础,在某种程度上是一种第三方治理机制(third-party governance),其对创意的专业性事后调解可在一定程度上弥补现有法律制度的一些不足。为适应中国文化创意产业发展,可考虑加强行政程序立法,通过法律界定特定社会组织参与相关纠纷解决的范围、方式以及程序等,同时培育行业协会的自治能力,并对其协调机制提供有效的司法救济机制,为社会组织参与权提供实质保障。

(2) 司法层面的改进

鉴于立法具有一定的滞后性,及时对创意产业源源不断的各种创意给予保护难免力有未逮。而司法所具有的能动性可以弥补知识产权客体法定这一缺陷。但与此同时也要警惕司法者过多甚至不恰当地对新的创意成果给予保护,以致损害了公共利益。对此,有学者提出司法解决渠道存在以下三种:一是可以通过侵权构成的非限定性来保护那些尚没有被知识产权制定法明文类型化为"绝对权利"的利益。但对那些法定权利之外的利益享有者只赋予其债权性质的请求权(损害赔偿请求权、补偿金请求权或者使用费请求权)。[①] 这样的方式可在一定程度上保护尚未被法定化的创意成果,又不至于对公共利益产生过多的不良影响。二是通过《反不正当竞争法》第2条处理一些明显不当的竞争行为,但所涉的不正当竞争应当符合一些严格的限制。[②] 三是对知识产权客体法定作出一定程度的突破,即"国家可以通过制定法律,提出一套确认知识产权客体的法定依据、标准和法定程序,并授权较高等级的法院,依法定程序对新型知识产权的客体作出认定"[③]。

2. 微观主体(企业等)的保护策略

(1) 创意产品化、作品化、技术化,适应现行法律制度的保护需要,获得必要的保护

为了被纳入现有知识产权法的客体范畴,创意产品需具备作品化、产品化、技术化等特点,才能获得现有法律框架的保护。这些措施也是文化创意产业适

[①] 李扬:《知识产权法定主义的缺陷及其克服——以侵权构成的限定性和非限定性为中心》,载《环球法律评论》2009年第2期。

[②] 徐俊、黄带弟:《知识产权法定主义的司法适用》,载《电子知识产权》2008年第2期。

[③] 韩志红、付大学:《析对知识产权客体法律确认性的适度突破——变"法律确认"为"法律确认和法官确认"》,载《法学论坛》2005年第3期。

应现有知识产权制度要求、充分发挥现有知识产权制度作用的一种举措。

(2) 基于模块化模式的保护机制

模块化最初被应用在技术流程中,其优势是可以促进合理分工,提高生产效率。但是在知识产权保护中,它却存在截然相反的两种结果:要么是方便了第三者对相关知识的学习和模仿,要么是因为技术分解而避免了其他人对整个知识产权的窃取。卡莉斯·鲍德温(Carliss Baldwin)和约阿希姆·汉高(Joachim Henkel)区分了"生产中的模块"和"使用中的模块",他们认为后者因为具有可模仿性或可替代性而增加了知识产权的风险,但前者通过分解技术过程交给不同的人来操作,隐藏了完整的流程信息,从而有利于保护知识产权。[①] 模块化的保护机制运用于文化创意产业时,就需要将生产过程中的关键接口隐藏起来,其他的模块生产必须与这一"接口"配合才能形成一个完整的创意产品,这将有效地防止仿冒行为。比如在文化创意衍生品中,如果只是将知识产权图像印制在杯子、衣服上,并不能体现其创意设计,模块的简单拼接非常容易被仿制。但是,如果能结合知识产权自身的特点进行衍生品制作,反而不容易被模仿,例如台北故宫博物院设计的坠马髻颈枕,既发挥了颈枕的作用,又完整地保留了坠马髻的特色,坠马髻和颈枕的关键接口就是坠马髻的形状特点,不仅趣味十足,还阻止了其他人的创意模仿。

(3) 适度改变传统的占有与创新模式

在一些特定的领域,传统的独享式的占有和封闭式的创新模式已经不足以使企业保有其竞争优势。企业应当从封闭式创新的利己主义转变为基于自利的利他主义,进行开放式的占有与创新,通过整个创意生态和创意发展的价值链获得更多创意并实现其价值。在开放式创新中,企业可以吸引与汇聚企业之外多元化的创新者、特定知识拥有者,将其拥有的知识、技术和创造才能与自身内部的资源有机融合,向市场不断提供新产品与服务,最终在满足市场需求的同时成就一个多赢的格局。如随着 UGC 模式的出现和开放式创新平台的兴起,文化消费者开始广泛参与到文化生产之中,版权在一些领域也呈现出开放趋势:世界知名博物馆加入"CC0"(无权利保留协议)[②],开放馆藏作品图像版权;阿里文学提出开放版权策略,版权收益由作者与合作方共享。尽管这些企业将自身的知识与众多企业和社群分享,但这并没有因此削弱其市场地位,而是因此收获了更多的创新和更大的市场份额。为了达成必要的合作,进行开放式的占有与创新,企业、个人需要削弱自己对知识产权的排他性控制,开放自己的边界与文化创意

[①] Carliss Baldwin and Joachim Henkel. Modularity and Intellectual Property Protection. *Strategic Management Journal*, 36(11), 2015, pp. 1637-1655.

[②] CC0 协议是知识共享许可协议中极为特殊的一种授权条款,意味着版权人对作品将不再保留任何权利。

社群合作,从而加快内外知识的流动和交换,不断产生新的创意。通过合作、共享以便从整个创意生态和创意发展的价值链中获得更多创意价值,使得创新不断推陈出新,有利于克服现有知识产权机制的不足。

创造力是创意产业的精髓。创造力是个人在社会、经济以及教育的背景或环境下的产物。[①] 创意生成的过程是包括企业、个人、创意社群在内的各个参与者相互影响的动态过程。作为创意产业的核心,人的创造力和文化艺术的社会属性明显,这决定了创意产业发展的有机性,即其生存、发展、成长需要适宜的文化生态和社会生态。[②] 要使创意持续产生,需要保持排他性与公开性的适度平衡,以确保企业、个人和创意社群共同合作发展创意。要想促进创意产业的发展,就必须平衡企业、个人和创意社群的利益,既不能给予权利人过于周全的知识产权保护而蚕食公共领域,也不能不保护新生的创意导致文化创意的"公地悲剧"。作为对文化创意进行法律保护的核心机制,知识产权已经在实践中发挥了积极作用。文化创意产业高速发展需要独占与分享之间的平衡,二者需要在互动中相互促进更新与完善。创意企业也应当更加灵活地应用现有的知识产权制度,通过知识共享许可协议等方式与其他创意发展参与主体保持良好的互动,从而进行开放式创新,以提高自身的市场竞争能力,并促进整个文化创意产业的良性发展。

二、文化创意获利机制的理论模型及修正

蒂斯的 PFI 理论是分析企业如何从技术创新中获取更多收益的一个重要理论框架,文化企业也面临着如何从内容创意中获取收益的问题。内容拥有者可以通过提高独占性、采取多样的授权形式、获取关键配套资产来提高其获取内容收益的能力;配套性资产方可以通过占据关键配套性资产、提高资产互补性并降低资产移动性能来提高其议价能力。PFI 理论在文化产业中具有一定适用性,但在内容核心、社会效益、资源衍生等方面具有局限性,基于相关理论和视角,可以提出对 PFI 理论进行内涵拓展和框架修正的路径:构筑文化创意生态、重视文化价值与企业责任、发挥文化资源价值拓展能力等。

(一) PFI 理论研究历程及其新进展

与早期聚焦于独占性的研究不同,蒂斯增加了配套性资产(complementary assets)和主导性设计(dominant design paradigm)两个概念,创建了 PFI 理论框架,从微观企业行为的角度探讨如何在创新中获利并独占创新收益。蒂斯的独

---

① 陈倩倩、王缉慈:《论创意产业及其集群的发展环境——以音乐产业为例》,载《地域研究与开发》2005 年第 5 期。
② 厉无畏、王慧敏:《创意社群与创意产业的持续发展》,载《社会科学》2009 年第 7 期。

占性机制是指创新者保护其创新的能力,包括法律保护机制和技术特性(属于产品创新还是过程创新、知识的编码化程度等);配套性资产是指将创新转化为经济收益所需要的资产;主导性设计指在行业中占据主导地位的产品标准设计。其运作机制如表 9.3 所示。

表 9.3　基于 PFI 的创新战略

创新环境	强独占性机制	弱独占性机制
战略	保留核心创新能力,产品是标准设计,可以通过市场获得配套性资产	占据关键配套性资产,如制造、分销能力

PFI 框架最初解释了为什么一些创新者可以从创新中获取利益,而另一些则不行。而后它将提升成为一个比较有解释力的理论视角,可用来解释和预测创新者为什么会从他们的创新中产生持续的利润,以及他们何时容易受到后进入者的策略性行为的影响。蒂斯的 PFI 理论引发了对企业战略、创新和占有性之间联系的更深层次的探索,从整体层面把企业战略、组织创新与产业特征、法律制度等连接起来,扮演了多个领域的枢纽作用,也凸显了创意与创新的价值及其在企业战略中的地位。

传统 PFI 理论提出后,因其较强理论解释力受到理论界较多关注。随着研究的深入,早期的 PFI 理论亦不断被修正与拓展。

第一,独占性机制内生化。传统 PFI 理论的独占性机制是外生环境变量,但对其进一步的实证研究和理论分析都验证独占性机制可以成为企业主动战略选择的结果。如迪士尼公司对其经典的作品形象保护与进一步开发利用证明企业可以通过内部战略影响改变独占性机制,而且成功的创新收益战略并不一定要强有力的知识产权保护制度。

第二,配套性资产无形化。早期配套性资产主要是与产品制造相关的仓储、设备、渠道等有形的固定资产,但蒂斯等在后续研究中提出了"动态能力"(dynamic capabilities)概念,强调企业整合和重置内外部资源以适应外部环境,从而获得竞争优势。① 对动态环境的适应要求企业具备战略柔性、资源柔性、协调柔性、学习能力等无形的配套资产。②

第三,PFI 理论要素逐渐丰富化。学者们在对企业创新收益战略的进一步研究中,发现产业架构是影响创新收益的重要因素。产业架构代表了产业主体的专业化性质和程度(或"组织边界")以及这些产业主体之间的关系结构,有助

---

① David J. Teece, Gary Pisano, and Amy Shuen. Dynamic Capabilities and Strategic Management. *Strategic Management Journal*, 18(7), 1997, pp.509-533.
② 张文红、陈爱玲、赵亚普:《如何从创新中获取收益——Teece 创新获利理论的起源、发展和未来》,载《科技进步与对策》2014 年第 13 期。

于解决企业在纵向竞争中获利的问题,选择何种产业架构策略受到配套性资产的移动性、架构优势和动态能力三个因素的影响。还有一些学者将PFI理论应用于分析服务业创新获利机制,威尔弗雷德·多尔夫斯马(Wilfred Dolfsma)、克里斯蒂亚娜·希普(Christianne Hipp)等加入组织结构管理、人力资源管理、声誉等独占性要素,进一步扩展了PFI理论框架的具体内涵。

第四,创新模式多样化。亨利·切萨布鲁夫(Henry Chesbrough)在2003年提出开放式创新的概念,强调企业通过与外部合作获取知识,基于知识管理进行创新活动从而提升收益。① 这对PFI理论的修正产生了重要影响,很多学者结合案例和实证研究进行相应拓展。如王雎提出在开放式创新背景下将独占性机制作为促进创新者之间知识共享的机制,并运用组织间关系理论对PFI模型进行初步修正②,徐飞、郭萍以通信行业为例结合融入产业架构和开放式创新对PFI进行修正。③

在这些进展中,不难发现PFI理论与资源和能力观的主流逻辑有一致之处。如突出企业主体在创新获益过程中的自主性作用,强调产业架构和独占性机制会受到企业内部战略和外部产业环境的影响而发生改变,企业可根据自身拥有的配套性资产影响产业架构和独占性机制,强调知识产权制度、企业知识产权战略在创新获利战略中的地位依然重要等。总之,传统PFI框架随着理论深入和实践变化而不断拓展,其解释能力得到增强,成为创新领域一个重要的基础性分析框架。

(二) PFI理论在文化产业的适用性分析

1. PFI理论在文化产业中应用的合理性

文化产业的本质是对文本的生产和销售。④ 文化产业的产业属性要求它能实现经济收益目标、进行产业运作,且经济回报能反哺文化创意。尽管文化创意与技术创新所依赖的知识产权保护机制有不同侧重,但二者本质上都是知识生产,都面临知识作为准公共产品的外部性问题,独占收益是共同的激励手段。文化企业在面临如何从文化创意中获利问题时,利用PFI理论制定企业战略有其合理性。比如从独占性机制维度来看,在知识产权保护较为完善的领域,在文学创作、影视制作、艺术表演等文化产业核心环节中,创意者的收益能够很好地依

---

① Henry Chesbrough. The Logic of Open Innovation: Managing Intellectual Property. *California Management Review*, 45(3), 2003, pp. 33-58.

② 王雎:《试论开放式创新条件下的专属制度内生演化与PFI模型修正》,载《外国经济与管理》2008年第12期。

③ 徐飞、郭萍:《企业创新获利机制研究——以通讯行业为例对PFI理论的修正》,载《科技进步与对策》2014年第8期。

④ 〔英〕大卫·赫斯蒙德夫:《文化产业(第三版)》,张菲娜译,中国人民大学出版社2016年版,第21页。

托著作权法得到保护,在此背景下确保对创意内容的占有即可获取大部分直接利益。与此同时,文化产业中从内容到市场需要相应的配套性资产,如出版、发行、营销、分发等渠道业务,文本载体的制造和供给服务等。尽管文化产业中的独占性机制和配套性资产与工业制造业不完全类似,但借助于PFI理论框架,仍可以一探文化产业的内容获利机制。

2. PFI理论应用于文化产业领域的具体案例

(1) PFI理论在网络文学行业应用案例

网络文学行业从内容到市场可以划分为生产环节、渠道环节和终端环节,其中渠道环节是将内容推向市场的关键接口。从PFI视角来看,网络文学网站依托平台和渠道资产建立与生产者和终端商的双边依赖关系:一方面,作者为了将自己的内容推广出去,往往需要通过文学网站这一平台发布自己的作品,同时平台的付费阅读模式也为作者提供了早期的创作激励;另一方面,终端商对能够整合并提供内容的文学网站也有很强的依赖(见图9.2)。

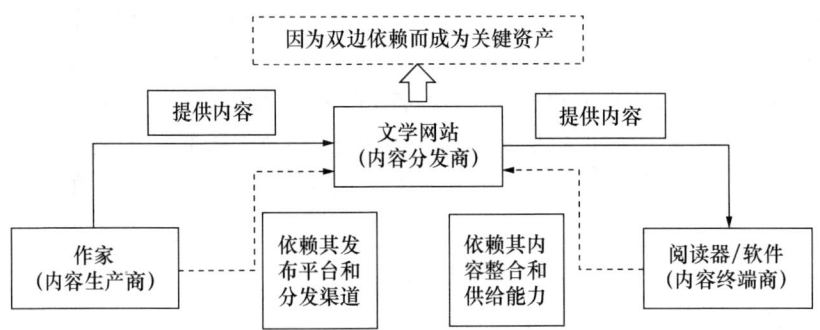

图 9.2 网络文学行业中的关键配套资产

盛大文学与腾讯文学整合后的阅文集团,基于强大的平台基础、推广渠道和版权运营能力,控制了行业关键配套资产,掌控了关联环节间的谈判优势,从而成为网络文学行业中的佼佼者。为了保持其行业优势,阅文集团的战略方向是加强独占性机制,在此基础上提高自身配套资产的互补性。第一,建立较强的独占性机制:通过技术手段、行业联盟、侵权诉讼来打击盗版,保护收益。同时采取多种版权运营途径扩展收益,以制作方、投资方或联合运营方等身份参与到后续的版权开发与运营过程中。第二,提高其资产价值:网络文学网站的资产价值根本上由其提供的文化内容数量和质量决定,阅文集团同作家约定不同分成方式、孵化青年作家、重点运作价值作家等巩固其作家群体,保证内容的供给。第三,提高资产互补性:腾讯为阅文集团带来强大的市场推广能力,它对接多种阅读器和移动终端,作为内容整合提供商进行版权的二次售卖,极大地推广了其签约的作家作品,促使内容生产者优先选择与其合作,提高了盛大文学的资产与内容生产环节间的互补性。

网络文学行业终端环节的市场主体包括终端制造商和服务提供商,这一部分企业在独占性较强的环境中,往往受制于内容拥有者的许可,其从文化内容中获利的战略是增强自身资产不可替代性和互补性。微信读书 App,通过阅读打卡、分享好书、精选点评、共享笔记等功能打造了一个阅读社区,并且利用微信这一强大的社交接口,增强其用户黏性,与同类资产提供者相比降低了自身的可替代性,从而提高了竞争力。

(2) PFI 理论在数字音乐行业应用案例

数字音乐行业发展之初,版权保护意识较差,网络音乐平台向用户免费提供在线音乐试听和下载服务,依托用户流量获得广告收益。2015 年是数字音乐行业重要拐点,国家版权局下发《关于责令网络音乐服务商停止未经授权传播音乐作品的通知》,并开展一系列治理活动,音乐版权制度日趋严格。这促使头部企业争夺独家版权以形成版权壁垒,导致音乐行业版费暴涨、授权机制混乱。为了避免版权垄断和恶性竞争,从 2017 年 9 月到 2018 年 3 月,国家版权局积极协调腾讯音乐、网易云音乐和阿里音乐达成相互授权协议,授权的音乐作品达到各自独家音乐作品数量的 99% 以上,严格的版权壁垒难以形成,各家只能在头部形成版权"犬牙交错"的制衡局面。政府对版权环境的治理改变了行业的独占性机制,行业主体基于此进行策略调整和商业联合,共同塑造产业架构,建立多重盈利模式:一是对独家代理的版权进行转授权和二次版权开发,增加版权收入;二是通过付费和会员充值获得提供音乐服务的直接收入;三是通过流量获得广告收入及其他收入来源(见图 9.3)。

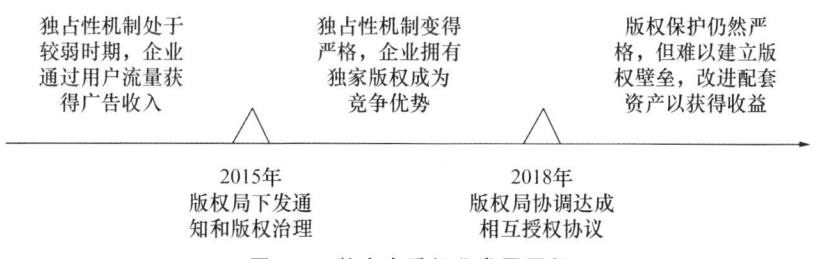

图 9.3　数字音乐行业发展历程

腾讯音乐是数字音乐行业的领军企业,旗下拥有腾讯、酷狗和酷我三大数字音乐平台,占据了 70% 的市场份额。基于 PFI 理论的视角,一方面,腾讯音乐积极推动行业版权制度严格化,并凭借强大的资本实力,与几大唱片公司合作取得独家版权分销许可,合并酷狗、酷我音乐、中国音乐集团等,一举掌握国内超过 90% 的版权资源,其在早期就完成了版权积累和整合,占据国内数字音乐行业的龙头地位。另一方面,腾讯音乐在版权整合的基础上,布局构建单中心多主体的商业生态系统,连接消费者、竞争对手、唱片公司和音乐人等多个网络主体,不断巩固自身中心地位,锁定该生态系统中的价值创造和分享路径[①],实现自身资产的价值强化。

相比腾讯音乐,依靠产品创新突围的网易云音乐体现了行业后发者的突破式创新:它独特的页面设计、歌单创建和分享功能、关联推荐功能等完全不同于早期的音乐软件,吸引并积累了大量用户,而音乐评论和点赞回复功能则形成了音乐社区,帮助网易云音乐保持较强的用户黏性。但是产品设计属于显性的知识创新,极易受到外部模仿,现在这些功能几乎已经成为每款音乐软件的必备功能,网易云音乐的产品创新优势逐渐消失。网易云试图巩固其音乐社交的优势,不断跨界营销云评论内容,例如在杭州地铁推出"乐评专列",打造"音乐专机",还与农夫山泉合作,推出限量版"乐瓶"等。但内容仍然是数字音乐行业的核心资源,面对行业架构变革,网易云音乐也要融资购买版权,与其他平台达成版权合作,发起独立音乐人扶持计划等,建立一定的内容基础。

数字音乐行业的发展历程和行业主体的战略方向符合新进展中的PFI理论:第一,技术、政策环境、企业合作与竞争行为等共同改变了行业架构,影响了企业及其他主体从文化创意中获利的方式和利益分配规则;第二,在行业发展中,企业需要动态能力洞察并及时适应行业变化,需要不断创新赢得先动者优势,这些都归属于无形的配套性资产;第三,版权机制在不断完善,企业要赢得长期的竞争优势离不开大量的优质文化内容,以内容为前提有利于后续战略布局。

(3) PFI理论在文化产业的适用机制及其表现

PFI理论运用到文化产业时,可找到对应的独占性机制和配套性资产,其适用机制可以用表9.4概括。

表9.4 PFI理论在文化产业中的适用机制

	概念阐释	具体内容	影响因素
独占性机制	获取内容直接收益的机制	利用版权许可获得收入;转授权、改编权、衍生产品许可等二次收入	技术进步、知识产权制度、政策环境、合同约定等
配套性资产	将内容推向市场的辅助能力	出版和发行业务,营销分销渠道,内容的提供服务,内容载体的生产、制造等	互补性,即资产与内容的依赖程度;移动性,即资产的可取代性

[①] 胡慧源、李书琴:《产业链整合、商业生态系统构建与腾讯音乐竞争优势》,载《中国出版》2019年第13期。

在文化产业中，独占性机制是保护内容直接收益的机制，受到外部环境和企业自身战略影响。企业为加强独占性，可以采取加密、防盗、水印等技术手段防止其他人私自获得和传播，例如阅文集团采取 DRM 技术、屏蔽源文件、异常数据监控等技术控制作品的接触和特定使用；可以通过合同约定，如约定版权转移、签署保密协定等实现对内容的独占。而外部环境因素主要是指知识产权法律和相关政策制度。选择法律途径如著作权法保护文本内容的救济方式具有成本高、时间久等缺点，对处于弱势地位的普通内容生产者而言，此种保护并不一定有效。此外，政策对文化产业的影响较大，从数字音乐服务业的发展历程就可以看出，政策的变化完全可能改变一个行业的独占性环境，从而影响企业调整配套性资产和改变行业架构。

将文化内容推向市场获得收益的配套性资产包括发行、营销、服务、制造等多种形式。离内容生产环节越近，越容易掌握和整合文化内容，控制这类配套资产即掌握行业瓶颈资产，此时企业战略就是加强独占性机制，保障内容优势，然后多样化选择配套性资产，实现内容收益最大化。文学网站将作品整合打包给不同的终端平台发布，唱片公司将音乐作品授权给多种场景使用，都是在最大程度发挥内容优势。但是不具有内容优势的配套性资产企业，只能通过提高资产的互补性和不可移动性来增加自身资产价值和议价能力。互补性是指两个资产之间的适应程度，它影响资产结合产生的价值高低。移动性是指资产的可替代程度。[1] 建立社区的方式可以增强用户黏性从而降低资产移动性，如微信读书的笔记共享和网易云的评论赞赏功能都是在建立用户社区。另外，迎合消费者需求、提高产品专业性和独特性也是降低资产移动性的重要措施，如网易云音乐不断改进自己的算法工具，以实现更精准的歌单推荐。取得独家授权或是自身涉足内容生产环节都可以加强资产与内容的互补性，如腾讯买断独家版权，一些网络平台自制综艺和电影，从事内容生产。原本已经拥有关键配套资产的企业可以通过同行业主体间的联盟或资产更新继续巩固互补性优势，如院线联合抵制电影线上发行，影院设置 IMAX 屏幕、采用杜比音效等以配合电影制作技术的更新等。

根据前文的案例分析和 PFI 理论在文化产业中的适用机制，这里给出文化企业依据 PFI 理论从文化内容中更有效地获得收益的一些策略，如表 9.5 所示。

---

[1] Michael G. Jacobides, Thorbjørn Knudsen, and Mie Augier. Benefiting from Innovation: Value Creation, Value Appropriation and the Role of Industry Architectures. *Research Policy*, 35(8), 2006, pp. 1200-1221.

表 9.5 文化企业的内容获利策略

角色	战略方向	具体措施
内容拥有方	提高独占性	提高防盗版技术,签订保密协定,严厉打击盗版、行业联盟等
	采取多样的授权形式	分阶段、分权利授权,或是一揽子授权等
	获取关键配套资产	包括收购、兼并、控股等途径
配套性资产方	降低资产移动性	1. 通过独特产品设计、提供专业服务等形成差异化竞争优势 2. 匹配更多内容、建立用户社区等增强用户黏性
	提高资产互补性	1. 行业联盟、配合内容生产更新资产 2. 涉足内容生产环节、获取独家授权

(三) PFI 理论在文化产业应用中的局限性及改进

1. 现有 PFI 理论应用于文化产业时的局限性

文化企业是通过内容创意获利,与工业企业通过技术创新获利有显著不同。文化内容具有易复制、可再生产等特点,文化产业具有 IP 效应、流量经济、媒介经济等特点,文化产业发展在创造经济效益的同时还具有文化效益和社会效益,文化产业发展的政府主导型和治理性特征,要求政府积极扶持并引导文化产业按照符合社会利益的方向发展[①],这些独特属性使得文化产业在适用 PFI 理论框架时呈现出一些特殊规律和局限性:

(1) PFI 侧重于获取经济利益,但文化产业的核心远非经济利益单一维度。许多创作者基于个人兴趣爱好或是取得认同而进行文化生产,一味强调经济收益反而可能会对创意形成产生负面效应。强调良性的文化生态环境是为了保证文化资源和创意内容不断产生、供给和演化;如离开良性文化生态环境,文化产业发展则如无根之木、无源之水。

(2) 文化产品的准公共物品属性和文化资源的社会公益属性使得文化产业要重视社会效益。文化产业在实现经济价值的同时也担负着文化传承、传播和创新的价值功能,其发展会受到更多的政府规制和政策影响,而利用 PFI 理论分析文化产业获利机制时可能会产生"近视症",忽视其中的文化效益和企业的长远发展。

(3) 文化资源具有衍生性,各个产业环节都可能再次进行文化生产。文化内容的价值实现过程不仅包含价值创造,而且包含了价值再创造和价值延伸,对

---

① 靳亮、陈世香:《文化属性"三分法"与中国公共文化治理的本土化建构》,载《上海交通大学学报(哲学社会科学版)》2018 年第 2 期。

内容创意的合理使用能够不断增加其价值,而传统 PFI 机制中实现创新收益往往是基于特定的产品和技术,其价值会随着知识溢出、技术和产品更新而消失殆尽。

2. 现有 PFI 机制在文化产业应用时的修正及拓展

(1) 基于创意生态理论对 PFI 机制的修正

互联网背景下很多文化企业是平台型企业,通过提供文化内容服务获取用户流量和相关收益,但是文化内容具有易复制性且同类型企业竞争激烈,平台型文化企业必须要形成自己的文化创意生态系统,以保证文化内容不断产出,保持竞争优势。平台涉足文化生产环节,吸引文化消费者参与文化生产,如抖音、快手、知乎等平台的 UGC 模式,乐高集团建立"乐高创意平台"收集用户创意、125 位画家共同绘制油画制作动画电影《至爱梵高》的创意众包形式。创意生态理论强调多样性的参与者、网络化的关系结构和开放性的系统,更加契合文化产业。[①] 通过建立文化创意生态实现盈利的方式不同于 PFI 机制中着眼于单个企业的盈利,而是呈现出"自利的利他"的特点,能够实现多个主体共同盈利和企业的持续获利。文化创意生态理论对 PFI 框架的修正主要体现在以下两个方面:

第一,独占性要求宽松化,更强调企业的资源获取和整合能力。文化企业通过共享知识和技术、开放版权、弱化内容壁垒,降低文化资源的获取障碍,将分散的创意资源整合以加快创意产生,与此同时,企业自身配套性资产利用率提高,实现价值增值。

第二,文化企业获取内容的途径和盈利的方式更加丰富,但文化内容仍然是核心资源。UGC 模式和创意众包模式是文化产业中独特的创意获利方式,其本质还是文化企业获取和控制文化内容方式的创新,通过内容支撑保持长期竞争优势。

(2) 从文化价值维度对 PFI 收益内涵的拓展

当今文化产业具有产业化、娱乐化倾向,资本逻辑掌控文化企业,导致文化价值被轻视和挤压,文化产业的社会、政治、文化和经济效益间的冲突更加尖锐,最终不但会瓦解文化价值,而且会使本来可以发挥的效益也难以实现。[②] 影视行业的天价片酬、"阴阳合同"问题,优秀民族文化在产业化过程中庸俗化、同质化等现象都展现了文化产业不同效益间的矛盾。在文化产业发展过程中必须承认文化价值优先,才能协调其他效益的发挥,实现文化的健康发展。

强调文化价值意味着文化企业不但要实现经济收益,更要肩负文化和社会

---

① 刘永孜:《超越价值链的创意生态系统研究》,载《北京工业大学学报(社会科学版)》2017 年第 1 期。

② 单世联、卢子葳:《文化效益冲突的意义及效果——兼论文化价值与文化效益的关系》,载《上海财经大学学报》2017 年第 4 期。

责任：一方面，文化企业要担当"把关人"角色，其生产和传播的文化内容要符合政治要求和伦理道德；另一方面，文化企业要肩负保护和创新传统文化的责任，避免文化资源开发的负面效应。文化企业将实现文化价值纳入战略规划中，对于企业树立形象、打造品牌、实现长久发展、提高文化竞争力有着潜在好处。文化价值对 PFI 理论的扩展在于破除唯经济效益观念，文化企业从内容中获得收益应当包括文化效益、社会效益、经济效益以及政治效益等多重效益，这就要求文化企业积极履行文化和社会责任，保护和传承中华优秀传统文化，创新文化产品和服务，维护社会文化环境健康有序等。

(3) 文化资源的衍生性特征对 PFI 配套资产的拓展

文化资源的衍生性特征表现为既可以对文化资源一次开发、多次利用，也可以基于现有文化资源交叉组合、多维开发。一个文化资源可以在动漫、文学、影视等多个领域里同时得到开发和利用，从而衍生出相关但不同的文化作品，实现价值开发最大化。文化资源衍生性使得文化企业可以既是配套资产方又是内容生产者，实现内容获利可以通过对文化资源的再次开发。这也意味着较强的 PFI 机制中配套资产应当包括对文化资源的价值拓展能力。例如影视制作公司取得文字作品的改编权许可，然后进行相关的影视剧改编，即完成了文化内容的二次生产，是对原文字作品的价值再创造。动漫制作公司将动漫形象申请版权或商标保护，再将其运用到衍生品开发，正是原动漫作品的价值延伸。文化资源的价值拓展能力是一种无形资产，它代表了企业对文化资源的有效运用和高效运作能力，建立在企业对文化市场需求有敏锐的感知、对相关知识产权有战略的管理意识等。

将 PFI 理论运用于文化产业，既是该理论在行业应用方面的突破，又是对文化产业传统盈利模式的理论创新。分析文化企业的内容获利战略，可以发现 PFI 具有文化产业适用性和一定的理论优势。PFI 理论自身的发展也启发我国文化创意产业未来知识产权保护之路。文化创意产业需要规范的知识产权制度环境，从而增强其内容独占性，但同时要防止知识产权制度异化出现的"版权蟑螂"问题、版权垄断以及版权过于分散对文化创意产生的负面效应等。独占性机制及其内生化并非文化企业内容获利的唯一路径，未来的发展趋势仍然是强调开放合作，共同建立良好的文化创意环境，鼓励文化资源的交流和创新。

第十章　商业秘密保护与管理

商业秘密是知识产权的客体之一,也是《反不正当竞争法》的重点保护对象。对于企业而言,商业秘密是具有重要经济和竞争价值的无形资产;商业秘密贯穿于企业技术研发、管理和销售的各个环节。商业秘密管理是企业知识产权管理的基础,它使有价值的信息成为商业秘密。商业秘密是企业存在发展的立身之要。本章对商业秘密保护与管理的学理进行综述,提出商业秘密的"波粒二象性"特点,由此可深入把握相关理论的侧重及不足。本章给出商业秘密保护与管理的基本框架,包括保护与管理思路、总体原则、策略及体系化管理等,并具体阐述建立与优化员工管理制度、实验室管理制度、内部安全管理制度以及对外交往保密制度。

第一节　商业秘密保护与管理概述

商业秘密是企业最为普遍的一类知识产权,也是企业创造和发展的起点。一个企业可能没有专利,但通常不会没有技术信息;企业可能没有驰名商标,但不可能没有经营信息。商业秘密也是企业在市场中生存和发展的立足点,其独特性是企业核心竞争力的内在表现,是企业的"灵魂"。

一、商业秘密的性质及内涵

广义的商业秘密是指尚未向公众提供且能给企业带来竞争优势的信息。TRIPS协定将商业秘密定义为"未公开的信息"。我国2019年修正的《反不正当竞争法》将其界定为"不为公众所知悉、具有商业价值并经权利人采取相应保密措施的技术信息、经营信息等商业信息"。其中"不为公众所知悉"是指该信息不能从公开渠道直接获取,通常具备一定的新颖性,并非所有显而易见的东西都能划入商业秘密范围;"权利人采取保密措施",包括订立保密协议,建立保密制度及采取其他合理的保密措施;"技术信息"和"经营信息",包括设计、程序、产品配方、制作工艺、制作方法、管理诀窍、客户名单、货源情报、产销策略、招投标中的标底及标书内容等信息。"权利人"是指依法对商业秘密享有所有权或者使用权的公民、法人或者其他组织。商业秘密分为技术秘密和经营秘密。技术秘密也被称为"know-how",是指专利以外的由当事人控制的未公开的技术信息;《浙江省技术秘密保护办法》中技术秘密是指"能为权利人带来利益、权利人已采取严格的保密措施、不为公众所知悉的技术信息,包括设计、程序、配方、工艺、方法、诀窍及其他形式的技术信息"。《广东省技术秘密保护条例》(2020年第二次修订)则将技术秘密定义为"不为公众所知悉的技术,即专利技术以外的技术,包括未申请专利的技术、未授予专利权的技术以及不受专利法保护的技术"。经营信息是指"与经营销售有关的保密资料、情报、计划、技术方案、方法、程序、经营决策等"。

表 10.1　商业秘密的类型及具体形式

类型	具体形式
技术秘密	技术诀窍、生产方案、产品设计、工艺流程、实验数据、工程设计图纸、配方、质量控制、非专利技术成果等技术信息
经营秘密	客户名单、产品研发信息、市场布局、推销计划、市场信息、财务信息、人力资源信息、管理诀窍、进货渠道、产销策略、销售网络、产品价格、供求状况、标底、标书内容等资料

案例　盗用香兰素技术秘密判赔 1.59 亿元

香兰素是全球广泛使用的香料。本案原告嘉兴中华化工公司与上海欣晨新技术有限公司(以下简称"上海欣晨公司")共同研发出生产香兰素的新工艺,并作为技术秘密加以保护。相关香兰素生产技术和工艺曾获浙江省科学技术奖二等奖、中国轻工业联合会科学技术进步一等奖等奖项。在本案侵权行为发生前,嘉兴中华化工公司是全球最大的香兰素制造商,占据全球香兰素市场约60%的份额。

2010年,嘉兴中华化工公司前员工、被告傅祥根从被告王龙集团公司获得报酬后,将香兰素技术秘密披露给王龙集团公司监事、宁波王龙科技股份有限公司(以下简称"王龙科技公司")董事长、本案被告之一王国军,并进入被告王龙科技公司的香兰素车间工作。2011年6月起,王龙科技公司开始生产香兰素,短时间内即成为全球第三大香兰素制造商。2015年,被告喜孚狮王龙香料(宁波)有限公司(以下简称"喜孚狮王龙公司")成立,持续使用王龙科技公司作为股权出资的香兰素生产设备生产香兰素。

王龙集团公司、王龙科技公司非法获取香兰素技术秘密后,从2011年6月开始生产香兰素并持续至今,其实际年生产香兰素至少在2000吨,占据全球10%的市场份额。同时,上述被告侵害涉案技术秘密生产的香兰素产品销售地域遍及全球主要市场,并与嘉兴中华化工公司争夺客户和市场。由于王龙集团公司、王龙科技公司等系非法获取涉案技术秘密,没有实质性的研发成本投入,能以较低价格销售香兰素产品,对嘉兴中华化工公司的原有国际和国内市场形成了较大冲击,导致嘉兴中华化工公司的全球香兰素市场份额从60%滑落到50%。

2018年,嘉兴中华化工公司、上海欣晨公司向浙江省高级人民法院起诉,认为王龙集团公司、王龙科技公司、喜孚狮王龙公司、傅祥根、王国军侵害其享有的香兰素技术秘密,请求法院判令上述被告停止侵权并赔偿5.02亿元。一审法院认定王龙集团公司、王龙科技公司、喜孚狮王龙公司、傅祥根构成侵犯涉案部分技术秘密,判令其停止侵权、赔偿经济损失300万元及合理维权费用50万元。同时,一审法院在诉中裁定王龙科技公司、喜孚狮王龙公司停止使用涉案技术秘密生产香兰素,但王龙科技公司、喜孚狮王龙公司实际并未停止其使用行为。

除王国军外,本案各方当事人均不服一审判决,向最高人民法院提出上诉。二审中,嘉兴中华化工公司、上海欣晨公司将其赔偿请求降至1.77亿元(含合理开支)。最高人民法院知识产权法庭二审认定,王龙集团公司、王龙科技公司、喜孚狮王龙公司、傅祥根、王国军侵犯涉案全部技术秘密。根据权利人提供的经济损失相关数据,综合考虑侵权行为情节严重、涉案技术秘密商业价值极大、王龙科技公司等侵权人拒不执行生效行为保全裁定等因素,判决撤销一审判决,改判上述各侵权人连带赔偿技术秘密权利人1.59亿元(含合理维权费用349万元)。

本案因权利人起诉所主张的损害赔偿数额仅计算至2017年底,而当时的法律并未规定惩罚性赔偿,故本案未能适用惩罚性赔偿。最高人民法院判决指出,权利人对本案各被告2018年以后的持续侵权行为可以依法另行寻求救济。

本案判决结果彰显了最高人民法院严格依法保护知识产权、严厉打击恶意侵权行为的鲜明司法态度。除根据案件事实依法判决赔偿1.59亿元之外,最高人民法院还判令以侵权为业的企业的法定代表人承担连带责任,精准有效打击了企业负责人以企业为侵权工具的违法行为,让侵权行为主导者付出沉重代价。此外,因涉案侵害技术秘密行为情节恶劣、后果严重,可能涉嫌刑事犯罪,最高人民法院依法将相关涉嫌犯罪线索材料移送公安部门处理。该案刷新了我国商业秘密侵权案件判决赔偿金额的纪录,但是该案从取证到终审判决历时十余年,花费诉讼成本数百万元。案件的背后有政府、司法机关、企业高度重视商业秘密保护的缩影,也体现了企业确定和保护商业秘密的不易。

资料来源:《人民法院报》2021年2月27日。

关于商业秘密的性质,主要有"财产说""契约义务说"和"信任关系说"三种理论。① 与此同时,我国理论界和实务界一般将其视为无形财产权,商业秘密又被称为第四知识产权。② 还有一种观点认为,商业秘密可被看作一种尚未上升为权利的法益。一些学者认为,美国在商业秘密保护实践过程中所使用的理论并不统一:或采取合同理论,试图构建、解释双方之间的明示或默示保密合同;或引用侵权理论,将商业秘密受到侵害的行为认定为一种"盗用";或采取不正当竞争说,认为由该行为引发的竞争优势被剥夺,以达到利益平衡。在众多理论中,商业秘密的财产理论目前认可度最高。

(一)商业秘密属于一项纯粹的财产权利

商业秘密不是一项自然权利,而是一项法定权利,即若非法律规定,对商业秘密本身的"盗用"并不天然具有可谴责性。③ 商业秘密是一项财产,一般而言,商业秘密的外部特征与其他传统财产一样,都可以许可、转让、继承与变卖。一项利益要成为民法所称的财产,至少要具备以下要件:有用性、稀缺性、可支配性、不属于物质性的人格要素。

首先,商业秘密具有有用性。有用性与商业秘密的价值性是相匹配的,且其价值性不依赖于能否根据商业秘密生产出产品。美国《反不正当竞争法重述(第三版)》针对商业秘密提出了价值性的要求:商业秘密必须在商业运营过程中具有充分价值,与其他不拥有信息的人相比,能够具有现实或潜在的经济优势。所谓的优势不一定是巨大的;只要秘密信息具有比"微不足道"大一点的优势,就是具有充分的价值,即价值性并不要求相应优势的多寡,存在即可。

其次,商业秘密具有稀缺性。稀缺性是指商业秘密并不是无限的,有被用尽的可能。从获取渠道来看,商业秘密需要权利人的投入才能获得。同时,商业秘密的稀缺性也源于秘密性。秘密性使得除特定人外,无人能够知晓商业秘密的存在,这对于其他人而言,就具有稀缺性。

再次,商业秘密具有可支配性。商业秘密权利人对信息的占有使其获得了支配权,可以按照其预想的方式支配该商业秘密。即使他人通过"反向工程"或其他手段获得了相同的商业秘密,那也是相互独立的信息,两者可以独立控制其所掌握的商业秘密。

最后,商业秘密不属于物质性的人格要素。显而易见,商业秘密一经研发问世,就脱离了主体独立存在。商业秘密一旦成为一种客体,就独立于研发人的人

---

① 孔祥俊:《商业秘密保护法原理》,中国法制出版社1999年版,第152—161页。
② 王润华:《第四知识产权——美国商业秘密保护》,知识产权出版社2021年版,第5—6页。
③ 黄武双:《商业秘密的理论基础及其属性演变》,载《知识产权》2021年第5期。

格,也独立于信息所有人的人格。

（二）商业秘密是一种知识产权

商业秘密属于财产,但其应当有一套不同于其他财产的具体规则。商业秘密不属于有形物一类的财产,《民法典》将其定性为知识产权,但即便如此,不同知识产权对应的具体规定也相去甚远。将商业秘密定性为知识产权,是指商业秘密与其他知识产权一样具有制度目标,即通过制度保护鼓励创造和投资,同时促进信息传播。

二、商业秘密的特征

（一）秘密性

商业秘密是处于秘密状态的或未公开的信息,有时也被称为不为公众所知悉的信息。这里的"公众"为不特定的其他人。所谓"不特定的其他人"是相对于特定人员而言的,对企业负有保密义务的人不属于公众的范畴。

秘密性是一种相对状态,即若技术和经营信息在一定程度上被公开,该公开所涉及的人员均负有一定的保密义务,而该范围以外的人无法知悉或不能获得。如果要否定一项技术的秘密性,一般需要提供证据证明该技术或经营信息可以从其他途径获得或者已经公开。

（二）价值性

商业秘密不是单纯抽象的概念。商业秘密可以直接用于生产经营或商业活动,使商业秘密拥有者能够在所处行业形成一定的竞争优势或取得较好经济效益,例如降低成本,提高效率,改进品质,提升市场占有率等。

（三）保密性

从保密的角度出发,权利人为保护其自身所支配的商业秘密,必须采取保密措施,使之维持在秘密的状态或仅为可控范围内的人所知晓。因而,是否采取保密措施便成为判断某项技术或经营信息是否属于商业秘密的一项重要的评判标准。保密措施包括:签订保密合同或协议、建立保密制度、加盖保密印记、保存或保管措施、限制接触或参观、安装监控等。这些措施是确定商业秘密是否存在的重要条件,也是在商业秘密侵权诉讼中权利人需举证的重要内容。如果不能提供采取保密措施的证据,权利人将遭受不利后果。

三、商业秘密保护制度的作用

（一）商业秘密保护制度的一般作用

1. 鼓励创造和投资

任何创造活动都需要投入资源，而知识产权的创造需要创造者承担相伴产生的高昂成本，相较而言，后续复制、利用和传播的可变成本往往低于创造的对应成本。立法若不认可创造者有权独占地享有成果带来的效益，创造者将在竞争中陷入劣势，进而无法有效激励创造活动。

同理，商业秘密保护的是有价值的技术信息、经营信息等商业信息。这些信息的产生与维护需要大量成本。一旦这些信息丧失秘密性，经营者便无法享有本可以通过信息保密产生的利益。商业秘密制度通过给予一定的权利，限制他人以某种形式利用该特定信息，使经营者能够获得应有的独占性利益。与此同时，商业秘密保护制度可以在保护非技术信息和中间研究成果等领域，作为专利法等制度的补充。

此外，商业秘密保护制度的存在也提高了盗窃商业秘密的预期成本，并降低了权利人维护商业秘密的投入。一方面，该制度可使得权利人在保护措施上投入相对较少的费用，从而降低间接成本；另一方面，盗窃商业秘密成本的增加会鼓励企业转向许可证制度，适当的许可费也将降低信息的交易成本。从这一角度来看，除了对创新的激励，商业秘密制度在减少成本和交易成本方面也发挥着有益作用。

2. 促进信息传播

商业秘密制度对促进信息传播具有独特作用。因为特定信息一旦被认定为商业秘密，就意味着经营者只需要采纳相对正当的保密措施，而不再需要考虑所谓的忠诚度、采取何种保密手段、作出何种合同安排。商业秘密将激励企业有条件地披露那些原本担心失去竞争优势而根本不愿披露的信息。[1] 此外，在社会层面，商业秘密保护制度的存在可以降低社会企业本可能为相关秘密进行自我保护、自力救济进行的安保投资。由此可见，商业秘密制度与知识产权制度促进信息传播的宗旨是一致的，但这种传播方式不同于著作权法、专利法意义上的信息传播方式，因而不能以著作权法、专利法的传播方式来同等设立商业秘密制度。这种制度本身就致力于保护那些"一经公开就失去价值"的信息。正是因为信息所具有的特性，需要让它们维持在一个相对秘密的环境中，使之能在所有人正当的控制下，通过许可、交易或其他措施流转开来。

---

[1] 黄武双：《商业秘密的理论基础及其属性演变》，载《知识产权》2021年第5期。

（二）商业秘密对企业的特别作用

在信息社会中，商业秘密日益成为企业获得竞争优势的筹码。正如机械工程孕育出了工业时代，并因此诞生了专利法一样，在信息时代，针对快速变化而不宜或无法通过狭义知识产权保护的机密信息，通过商业秘密加以保护是一种合适的途径。具体而言，商业秘密对企业的作用包括：

1. 可以扩大保护范围

较之传统知识产权，商业秘密的保护对象更广。如前所述，商业秘密主要包括两类，即技术信息与经营信息。一般来说，对于技术信息是否适合通过专利制度进行保护需要加以区分。那些不为产品直接反映的结构或工艺、难以利用"反向工程"获取的技术信息，考虑到商业秘密的保护期限、保护范围和保护手段不受限制，在部分情况下，采取商业秘密保护的方法更加适宜；而对于难以被传统知识产权制度涵盖的经营信息，也可通过商业秘密制度得到恰当保护。

2. 形成企业核心竞争力

商业秘密"人无我有"的垄断特点往往能给企业带来较大的竞争优势。企业享有一定的商业秘密，不仅可以获得高昂的经济利益，还能够在市场中享有一定的地位。然而，在信息社会中，商业秘密愈发重要的同时也越来越容易被窃取或泄露，由于其本身的信息属性加之信息技术的发展，使得它们可以被轻易地存储、记录、传输或者复制到其他媒介上，从而被无声无息地带离所有者的控制范围。一旦商业秘密落入他人手中，他们就可以立即将其投入使用；并且商业秘密的特性决定了这种使用通常都很难被发觉，例如某商业秘密涉及一项可以有效缩短时间或成本的生产方法，那么即使竞争对手将它运用到生产中去，权利人也难以觉察。

同时，员工的高度流动性和企业在商业秘密管理方面（特别是针对员工的内部管理）存在的问题更加剧了这种风险。早在20世纪90年代就有学者指出："目前商业秘密纠纷都主要表现为雇员带走雇主的商业秘密，然后与后者开展不正当竞争。"[1]也有调查显示，企业的商业秘密从雇员渠道泄露是产生商业秘密侵权纠纷的最主要原因，占商业秘密收案量的74.39%，而第三人以不正当手段从原告雇员处获取原告的商业秘密并使用或者披露，并与原告雇员构成共同侵权的案件则占商业秘密判决案件的40.24%。[2] 因此，在现代信息社会，更有必要加强对商业秘密的管理与保护，使其能够在企业经营中发挥应有作用。

---

[1] 郑成思：《反不正当竞争与知识产权》，载《法学》1997年第6期。
[2] 单海玲：《离职雇员的商业秘密管制：竞业禁止与保密义务》，载《知识产权》2007年第4期。

四、商业秘密保护与管理的学理浅析

(一) 商业秘密合理边界与利益平衡

1. 商业秘密与员工剩留知识之间的平衡与界分

剩留知识是商业秘密保护中的例外情形。所谓剩留知识,是指员工在劳动合同履行过程中所合法掌握的、以无形形式储存在人脑当中的信息,可以包括技术诀窍、经验、想法、概念、工艺等。① 剩留知识背后的理念在于要区分员工先前的个人知识技能,不能因为员工接触到商业秘密而完全剥夺其使用早先获得的技能与知识,这些知识不应当被视为公司商业秘密,员工在任职期间习得的知识技能应归自己所有。② 剩留知识使用权的目的为将存于员工大脑中的一般知识技能剔除出保密信息的范围,以保护员工日后对这些剩留知识的继续使用,防止可能的纷争。③ 商业秘密作为知识产权的权利客体,商业秘密权利人受到保护的前提是该部分信息是权利人自己开发研究而取得的,除此以外的雇员的知识、技能和经验都不应当受到商业秘密法律的保护。④ 商业秘密与员工剩留知识之间的界分也体现了商业秘密权利人与其员工自由责任利益的平衡。

知识产权的本质是利益平衡。利益平衡是立法者或者裁判者在充分了解、评估后作出相应的价值判断选择。有学者将利益平衡的本质归纳为:法律为了达到利益平衡的目标,必须在优先满足上位利益的同时保证对其他利益的牺牲最少。⑤ 知识产权权利人对知识财产的排他性权利与公众对科技创新、文化繁荣的需求之间存在难以调和的矛盾,为了达成知识产权法立法的根本目的,立法者必须要对兼具公私两种属性的知识产品设计合理的制度安排。利益平衡在知识产权法当中具体表现为充分而有效和适度合理。⑥ 知识产权利益平衡包括了三个平衡,分别是智力创造和公众使用、智力创造和知识传播、公产和私产。⑦ 立法机关制定法律,司法机关在适用法律时应当熟练运用利益平衡理论处理权利冲突。

基于利益平衡的考虑,需要裁判者在裁判过程中考虑以下因素:首先是商业秘密的类型,是技术秘密、经营秘密,还是其他类型的信息。如美国在司法实践

---

① 黄武双:《商业秘密保护的合理边界研究》,法律出版社 2018 年版,第 24 页。
② 孔祥俊:《知识产权法律适用的基本问题——司法哲学、司法政策与裁判方法》,中国法制出版社 2013 年版,第 456 页。
③ 黄武双:《剩留知识的使用与控制研究——美国判例研究及其对我国立法与司法的启示》,载《法学杂志》2008 年第 4 期。
④ 吴汉东等:《知识产权基本问题研究》,中国人民大学出版社 2005 年版,第 29 页。
⑤ 张耕:《人才流动中的商业秘密保护研究》,载《河北法学》2003 年第 3 期。
⑥ 冯晓青:《利益平衡论:知识产权法的理论基础》,载《知识产权》2003 年第 6 期。
⑦ 魏玮:《知识产权司法保护中的利益平衡》,西南政法大学 2005 年博士学位论文,第 11—14 页。

过程中通过划分一般信息和特殊信息来进行初步区分。两种信息类型的划分对确定剩留知识有重要作用。其次是涉嫌侵犯商业秘密员工的智力水平和研发能力与所处岗位的平衡。如果员工能力水平非常高,其基于自我的研究和学习所能达到的基础能力和本领域认可的技术不能一概认为是商业秘密,这体现了对员工能力差异的认可和重视,也体现了对所处的工作岗位可能接触到的保密信息应当具体分析。再次是对员工劳动权及社会公共利益的影响。最后也是最关键的是员工是否"合法掌握"涉案相关信息。①

2. 商业秘密与公共利益的平衡与界分

商业秘密信息虽然处于秘密状态,但可在秘密状态下流动,如通过转让协议、许可等方式促进信息的扩散和效用。法律为这种传递提供依据,推动研究和革新。商业秘密协议的存在也有效地防止了秘密信息的非生产性储存,降低了市场交易成本,一定程度上为经济活动效率与效益提供了秩序保障。商业秘密保护虽然以秘密性为保护前提,但商业秘密保护与信息自由流动的公共利益总体上并非相悖,而是相互适应与和谐共生的,尽管有时二者存在冲突。一些国家和地区的法院创设了有弹性和广泛的抗辩原则:出于公共利益方面的考虑,允许公开秘密信息。例如,为了解决公共利益不确定性的难题,英国法律委员会在1997年11月提交的《商业秘密滥用咨询报告》中以"列举加兜底"方式给出了可能的解决思路:"以下情形不构成商业秘密侵权:(1)如果使用/向合适之人披露保密信息是出于制止、发觉或揭露(a)一项已经或按计划将要发生的犯罪行为、欺诈行为或违反法定义务的行为;(b)一项本质上属于欺诈社会公众的行为;(c)现在或将来会危及公众健康或福利的事项。(2)具有公共利益这一正当理由的任何使用或披露信息的行为。"②在一些涉及商业秘密的案例中,亦从公共利益的角度出发强调信息公开存在某种正当性。商业秘密案件中的利益衡量往往涉及多方面的利益,甚至包括数个公共利益和个体利益。例如,在判断雇佣合同中的竞业禁止条款有效与否时,就存在雇主合同自由的权利、秘密信息的独占权和雇员自由流动的权利,而法官可以把这些都作为公共利益予以考量,这就需要综合考虑平衡利益,包括利益的位阶、公共利益的相关度、被告的过错等因素。

除了上述涉及公共安全、社会福利等的公共利益平衡之外,公共利益平衡还体现在如下多个方面:

(1)商业秘密权利人的利益与自由使用信息的公共利益之间的平衡

公共信息属于创新的背景与基础知识,其公开与自由传播是促进创意发生、科技创新与经济发展的前提条件。因信息价值存在一定的悖论,一方面,若不给

---

① 程旭鹏:《论我国"剩留知识"保护制度的构建》,华东政法大学2022年硕士学位论文,第37页。
② The Law Commission of UK Consultation Paper on the Misuse of Trade, 1997. 转引自黄武双:《英美商业秘密保护中的公共利益抗辩规则及对我国的启示》,载《知识产权》2009年第2期。

予信息创造者以专有权利,可能会削弱其创造动力;另一方面,若给予过多保护则影响公共利益。这就涉及二者平衡问题。在争议的解决中,如果被告以原告信息中存在部分公知信息提出整体公知抗辩,法官应谨慎裁判,因为当对大量聚拢的公知信息进行创新性劳动组合时,可能形成有价值、有创新的知识,在此情形下,这些知识可被视为商业秘密。

(2) 商业秘密权利人利益与客户自由流动的公共利益平衡

客户有权自由选择交易对象。在一些商业情景中,企业的老客户与离职员工新入职公司签订合同的现象并不能完全被视为离职员工侵犯商业秘密。这里面有意思自治、交易自由等考量因素,需要个案分析。如果存在前员工与客户间的引诱行为、前员工和公司间签订竞业禁止协议这些排除事项,在很多情况下很难将上述行为归为侵犯商业秘密的行为。

(3) 商业秘密权利人的利益和合法取得相同信息的人的利益平衡

在部分争议中,若原告能够举证证明为获得一级信息所付出的合理努力和代价(如通过反向工程获得),则具胜诉可能性。反向工程是指通过技术手段对从公开渠道取得的产品进行拆卸、测绘、分析等而获得该产品的有关技术信息。对此,应排除通过盗窃、技术入侵、"挖人"等非法手段获取的信息,应当坚持净室原则。[1]

(二) 商业秘密法理学说中的波粒二象性特点

1. 波粒二象性的相关概念

波粒二象性是一切物质(光和粒子)的基本属性。一般而言,粒子性是指物质的质量和能量在空间的间断和集中,其位置具有明确的空间尺度,运动具有一定的轨道,质量、动量、能量等是粒子性的特征量;波动性则是指波在传播过程中表现出能量在空间分布状态变化的周期性,周期、频率、波长等是波动性的特征量。此即波粒二象性,粒子有波动性,波有粒子性。波粒二象性作为量子力学的基本特征,揭示了微观物质世界的二重性。该理论的诞生几乎重塑了传统物理学界对于世界认知的看法。

如今,波粒二象性已经走出量子力学的领域,衍生到认知论及方法论领域,成为一种被广泛接受的抽象思维方法。将物理规律与其他学科建立起跨学科深层次的联系,揭示自然和社会的二象性:世界是二重的,无论是粒子、光还是知识、理论,任何事物都具有二重态或二重性。

波粒二象性这种能够反映事物特性间相互矛盾但兼容的认识论在社会科学中得到广泛运用。比如,有学者从波粒二象性的视角去辨析产业链的特性:传统产业链理论仅将产业链研究置于"企业"同"产业"研究的夹缝之中,但从波粒二

---

[1] 张耕等:《商业秘密法(第二版)》,厦门大学出版社2006年版,第231页。

象性视角出发,不同节点的诸多企业类似于产业链中的"粒性",而企业之间的互动耦合则反映了企业的"波性",这种特性和结构就决定了产业链研究的核心问题是如何整合产业链,完成产业创新和实现产业价值。解决的主要思路就是根据产业链的波粒二象性来调控产业链间的企业关系,促进产业链条的优化。

2. 知识的波粒二象性

较早把二象性理论引入知识论及知识管理领域的学者是维娜·艾莉(Verna Allee),她在1997年的知识管理著作中通过波粒二象性分析知识的发生机理及其复杂性。[①] 所谓知识的波粒二象性,是指当我们把知识看作实体的时候,强调了知识的实体性质,类似光波的"粒性";当我们关注知识的动态性时,突出交流、参与、认知的重要性,即强调了知识的过程性质,类似于光的"波性",显见知识本体论意蕴。从知识的波粒二象性理论来看,现有的一些学说只强调了知识的"粒性",忽视了知识的"波性",即仅强调了知识作为实体的方面,而忽视了知识的过程性、内隐性。

具体而言,我们可以这样界定知识的波粒二象性,即当我们在对知识进行分类、组织甚至测度时,知识具有实体的性质;而在知识创造、发展及应用的持续过程中,知识又具有过程的性质。知识是我们所学东西的总和,因此可以将知识看成某种实在:首先,这种实在类似于财产,存在对应的产权;其次,这种实在进一步的实体化,需要人们付出种种努力以完成知识的积累。这种将知识实体化的看法可以促使人们致力于通过应用信息手段实现知识编码,进而自然产生了知识的识别、收集、组织和测度等一系列问题,如知识管理的编码化策略强调将知识编码存储于知识库中,为员工方便地查取和使用,目标是将人和编码化的知识连接起来。[②]

根据信息链理论,事实(fact)、数据(data)、信息(information)、知识(knowledge)、情报或智能(intelligence)是信息链(information chain)的五个基本节点[③]。信息链即认知链,在从反映客观事物运动表现的事实到情报和智能链条中,下位的内容不断被赋予意义,经由加工、吸收、提取、评价等,被目的所激活,成为智能。其中,作为过程的知识是知识的一个侧面,显然不同于信息。迈克尔·波兰尼(Michael Polanyi)将人们获取和创造知识的过程描述为认识的过程,而认识又是在个体和群体之间的一种持续不断的流动过程,一个团体中成员的参与与协助沟通等问题自然会影响到知识创造与信息传播。社会化因素、知识管理的人性化策略,比如交流、分享、激励等都体现了对知识的"过程性"规律的遵循。知识的动态传播、运用等强调了融合,与波的叠加、干涉等类似,故具有

---

① 〔美〕维娜·艾莉:《知识的进化》,刘民慧等译,珠海出版社1998年版,第39页。
② 李静:《论知识的"波粒二象性"与知识管理》,载《图书馆学研究》2007年第6期。
③ 梁战平:《情报学若干问题辨析》,载《情报理论与实践》2003年第3期。

"波性"。

知识的二重性是统一的，相互依存，互为前提。知识的实体和过程的二重态、波粒二相性是整体性特征，内生于知识本身。一方面，作为实体的知识是作为过程的知识的内容、载体或对象，没有作为实体的知识，知识过程就无法实现。另一方面，作为过程的知识为作为实体的知识传播与价值的实现发挥作用，没有诸如知识的共享、创造、学习、运用和沟通等过程，作为实体的知识的价值就无法实现。换言之，知识管理的客体是知识内容与知识过程的统一，静态知识与动态知识的统一。

3. 商业秘密理论的二象性

纵观两百余年商业秘密理论的发展历程，从英国商业秘密案的第一个判决，到美国判例法的发展，再到美国《统一商业秘密法》的出台，其历经合同理论、侵权理论、不正当竞争理论、人格权理论、违反保密义务理论、财产权理论和知识产权理论。[①] 迄今为止，各学说对商业秘密性质尚无定论。若深入分析，不难发现各学说均有一定合理性，对解释商业秘密性质进而为各国立法与司法实践提供理论指导等起到了积极作用。但各理论不能脱离各国实践而自存，其内容各有侧重。我们可以基于两种完全互补的理论来理解针对商业秘密本身的保护：第一种是功利主义的进路，以信息为本位，防止专有信息被盗用，鼓励对这类信息的价值予以肯定，鼓励相关投资；第二种强调对不法行为的威慑，以侵权理论的进路进行保护。基于这个逻辑，商业秘密制度从根本上惩罚侵权行为并防止违法行为的发生，以维护市场经济的正常运转。而基于这两种互补之理论，可以进一步归纳出两种对立的理论：一种理论更突出保密信息的财产权性质，而另一种理论则强调具有侵权特征的不法行为和对信赖关系的破坏。

基于第一种理论，权利人为保护自身权利并合理行使，必须论证其所涉及的信息可以作为法律意义的商业秘密，并依据法律规定予以保护。将商业秘密本身被盗用等不当行为视作侵权性行为，强调被告违反保护商业秘密的义务，以特殊关系为导向，类似于商业秘密的"波性"。

信任关系说与契约义务说两种理论从当事人之间的信赖关系入手，将商业秘密保护的表面缘由归咎于商业秘密侵权行为的发生，将商业秘密认定为一般的保护对象，并将之局限于特定关系中。这些理论尽量避免深入剖析商业秘密被保护的深层原因，搁置了商业秘密的深层内在价值。这种重视特定关系诚信的逻辑，虽然能在实践中简化商业秘密保护的路径，但无法阻止特定关系之外的第三人对商业秘密的侵权。若完全坚持这两种学说，难以给商业秘密以独立、完整、全面的保护。信任关系说与契约义务说实际上也是英美法系实用主义发展

---

① 黄武双：《商业秘密的理论基础及其属性演变》，载《知识产权》2021年第5期。

的产物。结合二象性理论,这种对于商业秘密的定性和认识,仅重视"波性",而忽视了"粒性"。

第二种理论将商业秘密视作某种无形财产,这种偏向"粒性"的理论,与财产权说十分接近。财产权说将商业秘密的外部特征等同于其他传统财产的特征,即都可以许可、转让、继承、扣押与变卖。同时具备有用性、稀缺性、可支配性、不属于物质性的人格要素,该理论认为商业秘密与之高度契合。

财产权说虽然可以弥补信任关系说和契约义务说的弊病,能够为第三人对商业秘密的侵权行为提供理论帮助,但是该学说也存在一定的疏漏:其将商业秘密完全视作无形财产,但忽视了财产本身应当具有的特性。针对一项财产如需拥有对世的所有权且欲得到第三人认可,须满足以下三方面的要求:内容公示;能对世主张;排他所有。若无法满足这三方面的要求,那么他人将难以履行合理的注意义务,无法避免对权利进行侵犯。由此,财产权说过于重视"粒性",而忽视了"波性"。

尽管《民法典》把商业秘密明确规定为知识产权的客体,但商业秘密的知识产权化涉嫌将公有领域的内容专有化。相较于专利法仅保护具有三性的发明创造,商业秘密的知识产权化允许企业专有化保护各种信息(包括客户名单、销售数据、营销信息和管理方法等),减少了公共领域的空间,可能打破了传统上专利保护与商业秘密保护的互补性和均衡。同时,这种视角下也会产生对商业秘密过度保护的问题,这种思维过度关注知识产权的"粒性"。公示公信制度预想创设某种权利外观,使得第三人能够基于这种公信形成信赖利益,并最终作出合理的行为,即与权利人关系密切之人存在合理的注意之可能,因此可对他人课以合理注意的义务。既然能对世主张,则其权利必定明确。同时,一物上不能存在两个相冲突并且不能并存的权利,是为排他。① 满足了以上三个方面的条件,一项财产所有权才有可能成立。但是,商业秘密根本不能满足这三个方面的要求。例如,商业秘密的公示无从谈起,其价值本身就来自其秘密性,一旦将商业秘密进行所谓的公示,必将丧失其本身的价值。由于这种基本的公示无法产生,他人无法经过合理的努力知悉相关秘密信息,故排他的前提便丧失,商业秘密对世的效力就受到影响。商业秘密的财产权理论难以解释这种观点存在的深层矛盾。

基于商业秘密及其理论二象的视角,现有理论仅侧重了一个侧面,很难兼顾政策。这也为理论的进一步发展提出了更高要求,需要尽可能地将这两种二元对立的理论进行统筹,从而对相关理论进行完善和发展。

(三)商业秘密管理与企业知识管理

企业商业秘密管理是以企业商业秘密为管理对象开展的专业性管理,它基

---

① 孙山:《反思中前进:商业秘密保护理论基础的剖解与展望》,载《知识产权》2011年第8期。

于以商业秘密法律法规开展跨领域、跨部门的综合性管理,涵盖企业战略、知识产权、研发、信息技术、人力资源、制造、市场与销售等多个部门,是知识产权管理中的重要构成部分。商业秘密管理与知识管理高度相关。从知识产权与知识管理一般关系来看,知识产权管理是知识管理链条中的高端环节。企业越来越重视知识产权这一高价值柔性资产的管理。作为受法律保护的智力资本,知识产权资产是信息和知识的权利化存在形式。同时,知识产权管理作为信息和知识管理的子集,可借鉴来自信息管理和知识管理大系统的一些规范和规则及管理办法。传统管理学科一般将知识产权视为信息和知识管理研究和实践的对象之一。从这个意义上来说,作为知识产权管理的一部分的商业秘密管理与知识管理撇不开关系。

1. 知识管理过程中加强商业秘密管理

企业知识管理的目标是对企业现有的信息和知识进行深入挖掘,在保护企业商业秘密的前提下,对现有信息中的知识加以识别、处理和传播,使得企业管理者和决策者能够对企业生产经营过程中产生的各类有价值信息(包括隐性知识)加以有效利用,促进知识在企业内部的流通、共享、应用和转换,并将企业内部知识经由市场的认可转化成利润。从知识流程角度来看,每个部门都有专业性信息和知识等相关信息流动,一些体系化的信息聚拢起来具有实现特定功能的价值,成为特定领域的专业化知识。通常企业各个部门各有所长,在知识线条上所起作用不同。如企业研发部门、生产部门知识密集,创生与应用大量技术秘密;企业销售部门掌握的顾客信息是企业有价值的信息,客户名单等直接构成企业的商业秘密。因此在知识管理过程中加强商业秘密保护与管理是知识管理有序进行和健康发展的前提。

2. 建立以商业秘密为核心的知识管理系统是恰当处理二者关系的应有之义

商业秘密管理系统被视为知识管理的一部分。不同部门商业秘密类型和价值不同,但均应受到重视。有价值的专业知识常作为生产加工部门在项目生产过程中的宝贵经验;加工、整理的市场动态是市场部最有价值的部分,有助于形成对市场的正确认知和行销战略,制定企业产品和服务策略等,是与市场联系的纽带和重要渠道。及时捕捉市场动态、推动市场宣传,促进向市场有序交付产品和服务,建立客户信息数据库,收集、保留销售人员了解的客户信息,为公司今后的发展决策提供强有力的数据、信息支持,是知识管理的重要内容。显而易见,产品创造、生产的技术秘密、客户名单、商业策略等是其中重要的商业秘密。这个过程中,建立以商业秘密为核心的知识管理系统,是处理二者关系的应有之义。

3. 不仅要重视有形的知识单元与模块,也要重视有价值的隐性知识

在信息高度发达的社会,信息收集渠道多,方便易得,知识流通和交流也相对容易。然而在特定领域、特定情景下,特别是和个人高度相关的隐性知识,这些"know-how"不因信息传递方面的便利而丧失其应有价值。一种看似简单的创意思路,可能背后反映了一种技术路径和演化方向,其价值不可估量。这类隐性知识是和员工个人的认知和多年经验分不开的。如何把隐藏于头脑中的隐性知识转变成显性知识,不仅是知识管理的重要内容,也是商业秘密管理中的关键部分。

五、商业秘密外泄与受侵害的情形及风险

商业秘密时刻面临着被泄露、被人不法利用的风险。商业秘密泄露或被不法侵害的途径主要有以下几类:

第一类,内部员工外泄商业秘密。许多商业秘密多以信息、知识、方法等方式存在,这些信息必然会被员工接触和利用,而员工在利用过程中自然会掌握商业秘密。一旦企业管理人员、技术人员披露、使用或者允许他人使用,甚至携带秘密辞职、跳槽,商业秘密的泄露概率将会增大。员工跳槽、离职后"另起炉灶",与之前供职的企业竞争,往往会成为对企业商业秘密最大的威胁。大多表现为员工跳槽到另一家有竞争关系的公司中任职,将在原公司中所掌握的商业秘密泄露给竞争对手。

同时,企业内部员工在职期间也可能涉及商业秘密的外泄,即员工在职期间利用兼职等机会将商业秘密泄露出去,或者为获取不正当利益,将商业秘密作为交易的标的物,出卖公司的重要信息。

此外,权利人疏忽导致商业秘密泄露也是主要情形之一。很多商业秘密的泄露并非外部因素造成,而是权利人疏忽大意导致。比如技术人员在外部研究会上分享研究的问题及所取得的进展等,在很多情况下,权利人主观上没有把一些信息视作秘密,或虽认为某些信息属于商业秘密,但并没有给予足够重视,致使秘密泄露。

第二类,商业间谍不正当地获取、泄露商业秘密。在激烈的市场竞争中,竞争对手往往会不择手段,如通过盗窃、利诱、胁迫或者以其他不正当手段,有时这也被称为经济间谍行为。这一类情形是竞争对手公司有目的地搜集其他公司的商业秘密的明确体现。甚至在企业接待各种参观、访问团时,也可能在不经意之间,导致企业秘密外泄。凡以违反商业道德、超越合理界限的方法获取商业秘密的,均构成侵权。

第三类,合作伙伴违反保密协议而泄露商业秘密。与企业有业务来往的交易相对人也是接触企业商业秘密的群体。企业在与贸易伙伴商业往来的过程中,对方有可能因为交易行为本身而获取商业秘密,也可能因为走访而获得商业秘密。在供应链管理中,特别是下游企业在和供应商合作过程中,需要把零部件、产品、原材料、生产设备和工艺的某些机密部分提供给合作伙伴。但合作伙伴常常与企业的竞争对手或潜在竞争对手合作,这就带来了泄密的风险。一旦这些信息被贸易伙伴不当利用或外泄,即构成对企业商业秘密的侵犯。因此,在对外交易中,企业应与对方签署保密协议或在订立合同时加入保密条款,以约束其不当利用行为。

第四类,外来人员参观、考察导致商业秘密泄露。[1]

综上可知,商业秘密风险广泛存在于一些企业经营活动中。由上海市闵行区人民检察院发布的《企业商业秘密合规管理指引》中指出,商业风险来源至少包括七个方面:第一,对于转让或许可使用的技术未尽职调查;第二,对于招聘的员工未尽职调查;第三,委托他人开发相关技术时,针对商业秘密权属约定不明;第四,信息发布、商业活动、技术交流等过程中泄露商业秘密;第五,员工离职泄露商业秘密;第六,合作伙伴或竞争对手以不正当手段获取、披露或者使用商业秘密;第七,其他商业秘密合规风险。这些风险可能引发法律责任,导致企业受到相关处罚,造成经济或声誉损失及其他负面影响。

六、商业秘密被侵害后的救济

(一)商业秘密的救济方式

1. 司法救济

依据民法上的规定,可请求违反保密协议的当事人承担违约责任,或者请求侵害商业秘密的侵权人承担侵权责任。二者的请求权基础分别是合同或者侵权行为。

第一,侵害企业的商业秘密应承担侵权责任。根据我国《反不正当竞争法》的相关规定,经营者有下列情形之一的,即属侵害他人的商业秘密:(1)以盗窃、贿赂、欺诈、胁迫、电子侵入或者其他不正当手段获取权利人的商业秘密;(2)披露、使用或者允许他人使用以前项手段获取的权利人的商业秘密;(3)违反保密义务或者违反权利人有关保守商业秘密的要求,披露、使用或者允许他人使用其所掌握的商业秘密;(4)教唆、引诱、帮助他人违反保密义务或者违反权利人有关保守商业秘密的要求,获取、披露、使用或者允许他人使用权利人的商业秘密。

---

[1] 朱妙春:《从力拓案看企业商业秘密的保护——兼谈力拓案带给外国企业的启示》,载《2009年中华全国律师协会知识产权专业委员会年会暨中国律师知识产权高层论坛论文集(上)》2009年第10期。

经营者以外的其他自然人、法人和非法人组织实施前款所列违法行为的,视为侵犯商业秘密。第三人明知或者应知商业秘密权利人的员工、前员工或者其他单位、个人实施违法行为,仍获取、披露、使用或者允许他人使用该商业秘密的,视为侵犯商业秘密。当事人有上述行为之一,给企业造成损害后果的,企业可以向有管辖权的人民法院提起诉讼,请求被告承担停止侵权和赔偿损失的民事责任。

第二,违反保密合同应承担违约责任。根据商业秘密保密合同负有保守秘密责任的一方当事人违反保密合同约定,泄露或者擅自使用其知悉的商业秘密,应承担违约责任。在此情形下,企业可以根据保密合同中约定的解决争议的方式,通过仲裁或者诉讼方式保护企业的合法权益。

第三,劳动法上的救济。劳动者违反企业商业秘密的规章制度、劳动合同中的保密条款、保密合同或者竞业禁止合同约定,给企业造成损失的,企业可以依据劳动法的规定向劳动争议仲裁委员会申请劳动仲裁,请求违反上述约定的劳动者承担损害赔偿责任。劳动者违反上述约定,擅自解除合同或者终止合同后违反保密约定将其知悉的商业秘密泄露给存在竞争关系的用人单位的,根据劳动和社会保障部《违反〈劳动法〉有关劳动合同规定的赔偿办法》第6条的规定,劳动者和用人单位应当承担连带责任。在此情形下,企业应将劳动者和新的用人单位共同作为被申诉人向劳动争议仲裁委员会申请劳动仲裁。对劳动仲裁裁决不服的,在法定期内向人民法院起诉。

第四,刑法上的救济。根据我国《刑法》,侵犯商业秘密并给权利人造成重大损失的,处三年以下有期徒刑或者拘役,并处或单处罚金;造成特别严重后果的,处三年以上七年以下有期徒刑并处罚金。对于此类侵犯企业商业秘密的行为,企业有两种主要的法律救济途径:一是自诉。企业可以依据《最高人民法院关于适用〈中华人民共和国刑事诉讼法〉的解释》第1条第2款第7项的相关规定,向有管辖权的人民法院提出刑事自诉,要求追究侵权人的刑事责任。同时,根据《中华人民共和国刑事诉讼法》第七章,企业还可以在刑事自诉过程中提起附带民事诉讼,要求侵权人承担民事赔偿责任。二是控告。对于严重危害社会秩序和国家利益的侵犯商业秘密案件,企业应依据《中华人民共和国刑事诉讼法》的规定,及时向公安机关控告,要求公安机关立案侦查并追究侵权人的刑事责任。

2. 行政救济

根据《关于禁止侵犯商业秘密行为的若干规定》,工商行政管理机关作为不正当竞争行为的主管机关对商业秘密侵权进行处理。根据上述规定,当企业(申请人)认为其商业秘密受到侵害,向工商行政管理机关申请查处侵权行为,侵权人侵权行为被认定成立时,其应当承担相应的行政责任。企业若因损害赔偿问题提出调解请求,工商行政管理机关可以进行调解。《上海市浦东新区建立高水平知识产权保护制度若干规定》第 8 条明确了行政执法也适用举证责任转移等多种有利保护措施。

3. 仲裁解决

根据《中华人民共和国仲裁法》的有关规定,平等主体的公民、法人和其他组织之间发生的合同纠纷和其他财产权益纠纷可以仲裁。只要商业秘密纠纷当事人自愿将与商业秘密有关的争议提交仲裁机构进行仲裁的,商业秘密侵权可以通过仲裁方式予以解决。当事人间可通过订立单独的仲裁协议,或在商业秘密保密协议、竞业禁止协议中通过订立仲裁条款的方式加以约定。仲裁一般以不公开审理为原则,仲裁员、仲裁秘书均负有保密义务,当事人的商业秘密通常不会因仲裁而泄露,具有极强的保密性。在仲裁执行方面,仲裁裁决与法院判决有近似同等效力,具有法定的强制力,在一方当事人不执行生效的仲裁裁决时,可向法院申请强制执行。商业秘密侵权纠纷的当事人可根据保密要求、开庭的便利程度、诉讼周期等决定是否以仲裁方式来解决争议。仲裁实行一裁终局制,如发生法定情形时可申请法院撤销仲裁协议。

4. 调解

调解是多元纠纷解决机制的重要组成部分。在审判人员主持下,双方当事人通过平等协商,自愿达成调解协议,调解程序即告结束。经由人民法院主持调解,人民法院出具民事调解书,各方当事人自愿达成调解协议,经各方当事人签收后,即具有法律效力。法院调解书的内容包括以下三项:一是诉讼请求;二是案件事实,即当事人之间有关民事权利义务争议发生、发展的全过程和双方争执的问题;三是调解结果,即当事人在审判人员的主持下达成的调解协议的内容,其中包括诉讼费用的负担等。在司法实践中,不少商业秘密纠纷以调解方式化解。

5. 协商解决

商业秘密纠纷属民事纠纷,企业单位的商业秘密受到侵害时,被侵害人可以与侵害人进行协商,要求其停止侵害并适当赔偿,以维护自身的正当权益。

(二)救济方式的选择

商业秘密被侵害后的救济,方式选择是一个经典的商业秘密保护与管理的决策问题。选择诉讼方式或其他方式,对救济的及时性、实效性等都会有一定影响。在商业秘密诉讼中,取证难是一个现实问题,权利证据、侵权证据、损害赔偿、被告获利证据等需要通盘考虑。一般来说,企业需要考虑如下因素:

首先,要考虑各救济方式的成本,包括企业是否有精力进行诉讼等成本要素。

其次,要考虑救济的效率、证据的掌握情况、胜算的可能性和诉讼对企业声誉的影响等。诉或不诉、采用民事诉讼还是通过刑事诉讼,均需仔细权衡。在涉外诉讼中,送达时间长短也是一个需考量的客观因素。

最后,诉讼的准备应扎实可靠。对于复杂技术,秘密点的描述与固定并非易事。区分载体与秘密点,以及提炼、描述从载体到秘密点的证据准备工作不可缺失,确保对秘密点的非公知性判定合理有效。在适当的时候,可借助司法鉴定来确定非公知性、同一性。同时,损害赔偿主张也是实务中商业秘密保护中的一个难题,特别是对于仅仅获取而没有使用情形的赔偿问题如何核算损失等,现行司法实践有不同的观点。

在防止商业秘密保护诉讼过程中的二次泄密、防止企业商业秘密损害扩大的问题上,也应考虑一些注意事项。比如防止被告、技术专家等在对商业秘密点认证过程中泄露商业秘密;侵权发生后应要求侵权人立即停止侵害,避免进一步扩散;载有权利人商业秘密的图纸、软件及其他资料等载体应返还或销毁;可以要求销毁使用权利人商业秘密生产的、流入市场将会造成商业秘密公开的产品;同时可以请求市场监督管理部门责令被申请人停止销售使用权利人商业秘密生产的产品,并要求侵权人签署保密协议,保守商业秘密。

第二节 商业秘密保护与管理的基本框架

一个企业的生存与发展,必须有独特之处。企业可能没有申请专利,但通常会有生产配方、技术诀窍、设计图纸等技术信息;企业可能没有驰名的商标,但往往会有客户名单、货源情报等经营信息。这些信息便是企业的商业秘密,客观上是企业立足的核心。因此,商业秘密是企业存在与发展的立身之要,甚至说是企业的灵魂。

无论将来是否对专门技术提交专利申请,企业都需要先将技术信息以商业秘密形式加以管理,借由公司内部保护商业秘密的制度及措施,避免技术外泄,从而避免将来申请专利时丧失专利新颖性。对于经过企业内部评估决定暂时不申请专利的技术信息,也应当采取商业秘密保护措施,防止竞争对手获取信息后与企业相对抗。

值得注意的是,将发明创造申请专利后进行公开并不意味着发明创造的内容不需要企业将其作为商业秘密进行保护。实际上,即使一项技术已经获得专利授权,企业也应当对该技术的相关流程进行保密。因为专利申请需要公开技术方案,但公开的程度以使所属技术领域的专业人员能够实现或再现专利技术内容为标准,并不要求公开最佳的技术应用效果。专利技术在应用中仍然包含一些技术秘密,如技术参数、技术信息、技术条件等,这些往往不会出现在专利文件中,而是保留于企业内部。因此,企业一般情况下应对一项技术采取专利和技术秘密双重保护的方式,以最大限度地保护企业对技术成果的支配能力。

同样,在著作权领域,著作权法仅仅保护对思想的表达,并不保护思想本身,而对企业来讲最有价值的还是思想、方法、内容,而不是表达。因此,即便外在表达可通过著作权得到保护,也仍然需要通过商业秘密保护其思想内容。

从某种意义上讲,商业秘密的客体包含狭义知识产权以外能够给企业带来相应优势的所有技术信息和经营信息。商业秘密是一个可以由企业自由使用的法律工具,用来保护企业认为有价值的信息资料、技术方法、经营信息。运用好商业秘密这个万能工具,对每个企业都具有重要意义。

一、商业秘密保护与管理思路

每一个企业都应当重视商业秘密的保护和管理。商业秘密保护究竟保护哪些内容?企业的商业秘密保护与管理又要注意哪些事项?商业秘密保护与管理从主客体两个维度推进:一是从秘密获取、秘密确定及局部公示、隐密、解密等主要环节推进;二是将商业秘密点关联的对象、载体划分为"活的载体"(人)、"物化载体"(物及场所)、"混合载体"(事),从相应的管理环节推进,包括场所管理、人的管理、事的管理。

这里以"理性—程序—交易"决策框架来分析。从决策者的理性(反映决策者的认知)、程序(反映决策者设定的方法、程序和途径等)、交易(体现对现状和理想的平衡,以及为平衡所采取的有关措施等执行工作)角度来分析企业商业秘密保护与管理的对策思路。按照相关决策理论,为了使决策更有效,决策者必须首先从理性角度出发、认清急需解决的问题;其次是要设定一些特定的程序事宜;最后是要执行一系列的具体方案,以达成现状和目标的合意交易。

第一,理性维度。一是要树立商业秘密的保护意识,认知到商业秘密管理的重要性,对商业秘密保护制度的基本内涵及现行制度的具体规范应有一定了解和把握。因此,企业应开展商业秘密管理知识的全员培训,增强员工保密意识。通过知识产权专门培训、入职教育等,让员工明白商业秘密的保护不仅关系到企业的兴衰,也与员工自己的切身利益相关。以合理的方式让相关员工知晓本企业商业秘密的保护范围、相关制度以及国家有关法律法规的规定尤为重要,从而提升商业秘密保护的整体理性水平。

二是要对不同管理方法、管理手段、治理方式的可行性及效能有充分了解,对管理成本与效能有总体判断和深入认知。管理体现了主体对客体、对象一定程度的干预,体现了决策者的理性和智慧。管理是手段,服务于组织目标,通过管理这个"看得见的手"进行协调、干预及整合,采取系统化管理或目标管理等手段、计划、方法,开展组织结构设置等工作,对管理对象的成熟度和企业发展阶段进行综合研究。

总之,理性维度强调对商业秘密重要性的认知,对相关法律制度规范的认知和遵守。通过遵守法律规范,依法、依理进行管理和配置,依照此"理"开展综合性的管理工作。理性不仅包括决策者的理性,还包括组织整体的理性,比如员工对商业秘密整体的认知程度、认可程度等。在组织管理过程中,需要内部沟通交流,达到总体的理性与认知。

第二,程序层面,要采取必要的组织管理办法,实施相关措施。一是针对商业秘密保护做事先的制度安排与应对。比如在组织机构设置方面,可根据经营规模,设置商业秘密合规管理部门或者岗位统一管理商业秘密。商业秘密合规管理部门或岗位应当吸纳法律、研发、经营、财务、人事等部门的相关人员。该部门或岗位负责组织开展商业秘密的评定、确定和调整商业秘密的范围、制定和更新商业秘密保密制度、开展商业秘密日常管理、组织保密教育培训和保密检查、查处泄密事件等工作。

二是定密,即确定哪些具体信息是企业的商业秘密,并对其所识别、筛选出的商业秘密进行密级评定。评估商业秘密等级可依据以下两方面角度衡量:该信息与企业的长期经营及技术的发展是否相关,有无密切联系;评估一旦该信息落入竞争对手手中,将给企业造成多大损失。[1]

通过一定的资源投入和观念动员,企业各个部门及整体上能够实现"齐抓共管",共同推进商业秘密管理。这种协调和整合性安排能够对抗风险。一方面,应建立符合本企业客观实际的商业秘密管理机构。实践中,一些技术研发型大中型企业通常会成立商业秘密保护委员会管理机构,负责制定企业商业秘密保护制度,认定商业秘密,确定和修改商业秘密范围,保护措施的开发与实施,并下设商业秘密保护部。另一方面,企业要建立严格的规章管理制度,制定各类资料的存放制度,建立商业秘密保护制度,设置商业秘密保护职能部门及区域,明确商业秘密申报与审查,建立载有商业秘密的文档及电子文档的管理制度,如商业秘密文档的分类、登记制度、划分商业秘密的密级,实行商业秘密分级管理制度,制定内部员工管理制度、员工保密协议、竞业禁止协议、离职协议、商业秘密的管理者产生及责任制度、企业内部处罚规定等。[2]

第三,交易维度。交易维度侧重从整体评价决策效果,是新一轮决策的起点。通过相关措施,企业在商业秘密的保护上能够达到一定的效能。这个效能

---

[1] 李智祥:《商业秘密的管理要素》,载《企业改革与管理》2003年第9期。
[2] 唐海滨主编:《美国是如何保护商业秘密的》,法律出版社1999年版,第23页。

是企业自己的努力与环境之间的"交易"与"对价",是运营状态的现状和理想的平衡,"实然"和"应然"的平衡。企业若对通过一揽子决策之后的状态比较满意,达到了理想的和期待的效果,则可维持并提升这样的状态;否则应进一步寻找原因,制定措施,完善并持续改进商业秘密保护体系。

总之,商业秘密保护与管理是综合性的保护与管理工作,需要遵守法律规范,依法、依理进行协调与配置,有序开展。

二、商业秘密保护与管理总体原则

(一)预防为主,风险防范原则

商业秘密管理的核心在于维持秘密性。一旦公开,对企业的损失将不可估量,事后补救仅能减少损失。因而尽可能消除泄密隐患、防止泄密风险应是首要原则。在动辄员工上千人、上万人的企业,期待基层管理者能如高层管理者那样高瞻远瞩、能对员工春风化雨般"攻心为上",以及员工对企业文化有高度认同不合实际。统计学的大数定理表明,小概率事件在大样本情况下必然会发生,企业管理实践中员工侵犯商业秘密行为导致公司技术秘密泄露的案子层出不穷。因此,企业应把商业秘密不当泄露或被盗取当作重要的企业风险对待,未雨绸缪,采取必要的防范措施。

(二)企业自主、政府指导和依法开展的保护管理原则

企业自主实施必要的保密措施是其特有技术信息和经营信息上升为商业秘密获得法律保护的前提。

政府指导是企业遵循国家有关标准和所在地区商业秘密管理办法,建立商业秘密管理体系的重要途径。《"十四五"国家知识产权保护和运用规划》将商业秘密保护工程列入15个专项工程,其中明确指出,"推动行业组织加强商业秘密保护自律,指导市场主体制定并严格执行全面的商业秘密管理制度"。各地、各行业组织针对规划要求,纷纷响应,组织有关专家学者制定符合国家知识产权战略发展方向及我国企业迫切需求的本地区商业秘密保护与管理办法。如浙江省市场监督管理局制定的《商业秘密保护管理与服务规范》为国内首个商业秘密管理省级地方标准,对企业具体开展商业秘密保护与管理具有指导和参考作用。上海市、河南省、山东省等地的市场监督管理局也制定了经营者加强商业秘密保护工作指引。2021年11月,上海市借鉴专利试点示范工作经验,组织开展商业秘密保护示范点、商业秘密保护示范站、商业秘密保护示范区培育建设。以上政府层面制定的规范和推进政策为企业提供了样本和可资借鉴之处,对企业建立并完善商业秘密管理体系有指导意义。

（三）体系化与整体性原则

进行权责分工、落实制度、跨部门合作以及开展有效的监管，都是商业秘密保护与管理中的重要内容。建构企业可持续规范的管理体系，采取体系化模式管理商业秘密，单位应当制定相应的技术秘密保护制度，确定技术秘密保护管理机构和专职、兼职管理人员，采取有效措施，保护本单位的技术秘密。

（四）突出重点原则

强调保护与管理的效率，对关键岗位、关键程序、关键资料等应建立商业秘密排除原则，对一般的技能及知识予以排除，突出关键核心。

（五）非必要不接触的分类管理原则

非必要不接触原则是商业秘密管理中的基本原则。未经商业秘密管理机构事前许可和非业务必要，不得对商业秘密资料进行复制。同时，要设计好物理隔离措施和程序性保障措施。物理隔绝措施就是将不必要知悉商业秘密的人在空间上隔离开来；程序性保障措施包括资料借阅的登记、保密措施的告知、从聘任起签署的保密协议和竞业限制协议，直至离职谈话和离职人员跟踪等措施。

（六）局部明示与可追溯原则

企业生产经营过程中会产生种类庞杂、数量巨大的信息，但不是所有信息都属于商业秘密。物权的对抗效力以第三人知道他人享有物权为前提，[1]由此才发展出了物权公示原则以及公示公信原则。具体到商业秘密中，只有当在企业通过明示或者暗示的方式向雇员公示某些信息属于商业秘密时，才能从中推知企业有要求员工保密的默示表示，企业的商业秘密权方才具有对抗效力，获知商业秘密的雇员也因此负有不可对外泄露、使用该商业秘密的义务。

权利与义务具有对应性。商业秘密权的产生在于其合法性，即当企业的某些技术信息与经营信息符合法律规定的要求，商业秘密权就产生了。而第三人的保密义务始于权利人通过公示使得第三人知悉或者足以知悉上述技术信息与经营信息为商业秘密，此时，不作为的保密义务产生。很多企业因缺乏管理经验，无法从诸多技术、经营信息中有效识别出对公司有较高价值的商业秘密。因而需要采取局部明示，采用必要的标记明示，同时做到可追溯、人密结合、责任到人等。一经明示，所有商业秘密信息的产生、保存、流转、复制、发布、解密、销毁等均应保留记录，记录的留存时间根据商业秘密信息的重要性和储存成本决定。

（七）协同保护与管理原则

商业秘密保护与管理与知识管理体系、信息安全管理体系、知识产权管理体

---

[1] 高富平主编：《民法学》，法律出版社 2005 年版，第 286 页。

系有机融合,同时又保持其相对的独立性。为达到有效保护商业秘密的效果,应加强信息安全与知识产权管理等体系之间的协同管理,发挥整体效果,有序推进。

三、商业秘密保护基本策略

商业秘密保护与管理的两类主要策略是:商业秘密归属规则与合法取得策略;商业秘密保护策略。

(一)商业秘密归属规则与合法取得策略

原则上,对于在企业经营过程中形成的商业秘密应属于企业所有。但在一些情形下,尤其是在技术研发、方案设计等形成过程中,商业秘密也可以来源于特定员工或几个员工。在这种情形下,存在职务技术成果与非职务技术成果之分。

关于职务技术成果与非职务技术成果的界限,可以参照《专利法》第6条所确定的原则,即"执行本单位的任务或者主要是利用本单位的物质技术条件所完成的发明创造为职务发明创造"。

关于合作开发或者委托开发完成的技术秘密成果的使用权、转让权以及收益的分配办法,可以参照合作开发与委托开发中前景专利(foreground patent)的归属与分配原则,由当事人根据意思自治原则约定。我国一些省级地方性标准或地方性法规中对此也有所规定,比如《广东省技术秘密保护条例》第5条规定:"合作开发或者委托开发完成的技术秘密成果的使用权、转让权以及收益的分配办法,由当事人约定;没有约定或者约定不明确的,可以协议补充,不能达成补充协议的,按照合同相关条款或者交易习惯确定;依照前述规定仍不能确定的,在没有相同技术方案被授予专利权前,当事人均有使用和转让的权利。但是,委托开发的研究开发人不得在向委托人交付研究开发成果之前,将该研究开发成果转让给第三方。"同时第6条规定:"不同单位或者个人独立研究开发出同一技术秘密的,其技术秘密权益分别归该单位或者个人所有。"

对于商业秘密的合法取得的认定,美国《统一商业秘密法》规定了如下几种获取商业秘密的手段是"正当"的,包括:(1)靠独立发明发现;(2)靠"反向工程"发现,即从已知产品开始,通过反向工程,发现其发明方法,当然,该已知产品必须也是通过正当诚实的手段获得的,比如,对从市场上购买的产品进行"反向工程"就是合法的;(3)观察公用或者公开陈列的产品;(4)从公开出版物上获取商业秘密等。美国《反不正当竞争法重述(第三版)》第43条也规定:"对公开产品或信息的独立发现和分析不构成不正当手段。"前述反向工程,是指通过技术手段对从公开渠道取得的产品进行拆卸、测绘、分析等而获得该产品的有关技术信息,但是接触、了解权利人或持有人技术秘密的人员通过回忆、拆解终端产品获取权利人技术秘密的行为,不构成反向工程。

商业秘密所有人仅就他人从特定信息渠道获得的特定信息享有支配控制权,这也是商业秘密所有人应该向社会公示的范围。相反,在例外情形中,公众获得的是从市场的合法渠道传递出来的相关信息,并未突破所有人的保密措施,也未进入其支配领域。

(二)商业秘密保护策略

在相关保护与管理原则指导下,落实自我保护措施是企业商业秘密保护的有效策略。在具体落实方面,商业秘密管理的重点应放在两个部分:第一,确定商业秘密的范围;第二,确定具体的保密措施。所谓保密措施,通常包括对保密客体采取物理措施,或对承担保密义务的主体采取措施。[1]

上述保密措施管理的侧重点大多侧重于防止第三方非法获取商业秘密,以及对合法接触、获悉商业秘密的员工进行约束。这需要企业开展有效、体系化的前期准备工作,比如构建相对完整的责任人制度、商业秘密管理章程、组织体系、完整的商业秘密管理体系等,为后续的管理奠定坚实基础。

一旦公司确定了哪些信息属于商业秘密,就可以把所有商业秘密和敏感材料都集中列举在注册簿上或者整理归类到可靠的计算机数据库中。另外,可以考虑对商业秘密进行分级,比如"机密""绝密"或者"仅供内部传阅"等。分级有助于确定特定商业秘密对于公司的价值,还可以用来限制访问。这种做法广泛应用于各类跨国公司等大型企业组织。对于商业秘密的分级,通常按照敏感程度即泄密可能会造成的影响和损失进行评定。

对包括商业秘密在内的知识财产进行自动化监控。知识财产具有不断变化的特点,在经营的过程中企业会持续地增加或者改变各种信息,因此必须时刻对保护的客体予以检视和升级。据统计,70%的企业每隔一季度或者每月都会人工检视其知识财产,但是人工检视具有成本昂贵、浪费时间和易于犯错的缺点,而自动检测不仅可以节省支出,还更加准确。[2]对企业信息加以自动检测是加强信息管理的重要一步,只有当所有的知识财产都可以自动地被检测发现,企业才能更加高效地实施各类对商业秘密的控制政策。

四、技术秘密相关决策管理

作为智力劳动的产物,技术成果固然是企业的无形财产之一,但只有当技

---

[1] 陈晓峰编著:《企业知识产权法律风险防范》,中国检察出版社2007年版,第135—136页。
[2] Nikki Swartz. Protecting Information from Insiders. *The Information Management Journal*, 41, 2007, pp. 20-24.

成果创造人采取了法定措施(比如申请专利或者对技术信息进行保密)之后,法律才给予技术所有人一定程度的保护。也就是说企业必须对创造出的技术成果进行权利化管理,从而使处于裸露状态的技术成果成为受法律保护的智力资产。

(一)商业秘密保护方式的优势与风险

将企业内部所有信息、情报、知识都加以严密保护并不现实。从成本效益的角度出发,企业管理决策者必须要衡量企业技术成果的性质及其对企业的重要性,以确定是将该技术提交专利申请还是作为商业秘密保护起来。

相比于专利保护,商业秘密保护模式有不受时间限制、保护条件比较低、涵盖范围比较广、不需要遵守披露发明创造相关信息等优势,可以在一定程度上防止竞争对手利用这些信息等。但商业秘密保护方式也存在一定的被解密风险。首先,其独占性较差,不能对抗通过合法方式获得同一商业秘密的第三人,任何合法获得相同商业秘密的第三人都可自由使用该商业秘密。其次,秘密性是商业秘密保护的前提,商业秘密的内容一旦被公开就不能再受到法律的保护;且商业秘密不能对抗专利权,企业不能因商业秘密保护的技术来对抗别人合法获得的专利权;此外,在发生商业秘密挪用或盗用时,举证也比较困难,尽管实务中有"接触＋近似"的认定原则,但认定近似与接触并非易事。企业管理者在决定保护模式时,首先应对二者的保护特点有初步的理解。

表 10.2 专利与商业秘密的特点比较

保护特点	专利	商业秘密
范围	强排他效力,禁止其他人未经许可实施专利技术或产品。即便是他人实施了完全自主开发的技术或产品,只要落入已授权专利的保护范围,仍然构成侵权	禁止他人以非法手段获取商业秘密、泄露商业秘密或者违反保密义务的行为。不限制他人对通过反向工程或者合法手段获得的技术加以利用
期限	如果持续支付专利年费,那么保护期限是:发明专利20年;实用新型专利10年;外观设计专利15年	只要一直处于保密阶段,就可以持续受到保护,没有期限限制
成本	申请和维持费用相对较高,尤其是要在国外寻求保护的情况下	与保守商业秘密相关的费用一般包括内部的管理成本和保持机密信息物理安全的花费
许可	签订相对简单的许可协议	需要复杂的限制措施,防止因许可人泄露而丧失

(续表)

保护特点	专利	商业秘密
风险	(1) 专利申请不一定能成功 (2) 即便获得授权,也会面临专利权被无效的情况 (3) 发明创造的技术内容必须公开,可能会增加他人对现有技术进行再造、迂回设计或者进行改进的风险	(1) 技术成果可能会因疏忽而公开,导致商业秘密权利丧失 (2) 技术成果可能会被他人反向工程或通过其他方式获得 (3) 即使是独立完成的,也可能因他人申请了专利而限制本企业对该技术成果的利用
实施和救济	第三方未经许可实施了专利技术,权利人可以向法院起诉,要求对方采取停止侵害、损害赔偿等补救措施。在必要情况下还可以提出财产保全和证据保全的请求	权利人可以请求行政机关责令侵权人停止违法行为,并要求侵权人对侵权行为造成的损害予以赔偿。也可以以侵犯商业秘密为由提起侵权和违约诉讼

（二）是否以商业秘密进行保护的决策

1. 具体考虑因素

在明确了专利和商业秘密各自的特点后,就要针对具体的技术成果选定合适的保护模式。以下列出几个重要的考虑因素：

（1）产品或技术生命周期之长短

对技术周期小于 3 年（发明的审查期一般需要 3 年）或大于 20 年的技术成果用商业秘密形式保护更合理。

（2）产品或技术是否易被反向工程

如果产品进入市场后很难被反向工程,那么企业采用商业秘密保护方式可以创造更大的收益。比如法国一家公司在 20 世纪初发明了一种玻璃纸的生产方法,但并未申请专利。美国杜邦公司花费了许多年时间,更是投资数百万美元试图研制出该生产方法,却一直没有成功。对这种技术,企业可以采用商业秘密的保护模式。

（3）技术的应用前景

专利申请和维持需要较高的花费（包括官费和代理费用）。在专利申请前,企业管理者应对技术的市场前景进行评估,如果没有良好的市场预期,选择申请专利并非合适的策略。

（4）技术的创造性程度高低

创造性程度较低的技术,不容易获得专利授权,盲目提交专利申请反倒会使技术处于公开状态。此时将技术作为商业秘密加以保护更加合理。

需要注意的是,专利和商业秘密两种保护模式也并非绝对。一方面,当技术或市场逐渐成熟,企业可以对原本作为商业秘密保护的技术提交专利申请。另一方面,专利申请文件中也未必会列明该技术实施过程中的所有细节,那些未公开的技术诀窍仍应作为企业的商业秘密加以保护。例如,某专利资料中介绍,加入某种化学溶液,可以生产出某种产品。若"一滴一滴缓慢加入"该化学溶液,就会生产出优质产品,其中"一滴一滴缓慢加入"就是企业的技术诀窍,很可能成为本企业产品区分于其他企业产品的关键,因此也要严密保护。

2. 主动公开技术信息

还有一种特殊的情况,即企业不打算申请专利,但又担心其他公司获得专利授权而对本企业的经营造成威胁。此时,企业可以选择将技术内容予以公开,从而破坏竞争对手专利申请的新颖性。

采用这种策略的典型例证就是IBM公司。该公司自1950年开始自行出版技术公报,每月公开那些未申请专利的发明。按照专利申请的基本原则,这些已经被公开了的技术发明不再符合申请专利的实质性条件,其竞争对手也同样失掉了在此方面继续研发并申请专利的可能。

五、商业秘密体系化管理

(一)商业秘密保护与管理体系

商业秘密保护与管理涉及商业秘密确定、管理措施、管理组织机构等内容,涵盖企业治理、知识产权、研发、信息技术、人力资源、制造、业务等多个部门,不仅有技术秘密,还有客户资料等商业信息秘密,内容非常丰富。为有效开展保护与管理,通常需要跨领域与部门管理,从人员落实、制度建设、业务管理等方面全面落实。建立保密文化,进行权责分工、落实制度、跨部门合作以及开展有效的监管,都是商业秘密保护与管理的内容和不容回避的问题。这里给出借鉴管理体系的管理思路(详细办法及管理思路参见本书第三章),就是将上述商业秘密确定、管理系统化和规范化。比如根据知识管理的逻辑,以风险防范与能力建构为思路,以商业秘密侵权风险防范和商业秘密保护文化建设为核心的系统化管理为原则和方法,采取积极预防的原则和规范化的管理开展商业秘密保护工作,确保商业秘密保护科学性、系统性、有效性。

1. 管理内容

根据涉密风险点和日常工作内容,可以把商业秘密主要工作内容分为企业商业秘密管理规划策划、商业秘密运营管理、安全事故预防与处理等。

2. 管理的主要事项

根据商业秘密保护的局部明示与合同约定原则,对秘密的重大事项,企业要规定定密、隐密、解密、销毁四大事项;从人员管理、涉密信息管理、涉密区域管理、商务活动管理、检查和改进等几个方面指导企业做好日常管理;同时从应急处置、证据收集、维权途径等方面强化权利保护。

3. 管理人员与领导

对于商业秘密重要的企业,企业高层应选择可靠的管理人员,分工到人。企业高层应直接领导商业秘密管理工作。

案例 华为商业秘密管理体系

华为技术有限公司(以下简称"华为")是一家以研发见长的公司。该企业深刻意识到商业秘密系企业的生存之本,对商业秘密的重视与保护超出了一般企业所能想象的程度。

为了保护企业商业秘密,华为构建了完善的商业秘密管理体系,并不断优化升级,各种商业秘密措施协同配合,严格有力,确保了商业秘密的保护。

1. 设立商业秘密管理部门

华为知识产权管理和法务阵容强大、专业性优异历来在业内闻名。除了强大知识产权部门对商业秘密加以保护之外,华为还设有信息安全部,其主要工作内容就是对商业秘密的保护,所采取的保护商业秘密的制度以严格在业内著称。作为知识产权保护重要内容的商业秘密,得到了双层甚至多层架构上的保护。

2. 产品开发:软件捆绑硬件

在华为的产品战略里,历来有一条不成文的规定,即绝不生产应用型和通用型软件。所有研发的软件必须与硬件捆绑。应用型和通用型的软件最后的结果可能就是一张光盘,容易被破解和盗用。而专业性的软件只有跟硬件捆绑才能提高侵权门槛,降低被侵权风险。

3. 专利和商业秘密交叉保护

在华为,商业秘密是知识产权所有的权利形式中最大的一部分,因为企业在进行知识产权保护的时候,往往采取专利和商业秘密交叉保护的方式,即针对比较容易构成侵权的、比较容易看到的成果,采用专利技术来保护;对于很难通过外部形式来看到的成果,则采用商业秘密的形式来保护。商业秘密是中小企业尤其是高科技企业主要的知识产权的形态和内容。因获得商业秘密可以直接获得整体商务模式、技术成果等,侵犯商业秘密比侵犯专利权对企业的威胁更大。"专利和商业秘密交叉保护"策略在一定层次上能解决专利之外的商业秘密保护问题。

4. 研发过程控制:"分项目、分地域进行研发"

在华为,很多研发设计是分项目进行的,把一个产品分解,由多个项目组完成。这样,没有哪一个人能够拿到所有的东西,因此,泄密者也不可能拿到一个产品所有的东西。为防止整合式盗用商业秘密,华为在分项目的基础上,采用分地域完成的方式,将分解的软件由处于全球不同地区的公司开发,然后再组合到一起,形成一个完整的产品。华为这种全球同步异地开发的设计,使得一个产品可能有一部分在印度开发,有一部分在美国开发,正好有时差,可以传递着来做一些事情,同时又保证没有哪一个地方可以获取所有信息,使得信息传递更为安全。

5. 信息安全的体系化保护

华为的信息安全保护采用最严格的方法,分为三个方面:第一是制度设计,第二是管理授权的设计,第三是技术设计。

在制度设计上,华为有一整套的管理文件,并赋予该管理文件以最高权力。如果有工程师触犯相应的管理规定,就要承担非常严重的后果。

在管理授权的设计方面,华为建立了基于国际信息安全体系架构的流程和制度规范。举例来说,在"进驻安全"和授权的控制上,华为采用"相关性"原则和"最小接触"原则,也就是说,所有的文档和技术根据其保密的分级分层来进行不同的授权,只有一个完全必要的人才能接触相关的技术,而且接触是在相应的控制和监督的情况下进行。华为研发员工有一本很厚的《信息安全白皮书》,专门对此进行约束。有关技术设计的手段,除了前述将(软件)产品进行肢解跨地域开发的方法外,华为所有的研发网络是跟大网断开的。再如,在全球化异域同步开发体系中,研究人员开发的成果并不在本地的计算机上,而是在一个设控状态的服务器上,任何从该服务器发出的信息都有备份,如果有问题可以回溯和检查等①。

(二)基于PDCA循环的持续改进

为优化商业秘密保护与管理体系,企业应当先从内部开始完善,建立各个部门参与的管理体系框架,在初期商业秘密保护体系基础上,不断完善商业秘密管理体系。一个可借鉴的方法为,在前期对企业商业秘密及管理现状进行摸底调研基础上,根据企业行业状况和发展战略、实际运行情况,确定商业秘密管理目标,做好策划,制定构建方案;在组织保障实施方面,确定主责部门及相关支持部门的工作;在运行中不断完善,比如经由运行考评,确认对企业有价值的商业秘密,在对商业秘密进行筛选基础上,形成商业秘密清单,并采取相关合理保护措施,根据运行情况和公司发展战略等,不断完善商业秘密管理内容,形成规范制度,持续改进,对商业秘密内容、管理制度、协同管理等进行持续改进与更新。

---

① 屈丽丽:《华为商业秘密管理:多层布防》,载新浪网2008年2月24日,https://finance.sina.com.cn/leadership/mcxgl/20080224/14324539818.shtml,2022年9月10日访问。

六、协同保护

近年来,全国各地政府及园区管理机构为创造更好的营商环境,促进经济高质量增长,在商业秘密协同保护方面积极有为。在国家相关法律背景之下,在政策层面进行干预与调控,不断增加商业秘密保护与服务的供给,提升服务能力,以更好地服务辖区内企业,如一些地区根据本地实际情况纷纷制定了商业秘密管理办法,建构企业商业秘密管理保护基地等。"企业自主、政府指导、预防为主、依法维权"的模式蔚然成风。在政府的指导下,企业自主建立商业秘密保护机制,以预防保护为主,并在商业秘密受侵害后及时依法开展维权。总的来说,企业的自主保护是重中之重,是企业商业秘密保护的核心。只有企业主动开展商业秘密保护工作,才能未雨绸缪地将商业秘密泄露的风险提前减少到最低。针对企业在商业秘密受侵害后开展的依法维权,考虑到商业秘密维权客观上存在困难,也需要政府予以适当的协助。

(一)企业可供利用的外部服务与资源

1. 相关机构

一些市、区知识产权管理部门,还有一些企业集聚的园区、特色小镇的管理机构、行业协会和第三方社会服务机构,往往会根据自身力量和企业需求,聚集、整合商业秘密保护的服务资源,提供商业秘密保护宣传、咨询、指导、风险监测、维权等服务,为行政部门、司法部门等开展商业秘密保护服务工作提供协助。其常设独立的商业秘密保护服务窗口,依托之提供服务;同时设立商业秘密保护服务平台,配置专(兼)职工作人员,建立工作人员管理制度,明确工作职责,保障服务平台正常运营。

2. 相关服务

省市知识产权局、知识产权服务中心、园区知识产权服务结构已经开展的相关服务包括:商业秘密保护宣传,举办商业秘密保护培训班、讲座,编制、印发商业秘密保护宣传资料;提供适合企业不同层次人员的商业秘密保护专题培训,对企业股东、高级管理人员开展商业秘密保护重要性、必要性和战略性的培训,对企业从事商业秘密保护工作的专(兼)职人员、重点岗位人员开展商业秘密保护实务及案例培训;对企业员工开展商业秘密保护知识培训和警示教育,并将维权成功的案例向企业广泛宣传等。

(二)商业秘密风险监测与积极维权

一些地区政府主管部门对辖区或行业内商业秘密侵权突发事件、隐患、可能出现的紧急情况开展风险监测。根据发生的商业秘密侵权案例、服务过程中发现的商业秘密泄露隐患,向企业发布商业秘密风险警示。

当企业反映商业秘密被侵犯并寻求帮助时，一些知识产权管理部门可提供协助搜集、整理维权材料等服务，并根据被侵权企业意愿，协助执法部门开展泄密核查、现场检查等行动，配合做好调解服务。一些服务机构帮助企业制定维权方案，联系和协调有关部门。政府应当通过走访调研，了解企业商业秘密保护需求，有针对性地开展商业秘密保护指导工作；接待和解答企业商业秘密保护咨询，提供商业秘密保护相关资料查询服务；对企业商业秘密保护工作进行风险评估，发现商业秘密保护工作的漏洞，引导企业建立和完善商业秘密保护工作体系。

第三节 员 工 管 理

企业员工是商业秘密的创造者和使用者，某种程度上也是企业商业秘密泄露的潜在威胁者。要防范商业秘密风险，自然离不开员工管理这个环节。员工管理制度从时间上应当划分为入职前、任职时和离职后三个阶段；管理的主要手段包括入职教育、签署保密协议和竞业限制协议、核心员工的激励制度等。如何运用科学方法，协调人与事的关系，处理人与人的矛盾，充分发挥人的潜能，使人尽其才，事得其人，人事相宜，以实现组织目标，是企业日常管理中员工管理的主要内容。需要说明的是，实践中对待此问题的态度会因视角不同而有所差异。事实上，能做到"事业留人、感情留人、待遇留人"的企业，员工通常会遵守企业规范，主动保护商业秘密和企业利益。实证研究也表明，重视员工心理状态、对员工进行有效激励的企业，员工会自动保护企业商业秘密，即便是因特殊原因跳槽，在适用不可披露原则的情形下，那些对企业员工尽到必要社会责任的企业，其离职员工披露企业商业秘密的情形较少，或者即便不可避免披露，也对原雇主影响较小。当然，不排除部分员工职业伦理缺失，泄露企业商业秘密进行牟利。

一、入职教育

在员工入职时，应当向他们告知企业的知识产权政策、员工应负的保密义务以及企业的其他知识产权管理制度。通过宣传教育，确保所有在职员工认识到保护商业秘密的义务。此外还可以在员工手册中对公司商业秘密政策进行强调，必要时，要求他们签署相关确认书和保密协议。如果员工来自其他公司，在入职培训时要求员工不得带来或使用任何前任雇主的商业秘密；还需确认该员工是否负保密义务，以免造成对原公司的商业秘密侵权。

二、保密协议

保护企业商业秘密最主要的策略是让所有的员工签署保密协议。一旦存在侵害商业秘密的情形,就可以依据合同追究其违约责任。保密协议既可以作为劳动合同保密条款,也可以以独立协议的方式出现。通常,对于企业重要的职员(高层管理人员、技术骨干、关键岗位业务人员等),需要签署独立的保密协议。其中技术秘密保护协议主要内容包括:保护内容和范围;保护期限;双方的权利和义务;违约责任;其他相关事宜。

(一)保密协议的优势

保密协议可以利用合同的优势,将员工的保密义务和保密范围事先确定下来,将一般的法定义务(侵权责任)转化为具体的合同义务(违约责任),追究违反保密义务员工的违约责任。因为相对来说,违约责任的法律救济(尤其是证明责任)要简单于侵权责任。

(二)保密协议制定要点

根据企业内部的岗位对员工进行分类,按照不同岗位的特点来决定保密协议的形式、保密对象的范围及相应的违约责任等。对于多数企业而言,研发技术人员和经营管理人员因其掌握着企业最为核心的商业秘密,应该签订专门的保密协议,而且依据其接触商业秘密的程度和范围,协议内容应尽可能地细化;对于其他员工,可以只要求其签署确认企业的知识产权政策,以替代专门的保密协议。

1. 对前雇主的保密义务

为防止侵权风险,对于新聘用员工应在合同中明确声明或保证在本企业工作期间使用的任何知识均与前受聘单位无关,不侵犯前受聘单位的商业秘密,不利用前单位的保密信息为本企业服务。

2. 保密承诺

员工应保证对在本企业工作期间知悉的本企业商业秘密(范围单独明确)承担无条件的保密义务。

3. 企业商业秘密范围条款

列举所有属于本企业商业秘密的内容,可以增加针对特定员工的细目。

4. 员工保密义务的具体描述

示例:"对上述所列商业秘密,不得直接或间接向企业内部无关人员泄露;不得复制、披露包含企业商业秘密的文件及文件副本等。"

5. 对公知领域的排除

协议中可以约定,"如果能证明有关信息没有秘密性,那么该职工可以解除对该信息的保密义务"。此款主要是给员工以对某些保密信息的秘密性提出不同看法的机会。

6. 职务成果归属条款

员工在职期间产生的成果应及时报告,并对职务成果的实施、转让、归属等明确约定。对于非职务成果应由企业确认;同时,可以规定职务成果的奖励和报酬。

7. 离职后保密信息载体的交还

在离职时员工须归还持有的所有关于或包含知识产权、机密信息的文件、备份、电子器件等。

8. 保密补偿

企业可以根据情况作出不同的约定。比如可以明确企业向员工支付的工资、奖金等劳动报酬中已经包含了承担保密义务的对价,员工保密义务不以任何额外报酬支付为对价;或者可以将员工现有工资中的一部分的名目列为"保密津贴"。

9. 违约责任

可根据违约的不同情形约定违约金。

10. 杂项条款

包括"本协议一式×份,具有同等效力""本协议为聘用或雇佣合同的组成部分,未明确部分适用聘用或雇佣合同"等。

三、核心员工的特殊政策

正确地评价员工贡献并给予恰当的激励,始终是企业管理和知识产权管理的核心问题。尤其是企业的核心员工,他们的知识、能力往往就是一个企业的竞争力所在。一旦核心员工离职,将会对企业的正常经营产生不利影响,甚至可能导致企业倒闭。如何对核心员工进行管理,激励他们长期为企业服务,这不仅是企业人力资源管理的主要任务,也是保护企业商业秘密的重要措施。

在激励手段方面存在多种方式,如绩效工资、年终奖、各种福利、股份等。不管采取什么样的激励手段和方式,都应当确保公平,使报酬与贡献成正比,避免平均化无差异的激励。股权激励被认为是留住核心员工的有效方式。实施股权激励后,也要定期实施股权结构的全员化、分层次的动态调整,以使持股者消除惰性,时刻有股权的危机意识,并使多做贡献者的股权份额能通过业绩的提升而逐渐提高。总之,企业针对不同层次订立绩效标准,分层次实施股权动态化,最终达到激励核心员工、提高忠诚度的目的。

四、离职面谈和离职保密承诺

由于离职员工在商业秘密侵权案件中扮演了非常重要的角色,因此企业如何最大限度地赋予员工保密义务是企业商业秘密管理中非常重要的一个环节。

在企业员工离职时,企业管理高层应当与离职员工进行离职面谈。面谈中很重要的内容是办理事务移交和提醒员工遵守已经签署的保密协议(如果对离职后的保密义务有详细的规定),如果之前没有签署过保密协议或者保密协议有必要细化,则可以要求其签署《离职保密承诺书》。企业员工离职时,应确认离职员工已完成所保管的所有相关文件,尤其是与企业智力成果和知识产权有关的文件的交接。必要时,要求离职员工签署《保密承诺书》,以进一步明确离职员工的具体保密义务和相应的法律责任。《离职保密承诺书》一般包括如下承诺内容:

(1) 承诺不携带文件、工作日记、磁介质、实物或其他与商业秘密有关的物品;

(2) 承诺离开单位后,不泄露规定的商业秘密;

(3) 承诺离开单位后,不使用或允许他人使用单位的商业秘密;

(4) 承诺离开单位后,不以不正当手段转移原单位的客户;

(5) 承诺如果违反以上约定,愿意承担一切损失。

五、竞业限制与竞业禁止条款(协议)

竞业限制是指单位与知悉商业秘密的人员约定在解除、终止劳动合同后,在一定期限内,被竞业限制人员不得到与本单位生产或者经营同类产品、从事同类业务的有竞争关系的其他用人单位任职,或者不得自己开业生产或者经营同类产品、从事同类业务。竞业限制期间不得超过两年,在竞业限制期间,单位应当向被竞业限制人员支付一定的竞业限制补偿费。

竞业限制协议应当双方协商一致,并且以书面形式签订。竞业限制协议主要内容包括:

(1) 有竞争关系的企业范围;

(2) 竞业限制的期限;

(3) 竞业限制补偿费的数额及支付方式;

(4) 违约责任。

竞业禁止是对企业重要员工在职期间或离职之后一定时间内从事与本企业相竞争的活动的限制条款。自由择业本是人们的一项基本权利,法律之所以允许原企业主限制其从事与原企业相竞争的行业或活动,主要是因为这些员工往往掌握着原企业的商业秘密。如果允许其立即从事相同行业,对原企业非常不利。因此,竞业禁止条款本质上也是保护商业秘密的重要方式。

企业既可以在聘用或劳动合同中附加竞业禁止条款,也可以与员工单独签署竞业禁止协议。单独的竞业禁止协议既可在双方劳动关系建立之初签订,也可在劳动关系结束时签署。

竞业禁止既可以限制员工在本单位任职期间同时兼职于业务竞争单位,也可以禁止他们在离开本单位后从业于与原单位有业务竞争的单位,包括创办与本单位业务范围相同的企业。竞业限制协议必须在保护商业秘密和限制员工依靠基本经验和教育正常谋生之间取得平衡,竞业限制的人员限于用人单位的高级管理人员、高级技术人员和其他负有保密义务的人员,所谓"两高一密"。竞业限制有利有弊:一方面,竞业限制可以限制员工的离开去向,较为合理地保护商业秘密不被不当披露或使用;另一方面,公司需为此付出竞业限制补偿作为代价。一般情况下,公司应当选择与接触关键性、核心技术或管理岗位的员工签订竞业限制协议,做到有的放矢。①

六、不可避免披露原则

不可避免披露原则(inevitable disclosure doctrine)是一种事前救济方式,主要用于禁止离职雇员在其专业领域内为原雇主的竞争对手工作。这是法院为保护商业秘密潜在的披露而引进的禁令救济的原则之一。一般来说,禁止离职雇员为其原雇主竞争对手工作,蕴含了对离职雇员以及对原雇主竞争对手的不信任,这种不信任有其合理性。有证据显示,离职雇员掌握了原雇主的商业秘密,且到原雇主竞争对手单位工作,不可避免地披露或使用原雇主的商业秘密。这种商业秘密丧失将是无法弥补的,除非迅速提起诉讼,并获取禁令救济。这样权利人在其商业秘密还未被公开时,通过提起事前救济申请,能有效地防止损失的发生或扩大。

与一般的商业秘密案件相比,适用不可避免披露原则的案件有更高的要求。一是秘密信息披露的不可避免性,比如高管在职期间负有基于忠实义务产生的法定竞业限制义务,违反这类义务则意味着商业秘密披露的不可避免;二是披露造成的损害无法弥补。综合来看,不可避免的披露是该原则适用的逻辑起点,而无法弥补的损害是该原则适用的重要前提。一旦适用该原则,则意味需要赋予临时禁令,或者永久禁令,禁止该离职雇员为竞争对手工作或参与竞争对手的某些工作。为了防止在保护雇主商业秘密的同时对雇员自由择业作过多不必要、不公正的限制,适用不可避免披露原则除了要作秘密是否存在、雇员是否掌握秘密等常规考察之外,还必须评估披露的不可避免性和披露可能造成的巨大损失。

不可避免披露原则具有以下特征:

(1) 事前救济的保护方式。前雇主可以在其雇员为竞争对手工作前就提起诉讼,请求法院发布禁令禁止其在一定期限内任职。

(2) 举证责任的特殊性。它所要证明的不是实际发生的侵权行为,而是实施侵权行为的可能性达到一定程度,以至于可以认定不可避免,因而证明对象不

---

① 白洪娟:《员工流动中的商业秘密保护》,载《电子知识产权》2010年第2期。

同于一般举证责任。

（3）不考虑被告的主观心理状态。即使前雇员有协议保证其不会故意泄露商业秘密，或者竞争企业与雇员签订协议要求其保证不会在工作中侵犯商业秘密，只要原告能证明其在新工作中不可避免地运用其商业秘密，原告主张就成立。

（4）以禁令救济为救济方式，包括竞业禁止的临时禁令和禁止泄露商业秘密的永久禁令，不涉及损害赔偿。

 案例　一得阁墨汁配方商业秘密纠纷案

北京一得阁墨业有限责任公司是一家生产墨汁的企业，其墨汁配方属于公司的商业秘密受到保护。高辛茂是该公司的雇员，在1987年后任副厂长、副经理等要职，1987年到1995年任主管技术副厂长，1997年任该公司保密委员会副组长，熟知公司墨汁生产的重要商业秘密。2002年1月9日传人公司成立，高辛茂是其最大的股东，其妻子王淑云是法定代表人。传人公司主要生产三种墨汁产品，包括"国画墨汁""书法墨汁"和"习作墨汁"，它们的品质和效果与一得阁公司的三种产品"一得阁墨汁""中华墨汁"和"北京墨汁"非常近似。一得阁公司认为原告所生产的三种墨汁产品属于商业秘密，并已对此采取多项保密措施。而高辛茂违反保密协议向传人公司披露原告的商业秘密，给原告带来重大的经济损失，因此以高辛茂和传人公司侵犯商业秘密为由，诉请法院判令两被告停止侵权行为、销毁侵权产品和赔偿经济损失。被告传人公司则主张，旗下的三种墨汁产品是自己独立开发和研制的，没有侵犯原告的技术秘密。

最高人民法院认为，高辛茂作为一得阁的高级管理人员，有机会了解掌握被列为国家秘密的墨汁配方，并对此负有保密义务。法院认定高辛茂违背了保密义务，向传人公司披露了一得阁公司的墨汁配方。传人公司的两位股东均承认曾经询问过高辛茂墨汁的配方信息，且传人公司并没有相应的技术背景，却在成立后短时间内独立生产出了高级墨汁，很可能是高辛茂向传人公司披露了原告生产墨汁的产品配方，故据此认定高辛茂违反保密义务。被告高辛茂自判决生效之日起至原告一得阁公司的商业秘密解密止，不得披露其掌握的原告一得阁公司的商业秘密，亦不得参与墨汁产品的生产。传人公司不得披露、使用原告的商业秘密，停止生产、销售墨汁产品；两被告共同赔偿原告的经济损失。

资料来源：最高人民法院(2011)民监字第414号。

不可避免披露原则的出现，加剧了维护雇员自由流动和自由择业的权利与保护雇主商业秘密这两种政策取向之间的紧张关系。一般来说，知识型员工更容易跳槽,易于将企业自身核心知识泄露给竞争对手公司,这对企业知识管理、人力资源管理、商业秘密管理等提出了较高要求。

第四节 场所管理

一、研发(实验室)管理制度

对于依赖技术而生存的企业来讲,研发管理无疑是企业知识产权管理的核心。研发(实验室)管理包括许多规章制度。从日常运作或项目管理的角度来说,一个企业的研发管理要有自己的制度,以使每一项技术研发都有章可循,按照选题(构思、调研和方案论证)、样(模)试、批试、正式投产等重要步骤开展;从保密的角度来说,企业还必须有相应的制度防止在研发的任何阶段和环节中泄露技术秘密。企业应当根据是否设置了研发中心或实验室等情况,建立相应的管理制度。

(一)研发记录管理

研发记录不仅能够作为企业内部交流技术经验的文件,而且可以在知识产权诉讼中作为证据使用。更重要的是,研发记录中包含了大量技术秘密,如果无法对研发记录进行妥善管理,一旦泄露,后果不堪设想。企业应当要求研发人员填写实验室工作手册,记录下研究和开发过程中的所有活动。填写实验室手册时的注意事项包括[①]:

(1)记录簿应当连续编号;
(2)记录簿必须经过严格装订,不能使纸张被取走或嵌入;
(3)使用不褪色墨水书写;
(4)记录过的页面上不应留有空白区域;
(5)每一个条目都应当连续书写,经过证明人证实、签名并填写日期;
(6)条目应当清晰、周密、完整;
(7)条目中应包括最初设想、进行的实验以及完成的工作;
(8)每一个条目中都应该包括所有项目涉及人的详细资料;
(9)每一次更改都需要注明日期、经当事人签字及有关人员见证;
(10)对所有非标准术语、过程和简写都要进行定义;
(11)附属文件需要永久固定、盖章、签名并标注日期。如果无法附随,将它们单独贮存,需要签字、标注日期、由见证人证明并且与相关条目对照检索;
(12)妥善保存所有的实验笔记、设计手册和有关附件;

---

① 高富平主编:《中小企业知识产权管理指南》,法律出版社2011年版,第166页。

(13) 所有实验笔记、设计手册和有关附件需要为核实目的而尽可能长时间地保存。

(二) 实验室安全管理

实验室是公司研发的重要地点,也是商业秘密保护时的重点关注对象。实验室中的研发设备、研发记录等信息一旦被同业竞争者知悉,将导致竞争情报的泄露。所以企业应当采取必要的措施,对实验室加以严密保护。

常见的物理保护措施有:(1) 门禁管理。如设置门禁卡、安全监控、警卫等。(2) 访客管理。如设计到访路线、要求访客进行登记、发放访客铭牌以资识别、要求有企业内部人员陪同才能来访等,以及要求访客暂时寄存录音设备、存储设备、照相机等可能复制公司商业秘密的设备。

二、企业安全管理制度

企业除了建立员工管理制度和实验室管理制度外,还需对其内部安全包括文档、信息、办公区域、办公设备、计算机网络等进行必要的管理。

(一) 商业秘密文档存管制度

为防止各种可能途径的泄密,商业秘密管理中需要制定一套商业秘密分类和分级保护制度,分类施策,突出重点。首先要明确商业秘密的具体范围,比如将各项商业秘密划分为核心秘密、重要秘密、一般秘密等三个等级,使得企业可以有侧重地对商业秘密加以保护;明确各项商业秘密的保密期限和识别系统(保密章及密级),以便管理和使用。

如果秘密文档采取书面文档形式,自然需要建立秘密档案保存、取用等管理办法。如果秘密文件采取电子形式保存,则需要建立一套防侵入的电子文档管理系统,如和互联网物理隔绝、由专人看管等。有条件的企业可以设立专职秘密文档管理机构或专职人员,实行专人、专库、专柜保管,规定借阅范围和手续,承担企业内部商业秘密管理的总体协调及全局性管理工作,直接对企业高层负责。

(二) 厂区或办公区安全措施

除了文件和信息外,物理载体、厂区设计、布局等要素也可能成为商业秘密的载体。因此,一个企业还必须建立厂区或办公场所保密制度。这些保密或安全措施主要有以下几种方式。

1. 访客管理

企业应当设置严格的访客管理,除验证身份、进行登记及佩戴出入识别证之外,还可以要求由企业员工或管理人员亲自将来访者带入企业,不允许来访者任意自由走动。此外,接待部门还应设置电视屏幕监视系统,对入口及各主要通道实行控制管理。

2. 设定保密区域制度

如果有必要,企业可以设定特定保密区域,不仅禁止访客进入,而且也禁止企业内部人员随意进入。

3. 生产要素隔离制度

企业应对生产设备、原材料、模具、废弃物等要素进行管理,建立必要的管理制度。如果有必要,还须对这些物件进行隔离管理。

4. 企业内部监控

企业应该在内部设置必要的防盗系统。对于公司重要管制区域或重要机房,则应设置磁卡加密码的双重保护方式,有卡无码或有码无卡的人员均不得入内。有时甚至还可以以指纹、语言识别系统来限定进入人员。

 案例 "来访管理"的成功经验

许多企业为了避免访客在来访过程中接触到企业的保密信息,都规定了严格的访客管理制度。

如某工艺先进的企业规定:外来人员进厂参观须经有关部门批准,并有专人陪同,接待外来人员过程中须注意保护工厂的知识产权。

某工业总公司规定:总公司所属各单位要建立参观访问管理制度。参观访问者应佩戴有专门标志的胸章,并按指定的路线和范围进行参观访问。

某电机总厂规定,外来参观人员由厂领导和保卫人员陪同,否则严禁入内,外商来厂考察,只准进入接待室,不准进入生产车间。企业要借鉴其他企业保护商业秘密的成功经验,对访客的来访行为进行严密监管,防止竞争对手通过访问等方式获取企业的商业秘密。

(三)信息网络安全管理

信息网络时代,企业管理也已基本实现电子化、网络化。尽管企业内部管理信息化程度不一,但是做好信息网络安全管理还是非常必要的。信息网络安全管理包括计算机保密和网络保密两个方面。常用的计算机保密方法包括:设置电脑进入密码;设置文件进入密码;设置文件禁止复制机制;拆除USB接口及光盘刻录机等;电脑存储内容定时清除;电脑使用视频监视、安装电脑操作历史记录程序等。常用的网络保密方法包括:涉密计算机不上网;限制网络聊天,禁止电脑安装摄像头;禁止擅自下载、安装与工作无关的程序;通过网络监控,监视企业信息传播;传输商业秘密文件时加入安全措施等。当然,有条件的企业可以设计自己的信息管理系统,整合上述各种安全管理程序,尤其是文档管理系统,形成一套完整的信息网络安保体系。

第五节　对外交往和合作中的商业秘密保护措施

企业不可能不与外界打交道,而在与交易伙伴进行交易合作时,又不得不触及企业的商业秘密,所以有可能在不经意之间外泄商业秘密。因此,在对外交易、合作时也要注意商业秘密保护。在企业的商业秘密保护日常工作中,与合作伙伴签署保密协议是常用的比较普遍、成本较低的做法,可以有效防控合作伙伴风险。一些需要签署保密协议或设置保密条款的场景,比如涉及商业秘密的咨询、谈判、技术评审、成果鉴定、合作开发、技术转让、合资入股、外部审计、尽职调查、清产核资等活动,应当与相关方签订保密协议。同时,在涉及境内外发行证券、上市及上市公司信息披露过程中,要建立和完善商业秘密保密审查程序,规定相关部门、机构、人员的保密义务。除了保密协议之外,还须根据业务类型和性质进行具体分析。下面给出几个场景下的商业秘密保护措施。

一、对外宣传中的商业秘密保护

在对外宣传的过程中,企业很可能在不经意间泄露商业秘密。因此,具备条件的企业应当建立新闻发布制度,预先对相关宣传材料进行审查,确保商业秘密不被透露。

企业在对外展示新产品或技术前,应确认是否要申请专利,防止因技术的公开而丧失专利新颖性。对外公开出版或者公开使用企业的研究成果也可能导致拟申请专利的技术丧失新颖性。必要的审查制度对此可以发挥预防作用,确保可获得专利的技术没有因为疏忽而泄露。

企业公开的产品说明、厂商介绍、广告资料,亦应当注意避免不当泄露包括研发信息等在内的商业秘密。

二、技术贸易中的商业秘密保护

企业在对外交易、签署合同时,有可能必须披露企业的商业秘密(比如在委托开发、合作开发、技术秘密转让、商务或法律服务时),也有可能会让对方接触到商业秘密。通常,企业都应当在合同中嵌入保密条款,或在合同签署之前与交易相对方签署保密合同,或与介入谈判的个人签署保密承诺书。

企业往往是技术获取的主要力量,因此在获取他人技术过程中,既有如何保护他人商业秘密的问题,也有如何保护自己商业秘密的问题。在许多情形下,只有当企业存在良好的商业秘密保护和管理制度时,才有可能吸引合作伙伴,引进关键技术。

企业技术贸易的主要方式是许可,对于技术的被许可人来说,也要特别注意保密问题。在商业秘密许可交易中，许可人往往要求被许可人签署保密协议或详细的保密条款，甚至要求被许可人的主要受雇人签订保密协议。这样的协议通常是技术许可的必要条件。只是在签署保密协议时，企业要注意不能承担过多的义务。为此，须注意以下几点：

（一）确保许可的技术或方法属于秘密范畴

签订商业秘密许可合同时首先要界定商业秘密的范畴。对许可的商业秘密，许可人会要求被许可人予以保守。被许可人在签署合同之前，必须确定该技术或方法是通过公开渠道无法获取的秘密，避免将公知技术作为商业秘密，而支付不必要的许可费。

（二）预防不平等条款

在商业秘密许可中，许可人往往会采取一揽子许可的办法，将核心技术连同处于公有领域的非专利技术一起作为许可标。为此，被许可人也应当防止许可人签署这样的不平等条款，以免承担过多的保密义务、支付过多的费用。

（三）约定免责事由

在技术许可交易中，被许可人通常会承担许多保密义务和责任，但是随着时间的推移，秘密信息会因各种原因而失密。在这种情形下，需要在合同中规定例外条款或免责事由，以减轻被许可人的责任。比如，当发生商业秘密公知化、第三方公开许可的技术等情况时，被许可人可以不再向许可人支付费用。

（四）约定对商业秘密改进后的技术成果的归属和保密问题

技术在使用过程中往往会不断改进，被许可方想要将改进成果控制在自己的手中，就必须在合同中对权利归属问题进行约定。

（五）明确期限

明确协议终止后，保密条款的有效期限，并清晰界定被许可人是否可以在合同期限届满后继续使用许可技术。

三、保密条款和保密协议

（一）普通合同的保密条款

企业在对外签署各种涉及商业秘密合同时，都应当订立保密条款。可以说保密条款是任何合同的常规性内容，它主要起防御作用，可以约束因各种机会接触商业秘密的当事人，防止其不当利用商业秘密。普通合同中的保密条款通常可以有如下表述：

> 双方保证对在讨论、签订和执行本协议过程中所获悉的属于对方的且无法从公开渠道获得的文件及资料(包括商业秘密、公司企划、财务信息、技术信

息、经营信息及其他有价值信息)予以保密。未经该资料和文件原提供方同意,另一方不得擅自利用该信息,不得向任何第三方泄露该文件的任何内容。

(二) 保密协议

在一些重大合同的谈判过程中,应当在正式合同缔结前先行签署保密协议或合同,将商务谈判中可能涉及的商业秘密约定为谈判各方的保密义务。

在委托开发、委托加工、咨询服务、技术许可等长期合同中,当事人之间往往需要签署一份保密协议,将双方可能接触到的商业秘密范畴及其各自应当遵守的保密义务确定下来,可以避免合作或交易过程中因相互侵犯对方权益而出现不愉快甚至反目成仇。保密协议(合同)可以作为主要合同的附件。

在必要时,还可以与涉及交易的每个可能接触公司商业秘密的员工签订保密承诺书。

后　　记

华东政法大学知识产权学院自建院以来,坚持在本科生及研究生专业课中开设知识产权管理课程,并不断强化该模块分量,坚守前瞻性定位和务实精神。我自 2009 年入职华东政法大学知识产权学院以来,有幸一直在知识产权管理教学科研第一线,承担华东政法大学知识产权学院本科"知识产权管理学"和研究生"知识产权管理专题"课程的教学工作。本书即为笔者知识产权管理教学探索主要成果之一。本书完整框架形成于 2018 年,后续根据教学过程中的反馈不断完善。本书对应课程主要在法学院开设。为适应法科同学的专业背景,本书适当进行法律背景知识介绍,探索"法管结合"是本书的特色。与此同时,在教学实践中本人也开展相关教学方法的尝试,如探索适应法学专业背景的管理思维培养、探讨法商复合培养、MBA 化教学等,相关探索初具成效,曾获得华东政法大学多项教学改革项目资助,法学实证研究教学体系项目获得校教学成果奖等。这些教学实践探索成果在本书中也有所体现。

本书的完成要感谢华东政法大学知识产权学院对笔者的信任和鼓励。在学术界对知识产权管理课程还没有清晰定位和共识之时,历届学院领导多次强调要在法学课程教学中加强知识产权管理模块的教学内容,并鼓励本人大胆尝试和积极探索,可以说开创了在法学院推进管理内容教学的先河。学院务实的作风适时契合了实务界对知识产权复合型人才的迫切需求,拓宽了相关专业学生职业生涯的宽度和深度。

也感谢华东政法大学知识产权学院历届本科生和研究生对"知识产权管理"课程教学的积极反馈。教学相长,本书内容可以说是师生的"共同建构"。特别要感谢一些同学勇于"揭榜挂帅",对本人在教学中提出的前沿话题能进行深入探索,同学们对专业课程的高要求是对本书质量的一种促进。

在本书成稿之时,李青文博士参与了第三章的文字修改。硕士研究生徐丽红、马舒文、朱然然、李鑫悦、夏媛媛、刘宇暄、陶宇珏、陈又佳、张译丹、江曼青、张灏清、李帆涛等参与了部分注释修改、图形制作以及文字修改等工作。在前期部分内容文字修改方面,朱梦雪、肖乐乐、徐雅琴、熊蕊、徐丽红、林慧勤等硕士同学也有贡献,在此一并感谢。

  由于笔者学识有限,书中不当之处在所难免。欢迎各位专家、同行和广大读者批评指正,笔者将不胜感激,并在后续修订中继续完善。

黄国群
2025 年 4 月